코로나19 바이러스
“친환경 99.9% 항균잉크 인쇄” 전격 도입

언제 끝날지 모를 코로나19 바이러스
99.9% 항균잉크(V-CLEAN99)를 도입하여 「**안심도서**」로
독자분들의 건강과 안전을 위해 노력하겠습니다.

항균잉크(V-CLEAN99)의 특징

- 바이러스, 박테리아, 곰팡이 등에 항균효과가 있는 산화아연을 적용
- 산화아연은 한국의 식약처와 미국의 FDA에서 식품첨가물로 인증받아 **강력한 항균력**을 구현하는 소재
- 황색포도상구균과 대장균에 대한 테스트를 완료하여 **99.9%의 강력한 항균효과** 확인
- 잉크 내 중금속, 잔류성 오염물질 등 **유해 물질 저감**

TEST REPORT

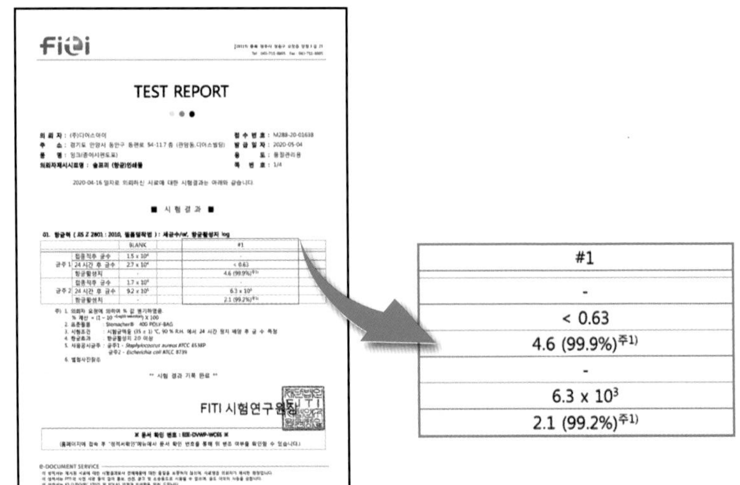

TEST REPORT

FITI 시험연구원

#1
-
< 0.63
4.6 (99.9%)주1)
-
6.3×10^3
2.1 (99.2%)주1)

시 대 에 듀

독학사 3단계

경영학과

경영전략

Preface

Study with me

머리말

학위를 얻는 데 시간과 장소는 더 이상 제약이 되지 않는다. 대입 전형을 거치지 않아도 '학점은행제'를 통해 학사학위를 취득할 수 있기 때문이다. 그중 독학학위제도는 고등학교 졸업자이거나 이와 동등 이상의 학력을 가지고 있는 사람들에게 효율적인 학점인정 및 학사학위취득의 기회를 준다.

본 교재는 독학사 과목 중 경영학과 학위를 목표로 하는 분들을 위하여 집필된 도서로 1~2단계보다 심화된 경영학과 3단계 전공심화과정을 다루고 있다. 경영학과 2단계에서 경영정보론, 마케팅원론, 마케팅조사, 원가관리회계, 인적자원관리, 조직행동론, 회계원리 등을 공부하신 독자분들은 이제 3단계에서는 소비자행동론, 경영전략, 경영분석, 노사관계론, 재무관리론, 재무회계 등을 더 심도 있게 학습하게 될 것이다.

이 교재는 경영학과 3단계 시험에 응시하는 수험생들이 단기간에 효과적인 학습을 할 수 있도록 다음과 같이 구성하였다.

» 빨리보는 간단한 키워드(핵심요약집)

핵심적인 이론만을 꼼꼼하게 정리하여 수록한 '빨리보는 간단한 키워드'로 전반적인 내용을 한눈에 파악할 수 있다. '빨간키'는 시험장에서 마지막까지 개별이론의 내용을 정리하고 더 쉽게 기억하게 하는 용도로도 사용이 가능하다.

» 핵심이론

독학학위제 주관처인 국가평생교육진흥원의 평가영역과 관련 내용을 Big data에 기반하여 면밀히 분석하여 시험에 꼭 나오는 '최신 핵심이론'을 구성하였다. 이론 내용에서 중요 내용은 다시 한번 굵은 글씨로 강조하여 학습하는데 핵심을 놓치지 않도록 하였다.

» OX 문제 및 실전예상문제

핵심이론의 내용을 OX문제로 다시 한번 체크하고, '실전예상문제'를 통해 핵심이론의 내용을 문제로 풀어보면서 3단계 객관식과 주관식 문제를 충분히 연습할 수 있게 구성하였다. 특히, 한 문제당 배점이 10점이 달하는 '주관식 문제'는 실제 시험 경향에 맞춰 부분배점과 약술형 문제 등으로 구현하여 3단계 합격의 분수령인 주관식 문제에 대비할 수 있도록 하였다.

» 최종모의고사

마지막으로 실력 점검을 할 수 있도록 실제 시험과 같은 문제 수와 기출동형 문제로 '최종모의고사(총 2회분)'를 수록하였다. 실제 시험을 보듯이 시간을 재면서 OCR 답안지로 풀어보고, 정답 및 해설을 통해 오답 내용과 본인의 약점을 최종 파악하여 실제 시험장에서는 실수하지 않도록 구성하였다.

본 교재를 통해 독학사를 공부하는 많은 수험생 분들의 각고의 노력과 수고를 보상받을 수 있기를 바라며 모두가 인생의 꿈을 향해 달려가시길 간절히 기원합니다. 이 자리를 빌려 항상 무조건적 사랑으로 키워주신 부모님, 혈기왕성한 젊음을 공부의 길로 인도해준 누나, 초등학교 첫사랑 아내에게 감사와 고마움을 전합니다. 또한, 학문적 가르침을 주시는 서정일 교수님께 특별한 감사를 전합니다. 끝으로 곧 태어날 아들 건이에게 이 책을 바치며 늘 행복하고 건강하기를 희망합니다.

편저자 씀

독학학위제 소개

독학학위제란?

「독학에 의한 학위취득에 관한 법률」에 의거하여 국가에서 시행하는 시험에 합격한 사람에게 학사학위를 수여하는 제도

- 고등학교 졸업 이상의 학력을 가진 사람이면 누구나 응시 가능
- 대학교를 다니지 않아도 스스로 공부해서 학위취득 가능
- 일과 학습의 병행이 가능하여 시간과 비용 최소화
- 언제, 어디서나 학습이 가능한 평생학습시대의 자아실현을 위한 제도
- 학위취득시험은 4개의 과정(교양, 전공기초, 전공심화, 학위취득 종합시험)으로 이루어져 있으며 각 과정별 시험을 모두 거쳐 학위취득 종합시험에 합격하면 학사학위취득

독학학위제 전공 분야 (11개 전공)

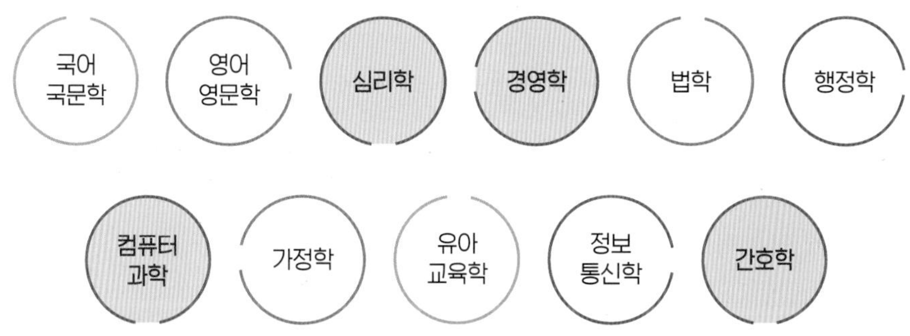

※ 유아교육학 및 정보통신학 전공 : 3, 4과정만 개설
※ 간호학 전공 : 4과정만 개설
※ 중어중문학, 수학, 농학 전공 : 폐지 전공으로 기존에 해당 전공 학적 보유자에 한하여 응시 가능

※ 시대에듀는 현재 4개 학과(심리학, 경영학, 컴퓨터과학, 간호학과) 개설 중

Guide

Study with me

독학학위제 시험안내

과정별 응시자격

단계	과정	응시자격	과정(과목) 시험 면제 요건
1	교양	고등학교 졸업 이상 학력 소지자	• 대학(교)에서 각 학년 수료 및 일정 학점 취득 • 학점은행제 일정 학점 인정 • 국가기술자격법에 따른 자격 취득 • 교육부령에 따른 각종 시험 합격 • 면제지정기관 이수 등
2	전공기초		
3	전공심화		
4	학위취득	• 1~3과정 합격 및 면제 • 대학에서 동일 전공으로 3년 이상 수료 (3년제의 경우 졸업) 또는 105학점 이상 취득 • 학점은행제 동일 전공 105학점 이상 인정 (전공 16학점 포함) • 외국에서 15년 이상의 학교교육과정 수료	없음(반드시 응시)

응시 방법 및 응시료

• 접수 방법 : 온라인으로만 가능
• 제출 서류 : 응시자격 증빙 서류 등 자세한 내용은 홈페이지 참조
• 응시료 : 20,200원

독학학위제 시험 범위

• 시험과목별 평가 영역 범위에서 대학 전공자에게 요구되는 수준으로 출제
• 시험 범위 및 예시문항은 독학학위제 홈페이지(bdes.nile.or.kr) – 학습정보–과목별 평가영역에서 확인

문항 수 및 배점

과정	일반 과목			예외 과목		
	객관식	주관식	합계	객관식	주관식	합계
교양, 전공기초 (1~2과정)	40문항×2.5점 =100점	–	40문항 100점	25문항×4점 =100점	–	25문항 100점
전공심화, 학위취득 (3~4과정)	24문항×2.5점 =60점	4문항×10점 =40점	28문항 100점	15문항×4점 =60점	5문항×8점 =40점	20문항 100점

※ 2017년도부터 교양과정 인정시험 및 전공기초과정 인정시험은 객관식 문항으로만 출제

합격 기준

• 1~3과정(교양, 전공기초, 전공심화) 시험

단계	과정	합격 기준	유의 사항
1	교양	매 과목 60점 이상 득점을 합격으로 하고, 과목 합격 인정(합격 여부만 결정)	5과목 합격
2	전공기초		6과목 이상 합격
3	전공심화		

• 4과정(학위취득) 시험 : 총점 합격제 또는 과목별 합격제 선택

구분	합격 기준	유의 사항
총점 합격제	• 총점(600점)의 60% 이상 득점(360점) • 과목 낙제 없음	• 6과목 모두 신규 응시 • 기존 합격 과목 불인정
과목별 합격제	• 매 과목 100점 만점으로 하여 전 과목(교양 2, 전공 4) 60점 이상 득점	• 기존 합격 과목 재응시 불가 • 기존 합격 과목 포함하여 총 6과목 초과하여 선택할 수 없음 • 1과목이라도 60점 미만 득점하면 불합격

시험 일정 및 경영학과 3단계 시험 시간표

※ 시험 일정 및 시험 시간표는 반드시 독학학위제 홈페이지(bdes.nile.or.kr)를 통해 확인하시기 바랍니다.

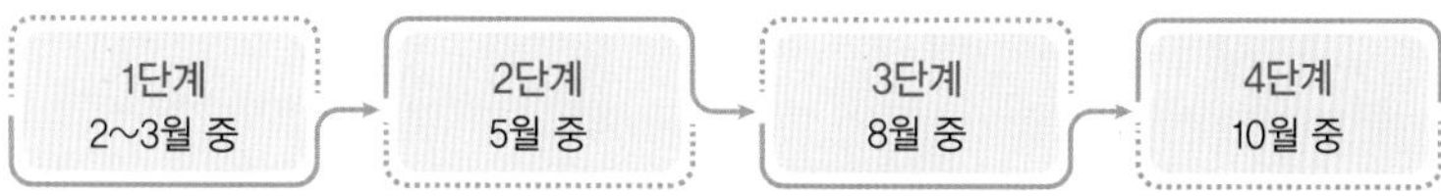

• 경영학과 3단계 시험 과목 및 시험 시간표

구 분(교시별)	시간	시험 과목명
1교시	09:00~10:40 (100분)	• 재무관리론 • 경영전략
2교시	11:10~12:50 (100분)	• 투자론 • 경영과학
중식	12:50~13:40 (50분)	
3교시	14:00~15:40 (100분)	• 재무회계 • 경영분석
4교시	16:10~17:50 (100분)	• 노사관계론 • 소비자행동론

※ 입실시간: 08:30까지 완료, 합격기준: 6과목 이상 합격
※ 시대에듀에서 개설된 과목은 빨간색으로 표시

Guide

Study with me

독학사 경영학과 시험 예시문제 I - 경영전략

※ 본 예시문제는 국가평생교육진흥원에서 발표한 경영학과의 예시문제를 풀이한 것으로 참고용으로 활용하시길 바랍니다.

[객관식]

01 경영정책과 전략경영에 대한 진술로서 잘못된 것은?

① 경영정책은 경영학의 다른 분야와 구분되는 하나의 독립된 학문분야로서 발전해왔다.
② 전략경영의 영역은 전략의 수립뿐만 아니라 전략의 실행 및 전략의 통제과정도 포함된다.
③ 전략경영은 기업내부의 강 · 약점을 바탕으로 환경의 기회와 위협에 효과적으로 대처하는 것에 주된 관심을 두고 있다.
④ 전략경영은 경영정책분야의 기업 전체에 대한 관심과 아울러 환경 적응 메커니즘으로서의 전략을 통합하는 개념으로 볼 수 있다.

해설 전략경영은 국사학, 법학, 정책학 등의 다양한 학문을 통해 의사결정의 과정을 연구한 학문이었다. 다양한 학문을 통해 기업의 성공과 실패 그리고 어떠한 정책이 바람직한가에 대한 개념적 발전과정을 거쳤다.

02 전략적 의지(strategic intent)가 강조하는 것은?

① 다각화
② 기업 사명
③ 기업 철학
④ 전략적 목표

해설 전략적 의지란 조직의 모든 역량과 자원을 집중하고 통합된 기업의 전체목표를 지향하는 것을 말한다. 즉, 기업의 모든 에너지와 자원을 통합한 강력한 전략적 목표를 지향하는 것이다.

03 기업의 환경 분석에 대한 진술로서 잘못된 것은?

① 기업에 따라 환경의 변화는 다르게 인식되어질 수 있다.
② 환경 분석의 과제는 환경으로부터의 위협과 기회를 발견하는 것이다.
③ 전략 수립 과정상 환경 분석은 조직의 강점과 단점을 파악할 수 있도록 해준다.
④ 환경은 일반 환경과 산업 환경 또는 과업환경으로 나뉘어진다. 이에 따라 적절한 분석이 체계적으로 이루어져야 한다.

해설 조직이 지닌 강점과 단점을 파악하기 위한 방법론은 기업의 내부 환경 분석이다. 기업이 지닌 내부 자원이나 역량을 통해 강점과 단점을 파악할 수 있다.

04 **환경에 대한 분석 중, 특정 산업분야에 관계없이 한 사회 내의 모든 조직에 대체로 유사한 영향을 미치며, 개별 조직이 어떠한 노력을 기울이더라도 그에 영향을 미칠 수 없는 환경은?**

① 과업 환경
② 일반 환경
③ 산업 환경
④ 내부 환경기

해설 기업 스스로가 통제하기 힘든 환경을 일반 환경 또는 거시환경이라 한다. 이와 같은 일반 환경은 경제적 환경, 기술적 환경, 정치적 · 법적 환경 그리고 사회적 환경으로 구성된다.

05 **여러 가지 비용결정요인(cost driver)에 대한 설명으로 적합하지 않은 것은?**

① 규모의 경제가 존재할수록 비용우위가 커진다.
② 생산공정이 단순하고, 부품 수가 적을수록 경험효과가 크다.
③ X-비효율성이란 관료화된 조직에서 발생하는 비효율성을 말한다.
④ 자동차산업의 플랫폼(platform) 방식은 비용절감 효과를 가져온다.

해설 경험효과가 발생하기 위해서는 직원들의 학습을 통한 숙련도 증가, 기술 및 조직 혁신, 숙련도를 높이는 내부적 노력이 그 동기로 작용한다. 단순히 생산공정이 단순하거나 또는 생산량의 증가가 발생했다 하여 경험효과가 크다고 할 수 없다.

06 **다각화의 동기로 볼 수 없는 것은?**

① 위험 분산
② 지속적 성장
③ 재무자원의 균형유지
④ 다운사이징(downsizing)

해설 하나의 기업이 여러 개의 시장이나 산업에서 활동을 영위하는 전략인 다각화는 기업에게 위험분산, 재무적 시너지, 기업 성장 등의 동기를 지닌다. 반면, 다운사이징이란 기업의 업무 또는 규모를 축소하는 것을 말한다.

정답 01 ① 02 ④ 03 ③ 04 ② 05 ② 06 ④

독학사 경영학과 시험 예시문제 II - 경영전략

07 원가 주도 전략의 선택이 효과적이지 않을 수 있는 상황은?

① 제품의 교체비용이 높은 경우
② 고객의 규모가 크고 가격인하에 대한 강한 교섭력을 가지는 경우
③ 제품이 표준화된 일용품(commodity goods)으로서 구매자들이 시장에서 쉽게 구입할 수 있는 경우
④ 대부분의 고객들이 제품을 동일한 목적으로 사용하므로 제품에 대한 요구조건이 별 차이가 없는 경우

해설 경험곡선의 개념을 기본 전제로 특정 기업이 투입되는 원가를 낮추기 위한 기능별 전략을 통해 산업 내에서의 원가우위를 달성하는 것을 말한다. 제품의 교체비용이 낮을 경우 효과적인 원가 주도 전략이 가능하다.

08 다음의 표는 기업의 성장방향에 대한 것이다. 표 속 (　　) 안에 들어갈 내용으로 알맞은 것은?

시장 \ 제품	기존 제품	신제품
기존 시장	시장 침투	제품 개발
새로운 시장	시장 개발	(　　　)

① 집중화　② 다각화
③ 원가우위　④ 신제품 침투

해설 기업의 성장전략으로는 시장침투 전략, 시장개발 전략, 제품개발 전략 그리고 다각화 전략이 있다. 다각화 전략은 새로운 시장으로의 진출과 신제품 개발을 통한 전략을 말한다.

[주관식]

01 '경험효과(혹은 경험곡선)'에 대해 간략히 설명하시오.

정답

누적생산량이 증가함에 따라 생산에 따른 모든 비용이 규칙적으로 감소하는 현상으로써 비용우위의 원천이 된다.

해설 경험곡선은 사업규모, 생산량, 경험 등의 증대가 단위당 원가의 하락을 나타내는 곡선을 말하며, 이는 비용우위의 원천이 된다.

02 **전통적 전략 접근 방식과 비교하여 자원 기준 관점(resource-based view of the firm or strategy)에 대해 설명하시오.**

정답

자원 기준 관점은 산업 내에서의 유리한 위치를 찾기보다는 기업의 내부자원과 역량을 효과적으로 활용함으로써 경쟁우위를 획득 · 유지하는 것에 주요 목표를 둔다. 이 관점은 유 · 무형의 자원과 기업능력의 결합으로써 기업을 파악하고, 이러한 기업능력과 자원을 경쟁우위의 진정한 원천으로 인식한다.
따라서 자원기준 관점은 단지 경쟁우위의 유형으로써 원가우위와 차별화우위에만 초점을 두는 전통적 접근 방식과 달리 경쟁우위의 원천이 되는 자원과 능력에 초점을 둔다. 전략적 중요성에 기초한 자원과 역량들의 검토에 주로 활용되어져 기업의 내부분석의 유용한 틀을 제공해준다.

해설 기업 외부 환경 분석인 마이클 포터의 산업조직론과 대비되는 제이 바니의 자원 기준 관점은 기업의 내부 환경(자원, 역량)을 통해 기업의 강점과 약점을 파악하는 관점이다.

03 **근래에 들어 점차 기업들이 차별화와 원가우위를 동시에 추구하여 시장에서 큰 성공을 거두는 기업의 사례가 증가하고 있다. 이러한 상황이 가능하게 된 이유를 3가지 이상 쓰시오.**

정답

① 새로운 기술도입이나 기술혁신을 통해서,
- 가령 유연생산기술(Flexible Manufacturing technology)이나 정보기술을 활용한 - BPR(Business Process Reengineering)의 적용은 낮은 원가로 차별화를 가능하게 한다.

② 원가구조가 제품디자인, 기술수준, 서비스 등의 요소보다는 시장점유율에 의해 주로 결정될 때
- 한 기업이 시장점유율상의 큰 우위를 창출했다면 특정 가치 활동에서 원가가 추가로 발생했다거나 차별화를 위한 비용이 발생되더라도 원가우위를 지속할 수 있게 된다.

③ 특정 기업이 모사나 타 사업부 등과 상호관련성을 가지고 있고, 다른 경쟁자들은 그렇게 할 수 없는 경우
- 경쟁기업이 어중간한 상태로 본원적 전략을 선택하기 전에 있으면 원가우위전략이나 차별화를 동시에 추구할 수 있다.

해설 과거에는 원가우위와 차별화 전략의 양립이 어렵다는 관점이 지배적이었지만, 기술혁신, 원가우위 전략의 조합을 통해 본원적 전략의 동시달성이 가능하다는 관점이 제시되기도 하였다. 또한, 현실 상황에서는 IBM, GE, Sony, Toyota, Honda 등의 기업들은 원가우위 전략 뿐만 아니라 차별화 전략도 추구해 원가우위와 차별화우위를 모두 달성하였다.

Features

이 책의 구성과 특징

Study with me

빨리보는 간단한 키워드

제 1 장 경영전략의 의의

■ 경영전략의 정의

기업에서 전략경영이란 환경이 요구하는 기업의 변화를 야기시킬 뿐만 아니라, 기업이 지닌 회소한 자원의 효율적 배치 그리고 기업이 나아가야 할 방향을 제시하는 것

① 전략을 회사 내부의 다양한 의사결정이 결합되어 있는 프로세스로 보는 관점은 기업의 기본적인 목표에 부합하는 계획을 수립하는 과정을 효율적으로 진행하는 것은 의사결정자 역할

② 전략은 조직의 장기적인 목표와 행동 그리고 자원 분배의 순위를 정함으로써 조직의 목적을 달성하는 수단

③ 전략은 기업이 속한 시장에서의 경쟁을 위한 수단으로 봄. 시장 내 다른 기업들과의 경쟁을 위해 다각화, 성장, 사업 철수 등의 포트폴리오를 의미함

④ 기업의 경쟁우위에 입각한 경쟁전략으로써 경쟁우위를 성취하고 기업 외부의 기회나 위협 그리고 내부 강점 및 약점에 대한 대응으로 보는 관점

⑤ 기업의 전략은 기업을 둘러싼 이해관계자들에 대한 경제적 이익 또는 비경제적 공헌을 극대화하는 수단

1 시험장에서 완벽한 마무리 YES!

빨리보는 간단한 키워드

'빨리보는 간단한 키워드(빨간키)'는 핵심요약집으로 시험 직전까지 해당 과목의 중요 핵심이론을 체크할 수 있도록 합니다.

경영전략의 의의

제 1 절 경영정책과 경영전략

1 경영전략의 의미

(1) 기업에서의 경영전략

① 기업에서 전략경영이란 환경이 요구하는 기업의 변화를 야기시킬 뿐만 아니라, 기업이 지닌 회소한 자원의 효율적 배치 그리고 기업이 나아가야 할 방향을 제시하는 것이다. 기업의 전략경영을 바라보는 관점은 학자들에 따라 다양한 견해를 지니지만 보편적 견해는 다음과 같다.

㉠ 전략을 회사 내부의 다양한 의사결정이 결합되어 있는 프로세스로 보는 관점은 기업의 기본적인 목표에 부합하는 계획을 수립하는 과정을 효율적으로 진행하는 것이 의사결정자 역할이라 본다. 즉, 기업에서 이루어지는 전략은 기업의 의사결정이라 본다.

㉡ 전략은 조직의 장기적인 목표와 행동 그리고 자원분배의 순위를 정함으로써 조직의 목

2 두꺼운 기본서는 NO!

핵심이론

평가영역을 바탕으로 꼼꼼하게 정리된 '핵심이론'을 통해 꼭 알아야 하는 이론을 명확히 이해할 수 있어요.

제1장

OX로 점검하자

※ 다음 지문의 내용이 맞으면 O, 틀리면 ×를 체크하시오. [1~12]

01 사업전략은 특정 사업영역 내에서 경쟁우위를 획득하기 위한 전략이다. ( )

02 포드의 대량 생산 체계는 테일러의 과학적 관리론을 대표하는 생산 시스템이다. ( )

03 기업에서 노동조합의 대두는 생산 활동의 향상을 위함이다. ( )

04 기업의 전략은 군사학에서 그 기원을 찾을 수 있다. ( )

05 기업의 성과는 기업이 처한 환경에 의해서 결정되기에 기업이 산업에 진입 시 산업구조와 환경을 분석이 선행되어야 한다는 것은 산업조직경제학(industrial organization economics)의 주장이다. ( )

06 기업전략으로는 다각화, 인수합병, 해외시장 진출 등을 들 수 있다. ( )

07 경영전략과정은 경영전략의 형성, 실행, 평가로 이루어진다. ( )

3 핵심이론을 OX문제로 check!

OX문제로 점검하자

핵심이론을 학습한 후 중요 내용을 OX문제로 꼭 점검해보세요.

실전예상문제를 풀어보는 전에 OX문제로 핵심 지문을 복습한다면 효율적으로 학습하는 데 도움이 될 것입니다.

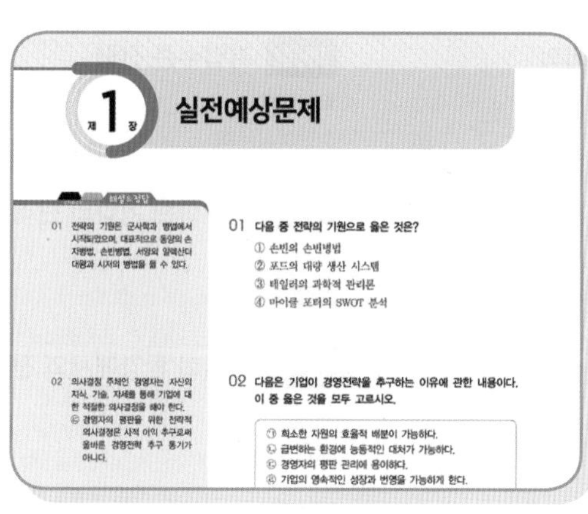

4 객관식 문제와 주관식 문제 OK!

실전예상문제

독학사 3단계 시험에서는 어떤 문제가 나올까? '핵심이론'에서 공부한 내용을 기억하며 '실전예상문제'를 풀어보면서 3단계 시험을 위한 문제를 연습해보세요. 특히, 3단계부터는 배점이 40점이나 부여된 주관식 문제(4문제)가 출제되므로 주관식 문제에 대한 감을 잡아보세요.

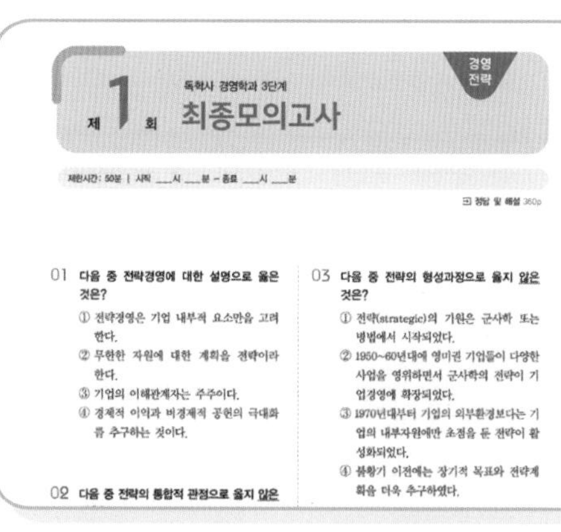

5 최종모의고사로 실전 감각 UP!

최종모의고사

'핵심이론'을 공부하고, 'OX문제'&'실전예상문제'를 풀어보았다면 이제 남은 것은 실전 감각 기르기와 최종 점검입니다. '최종모의고사(총 2회분)'를 실제 시험처럼 시간을 두고 OCR 답안지를 이용해서 풀어보고, 정답과 해설을 통해 복습한다면 좋은 결과가 있을 것입니다.

Contents

목 차

Study with me

시 험 전 에 보 는 핵 심 요 약

빨리보는 간단한 키워드

경영전략

시험 전에 보는 핵/심/요/약

빨리보는 간단한 키워드

제 1 장 경영전략의 의의

■ 경영전략의 정의

기업에서 전략경영이란 환경이 요구하는 기업의 변화를 야기시킬 뿐만 아니라, 기업이 지닌 희소한 자원의 효율적 배치 그리고 기업이 나아가야 할 방향을 제시하는 것

① 전략을 회사 내부의 다양한 의사결정이 결합되어 있는 프로세스로 보는 관점은 기업의 기본적인 목표에 부합하는 계획을 수립하는 과정을 효율적으로 진행하는 것이 의사결정자의 역할

② 전략은 조직의 장기적인 목표와 행동 그리고 자원 분배의 순위를 정함으로써 조직의 목적을 달성하는 수단

③ 전략은 기업이 속한 시장에서의 경쟁을 위한 수단으로 봄. 시장 내 다른 기업들과의 경쟁을 위해 다각화, 성장, 사업 철수 등의 포트폴리오를 의미함

④ 기업의 경쟁우위에 입각한 경쟁전략으로써 경쟁우위를 성취하고 기업 외부의 기회나 위협 그리고 내부 강점 및 약점에 대한 대응으로 보는 관점

⑤ 기업의 전략은 기업을 둘러싼 이해관계자들에 대한 경제적 이익 또는 비경제적 공헌을 극대화하는 수단

■ 경영전략의 역사적 발전

시대	특징
1950~1960	• 안정적인 미국경제의 성장을 바탕으로 중·단기 전략을 많이 활용함 • 기업의 기능 간의 통합 → 기업을 부분적 관점보다는 전체적인 관리로 이해 • 실용적 현상과 현실성을 강조하였지만 전략에 대한 개념은 부족
1970	• 경영환경의 급격한 변화로 환경에 대한 적응과정에서 계획 측면보다 전략개념을 강조함 • 미국경제 상황의 악화(대공황, 석유파동)로 인해 기업환경과 실천적 연구에 집중 • 산업조직론에 바탕을 둔 전략계획과 경영전략의 전략개념이 주류를 이룸
1980	• 마이클 포터의 산업분석론이 절정을 이루지만, 산업조직론의 한계점이 부각 • 전략경영이 학문적으로 자리를 잡음
1990	• 기업 내부적인 능력에 대한 관심이 고조됨 • 자원기반관점이 주류를 이룸 • 기업의 핵심역량이 기업 비교우위 창출에 가장 중요한 원천으로 인식 • 내부 경영자원(인적자원, 정보, 기술, 공유가치)과 기업문화, 전략적 제휴에 관심이 증대됨

■ **경영전략의 분석수준**

① **기업 수준(organization-level) 전략** : 기업의 전사적 차원의 기업전략은 기업의 미션을 설정하고 사업부 수준과 기능별 수준에서 나오는 제안들을 검토하며, 관련된 사업단위들 사이의 연관성을 토대로 전략적 우선순위에 의한 자원을 배분하는 전략

② **사업부 수준(business-level) 전략** : 사업단위의 목표를 성공적으로 달성하기 위한 경쟁우위를 어떻게 구축할 것인가를 다루며, 마케팅, 생산, 원료조달 등의 기업 핵심활동을 수행함에 있어 경쟁기업보다 상대적으로 앞서는 차별화 요소를 활용함으로써 사업부 경쟁우위 창출하는 전략

③ **기능별 수준(functional-level) 전략** : 기능별 수준에서는 사업부 수준에서 경쟁우위를 유지하는데 필요한 인적 자원관리, 재무, 기술, 로지스틱스, 물류조달, 제조, 유통, 마케팅, 판매, 서비스 등에 있어서 필요한 기능적인 능력을 개발하는 전략

■ **경영자로서 갖추어야 할 능력**

① 전략적 사고방식

② 창의적인 능력(전략 상황에 따른 효과적인 대안을 탐색)

③ 여러 가지 대안에서 전략적인 결정을 선택할 수 있는 판단능력

④ 전략적 결정을 실제로 수행하여 성과를 얻을 수 있는 관리능력

제 2 장 기업의 사명과 목표

■ **기업 존재의 의의**

① 기업의 존재는 목적을 가지고 목적 달성을 위한 존재

② 기업의 사명을 바탕으로 목표 수립과 나아가야 할 방향을 제시

③ 조직 구성원들로부터 합의를 얻고 그들을 통합할 목적을 도출

■ **기업 사명의 의의**

① **협의적 의미** : 기업이 영위하고 있는 사업에 대한 설명(생산하는 재화 및 서비스 영역)

② **광의적 의미** : 사업영역에 확장

③ 기업 사명이란 기업의 활동을 더 좋은 방향으로 이끌고 통제할 수 있는 공통분모로써 고객의 욕구를 만족시키며 어떤 방법으로 노력할 것인지를 밝히는 것을 말함

■ 기업 사명의 기능적 효과

① 기업의 정체성을 제공함
② 기업가치의 중심점을 제공함
③ 기업 목표의 일관성을 평가하는 기준이 됨
④ 기업 전략수립과정의 기준을 제공함
⑤ 기업 전략평가의 기준을 제공함
⑥ 기업의 자원 분배와 활용의 기준이 됨

■ 기업의 목표 및 기업 철학

① 기업의 목표는 주주의 이윤 극대화(profit maximization)이며, 기업의 이윤 극대화는 기업의 가치창조 극대화를 의미함. 주주가 자본금을 내어 기업을 설립하고, 임직원을 고용하고, 생산을 위한 원재료를 구매하고 제품을 생산하여 고객에게 제품과 서비스를 판매하여 수익을 창출하는 것을 의미함
② 기업의 목표는 이해관계자(stakeholder)의 만족임. 기업의 목표는 주주, 종업원, 지역사회, 정부 등의 만족을 증대시키는 것
③ 기업 철학은 기업의 창업자(founder)를 포함한 과거 또는 현재의 최고경영자들의 세계관과 가치철학을 융합한 하나의 체계 또는 기업 경영과 관련된 기본적인 태도, 가치, 신념을 의미함

■ 기업 목표와 기업 사명의 차이

기업 목표	기업 사명
목표란 기업의 사명과 비전을 내포하는 경영방침 등의 경영이념을 통해 기업이 추구하고 도달하고자 하는 지향점	기업 사명이란 구체적인 기간이나 시점에 관계 없이 기업의 본원적이고 장기적으로 추구되어야 하는 가치

■ 기업 목표의 종류

전략적 목표	재무적 목표
기업의 가치관, 평판 그리고 위상의 정도에 대한 목표	기업의 생존과 직결된 기본적이면서도 필수적인 주식가치, 매출액, 당기순이익 등의 재무적 수치와 관련된 목표
단기목표	장기목표
일반적으로 1년 또는 1년 이내의 목표	3년 이상의 목표

제 3 장 환경 분석

■ 기업과 환경

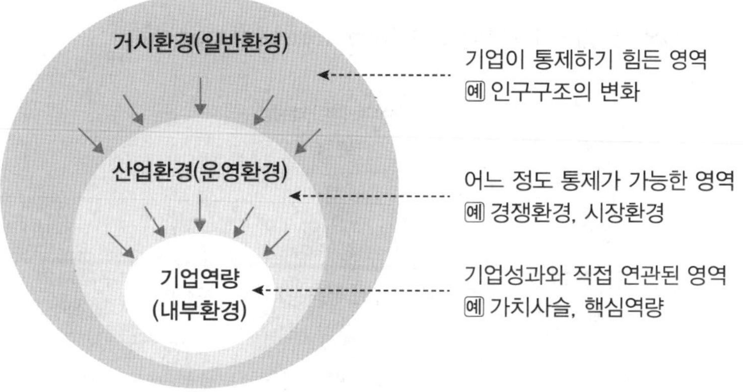

[환경 분석의 프레임워크]

① 환경은 기업체의 상위시스템이며, 기업과 환경은 상호작용을 함

② 환경은 전략형성과정에서 매우 중요한 분석 대상임

③ 기업의 고성과를 위해 외부환경에 대한 적합한 전략선택이 필요함

■ 일반 환경

구분	환경 분석 요소 및 예측 내용
기술 환경	기존 기술의 수명주기, 신기술 개발현황, 가능성 및 형태
경제 환경	경제전망, 하부구조의 안전과 전망, 무역전망, 외환시장 추세
정치 환경	법규변화와 영향, 세법규정, 정부정책에 대한 효과와 위험성
사회·문화환경	가치관, 태도, 행동 경향의 변화, 생활양식, 소비행동 및 태도

■ 산업 환경과 분석의 목적

① 산업 환경이란 개별 기업들은 서로를 경쟁 대상으로 인식하게 되며, 기업 간의 경쟁이 필연적으로 존재하는 산업구조를 말함

② 산업 환경의 분석 목적은 기업의 장기 사업 방향 결정에 도움을 주며, 기업의 경쟁우위 전략과 핵심 성공 요인을 찾기 위함

■ 포터(Porter)의 산업구조 분석 모형(five foreces model)

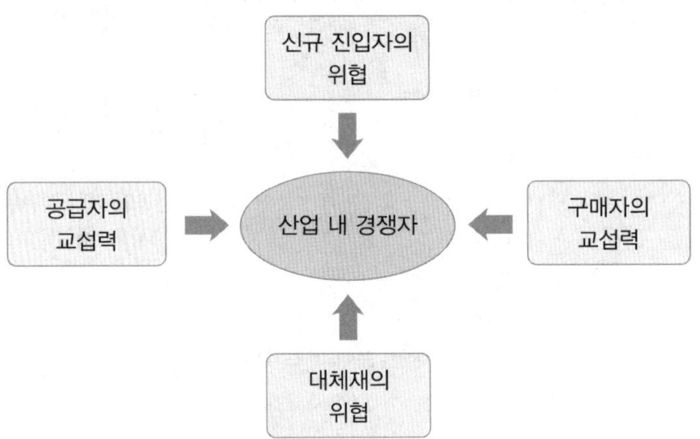

[산업구조 분석(five forces model)의 경쟁요인]

① 산업 내에 존재하는 경쟁 정도는 우연히 정해지는 것이 아닌 근본적인 산업의 구조(structure)와 경쟁자들 간의 상대성에 따라 결정된다고 가정함

② 공급자, 대체재, 경쟁자, 신규 진입자 들의 특성을 고려하여, 산업 경쟁도에 미치는 영향을 통해 산업분석의 결과로 강점과 약점을 파악 후 알맞은 경쟁전략을 도출함

■ 전략집단의 개념

① 전략집단(strategic group)이란 동일한 산업 내에서 ㉠ 경쟁전략이 장기간 유사성을 지니고 ㉡ 유사한 기업 내부의 자산이나 역량을 보유하며 ㉢ 기업 행동에 있어서 유사한 특성을 보이는 기업을 묶은 그룹을 의미함

② 전략집단의 분석은 산업분석의 범위가 광범위할 때 경쟁상대를 확실하게 파악할 수 있으며, 산업구조를 쉽게 분석하기 위해 고안된 개념임

③ 전략집단의 차이는 기업 능력의 격차, 진입 시기의 차이로 형성함

■ 전략집단과 이동장벽

① 이동장벽이란 인접한 경쟁자들로부터 기업을 보호하는 구조적 요소를 말함

② 한 전략집단에 속해있던 기업이 다른 전략집단으로 이동하는 것은 어려운데 그 이유는 전략집단 내에는 이동장벽(mobility barrier)이 존재하기 때문임

③ 전략집단의 이동장벽은 각각의 기업이 실행했던 과거 경험이나 투자에 따라 결정되는데 상대적 구매가, 상대적 가격 위치 또는 제조되는 제품 라인의 폭 등이 포함됨

④ 이동장벽이 높다는 것은 어떤 기업이 해당 전략집단으로 진입하고자 할 때 더 많은 비용이 소요됨을 의미하고 변화를 억제시키는 의미

⑤ 이동장벽이 높다는 것은 결과적으로 경쟁적 우위를 지속시키며, 이동장벽이 낮을 경우에는 경쟁적 열위를 초래함

■ 전략집단 분석의 문제점

① 전략집단 분류기준, 선정, 변수 또 그에 따른 대상 산업의 전략집단 구조를 적절하게 파악하지 못하는 문제점과 전략집단 간의 성과 차이를 설명하지 못한다는 한계점을 지님

② 산업조직론과 전략경영의 관점에서 시작된 전략집단의 분류와 연구들은 전략집단의 개념화와 명확성 그리고 정의를 구체적으로 제시하지 못하는 한계점을 지님

③ 전략집단에 대한 정의는 특정 산업에서 유사한 전략을 사용하는 기업들의 집합이라고 주장되지만 그러한 전략을 어떻게 정의하느냐에 따라 전략집단에 대한 구분이 현저히 달라지는 문제점이 존재함

제 4 장 내부 분석

■ 내부 분석의 의의

① 내부 분석의 목적 : 기업이 보유한 자원과 역량의 분석을 통해 경쟁우위의 원천이 되는 강점과 약점을 파악하며, 핵심역량과 경쟁적 지위 평가가 가능함

② 내부 자원과 능력의 중요성 : 기업이 내부자원과 능력을 기준으로 기업 사명을 도출하고 이는 기업의 장기전략 수립에 도움을 줌

③ 기업의 수익성(산업 매력도, 경쟁우위 정도 측정) : 판단 시 기업이 지닌 보유자원에 근거하여 수익성 산출 가능

■ 내부 분석의 의의

① 기업의 경쟁우위 원천과 내부 자원

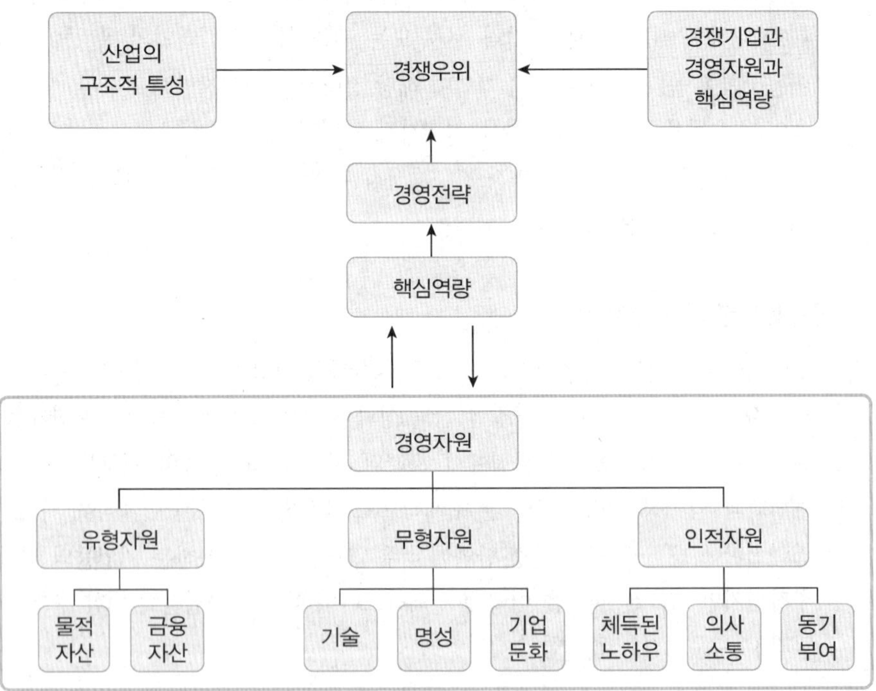

[경영자원, 핵심역량, 경쟁우위의 관계]

② 기업의 내부 자원은 유형자원(tangible resource), 무형자원(intangible resource), 인적자원(human resource)의 세 가지 구분으로 분류됨

■ **자원준거관점(resource based view)의 개념**

① 자원준거관점에서는 기업은 유형자원과 무형자원의 독특한 집합체로써 정의함

② 기업이란 장기적인 시간에 걸쳐 나름대로 독특한 자원과 능력의 결합을 구축해 가기에 이와 같은 자원과 능력이 기업에게는 역량의 근거이며, 타 기업들과의 차이를 유발시키며 자원과 능력의 차별적 역량을 통한 경쟁우위 창출이 가능함

③ 자원준거관점은 과거 연구들이 상대적으로 간과하던 핵심역량, 조직능력, 기업문화, 경영자의 의사결정 능력 등과 같은 무형자산을 기업의 주요한 요인으로 다룸

■ **자원준거관점의 분석틀(VRIO)**

VRIO 모델은 기업이 보유한 자원과 능력을 가능하기 위해 네 가지 질문을 포함하고 질문의 약자인 Value(가치), Rare(희소성), Imitable(모방 가능성), Organization(조직)을 따서 VRIO 모델이라 부름

① **가치(Value)** : "어느 기업의 특정한 자원과 능력이 그 기업으로 하여금 외부로부터 기회를 이용하고 위협을 중화할 수 있는가"의 질문에 대한 답변으로 해당 자원과 능력이 가치를 지니는가를 판단함

② **희소성(Rare)** : "얼마나 많은 경쟁자가 특정한 자원과 능력을 이미 보유하고 있는가?"에 대한 질문에 대한 답변으로 자원과 능력이 얼마나 희소한 성격을 지니는가를 판단함

③ **모방 가능성(Imitable)** : "어떤 자원이나 능력을 소유하지 못한 기업들이 해당 자원이나 능력을 획득하거나 개발하려고 할 때 그 자원을 이미 소유한 기업들에 비해 원가열위를 가지는가?"에 대한 답변으로 자원과 능력이 모방 가능성의 성격을 지니는가를 판단함

④ **조직(Organization)** : "기업은 자원과 능력이 가진 경쟁 잠재력을 충분히 이용하기 위해 조직되어 있는가?"에 대한 답변으로 기업이 조직화되어 있는가를 판단함

■ 기업의 보유자원

① **유형자원(tangible resource) :** 기업이 보유한 유형자원은 눈으로 확인되며 우리가 가장 쉽게 파악 및 평가가 가능하며, 기업의 대차대조표에 명시된 공장, 건물, 기계 등의 물적 자산이나 금융자산은 기업이 지닌 중요한 경영자원임

② **무형자원(intangible resource) :** 기업이 지닌 기술이나 특허권(patent) 그리고 저작권 등도 기업의 무형자원으로써 기업의 경쟁우위 창출을 가능하게 하는 자원을 말함

③ **인적자원(human resource) :** 기업에서 흔히 역량이 뛰어난 인재들은 그동안 체득한 노하우, 기술, 의사결정, 협상 능력들과 같이 눈에 보이지 않는 무형의 역량을 회사에 제공하고 경제학 관점에서도 인간이 지닌 생산능력을 유형자원이나 무형자원에 대비한 인적자원이라고 함

■ 핵심역량의 기본개념

① 핵심역량(core capability)이란 가치사슬 상의 특정 부분에 대한 기술 및 생산능력에만 주목하는 핵심능력(core competence)과는 달리 가치사슬 전체를 포괄하는 개념

② 핵심역량은 본질적으로 기업이 생산하는 최종제품이나 서비스에서 사업의 단위인 시장전략에 구애받는 것보다는 근본적인 조직의 능력이라 할 수 있고, 조직능력까지 포함하는 광의의 개념

■ 핵심역량 확보의 단계적 과정

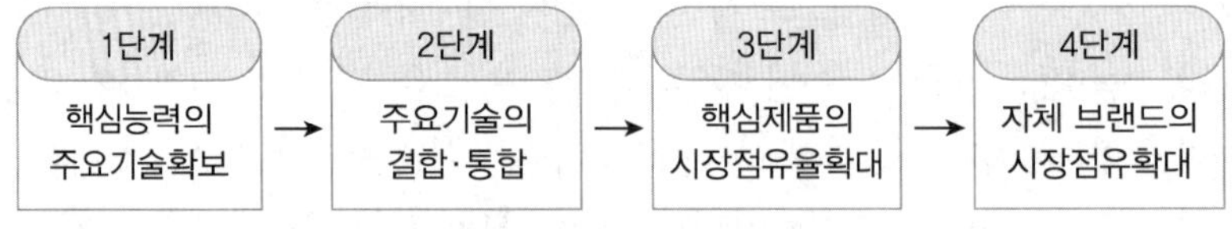

[핵심역량 확보의 단계적 과정]

① **핵심역량의 중요기술 확보 :** 주요기술을 지닌 인적자원 고용, 다른 기업과의 기술적 제휴 동맹, 지적 소유권 확보 등의 다양한 형태로 이루어짐

② **주요기술의 결합 및 통합 :** 기업의 핵심역량은 어느 특정 기술 또는 개별적 기술의 총합이 아닌 결합을 통한 핵심역량의 개발

③ **핵심제품의 시장점유율 확대** : 주요 제품은 다른 회사나 경쟁업체에 판매하고 그 회사의 유통경로 이점을 활용한 시장점유율 확대를 하거나, OEM 방식으로 다른 유명회사의 이름으로 판매함

④ **자체 브랜드의 시장점유 확대** : 핵심역량 확보의 마지막 단계는 OEM 형태의 판매에서 벗어나 자체적인 브랜드를 개발하고 자체 브랜드를 통한 시장점유율을 확대함

■ 경쟁우위와 경쟁우위의 종류

경쟁우위란 특정 기업이 제공하는 제품이나 서비스가 소비자나 시장에서 우선 선택될 수 있도록 하는 능력을 말한다. 즉, 경쟁기업들을 제치고 선택되는 힘을 의미함

① **원가우위(cost advantage)** : 경쟁기업들보다 저렴한 원가를 통한 경쟁을 말함. 동일한 품질의 제품을 경쟁기업들보다 낮은 비용으로 생산 후 대량판매에 의한 매출 극대화를 말함

② **차별화우위(differentiation advantage)** : 가격이 아닌 제품이나 서비스의 디자인, 충성도, 성능 등의 차별화를 말함

■ 기업 능력의 분석

가치사슬은 하버드 경영대학원의 마이클 포터(Michael E. Porter) 교수의 경영전략에서 경쟁우위(competitive advantage)의 기업 가치 분석 틀로 사용함

① **맥킨지의 가치사슬 모형** : 맥킨지의 가치사슬 모형은 제품의 생산에서 소비자에 이르기까지의 일련의 흐름을 말함. 기본적으로 기업의 가치 창출의 흐름에 포함된 주요활동을 공급, 제품디자인, 생산, 마케팅, 유통, 서비스의 여섯 가지 분류로 나누고 이들의 활동에서 비용을 중심으로 기업의 경쟁우위를 분석함

② **마이클 포터의 가치사슬 모형** : 가치사슬을 통해서 해당 기업의 원가우위 또는 차별화 우위를 형성할 수 있는 요소들을 체계적으로 파악하며, 해당 기업의 경쟁우위가 무엇인지를 파악함. 마이클 포터의 가치사슬에서 주목해야 할 점은 가치를 창조하는 가치활동(value activities)들이며, 이 부분이 기업의 경쟁우위를 성립하는 요소임. 이와 같은 가치 활동은 본원적 활동(primary activities)과 지원활동(support activities)으로 구분됨

㉠ 본원적 활동은 제품의 물리적 산출과 판매, 소비자에게 전달 그리고 사후관리 등을 말하며, 크게는 내부물류, 제조 및 생산, 외부물류, 마케팅과 영업, 서비스의 다섯 가지 단계로 구성됨

㉡ 지원 활동은 본원적 활동과 다른 활동에 대한 구입 요소, 기술, 인적자원, 기타 등 다양한 기능을 공급하며 지원하는 활동을 말하며, 일반적으로 획득 활동, 기술개발, 인적자원관리, 기업 하부구조의 네 가지 범주로 구성됨

■ **경험곡선과 학습곡선**

① **학습곡선** : 학습량과 학습시간, 반응시간과 오류 등을 척도로 하여 행동의 변화를 표시할 수 있는데 이것을 일반적으로 학습곡선이라 함. 즉, 학습곡선이란 인간이 어떤 작업을 처음 수행할 때 숙련되지 않아 많은 시간을 필요로 하지만, 작업을 반복할수록 익숙해져 작업시간이 줄어드는데 이것은 학습효과(learning effect)라고 함

② **경험곡선** : 누적생산량이 증가하면 단위당 생산비용은 꾸준히 감소하는 것을 말하며, 동일한 종류의 상품을 지속적으로 생산하면 그로 인해 경험이 쌓이게 되고 생산에 투입되는 유통, 경상, 마케팅 비용 등이 총체적으로 반영되는 단위당 비용이 낮아지는 효과를 말함. 다음과 같은 이유로 인해서 경험곡선이 발생함

㉠ 낮은 자본비용 : 대량생산 및 대량판매가 가능할 경우 좋은 조건으로 자금조달이 가능해질 때 경험곡선이 발생함

㉡ 낮은 원자재 비용 : 대량 구매를 통한 낮은 구매비용 가능 시 경험곡선이 발생함

㉢ 규모의 경제 : 생산량이 증가하고 고정비용이 생산 제품에 나눠 분배됨으로써 한 단위당 생산비용이 감소할 때 경험곡선이 발생함

㉣ 제품 및 생산 프로세스 개선 : 생산량이 증가함에 따른 공정 개선, 기술개선, 공장 배치 효율화 등의 개선으로 인해 경험곡선이 발생함

제 5 장 사업부 전략

■ 전략사업단위의 개념

① 특정 사업에 대한 전략적 의사결정을 일관성 있게 수립 및 실행할 수 있는 사업단위를 말하며, 명확한 전략이 존재하며 그 사업단위의 성과에 책임을 지는 경영자가 있는 하나의 조직단위를 말함

② 전략사업단위의 여러 형태

(a) 기업 = 전략사업단위

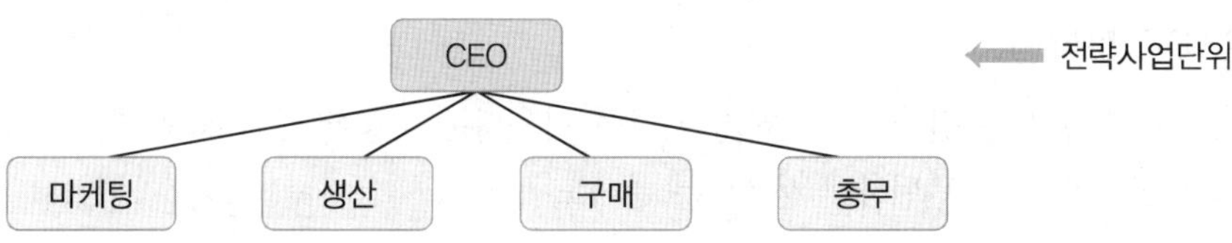

(b) 사업부 = 전략사업단위

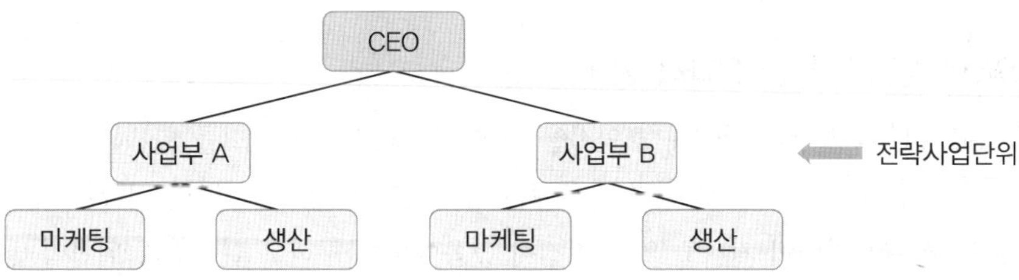

(c) 세분화된 전략사업단위 = (사업부 산하) 전략사업단위

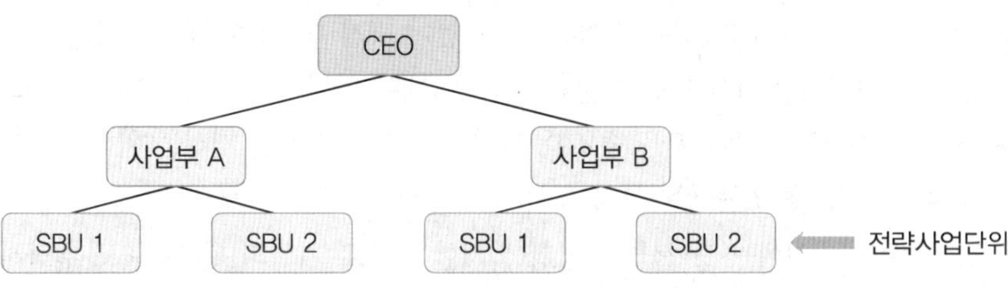

[전략사업단위의 여러 형태]

③ 기업의 전략사업단위는 그림과 같이 여러 형태로 존재함.

(a)의 경우 기업 자체가 전략사업단위가 되는 경우로서 한 가지 제품이나 서비스를 생산하더라도 제품의 특성이나 환경, 경쟁기업 등이 유사한 경우가 이에 해당되며 대체로 규모가 작은 기업들에서 흔히 나타남

(b)의 경우 각 사업부가 전략사업단위로써의 역할을 하며 사업 부제를 택하는 기업에서 흔하게 나타남

(c)는 사업부가 몇 개의 전략사업단위로 구성된 것으로써, 기업 규모가 크고 각 사업부가 여러 가지 제품을 관할하는 경우가 이에 해당함

■ SWOT 분석

① SWOT 분석은 전략을 도출하기 위하여 사용되는 다양한 분석 도구 중에서 산업계나 학계에서 가장 빈번하게 사용되는 분석도구임

② 기업의 내부적인 요인인 강점(Strength)과 약점(Weakness) 그리고 외부적인 요인인 환경에서 오는 기회(Opportunity)와 위협(Threat)을 분석하는 전략 기획 방법임

■ SWOT 분석을 통한 전략적 선택

① **SO 전략** : 가장 기업에게 호의적인 상황으로써 환경의 기회를 활용하고 기업 내부의 강점이 많은 경우이며, 이런 경우에는 공격적이고 성장지향적인 전략이 바람직함

② **ST 전략** : 기업이 지니고 있는 강점이 많음에도 불구하고 환경상의 위협이 많아 기업이 불리한 상황에 처한 경우이며, 다른 제품시장에서 현재의 강점을 활용하는 전략을 펼쳐야 함

③ **WO 전략** : 시장의 기회는 충분하지만 기업이 가진 내부능력이 취약하기 때문에 기회 활용에 있어서 제약을 받는 상황을 말하며, 내부 약점의 단기적인 개선과 기회를 적극적으로 포착하는 것이 매우 중요함. 내부 약점의 단기적인 개선을 위해서는 기업의 약점을 보완할 수 있는 합작투자 또는 인수 전략의 활용이 필요함

④ **WT 전략** : 기업이 가장 불리한 상황에 처한 것으로 기업의 내부능력도 취약하고 기업이 처한 환경도 불리한 경우를 말하며, 이 경우에는 사업을 축소하거나 전략 방향을 재조정하는 등의 방어적 전략이 바람직함

■ 본원적 전략

① 경쟁우위(competitive advantage)를 획득하기 위한 경쟁전략을 결정짓는 요소로는 저원가(low cost)와 차별화우위/독특성(uniqueness)이 있음
② 효율적인 설계 생산을 통해 내놓을 수 있는 능력을 저원가라 하고 독특하고 뛰어난 가치의 제품의 질, 제품의 특성, 애프터 서비스 제공 능력 등을 차별화라 할 수 있음
③ 본원적 경쟁전략은 크게 원가우위 전략, 차별화 전략, 집중화 전략으로 구분됨

■ 원가우위 전략

원가우위는 경험곡선의 개념을 기본 전제로 특정 기업이 투입되는 원가를 낮추기 위한 기능별 전략을 통해 산업 내에서의 원가우위를 달성하는 것을 말함

■ 원가우위 전략이 효과적인 상황

① 산업 내 기업들 간의 경쟁이 주로 가격경쟁에 바탕을 두고 있을 경우
② 제품이 표준화되고 구매자들이 시장에서 쉽게 구매할 수 있을 경우
③ 제품을 차별화할 수 있는 여지가 적고, 제품의 차별화가 고객에게 큰 의미를 주지 않을 경우
④ 대부분의 고객들이 제품을 동일한 목적으로 사용하거나 제품에 대한 요구조건이 별 차이가 없는 경우
⑤ 제품의 전환비용이 낮은 경우
⑥ 고객의 규모가 크고 가격 인하에 협상력이 강한 경우

■ 원가우위의 원천

① 기업 활동 간 관련성
② 사업부 간의 상호 관련성
③ 수직적 통합
④ 학습효과
⑤ 규모의 경제
⑤ 경험곡선
⑦ 입지

■ 차별화 전략

기업이 제공하는 제품이나 서비스를 차별화함으로써 산업 전반에 걸쳐 소비자나 시장에서 독특함으로 인식될 수 있는 가치를 창출하는 것

■ 차별화 전략의 원천

① 일반적인 차별화 정책

② 수직적 통합

③ 기업 활동 간의 관련성

④ 입지

⑤ 사업단위 간의 상호 관련성

■ 차별화 전략의 원천

① 원가우위에 따르는 위험요인

㉠ 기술상의 변화로 인해 과거의 투자나 교육훈련 등의 효력이 없어짐

㉡ 모방이나 최신 투자를 통해 산업의 신규 진입자 또는 기존 경쟁자들이 저원가 기술 등의 결과물을 보일 경우

㉢ 원가에 지나치게 주의를 기울여서 생산이나 마케팅의 변화를 감지하지 못할 경우

㉣ 경쟁기업의 상표나 이미지가 기타의 비가격경쟁 요소를 상쇄하기에 충분한 가격 차이를 보장해 주던 기업의 능력을 감소시킬 때

② 차별화에 따르는 위험요인

㉠ 저원가 전략을 채택한 경쟁기업과의 가격 차이가 너무 크면 브랜드 충성도가 제대로 기능을 발휘하지 못하게 될 때 소비자는 낮은 가격의 유인에 의해서 차별화 전략을 채택하는 기업의 제품, 특성, 제품 이미지 등의 일부를 포기할 때

㉡ 차별화 요소에 대한 소비자의 욕구가 줄어들 경우 소비자들은 더욱 많은 정보에 의해 합리적인 판단을 하게 될 때

㉢ 경쟁기업의 모방이 발생할 때

■ 집중화 전략

집중화 전략이란 자원이 제한적인 상황에서 큰 시장에 진입하여 낮은 점유율을 추구하기보다는 한 개 혹은 소수의 하위 세부 시장에서 높은 점유율을 추구 및 확보하는 전략을 말함

■ 집중화 전략이 효과적인 경우

① 산업 내 이질적인 세분화된 시장이 상당히 존재하는 경우
② 세분시장이 산업 내 선도기업들의 성공에 중요하지 않을 경우
③ 세분시장의 성장잠재력이 크거나 수익성이 높은 경우

■ 집중화 전략 위험 요인

① 기술변화나 소비자기호의 변화에 의해 틈새시장이 갑자기 사라지고 전체산업에 동화되는 경우
② 차별화기업들이 집중화기업들의 고객 욕구를 충족시킬 만큼의 제품을 공급하는 경우
③ 경쟁기업이 집중화기업들의 목표가 되는 특정 시장영역에서 더욱 세분화된 목표시장을 설정하고 이를 공략함으로써 더욱 집중적인 전략을 추구하는 경우
④ 넓은 시장을 대상을 경쟁하는 기업들과 가격 차이가 특정 시장에 집중하여 얻는 원가상의 이점이나 차별화를 상쇄하는 경우

■ 어중간한 상태

① 두 가지 본원적 전략인 원가우위 전략과 차별화 전략은 경쟁력의 결정요소에 대응하여 생존하고자 하는 상호 대체적 관계의 전략임. 본원적 전략 중에서 어느 한 가지도 수행하지 못하는 상태를 어중간한 상태라 말함
② 어중간한 상태는 해당 기업이 시장점유율, 원가우위, 자본투자, 차별화 우위 등이 결여되어 있는 상태
③ 어중간한 상태의 기업들은 대부분 낮은 수익성을 기록하고 낮은 가격을 요구하는 대규모 고객을 잃거나 원가우위를 확보하고 있는 경쟁기업들에게 밀려서 이익을 포기하는 상황에 놓임

제 6 장 기업수준전략

■ 기업의 성장 단계

단일지역에서 단일 사업 분야에 집중 → 핵심 사업 부문의 위상 강화를 위한 수직적 통합 또는 해외 진출 → 여유자원을 활용하여 새로운 사업 분야로 다각화

■ 기업의 성장전략

① **시장 침투 전략** : 시장점유율 확대와 기존 고객들의 제품 사용률을 증가시키는 전략

② **시장 개발 전략** : 기존 제품의 판매지역을 새로이 개척하거나 고객층에 대한 다양화를 통해 잠재적인 수요시장을 창출하는 전략

③ **제품 개발 전략** : 기존 제품을 대체할 만한 신제품의 개발을 통해 기존시장의 시장점유율을 새로운 제품으로 유지하거나 확대하는 전략을 신제품 개발 전략

④ **다각화 전략** : 다각화의 개념을 제품–시장 중심으로 다각화와 금융 기능 그리고 정보수집 및 분석 기능과 같은 서비스 측면의 기능을 다각화하는 전략

■ 수직적 통합

① 수직적 통합이란 기술적으로 구분되는 생산, 유통, 판매 등의 경제적 과정들을 단일 기업 내부에서의 통합을 의미

② 기업의 전방 또는 후방 사업을 통합함으로써 시장에서의 거래보다 내부거래를 통한 자체적인 경제적 목적을 달성하고자 하는 기업의 의사결정

③ 기업의 현재 기업 활동으로부터 가치사슬의 근원, 즉 원재료 쪽의 방향 활동들을 기업이 통합한다면 후방수직통합(backward vertical integration)이라고 함

④ 기업이 현재 실행하는 기업 활동으로부터 가치사슬의 마지막 단계인 최종 구매자 쪽으로의 활동영역으로 통합을 할 때를 전방수직통합(forward vertical integration)이라고 함

■ 수직적 통합의 필요성

① 시장실패의 극복
② 타 기업의 시장 지배력 행사에 대한 대응
③ 시장지배력의 유지 및 강화
④ 새로운 시장의 창조

■ 수직적 통합의 가치 및 동기

① **수직적 통합과 기회주의의 위협**: 수직적 통합이 기업에 가치를 창출해주는 이유 중 가장 대표적인 이유는 시장 거래에서 오는 위협을 감소시켜 줌
② **지속 가능한 경쟁우위를 창출**: 기업들은 자신들이 가진 가치 있고 희소하며 모방이 어려운 자원과 능력을 이용 및 경쟁우위를 획득하는 데 있어서 자신들이 필요한 자원의 획득을 할 수 없는 활동에 대한 수직적 통합
③ **수직적 통합과 유연성**: 기업의 유연성이란 기업이 그 전략이나 조직 차원의 결정을 얼마나 쉽게 변경할 수 있는가를 의미하고, 전략 변경의 원가가 낮을 경우에는 유연성의 정도가 높고, 전략 변경의 원가가 높을 경우에는 유연성 정도 등의 조직적 특성의 변경이 용이함

■ 다각화의 개념

제품 및 시장 중심의 다각화와 더불어 금융 기능과 정보 수집 분석 기능과 같은 서비스 측면의 기능을 다각화시키는 기능 다각화를 포함시키는 것을 말함

■ 다각화의 종류

① **제한된 다각화(limited diversification)**: 기업이 단일 산업과 지역에서 기업의 모든 경영활동을 영위할 때 이것을 제한된 다각화라 부르며, 단일 사업 기업(single business firms : 하나의 제품시장에서 총 매출의 95% 이상을 가진 기업)과 지배적 사업 기업(dominant business firms : 단일한 제품시장에서 70~95%의 매출을 지닌 기업)이 제한된 다각화의 형태임

② 관련 다각화(related diversification) : 기업 수익의 70% 이하가 단일 제품시장에서 발생하고 다양한 사업들이 관련성을 지니며 연결되어 있으면 그 기업은 관련 다각화의 전략을 실행하고 있다고 볼 수 있음.

③ 비관련 다각화(unrelated diversification) : 기업 수익의 70% 이하가 단일 제품시장에서 발생될 때, 그리고 기업의 사업이 공통된 부분을 가지고 있지 않을 경우, 그 기업은 비관련 다각화 전략을 추구하고 있다고 볼 수 있음

■ 다각화의 동기

① 지속적 성장 추구 : 기존 제품이나 사업이 지속적으로 성장률이 떨어지면 기업의 생존을 위해 새로운 산업에 진출하여 성장을 추구하거나, 존 사업의 성장률이나 전망이 나쁘지 않을지라도 새로운 분야에 진출함으로써 선도자의 이점(first mover advantage)을 누리기 위해 다각화 전략을 펼침

② 위험 분산 : 기업이 한 사업에만 진출해 있으면 경기순환이나 산업 불경기로 인하여 그 사업의 경기가 하락하는 경우가 있기에 산업의 경기가 하락하면 손실이 크게 되며, 이와 같은 위험을 보전하기 위해 다른 산업으로 다각화하는 전략을 택함

③ 시장지배력의 강화 : 기업이 생산, 영업, 판매 활동을 수행하는 과정에서 연구개발 투자나 광고 등의 활동으로 기업의 명성 등의 무형자산이 축적되며, 이와 같은 자산은 새로운 제품의 생산에 유용하게 활용되는데, 즉, 사업을 통한 활동에서 얻어진 노하우를 통해 다른 사업으로의 진출에 경제적인 효율성을 제공하는 범위의 경제로 인해 다각화가 가능함

■ 다각화의 평가 기준 및 가치창조 가능성

기업의 목적을 달성하기 위해서 다각화가 도움이 되는지를 평가하는 방법으로 마이클 포터는 매력도 테스트, 진입비용 테스트, 발전성 테스트라는 세 가지 조건을 제시함

① 매력도 테스트 : 다각화에 대한 매력도 테스트(attractiveness test) 산업이 구조적인 조건에서 매력적이거나 매력적인 가능성이 얼마나 있는지를 판단함

② 진입비용 테스트 : 진입비용 테스트(entry cost test)는 새로운 산업에 진입하는데 소요되는 진입비용이 진출한 산업에서 얻게 될 총이익을 초과해서는 안 되는 것을 테스트함

③ **발전성 테스트** : 발전성 테스트(improvement test)는 새로운 사업단위와 기존의 사업단위와의 연관을 통해 경쟁우위를 확보하거나 기존 사업이 새로운 사업과의 연관을 통해 경쟁우위를 얻을 수 있는지 판단함

■ 기업 다각화가 지니는 가치

범위의 경제에서 범위란 다각화된 기업들이 영위하는 사업의 범위를 말하며, 이와 같은 관점에서는 오직 다각화된 기업들만이 범위의 경제를 실현할 수 있음. 기업의 제품이나 서비스의 가치가 기업이 운영하는 사업의 수에 따라 증가할 때 우리는 '범위의 경제(economies of scale)'가 존재한다고 할 수 있음

■ 운영적 범위의 경제를 실현하기 위한 다각화

① **공유된 활동** : 가치사슬 상 공유된 활동(shared activities)은 다각화된 기업이 지닌 잠재적인 운영적 범위의 경제의 원천임

② **핵심역량** : 핵심역량의 연관성은 노하우, 경험, 지식과 같은 무형적 자원을 공유하는 형태로 범위의 경제는 기업의 핵심역량(core competence)에 기반함

■ 재무적 범위의 경제를 실현하기 위한 다각화

① **다각화와 자본할당** : 다각화는 다각화된 기업 내에서 기업 자본에 대한 사업들이 경쟁하는 내부 자본시장(internal capital market)을 창출함

② **다각화와 세금 혜택** : 다각화 기업은 한 사업에서 손실을 다른 사업에서의 이익으로 상쇄하는 것으로서 이용하면 세금의무를 감소시킬 수 있으며, 다각화가 기업의 현금흐름이 위험을 감소시킬 수 있다는 사실은 곧 기업이 파산을 신고할 가능성이 낮다는 것을 의미함

제 7 장 다각화된 기업의 관리

■ 사업 포트폴리오 분석의 의의

① 자원의 배분

포트폴리오 분석을 통해 일반적으로 각 사업에 대한 수익성에 원천이 되는 두 가지 요인인 산업의 환경과 호의성 정도와 해당 산업에서의 기업의 경쟁적인 위상 등에 대한 분석을 통해 여러 가지 사업 간의 우선순위 결정이 가능함

② 사업부의 전략 수립

산업 매력도와 기업의 경쟁위상이라는 두 가지 측면에서 각 사업의 현 위치를 평가함으로써 전략 대안, 즉, 지속적인 투자를 통한 성장 가능한 사업이 무엇인지 또는 철수해야 하는 사업이 무엇인지를 도출할 수 있음

③ 성과목표의 수립

각 사업에 대한 객관적인 평가를 토대로 사업별로 실현 가능한 성과목표를 설정할 수 있고 사업부 간의 성과에 대한 상호비교가 가능하다는 장점이 있음

④ 사업균형의 평가

기업 내 여러 사업부를 하나의 도표에 구조화함으로써 기업 전체의 사업구조가 지닌 강점이나 약점의 파악이 용이하고, 전체 포트폴리오의 균형은 현금 흐름성, 산업수명주기의 상호보완성 등의 측면에서 분석이 가능함

■ BCG 매트릭스

① 사업 포트폴리오 분석 모델은 크게 두 가지 차원으로 구성되며, 시장 매력도(market attractiveness)와 경쟁력(competitive position)이 척도이며, 기업은 두 가지 척도를 통해 사업단위를 평가할 수 있음. BCG 매트릭스의 경우 시장 매력도는 시장성장률로 경쟁력은 상대적 시장점유율로 각각 반영됨

② BCG 매트릭스는 네 가지 주요한 가정을 기초함

㉠ 상대적 시장점유율이 클수록, 해당 사업단위는 자금(cash)을 더 많이 유입시키는데, 그 이유는 경험곡선효과(experience curve effect) 때문임

㉡ 침체 또는 저성장의 시장보다 고성장시장에서 시장점유율을 늘리고자 할 때 자금은 더 많이 사용되며, 이는 시장점유율이 높을수록 점유율의 향상을 위해서 시설투자, 연구개발 투자 및 개선, 촉진 밑 유통 등의 노력을 필요로 하기 때문임

㉢ 상대적 시장점유율과 고성장 시 시장점유율을 늘리고자 자금이 더욱 많이 투입되는 결과로 한 사업단위가 거두어들이는 순 자금(net cash)의 수준은 시장성장률, 시장점유율 그리고 시장점유율에 대한 기업의 전략에 달려있음

㉣ 시장성장 정도는 기업의 마케팅 활동에는 별다른 영향을 받지 않음

■ BCG 매트릭스에 따른 전략적 활용

사업단위의 유형	주요전략의 유형
question mark	육성전략(build), 수확전략(harvest), 철수전략(divest)
star	유지전략(hold), 육성전략(build)
cash cow	유지전략(hold)
dog	수확전략(harvest), 철수전략(divest)

■ BCG 포트폴리오의 장점 및 단점

① 장점

㉠ 산업에 대한 단순화와 유형화를 통해 상대비교에 의한 포지셔닝이 가능

㉡ 동일한 조건에서 상대적 우선순위에 의한 비교가 가능

㉢ 4분면의 구분을 통해 라이프 사이클과 연계가 가능하고 산업에 대한 신속하고 간단한 미래예측이 가능

② 단점

㉠ 시장 점유율의 개념을 어떻게 정립하는가에 따른 사업의 위상이 달라질 수 있음

㉡ 시장점유율과 현금 가치 창출과의 관계가 항상 기대했던 대로 나타나지 않는다는 것으로 높은 시장점유율이 반드시 높은 수익을 보장하지 않는 경우가 있기 때문임

㉢ 현금흐름에 대한 인식(내부적 균형)이 기업에서는 가장 중대한 사항이 아닐 수 있음

㉣ BCG 매트릭스가 사업 단위들과의 관계나 상호의존성을 무시하기에 사업부 간에 창출되는 시너지 효과에 대한 고려를 하지 못함.

■ 포트폴리오 분석의 장·단점

① 포트폴리오 분석의 장점

㉠ 두 개 이상의 사업을 운영하는 다각화 기업의 전체적인 사업구조를 간결하게 도식화함으로 기업의 사업구조가 지니는 강점이나 약점의 파악이 용이함

ⓛ 각 사업부의 상황과 특성을 명확하게 차별화함으로써 각 사업부의 전략적 방향에 유용한 정보를 제공할 수 있음

ⓒ 각 사업부 활동은 전사적인 관점에서 조정 관리할 수 있으며, 포트폴리오 분석은 사업부 간의 재무자원 분배, 인적자원의 재배치 등에서 여러 가지 시사점을 제공하기에 전사적인 관점에서 자원 배분의 효과를 높일 수 있음

ⓡ 다른 다각화 기업에 대해서 포트폴리오 분석을 적용함으로써 다각화된 기업 간에 사업구조의 장·단점의 비교가 가능함

ⓜ 모든 사업의 동시적 평가를 통해 신규사업부문 또는 인수대상과 철수해야할 사업의 파악이 가능함

ⓑ 각 사업부들이 직면해 있는 전략적 상황에 따라 사업부별로 타당한 성과지표와 합리적인 성과 기준의 차별적인 설정이 가능함

② 포트폴리오 분석의 단점

ⓖ 사업부의 전략적 상황을 단순히 두 가지 측면으로만 압축하여 모형의 단순성으로 인해 사업부들에 대한 평가에 오류를 발생시킬 수 있음

ⓛ 포트폴리오 분석의 가장 큰 단점은 기업 내 사업부 간의 상호 관련성에 대한 파악을 전혀 할 수 없음

ⓒ 분석의 사업 분야 또는 사업부를 명확하게 구분하는데 어려움을 지님

ⓡ 기업성과의 영향요인으로써 시장점유율에 지나치게 의존하지만, 실제 시장에서 시장지배적인 기업들보다 오히려 틈새시장(niche market)을 대상으로 하는 기업들이 수익성이 더욱 높은 경우가 있음

제 8 장 국제화 환경에서의 전략

■ 국제화 전략

① 전사적 수준의 전략의 특수한 한 가지 유형이 바로 국제화 전략이며, 기업들은 국경의 범위를 초월한 다각화, 수직적 통합, 전략적 제휴, 인수합병의 전략을 취함

② 오늘날에는 국경을 넘어서는 국제화 전략이 보편화되었고, 영미권의 기업들뿐만 아니라 개발도상국 등의 국가에서도 보편화된 전략임

③ 대기업이나 소기업을 막론하고 국제화 전략이 널리 사용되는 것을 보면 다수의 지역에서 사업을 영위함으로써 얻을 수 있는 경제적 기회가 매우 큼

■ 국제화 전략을 추구하는 기업들이 획득 가능한 범위의 경제

① 기존 제품이나 서비스를 구매하는 새로운 고객 접근 : 기업들이 국제화 전략을 추구하는 가장 큰 이유는 기존 제품이나 서비스를 판매할 수 있는 새로운 고객을 확보하기 위함

② 제조상 저원가 요소로의 접근 : 기업의 제조공정이 규모의 경제에 민감한 특징을 지닌다면 매출의 증가는 국내와 해외에서 기업의 원가를 낮추어 원가우위를 획득하게 할 수 있음

③ 새로운 핵심역량 개발 : 해외에서의 활동을 통해 기업은 스스로의 강점이나 약점을 더욱 잘 이해하고 파악할 수 있음. 새로운 경쟁 환경에 스스로를 노출시킴으로써 기존의 역량이 수정되어 더욱 새로운 역량이 개발될 수 있음

④ 기업 위험의 관리 : 사업의 지분을 유지한 채 다른 방식으로 위험을 분산할 경우에는 해외에 사업을 다각화하여 위험 감소의 이득을 취할 수 있음

■ 해외시장 진출의 유형

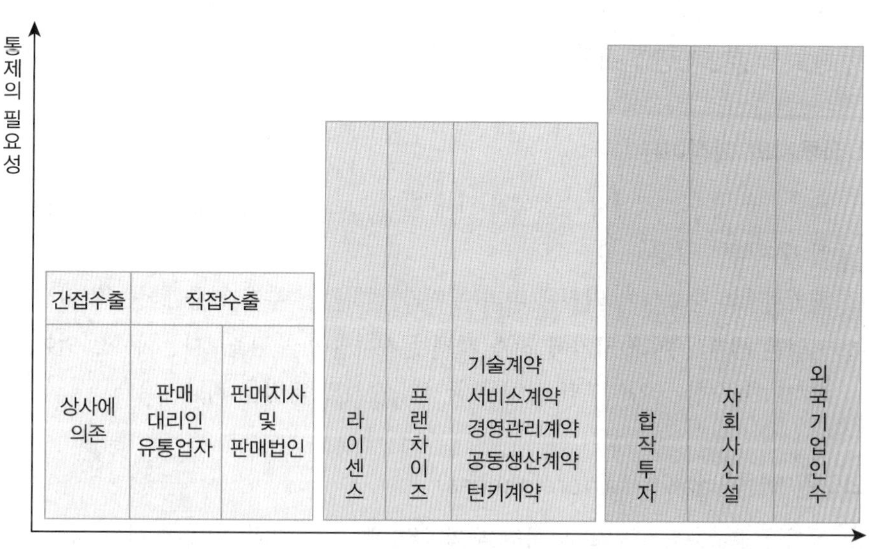

[해외시장 진출방법의 분류]

① **수출** : 수출방식은 각종 재화의 국가 간 이동을 말하며, 국제화 전략에서 가장 기본적인 해외시장 진출방식임. 직접수출이란 수출전담부서나 판매 법인을 통한 해외시장 개척, 현지 판매망 관리, 판촉 행위 등 수출 제반 업무의 기능을 직접 수행하면서 자사제품에 대한 강한 통제력을 지닌 형태임. 간접수출이란 수출대행업체나 무역상사를 통한 것으로서 기업이 직접 수출입 관련 업무를 수행하지 않으면서 해외시장을 개척하는 데 큰 노력이 필요하지 않는다는 특성임

② **라이센스와 프랜차이즈** : 해외시장 진출 시 국제계약을 통한 진입방식은 기업이 자신들의 무형자산인 브랜드, 기술, 특허, 저작권과 같은 지적 소유권, 소프트웨어와 같은 기술적 노하우나 경영과 마케팅과 같은 경영적 노하우 등 자신들의 자산을 하나의 상품으로 취급하여 현지 기업과 일정한 계약관계에 의해 시장에 진출하는 것을 말함

③ **(해외)직접투자** : 직접투자의 경우 수출이나 국제계약에 의한 방법에 비해 본국에서 해외사업에 대한 강력한 통제력이 있으며, 수치적으로는 해외에 있는 법인체나 기업의 주식을 20% 이상 소유하는 것을 해외 직접투자라 정의됨

■ 직접투자의 동기

① 경쟁우위의 활용

② 내부화

③ 환율 및 무역장벽의 위험 감소

■ 직접투자의 과정이론

① 해외시장 진출 과정에서 수출에서 판매 법인으로, 다음 단계에서는 생산법인을 설립하여 순차적인 진입을 함

② 해외시장의 중요성이 커짐에 따라 투자가 점차적인 투자가 증대되는 것임

③ 기업은 세계의 여러 국가에 진출 시에 동시다발적인 진출보다는 문화, 언어, 경제적 환경이 비슷한 국가로부터 상이한 국가의 순서의 과정을 지님

■ 외국인 비용(liability of foreignness)

① 현지국에 존재하는 기업에 비해 해외 국가에 진출하려는 기업은 현지 시장의 특성을 잘 모르기 때문에 부담하는 일종의 유형 및 무형상의 모든 비용을 말함

② 외국인 비용의 발생 원천

구분	내용
문화적 차이 (cultural distance)	• 국가별 문화적 차이가 높을수록 부담해야 할 외국인 비용도 증가 • 언어, 인종, 종교, 미학, 관습 및 규범의 차이 • 다국적 기업은 동일한 언어, 인종, 종교 및 규범을 가진 국가로 진출할수록 문화적 차이를 줄일 수 있음 예 식음료, 유통, 패스트푸드
제도적 차이 (administrative distance)	• 국가별 제도적 차이가 클수록 외국인 비용 증가 • 독립국가, 통화 통합 or 정치적 연계 미약, 정치적 정의, 정부 정책, 제도적 불확실성 • 다국적 기업은 정부 정책의 변화가능성이 낮은 국가, 즉 정치적 안정성이 높은 선진국으로 진출할수록 제도적 차이를 줄일 수 있음 예 방송, 신문, 통신, 금융서비스, SOC
지리적 차이 (geographical distance)	• 지리적 거리의 차이가 클수록 외국인 비용 증가 • 물리적 거리, 접근성 제약, 시장규모, 교통 및 통신기술 부족, 기후 차이 • 다국적 기업은 지리적으로 멀리 떨어진 국가로 진입하면 수출보다 직접투자 방식 better 예 시멘트, 유리, 철강, 중장비
경제적 차이 (economic distance)	• 국가별 경제력 수준의 격차가 클수록 외국인 비용 증가 • 소득 수준 차이, 생산요소(천연자원, 자본, 노동력) 가격의 국가별 차이 • 다국적 기업은 본국과 소득 수준이 비슷한 국가로 진입하거나 철저한 현지화로 극복 가능 예 자동차, 휴대폰, 보험, 내구 소비재

■ 다국적 기업

① 다국적 기업(multinational entreprise)은 국경을 초월하여 2개 이상의 국가에서 정치적, 경제적, 법률적, 사회문화적 환경하에서 기업 활동을 벌임으로써 다국적 기업은 세계 경제와 각각의 국민경제에도 광범위하게 활동하고 다양한 측면에 영향을 미침

② 다국적 기업은 둘 이상의 국가에 현지법인을 가지고 있는 기업으로 정의됨

■ 다국적 기업의 경영형태

① 본국 중심주의(ethnocentrism) : 다국적 기업의 출신 국가에 있는 본사가 주요한 의사결정권을 장악하며, 본국의 가치관이나 경영방침 그리고 경영시스템을 해외 자회사에 강요하는 방식

② 현지국 중심주의(polycentrism) : 세계 각국의 문화와 경제환경이 서로 다르기에 현지를 가장 잘 아는 현지인이 현지에 맞는 방법으로 자회사를 운영하며, 본사는 대부분의 의사결정을 현지의 경영자에게 위임하고 금융적인 통제 기능만 함.

③ 세계 중심주의(geocentric) : 세계중심주의는 본사와 자회사 간의 쌍방 정보교환과 협력적인 의사결정이 빈번하고 상호의존적인 구조임

■ 범세계화와 기업의 대응

① 국제화에 따른 기업의 대응 : 기업의 국제화는 기업이 사업에 필요한 자원을 얻기 위하여 또는 해외시장을 개척하기 위해 해외로 진출하는 과정임. 기업은 국내시장에서 얻을 수 있는 이윤만으로 만족하지 않고 국제 시장으로 진출하여 더 많은 이윤을 얻으려고 시장 확보 차원에서 다양한 노력을 함

② 오늘날 국제화의 양상 : 오늘날 국제화에 따른 기업들의 양상은 특히 국내시장에 비해 해외시장을 중시하던 단계를 벗어나 '국경이 없는(borderless)', '초국가적인(transnational)' 기업이 많이 등장하고 이러한 기업들이 크게 발전하고 있음. 이와 같은 이유는 교통수단과 통신수단의 발달과 대중매체의 발달, 무역장벽과 외환규제의 완화, 기업 간 경쟁의 국제화 등을 원인으로 볼 수 있음

■ 전략적 제휴

경영전략 분야에서는 제휴 네트워크(alliance network), 결합(coalition), 협력(collaboration), 동맹(partnership) 또는 협력 등과 같은 여러 가지 용어로 사용됨

■ 전략적 제휴의 목적

① 자원과 위험의 공유

② 신제품 개발 시장 진입의 속도 단축

③ 산업 표준의 선택

④ 기업의 유연성 확보

제 9 장 전략의 실행

■ 전략 실행의 구성요소

① 전략 수립에 있어서 활용 가능한 분석 도구는 다양하지만, 전략실행의 단계별 점검표나 입증된 방법, 효과적 시행을 위한 구체적인 지침 등은 존재하지 않음

② 전략실행은 전략경영과정에서 가장 명확하지 못한 영역

③ 상이한 업무 관행이나 경쟁상황, 상이한 작업환경과 조직문화, 상이한 기업의 역사와 인적자원과 같은 요인으로 인해 전략의 실행은 해당기업에 가장 적합한 방법을 선택해야 함

④ 기업별로 가장 적합한 방법이란 기업의 환경이나 여건, 전략실행자의 판단과 상황에 따라 여러 가지 수단을 활용할 수 있는 전략 의사결정자의 능력에 따라 달라짐

■ 단기운영목표와 행동계획의 설정

① 단기운영목표는 기업의 전체목표와 전략의 실행을 위해 조직단위 또는 기능부문에 요구되는 활동과 그 결과를 구체화한 것임

② 시장점유율, 투자수익률, 새로운 시장이나 제품의 개발과 같은 전략적 목표는 전략수립의 지침이 되며, 동시에 전략의 효과를 평가하는 데에도 활용이 됨

③ 대체로 1년이나 그 이하의 기간을 대상을 설정되는 단기운영목표는 바로 기업의 장기적 목표와 전략을 달성하는 방향으로 기업 활동이 이루어질 수 있도록 구체적인 기준을 제시하는 역할을 하게 됨

■ 단기적 운영목표의 조건

① **장기적 목표와의 연계성** : 단기적 운영목표는 기업의 장기적 목표 및 전략과 밀접하게 연관되어 있어야 함

② **부문별 목표와 활동의 조정 및 통합** : 단기적 운영목표는 이해관계가 상충되는 부문관리자들 간의 토의와 협상을 통해 도출되어야 함

③ **구체적이며 측정 가능한 목표** : 행동계획으로써 단기운영목표가 지니는 구체성은 전략의 실행에 있어서 핵심적인 요소임

④ **도전적이면서도 달성 가능한 목표** : 장기적 목표에도 적용될 수 있지만, 특히 단기적 운영목표는 매우 구체적이므로 조직 구성원들이 이를 직접 느낄 수 있어 도전적이면서도 달성 가능한 단기운영목표는 조직 구성원들의 동기와 의욕을 유발하는 역할을 함

■ 조직구조와 환경

① **기계적(mechanistic) 조직구조** : 의사결정이 대부분 상부에 집중되어 있으며, 분업화와 전문화를 강조하고 관료적인 규칙과 절차를 강조하는 조직구조를 말함

② **유기적(organic) 조직구조** : 분권화된 의사결정과 유연한 절차를 가지고, 수직적인 의사소통과 명령 통제보다는 수평적인 연결을 중시하는 형태이므로 관리자층이 적은 특징의 평면형(flat) 구조임

■ 조직구조가 변하는 과정

① 환경의 변화에 따른 새로운 전략의 수립

② (전략이 새롭기에 생기는) 관리상의 새로운 문제 출현

③ (혼란 때문에 오는) 기업성과의 약화

④ 더 적절한 조직구조로 이동

⑤ 이익 수준의 회복

■ 조직구조 유형의 결정 요인

① **수직적 성장(vertical growth)** : 조직의 수직적 성장은 조직 계층(hierarchy)의 수를 늘리는 것을 말하며, 관리자와 직원들 사이의 권한(authority)은 조직의 상부에서 하부로 흐르고 책임(accountability)은 하부에서 상부로 흐름

② **수평적 성장(horizontal growth)** : 수직적인 성장이 조직의 권한과 관계된 것일 경우 수평적 성장은 기능, 제품 그리고 사업영역과 같은 조직구조의 폭이 넓어지는 것을 말함

■ 조직구조 유형의 결정 요인

① **단순구조(simple structure)** : 단순구조는 조직의 초기에 나타나는 형태로서 주로 소규모의 기업이나 창업기 기업들에 해당하는 구조임. 단순구조는 수평적, 수직적 분화의 정도가 매우 낮으며 조직의 공식적인 구조가 존재하지 않는 상태를 말함

② **기능별 구조(functional structure)** : 조직 성장의 2단계라고 할 수 있는 기능별 구조는 기능 전문가들로 구성된 전문 관리자들이 창업가들을 대체하게 되며, 기능별 조직은 유사한 활동들을 하나로 모으고 기능별로 다른 활동들을 분리시키는 것이 특징임

③ **사업부 구조(divisional structure)** : 기능별 구조의 문제를 해결하기 위해 나타나는 사업부구조의 경우 제품구조(product structure)와 지역구조(geographical structure)로 구분하기도 하고 비슷한 제품이나 지역을 단위로 구분하여 묶어 놓은 구조임

④ **전략사업단위 조직(SBU : Strategic Business Unit)** : 전략사업단위(SBU)는 기업 본사가 해야 할 일을 분담하여 본사의 통제범위 부담을 경감시켜주고 전략적 사업단위로 묶게 됨에 따라 효과적인 사업단위

⑤ **컨글로메리트 구조(conglomerate structure)** : 전략사업단위가 사업 간의 유사성을 중심으로 전략 사업단위를 구성하는 측면이라면 컨글로메리트 구조의 경우 재무적 포트폴리오를 바탕으로 한 사업단위를 구성하는 것을 의미함

⑥ **매트릭스 조직(matrix structure)** : 행렬조직이라고도 불리는 매트릭스 구조는 사업부제와 기능별 구조의 장점을 조화하려고 시도한 조직 형태로서, 프로젝트 매니저(project manager)와 기능부서 매니저(functional manager)와 이중 명령 구조(dual chain of command)의 특징이 있음

■ 조직문화

① 조직문화란 특정 조직 구성원들이 받아들이고 함께 공유하는 신념과 행동의 유형들과 가치를 말함

② 최선의 문화란 것이 따로 존재하는 것이 아닌 기업의 비전이나 전략에 가장 잘 조화되는 것이 최상의 문화임

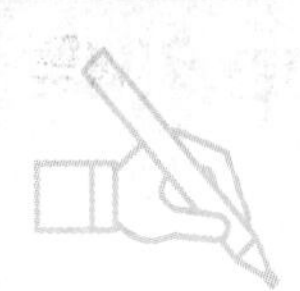

여기서 멈출 거예요? 고지가 바로 눈앞에 있어요.
마지막 한 걸음까지 시대에듀가 함께할게요!

고득점으로 대비하는 가장 똑똑한 수험서!

경영전략의 의의

제 1 장 경영전략의 의의

제 1 절 경영정책과 경영전략

1 경영전략의 의미

(1) 기업에서의 경영전략

① 기업에서 전략경영이란 환경이 요구하는 기업의 변화를 야기시킬 뿐만 아니라, 기업이 지닌 희소한 자원의 효율적 배치 그리고 기업이 나아가야 할 방향을 제시하는 것이다. 기업의 전략경영을 바라보는 관점은 학자들에 따라 다양한 견해를 지니지만 보편적 견해는 다음과 같다.

㉠ 전략을 회사 내부의 다양한 의사결정이 결합되어 있는 프로세스로 보는 관점은 기업의 기본적인 목표에 부합하는 계획을 수립하는 과정을 효율적으로 진행하는 것이 의사결정자 역할이라 본다. 즉, 기업에서 이루어지는 전략은 기업의 의사결정이라 본다.

㉡ 전략은 조직의 장기적인 목표와 행동 그리고 자원분배의 순위를 정함으로써 조직의 목적을 달성하는 수단으로 본다.

㉢ 전략은 기업이 속한 시장에서의 경쟁을 위한 수단으로 본다. 시장 내 다른 기업들과의 경쟁을 위해 다각화, 성장, 사업 철수 등의 포트폴리오를 구성함을 말한다.

㉣ 기업의 경쟁우위에 입각한 경쟁전략으로써 경쟁우위를 성취하고 기업 외부의 기회나 위협 그리고 내부 강점 및 약점에 대한 대응으로 보는 관점이다.

㉤ 기업의 전략은 기업을 둘러싼 이해관계자들에 대한 경제적 이익 또는 비경제적 공헌을 극대화하는 수단으로 보는 견해이다.

② 기업이 시장에서 도태되는 이유는 기업과 연관된 고객들을 만족시키지 못하는 것의 결과이며, 이는 기업의 경쟁력과 수익성 손실로써, 기업은 결과적으로 경쟁자에게 시장에서의 자리를 뺏기게 된다. 이와 같은 논리는 비단 기업의 고객뿐만 아니라, 기업을 둘러싼, 이해관계자들에게도 해당한다. 또한, 기업의 주요 이해관계자인 주주, 공급자, 임직원, 지역사회 등에도 적용될 수 있다.

③ 결과적으로 기업이 장기적인 이익 창출과 동시에 기업의 이해관계자들과의 공정한 관계를 유지하기 위해 희소한 자원을 가진 기업의 전략적 의사결정이 중요성을 지니는 것이다.

(2) 전략에 대한 통합적 관점

① 앞서 언급된 다섯 가지의 기업에서의 전략에 대한 관점은 기업전략의 중요성 차이를 반영한 구분이지만, 기업의 전략적 목표를 달성하기 위한 여러 가지 관점이라 볼 수 있다. 즉, 기업의 외부환경과 내부자원 그리고 다양한 이해관계자 등을 고려함과 동시에 기업의 모든 목적을 추구하고 하는 것이다.

② 전략은 의사결정자가 기업 내에서 차지하는 위치에 따라 전략적 수준을 달리한다. 의사결정자가 기업 전체를 책임지는 최고경영자(CEO : Chief Executive Officer)라면 기업전략(corporate strategy)을, 기업 내의 사업부를 책임지고 있는 의사결정자라면 사업전략(business strategy)을, 사업부 내의 마케팅·생산·재무·회계와 같은 특정 기능을 책임지는 의사결정자라면 기능별 전략(functional strategy)을 책임진다.

③ **기업전략이란 최고경영자로 하여금 '어떠한 사업 분야에 참여할 것인지'를 결정하는 것**이며, 사업전략이란 '선택 사업 안에서 어떻게 경쟁할 것인지'를 모색하는 결정을 말한다. 기능별 전략이란 마케팅, 생산, 재무, 회계와 같은 기능부서에 해당하는 전략을 말한다. 이 중 경영전략 분야에서는 기업전략과 사업전략을 다룬다.

㉠ **기업전략** : 전체 기업 차원의 미션을 정의하고 사업수준과 기능별 수준에서 나오는 제안 검토를 통해 관련된 사업의 연관성을 고려하여, 자원할당에 대한 의사결정을 기업전략이라 한다. 기업전략이 중요한 이유는 기업이 수익 극대화를 목적으로 여러 가지 사업에 참여하는 것과 동시에 경영활동을 효과적으로 관리하기 위해서이다. 다양한 사업의 특성을 고려하며, 사업단위에 적절한 장·단기 목표를 수립하고 실행하는 데 필요 자원을 배분하는 것이 기업전략에서 중요 과제이다. 즉, 기업의 한정된 자원을 적절하게 분배하는 것이 기업의 경쟁우위를 유지할 뿐만 아니라 수익성 향상을 위한 의사결정이기 때문이다.

㉡ **사업(부)전략** : 사업전략은 사업부 수준 전략으로 불린다. 각 사업 내에서 해당 사업이 경쟁우위를 획득 및 유지하는데 필요한 활동들을 말한다. 즉, 기업 외부 기회 또는 위협을 인식하고 기업전략에 의한 자원분배가 실행된 후, 사업전략에서는 기업 내부자원의 활용을 통해 경쟁기업들과의 경쟁에서 이길 구체적인 방향을 강구한다.

㉢ **기능별 전략** : 기능별 전략은 개별사업부 안에 존재하는 재무, 생산, R&D, 마케팅, 인사 등의 기능별 조직의 인사관리, 영업전략, 자금조달, 홍보, 생산전략, R&D 전략 등 세부적인 수행방법들을 말한다.

④ 전략의 분석수준 및 경영전략의 접근방법 등은 이후 환경분석, 내부환경분석, 사업(부)전략, 기업전략 등에서 다룰 예정이다.

(3) 기업경영의 이해

① 기업을 경영한다는 것이 무엇인가라는 문제는 매우 어렵고 복잡한 문제이다. 그래서 기업을 대상으로 경영학을 연구하는 학자들은 기업을 실제로 이끌어 가는 경영자들의 기업경영에 대해 다양한 정의를 내리고 있다. 이와 같은 이유로 인해서 기업의 학자나 기업인들은 마치, 코끼리의 코, 귀, 다리 등의 일부만을 만져보고 코끼리를 부채, 기둥, 벽이라고 묘사하는 것처럼 기업경영이라는 거대한 복잡한 실체의 일부분만을 보고 경영의 전부를 파악한 것으로 착각하는 실수를 범할 수도 있다.

② 일반적으로 새로운 집을 짓기 위해서는 땅을 다지고 그 다음 기둥을 세우고 마지막으로 지붕을 얹어야 한다. 마찬가지로 기업 또한 기초를 단단히 하고 기둥을 세우고 지붕을 알맞게 덮어야 '영속적인 기업(ongoing firm)'으로써의 기능을 실행할 수 있다. 여기에서 기초와 기둥 및 지붕은 제각기 기업의 경영활동을 구성하는 구성요소로써 다음에 나오는 그림과 같이 나타난다.

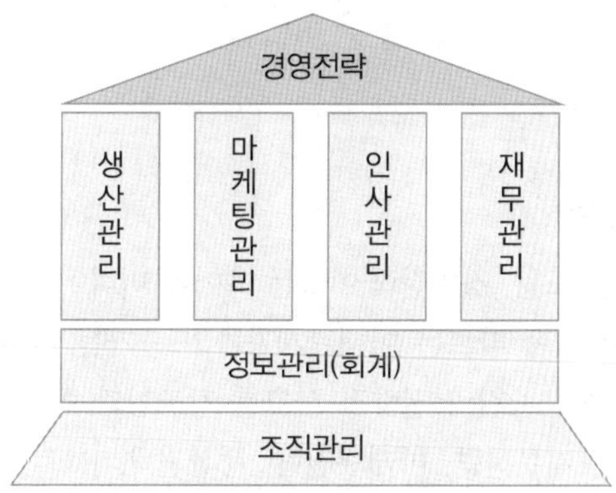

[경영활동의 구성요소]

그림은 기업의 경영활동을 경영학의 다양한 영역으로 분류하여 재구성한 것이다. 기초를 구성하기 위해서는 먼저 조직이 형성되며, 기본적으로 인간들이 모여 형성한 조직이 된다. 인간은 개개인만이 존재할 경우는 매우 미약한 존재이지만, 유기적인 결합에 의해 형성된 조직의 힘은 개별 구성원의 힘을 단순히 합계한 것보다 커진다. 단순합계보다 커지는 '시너지 효과(synergy effect)'를 창출할 수 있는 것이 바로 기업이라는 조직의 존재 이유인 것이다.

③ 인간에 의해 구성된 기업은 정태적인 개념으로 기업 내 구성원 간 또는 기업과 환경을 연결하는 연결성을 포괄하지는 못한다. 기업 내의 모든 활동에 대한 정보(information)라는 수단을 통해 기업 내에 전달되는 것이다. 그래서 기업에 있어서 정보에 대한 관리는 기업 내부 구성원들과 기업과 외부환경을 연결해주는 통로인 것이다. 기업들은 기업의 정보를 개발하기 위한 노력을 해온다. 그림, 문자, 숫자 중 가장 정확한 전달 수단인 숫자를 통한 '회계시스템'을 개발하고 사용하고 정부, 주주, 소비자, 임직원 등 기업의 이해관계자들에게 기업의 정보를 제공하는 역할을 한다.

④ 기업조직의 확립과 기업정보가 형성된 기반 위에 기업은 실질적인 경영활동을 수행한다. 경영활동의 구체적인 내용은 '노동, 자본, 기술, 자원'이라는 생산요소를 투입하여 재화와 용역을 산출하는 생산기능이다. 기업은 결국 투입물의 생산 활동으로 얻어진 산출물을 통해 이윤을 창출하는 것이다. 또한, 생산활동을 통해 창출된 잠재적 이윤을 현금화하는 활동인 마케팅, 사람과 돈이라는 자원을 관리하는 기능인 인사관리와 재무관리를 통해 기업경영이라 볼 수 있다. 따라서 생산, 마케팅, 인사, 재무라는 네 가지의 관리기능이 기업경영이라고 간주했지만, 이런 기능만으로 기업경영이 완결되는 것은 아니다. 이와 같은 기능을 효율적으로 배분하는 것이 바로 경영전략이며, 이를 앞으로 살펴보도록 하겠다.

제 2 절 경영전략의 이해

1 경영전략의 정의

(1) 경영전략과 전략경영

① 우리는 '전략경영' 또는 '경영전략'이라는 용어를 미디어에서 자주 접할 수 있다. 기업의 규모가 거대화되고 이에 따르는 이해관계자들의 증가는 기업에 대한 관심도를 증가시킨다. 기업들 역시 전사적 차원의 전략적 사고를 강조함과 동시에 경영학의 기능별 분야에서도 전략을 차용하며, 재무전략, 마케팅전략, 생산전략, R&D 전략과 같이 기능별 학문과 전략을 사용함으로써 전략적 관점의 중요성을 강조한다. 이와 같은 현상은 글로벌화로 인해 증대되는 경쟁심화를 보여주며, 기업들의 전략이 중요하다는 것을 보여주는 것이다.

② 경영전략이란 '기업이 경쟁우위를 창출하기 위해 기업의 희소한 경영자원을 어떻게 배분할지에 대한 의사결정'이라고 정의된다.

다음에 나오는 '더 알아두기'에서는 전략에 대한 다양한 정의를 보여준다. 경영전략의 중요한 요소는 결국 '희소한 경영자원'을 효율적으로 분배하냐의 문제이다. 만약 경영자원의 희소성이 높지 않다면, 즉, 어떤 기업이든 자원을 획득할 수 있다면 전략적 사고나 의사결정을 할 필요성이 없다. 하지만 기업들은 시간, 인력 자본 등의 희소한 경영자원을 어떻게 효율적으로 배분할지의 중요한 의사결정에 직면한다. 또한, 경영전략은 기업이 처한 경쟁상황을 가정한다. 만약 경쟁이 없는 상황이라면, 전략적 사고가 필요하지 않기 때문이다. 그러나 시간이 지남에 따라 경쟁이 치열해지고 있는 현대사회에서 기업들은 경쟁상황에 항상 직면하고 있다. 이와 같은 상황에서 경영전략은 기업이 어떻게 자신에게 경쟁우위를 지닐 것인가를 체계적으로 접근할 수 있는 방법론이다.

③ 희소한 자원의 분배를 통한 경쟁우위 창출과 유지는 '선택'과 '포기'를 동반한 전략적 의사결정이다. 왜냐하면, 본질적으로 전략이란 희소한 자원을 배분하는 의사결정이며, 한쪽의 선택 이후의 경영자원은 다른 쪽에서는 사용이 불가하다. 즉, 희소한 자원이란 '선택'과 '포기'를 동반하는 것이다. 예를 들어 한 기업이 자본금 20억으로 신규 사업을 시작할 경우, 한 가지 사업에 투자하거나, 또는 각각 10억씩 2가지 사업을 시작할 수 있다. 이처럼 전략적 의사결정에는 상쇄관계(trade-off)가 존재하는 것이다.

더 알아두기

전략의 정의

- 손자의 「손자병법」 : 전략이란 생존에 중요한 역할을 하는 것으로서 삶과 죽음의 문제이기도 하며 안전과 존망에 영향을 미치는 것이다. 어떠한 경우라도 전략을 소홀히 여겨서는 안 된다.
- Alfred D. Chandler의 「Strategy and Structure」 : 전략이란 기업의 장기적인 목표의 결정과 그 목표를 달성하기 위한 행동을 결정하고 경영자원을 배분하는 것이다.
- Kenneth Andrews의 「The Concept of Strategy」 : 전략이란 기업의 목표와 그 목표를 달성하기 위한 여러 가지 계획이나 정책을 말한다. 또한, 전략은 그 회사가 어떤 사업분야에 참여하고 있어야만 하고 그 회사가 어떠한 성격의 회사이어야 하는가를 결정하는 중요한 이론이다.

2 경영전략의 중요성

(1) 기업에서 경영전략의 위치

① 기업은 기업의 목표인 '이윤 극대화(profit maximization)'를 위해 매출액 극대화를 추구하거나 원가를 극소화 시키는 노력을 한다. 다시 말해 매출을 늘리거나 원가를 줄이는 것을 통해 이윤 극대화를 노력한다. 그런데 원가절감과 매출액 증대의 두 방안을 동시에 달성하기가 곤란할 뿐만 아니라 각 부분 간의 갈등을 야기시킬 수도 있다. 예를 들어 생산부문의 담당자는 이윤 극대화라는 기업의 목표를 달성하기 위해 매출액 증대보다는 원가절감을 위한 생산 방향을 모색하는 데 비해, 마케팅 부문의 담당자는 판매비용의 감소를 통한 원가절감보다는 원가가 더 투입될지라도 판매를 더 늘리는 방법으로 이윤 극대화를 추구할 것이다.

② 그렇다면 이처럼 "기업 내부의 충돌되는 관리부분 간의 문제는 어떻게 해결해야 하는가?"에 대한 문제가 존재한다. 이와 같은 갈등은 각 부문의 담당자들 사이에서 해결되거나 해결 가능성이 있는 문제가 아니며, 이들의 상급위치인 최고경영진(top management team)에서 다루어져야 할 전사적 의사결정인 것이다.

③ 전사적 의사결정이라는 것은 기업이 가지고 있는 한정된 자원(자금, 노동력, 기술, 경영관리 능력 등)을 미래의 시장수요를 감안한 의사결정을 의미한다. 더 나아가 안정과 성장이라는 균형 등 기업의 장기적인 목표 그리고 경영자의 지향성, 철학 등이 모두 고려되는 것이다.

④ 이와 같은 맥락에서 기업경영의 효과성을 판단해 본다면 기업 관리만을 잘한다 할지라도 기업경영이 잘 된다고 판단할 수 없다. 즉, 조직의 목표를 설정하고, 각 관리부문의 갈등이나 마찰을 기업 전사적인 관점에서 조정하여 해결하는 활동인 경영전략이 경영에 포함될 때 비로소 기업은 일관된 목표를 가진 경영활동을 할 수 있는 것이다.

(2) 사회 환경에서 경영전략의 중요성

① 1973년 오일쇼크와 1997년 외환위기 이후 기업경영에 있어서 환경의 급진적 변화는 기업들에게 불확실성(uncertainty)을 가중시켰으며, 이러한 환경의 변화에 능동적으로 대처할 수 있는 기업만이 지속적으로 발전할 수 있다는 교훈을 주었다.

② 1960년대까지 기업의 경영 패턴은 '예측 가능한 환경(the age of certainty)'에 대한 기업경영 활동 패턴은 효율성만을 추구하는 관리활동만이 경영의 전부라고 주장했지만, 급격한 환경변화로 인해 경영의 관리에만 치중했던 경영자들은 실패의 쓴맛을 맛볼 수밖에 없었다. 그 결과 관리활동의 상위 개념 내지는 기본전제로써 환경의 급진적 변화에 대한 기업의 기본전략을 설정하는 전략적 의사결정역량이 이제는 모든 기업과 의사결정의 주체인 경영자들에게 요구되는 시간이 되었다.

③ 환경이 동태적으로 급진적인 변화를 경험할 때 기업의 성공과 실패는 효율적인 관리보다는 선택한 전략이 얼마나 환경에 적응하느냐에 따라 좌우된다. 따라서 1973년 오일쇼크와 경기침체로 인해 전략의 중요성을 인식한 경영학계는 1970년대 중후반부터 '경영정책(business policy)' 또는 '경영전략(business strategy)'을 필수과목으로 채택하며, 전략적 의사결정의 중요성이 대두되었다.

④ 기업경영에 대한 경영자의 인식변화와 각 관리부문 간의 갈등과 환경의 불확실성 증대라는 여건하에 더는 관리가 경영과 동일시될 수 없다는 것을 인식하게 되었다. 이에 따라 현대 경영학에서는 전략과 관리 그리고 운영이라는 세 가지의 활동을 동시에 다루게 된 것이다. 결과적으로 현대사회와 같이 기업을 둘러싸고 있는 기업환경의 급진적인 변화는 '불확실성의 시대'를 가져왔고, 이와 같은 환경에서 기업이 생존과 번영을 하기 위해서는 기업의 목표를 설정하고 이를 달성하기 위한 전략을 수립 후 효율적인 관리와 운영을 해나가는 능력이 요구되는 상황이다.

제 3 절 전략의 형성과정

1 경영전략의 학문적 발전과정

(1) 전략의 기원

① **군사전략에서 기원**

㉠ 전략(strategy)의 기원은 군사학 또는 병법에서 시작되었다. 중국 춘추전국시대의 손무와 손빈은 손자병법과 손빈병법을 기술하였으며, 서양에서는 알렉산더 대왕과 시저 등이 자신의 병법을 서술하였다. 물론 전장에서 기술된 병법과 기업의 전략을 동일시하는 것은 어렵지만 다양한 유사점이 존재한다.

㉡ 군대와 기업은 모두 자본, 인적자원, 장비, 기술을 지니고 이를 통해 외부 경쟁자들과 경쟁하며, 경쟁국가나 경쟁기업의 행동에 민감하게 대응할 뿐만 아니라 기업과 군대의 행동을 살펴보면 공격, 수비, 적을 교란하는 행동 등과 같이 유사한 경쟁행동을 볼 수 있다. 군대에서 적진을 공격하거나 대항하는 목표는 기업의 목표와 비전을 추구하는 것으로 볼 수 있다.

② **장기전략의 형성 및 쇠퇴**

㉠ 전략이 군사학 범위에서 확장되어 기업의 전략으로 편입된 시점은 1950~60년대에 영미권 기업들이 다양한 사업영역을 어떻게 효율적으로 운영할 것인가의 문제에서 시작되었다. 이와 같은 상황에서 각 사업단위의 의사결정자들은 효과적인 관리를 위하여 매년 매출 및 수익률의 목표를 설정하고 사업에 대한 투입자금을 적절하게 배분할 필요가 생겼으며 이를 위해 장기적인 목표와 전략계획이 필요하게 되었다. 이 당시 미국의 경제는 호황기와 지속 성장을 누리며, 기업들은 장기적인 예측을 바탕으로 중단기 전략을 수립하고 그에 맞는 투자계획이나 홍보 또는 재무전략을 고안했다. 기업들은 단기적인 의사결정보다 장기적인 의사결정의 중요성과 필요성을 인식하며, 매출액, 시장점유율 등을 장기 전략계획으로 수립하였다. 그 결과 대부분의 미국 기업들은 '기획실(corporate planning departments)'을 설립하여 장기 전략계획을 수립하였다.

㉡ 이와 같은 흐름 속에서 다양한 경영전략 분석도구들이 등장하였다. 1970년대 제품 포트폴리오 매트릭스(product portfolio matrix), 보스턴 컨설팅 그룹(Boston Consulting Group)의 BCG 매트릭스, SWOT 분석이라는 다양한 분석 도구들이 기업의 경영환경과 기업의 장기전략수립의 도구로 등장하였다. 그러나 1970년대 후반 경기침체와 경제성장의 불확실성이 증대되기 시작하면서 시시각각 달라지는 기업환경을 민첩하게 대응할 수 없다는 것을 기업들이 인식하였다. 기획실에 의한 전략도출보다 더 민첩하게 대응할 수 있는 능력이 더욱 절실히 필요하게 되었다. 따라서 최고경영자(CEO)들은 효율성이

낮아진 장기전략계획보다는 전략적인 분석과 사고능력을 키워주는 경영전략에 큰 매력을 느끼기 시작했고, 장기적 관점의 전략도출은 쇠퇴했다.

2 경영전략의 시대별 발전과정

(1) 생산관리 시대(1900~1919년)

① 20세기 기업경영의 능률 향상에 있어서 획기적인 연구가 활발하게 진행되었는데, 그중 하나는 테일러(Federic Taylor)의 과학적 관리론(scientific management approach)이다. 과학적 관리론이란 생산에 투입되는 최소의 비용과 노동으로 최대의 능률을 창출할 수 있는 표준적 업무 절차를 정하고 이에 따라 예정된 작업량을 달성하기 가장 좋은 방법을 발견하려는 합리적인 접근방법으로써 일명 '테일러 시스템(Taylor system)'이라고도 불린다.

② 과학적 관리론은 경영관리에 있어서 급진적인 변화를 가져왔다. 테일러의 과학적 관리론을 기점으로 대량 생산이 가능해졌다. 대표적인 예로 미국의 자동차 업체인 포드(Ford)는 '포드 시스템(Ford system)'에 의한 대량 생산 시스템을 도입했다. 포드에 도입된 대량 생산 시스템은 자동차를 생산하는 데 있어 컨베이어 시스템(conveyor system)에 의한 체계적인 작업을 통해 생산성 향상에 큰 기여를 했다.

(2) 인사 및 조직관리 시대(1920~1945년)

① 기업의 생산에 있어서 과학적 관리론은 제조업 분야에서 생산에 초점을 맞추고 생산성 향상에 초점을 두었다. 그러나 과학적 관리론의 적용을 통한 대량 생산의 과정에서 인간을 생산을 위한 도구나 기계로 여기며, 감정을 지닌 인간의 사회적, 심리적 측면을 경시했다. 이와 같은 과학적 관리론의 한계는 제1차 세계대전 이후 인적자원관리와 연관되어 다음과 같은 도전에 직면하게 된다.

㉠ 기업 내 노동조합의 등장이다.

전쟁으로 인해 군수용품의 생산을 촉진시키기 위해 적용되었던 생산관리제도는 비약적인 발전을 이루었으나, 노동자의 처우는 개선되지 못함에 따라 노동자의 권익을 중시하는 새로운 관리제도의 적용이 요구되었다. 영미권에서는 이미 1870년대부터 사업부문별, 기능별로 결성이 되었지만, 1910년대까지는 생산향상에 초점을 맞춰 노동조합의 기능을 제대로 하지 못했다. 그러나 제1차 세계대전 이후 노동자의 인간적, 인격적 요구가 대두되면서 강력한 노동조합이 등장했다.

㉡ 제1차 세계대전 이후 민주화의 흐름이다.

미국 윌슨 대통령이 주장한 민족자결주의의 영향으로 프랑스, 영국, 네덜란드 등에 의해 지배되었던 식민지 국가들이 독립을 쟁취했으며, 우리나라도 1919년 3·1운동이 발생하였다. 이와 같은 역사적 흐름에 따라 생산성 향상을 위해 기계적인 역할만을 하던 노동자들의 인권회복을 위한 움직임도 크게 발생하였다. 기업의 경영자들은 이익극대화를 위한 생산성 향상과 동시에 기업 구성원인 노동자에 대한 대우를 등한시할 수 없게 되었다.

② 기업은 자본, 기계, 설비, 원자재, 제품과 기술적, 물적 시스템의 조합임과 동시에 다양한 인간계층, 즉, 경영자, 관리자, 노동자의 집합으로 구성된 기능분담의 집합체이다. 하지만, 생산관리시대에는 인간은 임금만을 위해 일하는 자원의 일환으로만 여겼으며, 조직관리나 인사관리 등은 소홀히 다루어졌다. 이와 같은 상황 속에서 인사관리의 필요성과 중요성이 증대되면서 인간관계에 대한 다양한 실험과 논의들이 증가함으로써 인간관계론(Human Relations Approach), 집단역학(Group Dynamics), XY이론 등의 이론들이 탄생하였다.

(3) 마케팅관리 시대(1946~1958년)

제2차 세계대전에서 군수물자의 공급원 역할이 컸던 미국은 이로 인해 다양한 채권을 소유하게 된다. 또한, 1944년 브레튼우즈 협정으로 인해 세계 금융 지배력은 영국에서 미국으로 넘어오게 되며, 달러가 전 세계 기축통화가 된다. 제2차 세계대전으로 전례 없는 경제성장을 이룩한 미국은 국가 재정의 증대와 동시에 세계 제1의 경제 대국으로 성장한다. 이와 같은 거시적 성장은 개별 소비자들에게 풍요를 가져다주었기에 기업의 입장에서는 개발 투자 및 장기적 성장보다는 시장의 흐름에 맞춘 마케팅 활동이 주를 이룬 시대이다.

(4) 기획관리 시대(1960~1972년)

① 전후 순탄하고 지속적인 성장의 미국 경제는 경기순환의 과정에서 구조적 수급의 일시적 불균형에 직면하며, 1959년 불황을 경험하게 된다. 그 결과 GNP가 0.7% 하락하게 되었으며, 이러한 불황의 경제는 기업에는 미래 시장 경기 예측에 대한 관심도를 증가시키는 계기가 되었다. 이에 따라 미래 시장을 예측하는 역할을 담당하는 기획실 제도가 다수의 기업에서 도입되었다.

② 1960년대 초 기업의 기획실에서는 미래 경기 예측을 위해 단순한 통계적 기법을 활용한 양적 예측이었을 뿐, 새로운 업종의 등장 또는 기존 사업의 쇠퇴와 같은 질적이면서 구체적인 전략적 예측은 아니었다. 즉, 단기적으로 투하된 자원의 조업도를 경기 예측에 따라 효과적으로 조율하고, 장기적으로는 생산시설의 증가 및 감축을 통해 자금 수요 예측과 자금조달에 초점을 맞춘 계획이었다.

(5) 전략경영 시대 I (1970~198년대 중반)

① 1973년 오일쇼크는 미국뿐만 아니라 전 세계 경제에 커다란 충격으로 다가왔다. 1929년 경제공황보다도 훨씬 심각한 경기침체로 인해 불확실성이 대두되는 시기였다. 기업 외부환경에 대한 불확실성을 해소하고자 기업들은 기획실을 신설 및 의존하며, 중·단기전략 계획을

수립하였다. 하지만, 1929년의 경기침체와는 달리 1970년대 이후의 경기침체는 기업 외부 요인들에 인해 발생한 것들이어서, 기업의 본질적인 전략 문제와 직접적으로 관련되었다.

② 기업 차원의 미래성장을 위한 경영정책론에 기초를 둔 전략은 1970년대 이후 미국의 불황과 석유파동과 같이 예상하지 못한 환경변화가 기업경영에 중요한 영향을 미친다는 것을 인식하였다. 이로 인해 기업을 둘러싼 환경에 더욱 관심을 가지며, 단순히 미래의 비전 및 성장만을 제시하던 전략에서 벗어나 기업의 환경과 연관된 구체적인 기업행위를 결정하는 방향으로의 전략적 관심이 대두되었다.

③ 기업의 환경이 기업의 성과에 영향을 미친다는 것은, 특히 산업조직경제학(industrial organization economics)을 통해 더욱 구체화 되었다. 이들은 전략의 수준을 전사적 기업 차원이 아닌 전략을 개별 산업 내에 참여하는 기업들이 선택하는 의도나 구체적 행위라고 정의했다. 산업조직경제학의 관점에서 경영전략이란 특정 산업에서 평균 이상의 수익률을 올리는 것은 산업의 특성을 고려함과 동시에 기업의 적절한 행위를 통해 가능하다고 주장했다.

④ 산업조직경제학은 산업구조가 기업의 행위를 결정짓고, 기업의 행동이 기업의 성과를 결정짓는다고 주장한다. 이와 같은 관점에서 기업의 경쟁우위와 또는 성공에 가장 중요한 영향을 미치는 것이 기업이 산업 내 존재하는 위치(position)이기에 기업의 성과는 산업의 구조적 특성을 파악한 후 어떤 산업에 기업을 위치시킬 것인가에 대한 고민이라 주장한다.

⑤ 산업조직경제학의 접근은 1980년대 초반 급부상한 일본 기업들과 과거에 비해 상대적으로 쇠퇴하는 미국 기업들의 경쟁력 하락을 설명하지 못하는 한계점을 지녔을 뿐만 아니라 경제학에서 도출된 요인들을 중심으로 대단위의 자료를 수집하여 자료를 처리하는 양적 연구에 치중했기에 기업의 의사결정자들에게 기업운영에 있어 실질적이고 많은 시사점을 제공하지는 못했다.

(6) 전략경영 시대Ⅱ(1980년대 중반 이후)

① 기업이 보유한 자원에 근거하여 기업을 분석하고 기업의 전략을 도출하는 관점은 자원준거이론(resource-based view)이다. 자원준거이론이 1980년대 이후 급부상하기 시작하며, 전략의 주류로 자리를 잡고 있지만, 전혀 새로운 관점은 아니었다. 이미 여러 학자가 기업을 둘러싼 환경에 의해 기업의 성과를 결정짓는다는 산업조직경제학의 한계점을 지적하며, 기업이 가진 내부자원의 중요성을 주장했었다.

② 산업조직경제학에서 기업의 주요한 경쟁요인은 "산업에 진입할 때 산업구조분석에 따라 진입산업을 선택하고, 다음으로 경쟁자들을 분석하고 진입전략을 택한 후, 마지막으로 이와 같은 전략 수행에 필요한 자원을 획득한다."라고 주장한다. 반면, 자원준거이론에서는 "자원(resources)과 역량(capabilities)에 있어 기업들 간에 차이를 지니므로, 각 기업이 지닌 자원에 따라 전략을 도출해야 한다."라고 주장한다.

③ 기업의 성공은 기업이 속한 환경에 의해 결정되는 것이 아닌, 기업이 지닌 특수한 자원에 의해 결정된다고 주장한다. 동일한 산업에 속한 기업일지라도 기업마다 전략 수립이나, 환경에 대한 대응방식에 차이를 지니는데, 그 이유가 바로 기업이 보유한 자원이 차이를 지니기 때문이다. 기업의 성공은 기업이 처한 환경을 재빠르게 분석하고 파악하는 것도 중요하지만, 무엇보다 성공을 위해서는 성공을 위해 필요 자원을 보유하고 이를 통해 전략을 실행하는 것이 기업의 성공을 결정한다는 것이다. 더 나아가 자원기반이론에서는 "기업이 어떤 자원을 가지고 있냐"의 문제보다는 "자원을 획득, 축적할 수 있는 능력이 무엇인가 그리고 그 과정을 통해 무엇이 창출되었는가"를 강조한다.

④ 기업전략을 바라보는 관점은 시대적 흐름과 환경에 따라 달라진다는 것을 알 수 있으며, 경영전략의 발전과정은 아래의 표와 같다.

[경영전략의 발전과정]

경영의 초점	조직관리의 시대					전략경영의 시대	
	생산관리	인사관리	조직관리	마케팅관리	기획관리	전략경영	
시기	1910년~1919년	1919년	1945년	1945년~1958년	1959년~1972년	1973년~1980년	1980년대 중반 이후
출현 계기	거대기업 출현	제1차 세계대전	기업의 복잡성	제2차 세계대전	경기침체	오일쇼크	기업들의 글로벌 경쟁
학문적 탐구	테일러의 과학적 관리론	• 맥그리거의 XY이론 • 메이요의 호손연구	버나드, 사이먼의 조직이론	마케팅의 4P	앤소프의 경영계획	산업조직 경제학	자원준거 이론
사회 현상	포드의 대량 생산 체계	노동조합 대두	비공식 조직	기업의 양적 성장	기술적 도입과 통계적 기법적용	질적인 문제점을 추구	핵심역량과 기업의 자원 강조

3 경영전략 패러다임의 변화

(1) 경영정책의 도입

① 경영을 위한 경영자 양성은 19세기 후반까지만 해도 법학의 몫이었다. 그러나 카네기 철강(Carnegie steel), 스탠다드 오일(Standard oil) 등의 대규모 기업집단이 등장하면서 전문경영자에 대한 수요와 전문경영자 교육 및 양성에 대한 수요가 증가하였다. 그 결과 1881년에 펜실베니아대학교에 경영대학이 설립되었으며, 1911년 하버드경영대학원이 하버드법학대학원에서 분리되었다. 경영대학에서는 자연스럽게 법과대학의 교육방법론과 유사하게 판례 위주의 수업 방식을 토대로 경영 사례를 개발하고 이를 통해 교육을 시작했다.

② 의사결정의 주체인 경영자의 책임을 다루는 경영정책(business policy)이라는 교과목은 1911년 이래로 경영학 학생들에게 필수 수업이었지만, 법학과 정책학을 근간으로 한 사례연구(case study) 중심의 수업이었다. 동종 산업에서 운영되는 기업들의 사례를 수집하고 성공과 실패를 살피고, 어떠한 정책이 바람직한가를 다루는 수준의 교과목으로써 경영전략에 대한 명확한 개념 정립이 없었던 상태였다.

(2) 경영전략으로의 전환

① 학계에서 경영전략이 경영학 내에서 독립된 주체로 본격적으로 탐구된 것은 1977년 5월 25일~27일에 개최된 학회에서이다. 그 후 알프레드 챈들러, 앤소프, 앤드류즈 등의 경영전략 연구자들이 기업이 환경과의 관계에서 더 합리적이며 성과추구를 모색하고자 하는 전략계획의 움직임들인 경영전략의 이론적 체계를 형성시켰다.

② 초기의 전략 패러다임의 하나인 전략계획은 기존 기업의 관리계획이라는 개념을 대체하는 새로운 개념으로 경영학 체계에 자리를 잡았다. 전략계획은 '환경에 의해 영향을 받는 부분'과 '자신들의 강점과 약점'을 합리적 방법에 의해 세밀히 분석하여 자사의 이윤 극대화 달성을 목표로 하는 전략을 선택하는 기법이다.

(3) 경영전략의 대두

① 경영전략이란 기업의 책임, 이윤 극대화, 성과창출, 그리고 조직의 운영 및 관리를 이끌 수 있는 전략을 개발하고 효율적 사용을 추구하는 역동적인 과정이며, 경영전략의 패러다임은 아래의 표와 같다.

[경영전략의 패러다임]

패러다임	정책수립	전략계획	경영전략 I	경영전략 II
내용	• 기업의 기능적인 활동 통합 • 기업의 기능적 분야들의 문제점에 대한 정책 수립	• 외부환경과 연결한 전략을 수립 • 전략의 내용을 전략 수립과 과정으로 이분화 • 전략 수립에 중점을 지님	• 환경과 기업조직 수준의 통합 • 전략 수준을 정립 • 산업구조 분석을 통한 전략 수립과 경쟁요인 분석을 통한 미래 환경예측 • 전략의 수립과 실행 모두에 관심	• 전략 수립의 관점이 기업 내부자원으로 변화함 • 전략 실행의 가능성에 초점
한계점	미래 외부환경 위협을 예측하지 못함	• 전략 수준이 명확하지 못함 • 기업 수준과 외부환경의 수준의 연결성 부족 • 전략의 실행 과정에 대한 논의 부족	전략 실행을 위한 자원은 무한하고 획득의 용이성	• 환경변화에 따라 자원가치가 변화함 • 통합된 전략적 관점이 필요

② 경영전략의 새로운 패러다임이 대두된 배경은 다음과 같다.

㉠ 전략 수립 시 고려하지 않았던 사회·정치·심리적 요인들이 기업성과에 영향을 미치는 중요요인이기 때문이다.

㉡ 새로운 전략이 도출될 때 기업의 내부 인적·물적 자원, 각종 업무 활동 등이 기업이 처한 환경에 자동으로 재편성되어 모든 역량을 발휘하는 것이 아님을 알게 되었다.

㉢ 전략에 결부된 환경의 급변과 복잡성을 해결하기 위해 전략 자체의 탄력적 변화까지도 포괄할 수 있도록 전략계획을 관리해가는 프로세스적 기법이 요구되었다.

제 4 절 경영전략의 분석수준

1 전략의 수준

경영전략은 어떠한 수준에서 분석할 것인가에 따라 기업전략과 사업전략으로 구분된다. 기업의 전사적 차원에서 참여할 사업영역을 결정하는 기업전략(corporate strategy)과 개별사업부 내에서의 경쟁전략을 다루는 사업(부)전략(business strategy), 사업부 안에서 R&D, 마케팅, 인사, 재무, 회계 등을 다루는 기능별 전략(functional strategy)이 있다.

(1) 기업 수준(organization-level)과 기업전략

① **기업의 전사적 차원의 기업전략은 기업의 미션을 설정하고 사업부 수준과 기능별 수준에서 나오는 제안들을 검토하며, 관련된 사업단위들 사이의 연관성을 토대로 전략적 우선순위에 의한 자원을 배분하는 것**을 말한다. 기업이 여러 사업에 참여하여 경영활동을 수행하는 과정에서 기업 전체의 수익을 가져다줄 수 있는 사업을 선택해야 한다. 이처럼 사업의 포트폴리오를 구성할 때, 새로 시작할 사업과 기존 사업의 연관성을 고려하고 관련성이 높은 관련다각화 사업을 시행할 것인지 또는 관련성이 낮은 사업을 선정할 것인지를 결정해야 한다. 즉, 기업 수준에서의 기업전략은 수직적 통합, 기업 인수합병, 해외사업 진출, 다각화 등과 같은 결정을 의미하고, 각각 사업분야에 경영자원을 배분하거나 신규 사업진출 또는 기존 사업의 철수와 같은 의사결정을 말한다.

② **다양한 사업단위의 특성을 고려함과 동시에 각 사업단위에 적절한 목표를 설정하고 목표를 수행하는데 필요한 자원을 효율적으로 배분하는 것이 기업전략의 주요 과제**이다. 사업 간의 매력도에 따라 기업 내부자원 투입의 우선순위를 결정하여, 기업의 한정된 자원을 최적으로 배분하는 것이 전체적으로 볼 때 장기적 경쟁 지위를 유지시킬 뿐만 아니라 수익성

향상을 돕는 의사결정이기 때문이다.

③ 결과적으로 기업전략은 사업단위들을 독립적으로 운영하지 않고 다각화 사업들을 통합 운영함으로써 사업단위 간의 시너지(synergy)를 끌어낼 수 있다는 가정을 하고 있다. 사업의 유사성이 높은 사업들을 운영함으로써 유통채널, 기술, 생산 방식 등에서 시너지효과를 발생할 가능성이 높아진다.

(2) 사업부 수준(business-level)과 사업전략

① **사업부 수준은 기업 내 존재하는 다양한 사업부들이 해당 사업의 경쟁적 위치를 증진하는데 필요한 모든 활동을 다루게 된다.** 즉, 외부의 기회와 위협을 제대로 인식하고 기업전략에 의해 기업 전체적으로 자원이 배분되면, 사업전략은 기업 내부자원의 활용을 통해 경쟁기업과 경쟁할 전략적 구체성을 강구하게 된다.

② 사업전략은 개별 사업단위이 목표를 성공적으로 달성하기 위한 경쟁우위를 어떻게 구축할 것인가를 다루며, 마케팅, 생산, 원료조달 등의 기업 핵심활동을 수행함에 있어 경쟁기업보다 상대적으로 앞서는 차별화 요소를 활용함으로써 사업부 경쟁우위 창출이 가능하다.

(3) 기능별 수준(functional-level)과 기능별 전략

① **기능별 수준에서는 사업부 수준에서 경쟁우위를 유지하는데 필요한 인적자원관리, 재무, 기술, 로지스틱스, 물류조달, 제조, 유통, 마케팅, 판매, 서비스 등에 있어서 필요한 기능적인 능력을 개발하는데 핵심적인 작업을 다룬다.** 궁극적으로 기능별 전략은 사업전략의 용이성 확보를 위해 기능조직별로 실행할 전략을 구체화하는 것으로 개별 사업부 내에 있는 R&D, 인사, 재무, 생산, 마케팅 등의 기능별 조직에서 영업활동, 제품기획, 자금조달 등 세부적인 수행방법을 결정한다.

② 이처럼 기업 수준, 사업부 수준, 기능별 수준이라는 조직에서의 위계 수준에 따른 차이점을 인식하고, 기업전략, 사업전략, 기능별 전략을 순차적으로 만든 다음, 이를 적절하게 통합하는 것이야말로 경영전략의 핵심인 것이다. 하지만 기업의 특성에 따라 전략적 과업인 기업 수준, 사업부 수준, 기능별 수준의 전통적인 위계에 따른 세분화가 어려운 경우도 있고, 필요성이 존재하지 않는 경우도 있다.

예를 들어 1997년 IMF로 인해 한국의 재벌 그룹들은 단위회사 사업전략이 그룹 전체의 기업전략에 가려 제 역할을 발휘하지 못하고 그룹 전체를 위한 자금줄 역할을 하거나 희생양이 되기도 하였다. 기업의 전략을 구분하는 것을 단면적인 기준으로만 평가하는 것에 한계점을 지니지만, 기업의 규모와 사업부 그리고 기능을 고려해 본다면 분석수준에 따라 다음 그림처럼 구분된다.

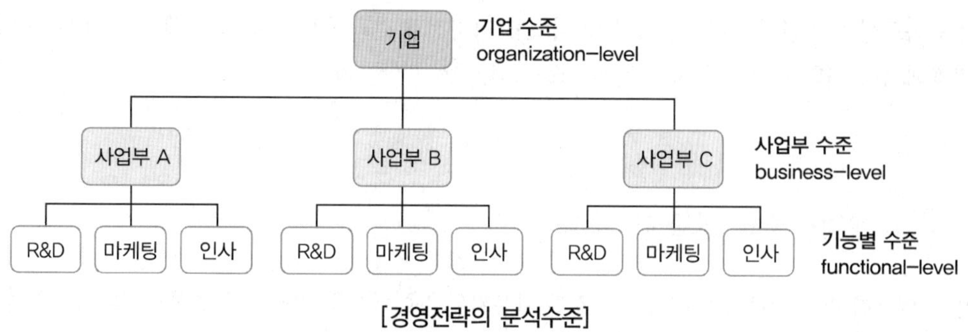

[경영전략의 분석수준]

제 5 절 경영전략의 과정

1 경영전략의 형성 및 결과 평가

경영전략의 형성과정은 경영전략의 형성(formation), 전략의 실행(implementation) 그리고 전략에 대한 평가(evaluation)의 세 영역으로 구성된다. 이와 같은 전략적 의사결정 과정은 기업의 최상부층인 최고경영진의 직무로써 이해되지만, 조직의 위계상에 존재하는 리더들에게도 개별적인 목표나 비전을 제시함에 있어서 유용하다. 전략형성과정은 다음과 같이 크게 전략의 형성, 수행, 평가로 구성되어 있다. 경영전략과정의 시작은 조직이 추구하고 있는 기본전략에서 시작되며, 기업이 추구하는 조직체의 기본전략은 기업의 장기적인 사명과 비전 그리고 전략적 목표를 달성하기 위한 방침 등을 의미한다.

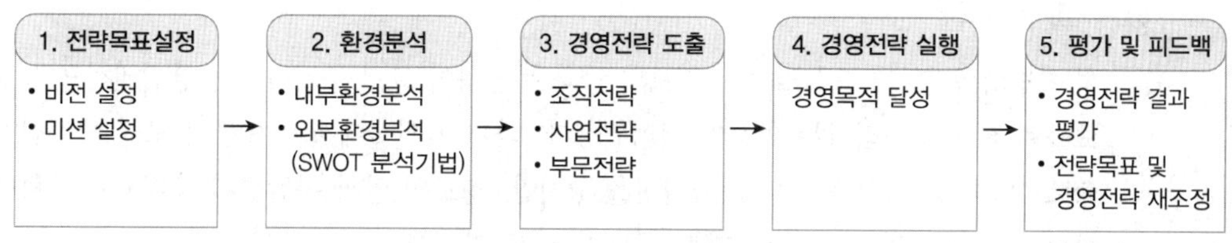

[경영전략의 과정]

경영전략 과정을 살펴보면, 기업은 전략적 목표설정으로 기업의 비전이나 미션을 설정하고, 기업이 나아가야 할 사업 또는 현재 진행하고 있는 사업에 대한 내부환경분석, 외부환경분석을 통해 정확한 진단의 과정을 거치게 된다. 분석을 통해 얻어진 강점, 약점, 위기, 기회 요인들을 토대로 기업전략, 사업전략, 기능별 전략을 펼치게 되며 이는 기업이 설정한 경영목적 달성으로 나아가는 것이다. 결과적으로 경영전략의 실행으로 평가 및 피드백을 실시하게 되는데, 자신들이 추구한 전략의 실효성을 판단하고 전략 시행에 있어서 문제점을 파악하게 되는 순환과정을 거친다. 이와 같은 순환과정에서 전략목표설정(비전 및 미션)과 평가 및 피드백(경영전략 결과평가, 전략목적 재조정)의 두 단계는 실제성과 상황변화에 따라 상시 조정이 가능하다.

2 경영전략의 전개 및 수행

앞서 언급한 바와 같은 경영전략은 한정된 가용자원을 어디에 투입하느냐를 결정하는 것이고 기업의 우선순위가 어디에 있느냐에 따라 결정된다. 그렇다면 의사결정에 있어서 "기업이 요구하는 우선순위에 맞춰 어떻게 잘 할 수 있는가?"에 대한 전략적 사고의 본질을 고려해 보면 결과적으로 기업의 내부, 외부 상황변화가 더욱 심해지기 때문에 전략적 사고능력이 있는 사람이 좋은 전략적 사고를 지녔다고 할 수 있다.

(1) 조직구조와 의사결정의 분권화

① 과거의 기업에서는 전략적 의사결정에 있어서 CEO 등 소수의 사람 외에는 의사결정에 참여하지 않았으며, 소수의 인원에게만 전략적 사고가 필요했었다. 그러나 현대기업에서는 말단 직원들까지도 직접 의사결정을 해야 하는 상황들이 많았다. 기업인들 모두에게 전략적 사고가 필요한 시대가 도래 한 것이다. 전략적 사고를 가지지 못하면 제대로 된 의사결정을 할 수 없으므로 기업이 원하는 결과를 얻을 수 없기 때문이다. 또한, 현대기업들은 대규모 기업집단으로 변모하는 실정이기에 전략적 사고는 기업 수준에서만의 고민이 아닌 것이 되었다.

② 의사결정 분권화의 원인은 크게 다섯 가지로써 정보의 폭증 현상, 정보화 증가의 메커니즘, 인터넷의 보급으로 인해 바뀐 오늘날의 정보문화, 기업의 환경, 기업조직의 세분화와 조직화를 들 수 있다.

㉠ **정보의 폭증 현상** : 오늘날에는 정보의 양과 복잡성이 크게 증가하여 중앙집권적으로 정보를 수집하고 처리하는 활동이 어려워졌다. 과거 기획실에서 중요한 정보들을 독점적으로 수집하고 처리를 하는 의사결정을 했지만, 정보의 양과 복잡성이 증대되는 상황에서는 기획실과 같은 조직의 기능 규모가 점점 커지게 된다.

㉡ **정보화 증가의 메커니즘** : 정보와 지식은 사람과 사람 간의 커뮤니케이션 빈도가 증가할 때마다 폭발적으로 늘어나는 구조를 가진다. 즉, 사람 간의 커뮤니케이션은 기본지식에 정보를 더함으로써 새로운 정보를 생성하게 된다.

㉢ **인터넷의 보급으로 인해 바뀐 오늘날의 정보문화** : 과거 인터넷에 발달하기 전에는 기업이 원하는 정보는 소수의 인원에 의해 다루어 졌으며, 그 외의 인원들은 정보 접근성이 떨어졌다. 하지만, 인터넷의 보급으로 정보 및 자료에 대한 접근 용이성이 커졌으며, 자료가 너무 많아 구분에 어려움이 있었다.

㉣ **기업의 환경** : 과거에는 환경변화감지에 대한 기업 프로세스는, 상부 보고, 결정, 명령의 순서로 진행되었으나. 현대사회에는 환경변화의 감지는 현장대응의 순서로 바뀌고 있다. 왜냐하면, 과거에는 환경이 천천히 변하기 때문에 반응시간이 크게 고려되지 않았다. 하지만, 환경의 속도가 빨라진 현대사회는 현장대응의 속도가 빨라져야 하므로 현장의 의사결정 판단력 또한 빨라져야 한다.

㉤ **기업조직의 세분화와 조직화** : 거대기업의 등장은 조직의 복잡성을 가져오게 되며, 기업 현장에 있는 사람의 전문성이 높은 경우가 많아지게 되었다. 보고가 오고 가는 시간 안에 현장에서 판단하고 실행하는 것이 더 효율적이므로 전문화 역시 분권화의 촉진 요인이 되었다.

(2) 의사결정을 위한 조직구조

① 조직구조라고 하면 흔히 부, 과와 같은 기능별 세분화된 조직을 생각하기 쉽다. 또한, 위계질서에 입각한 기업들의 조직구조는 마치 여러 계급이 존재하며, 단계적으로 위로 밟고 올라가서 궁극적으로 부대를 이끄는 장군이 되는 군대와 매우 흡사하다. 이와 같은 위계질서에 따른 경제조직이 나타나게 된 것은 근세 이후이다. 대규모 기업이 출현하게 되면서 많은 사람이 같은 조직 내에서 함께 일을 해야 할 필요성 때문에 위계질서에 입각한 조직이 등장했다.

② 산업혁명 이후 기업조직이 커짐에 따라 그 기업조직에서 일하는 사람들이 기능별로 전문화되는 현상이 발생하는 것은 두 가지 큰 장점이 있다.

㉠ 기업 내 임직원들을 각각의 기능별로 전문화시킴으로써 업무에 대한 전문화의 이점이 있다. 즉, 기업 규모가 커짐에 따라 임직원들이 영업, 생산, 재무관리, 마케팅과 같은 각각의 기능별 전문화를 시킴으로써 훨씬 더 높은 작업 효율성을 높일 수 있다.

㉡ 세분화된 조직구조는 전문화된 개인을 효율적으로 연결하고 상호가 업무분장과 협의의 조정을 가져다준다. 이와 같은 전문화된 업무를 수행하는 사람들에게 적절한 작업을 할당해 주고 전문화된 기능별 부서의 작업을 다른 기능별 부서와 연결하며, 부서 간 정보전달과 조정과정을 수행하는 기능이 필요하기 때문이다.

제 6 절 전략경영자와 전략스태프

1 의사결정자의 역할과 임무

(1) 의사결정자와 전략과의 관계

① 기업의 의사결정자들은 위계 수준 및 사업부에 따라 크게 최고경영자, 중간경영자 및 하부경영자의 세 계층을 지니며, 구체적으로는 최고경영층에서 하부경영자에 이르는 연속체로 이루어져 있다. 이와 같은 경영자들은 의사결정의 주체로서 기업전략, 사업전략 그리고 기능별 전략 등을 결정하는 역할을 한다.

② 이들 경영자는 앞서 살펴본 경영기능인 전략계획(strategic planning), 관리통제(management control) 그리고 운영통제(operational control) 등을 담당한다. 이와 같은 분류는 경영전략의 학문적 이해를 돕고자 개념화한 것이며, 전략계획, 관리통제 그리고 운영통제뿐만 아니라 기업의 전반적인 관리와 성장을 위해 경영자의 역할은 영향력을 미친다. 따라서 최고경영자, 중간경영자 그리고 하부경영자의 삼분법적 구분보다는 하나의 연속체로 이해하는 것이 적절하다. 즉, 경영활동을 담당하는 주체가 어느 위치의 의사결정자인지에 따라 동일한 경영활동일지라도 전략계획, 조직관리 그리고 운영관리에 대한 범위가 달라지는 것이다.

③ 위에서 설명된 기업 내 위치별 경영자들의 의사결정 수준은 다음 그림과 같다. 그림에서 전략이란 (조직)관리보다 상위의 개념이며, 운영보다는 (조직)관리가 상위의 개념이라 할 수 있다.

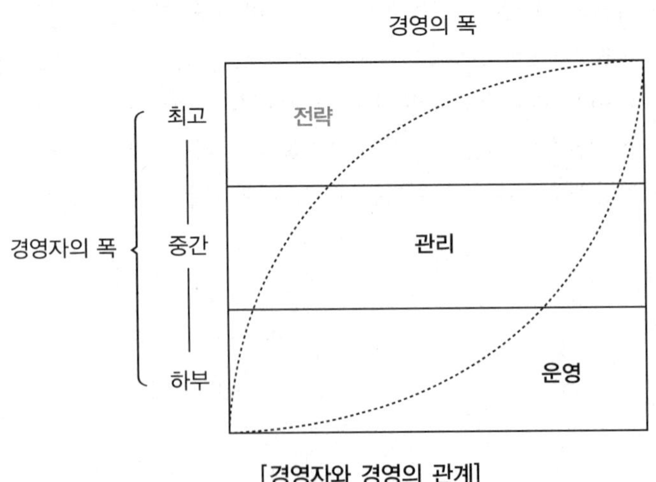

[경영자와 경영의 관계]

2 경영자의 필요능력

경영전략은 경영자 또는 의사결정자가 되기 위한 필수적인 분야이다. 그렇다면 경영전략이 구체적으로 어떠한 능력을 경영자들에게 제공하는가의 문제를 다루기 전에 경영학이 다른 학문과 근본적으로 그 성격이 다르다는 사실을 이해하여야 한다. 우선 학문이란 새로운 지식(knowledge)을 추구하는 목적을 지닌다. 새로운 지식의 추구를 통해 인과관계를 밝히고 이론을 통한 과거의 현상들을 정리한 결과에서 나오는 일반화의 노력과 우리가 알지 못했던 사회현상을 객관적으로 밝히는 것이야말로 모든 학문의 사명인 것이다.

타 학문에 비하여 경영학은 실용적인 학문으로써 경영학 이론은 현실에 대한 적용을 전제로 하고 있다. 따라서 경영학은 새로운 지식의 추구와 함께 현실 적용을 위해 경영학 전공자는 기술(skills)과 자세(attributes) 등을 함께 겸비해야 한다. 따라서 경영학을 기반으로 한 의사결정자들은 지식, 기술, 자세라는 능력을 배양해야 한다.

(1) 지식(knowledge)

① 현대사회에서 경쟁력을 지녔다는 것은 생산성을 말하며, 지식의 생산성은 지식의 활용과 연결 및 지식의 현장화라고 피터 드러커의 「자본주의 이후 사회」에서 지식을 정의하고 있다. 즉, 경영자가 본인이 속한 팀의 직무를 수행하는 데 있어서 전문성이 부족하거나 영향력을 행사하지 못한다면 조직의 변화는 불가능하다. 따라서 해당 분야의 전문가로서의 지식을 보유하는 것은 유능한 경영자의 기본적 조건이다. 경영자에게 필요한 지식이란 해당 분야의 관련 지식을 의미하고, 의사결정을 하는데 유용한 정보이며, 미래를 예측하고 설계하는 데 도움이 되는 정보를 말한다.

② 관련 지식은 전문적인 교육에 있어서 핵심이 되며, 이와 같은 지식을 습득함으로써 해당 분야에서 전문가가 될 수 있는 것이다. 또한, 지식이란 경영자의 또 다른 필수 요소인 기술이나 태도를 지니기 위한 선행 요건으로써, 지식이 없이는 기술을 습득하는 것은 어려워진다. 기술 습득이 단순하고 반복적인 훈련을 통해 교육된다면, 지식이 없는 기술은 발전이 없이 그 상태에 머물고 말 것이다.

③ 경영자에게 지식이 필수적인 이유는 현대사회에 폭증하는 정보와 지식의 홍수로 인해 정보를 해석하고 소화하는 과정의 복잡성을 줄여줄 수 있다는 것이다. 자신이 가진 지식을 통해서 유용한 정보를 신속하게 획득하거나 소화할 수 있는 능력을 배양시키는 것이다. 그러나 경영자가 지닌 지식만으로는 전략적 문제에 대해 전문지식의 적용 및 활용이 어느 정도 한계점을 지니고 있음을 명심해야 하며, 타 산업 또는 기업에서 적용한 전략을 상황적 맥락에서 이해해야만 한다. 이를 그대로 자신이 속한 조직에 그대로 채택하는 실수를 범해서는 안 된다. 구체적으로 말하면, 기업의 전략은 해당 기업이 처한 특수한 환경과 보유자원 등의 여러 가지 여건을 감안하여 수립되어야만 가장 훌륭한 성과를 가져올 수 있다.

(2) 기술(skills)

① 경영 분야에 있어서 논쟁은 경영학은 일반적 과학(science)인가 또는 특수한 기술(art)인가에 대한 논쟁이 많다. 경영학이 일반적 과학이라 주장하는 맥락에서는 정치학, 경제학, 사회학과 같이 학문이 사회, 경제, 국가 현상이라는 고유한 영역이 있듯이, 경영학 또한 기업이라는 고유한 영역이 있는 사회과학이라 주장한다. 반면, 경영학이 특수한 기술이라고 주장하는 사람들은 다른 학문의 경우 이론의 개념적인 개발에 초점을 두는 데 반해, 경영학에서 개발된 이론들을 어떻게 현실 현상에서 적용할 것인가를 고민한다는 면에서 기술이라고 규정한다.

② 이와 같은 주장은 상반되는 견해라고 보기보다는 경영학을 바라보는 관점 차이의 대립이라 생각한다. 경영학은 다른 사회과학과 마찬가지로 그 나름의 고유한 영역을 지니고 있는 일반 사회과학이지만, 그와 동시에 이러한 과학에서 개발된 이론들을 현실 현상에 적용한다는 기술적인 측면도 존재한다는 양면성도 지닌다. 이와 같은 관점에서 경영학 구체적으로 경영전략이 제공해야 할 경영능력으로 지식과 함께 기술이라는 요인이 중요하다.

③ 의사결정의 주체인 경영자가 전략적 의사결정과 실행에 있어서 필수적인 기술을 습득할 필요가 존재하는 이유이다. 경영자에게 필요한 기술은 크게 분석적 기술(analytical skills)과 관리적 기술(administrative levels)로 나누어진다. 분석적 기술은 기업이 처한 상황을 빠르고 정확하게 포착하여 기업의 강점과 약점을 분석함으로써 기회와 위협 요인을 구분하는 능력을 말한다. 구체적으로는 어떠한 문제를 해결하기 위해 재무, 회계 판매, 생산 등의 여러 가지 기능 중 어느 하나에 치우치지 않으며, 상호관계를 파악하고 각각 기능 간의 이해충돌의 문제를 이해하는 기술도 중요하다. 즉, 분석적 기술이란 외부 여건과 내부적인 문제의 관계를 능력과 기회의 관점에서 연결시켜 각 상황에 적합한 정책대안을 수립하는 의사결정 주체인 경영자의 밑거름이 되는 것이다.

④ 경영자에게 궁극적으로 필요한 기술은 기업의 목표를 수립하고, 수정 및 달성하기 위한 경영 전반에 걸친 관리 및 통제를 하는 관리적 기술능력이다. 관리적 기술은 누구나 가지고 있는 기술도 아니며, 책 또는 수업을 통해 손쉽게 취득할 수 있는 능력도 아니다. 의사결정자의 자기반성에 대한 의지적 노력 및 시행착오를 통한 반복적 경험을 통해 습득하는 것이 관리적 기술이다. 결국, 관리적 기술은 경영자에게 요구되는 세 번째 능력인 자세(attitudes)에서 기반하게 된다.

(3) 자세(attitudes)

① 의사결정의 주체인 경영자가 많은 관련 지식과 기술을 지녔다면 그 경영자는 유능한 경영자로 생각될 수 있다. 하지만 그 경영자에게 야망과 비전의 달성에 대한 적극적인 자세가 없다면 아무리 탁월한 지식과 기술을 지니고 있다 할 지라고 유능한 경영자로 볼 수 없다. 즉, 경영자가 자신의 태도에 관심이 없다면, 반대로 자신의 일에 강한 자신감을 가지고 실

험정신을 발휘하여 일을 진취적으로 수행하는 경영자라면 본인이 소유한 지식과 기술을 적절히 활용할 수 있다.

② 경영자의 자세는 비단 본인 스스로에게 국한되지 않는다. 본인이 속한 기업 또는 조직에 생명력을 좌우하게 된다. 기업의 구성원들은 매사에 활력적이고 기운을 솟게 만들며, 긍정적이고, 열정적이고, 낙관적인 경영자를 존경을 받는다. 구성원들은 경영자가 그들에게 힘을 불어 넣어주는 사람이기를 바란다.

㉠ 여기서 자세라고 하는 것은 첫째로 **경영자가 지닌 좌절 또는 성취에 대한 수용력을 의미**한다. 다시 말해 경영자가 추진하고 있는 사업이 실패로 돌아갔을 경우 그가 좌절에 빠져 재기에 대한 의욕을 잃는다면 경영자로서의 자세를 갖추지 못했다 할 수 있다.

㉡ 경영자에게 요구되는 두 번째 자세는 **이론적 지식만을 추구하는 학자 또는 방만하고 과거의 낡은 사고방식을 가진 직관주의자의 자세가 아니라, 사고력과 창의력을 지닌 행위자로서의 자세**이다. 경영자는 실용적이며, 결과 지향적이며 실제적인 자세를 갖춰야 한다. 주위의 비판에 굽히지 않는 자신감과 수립된 의사결정에 대한 과감한 추진력도 필요하다.

㉢ 마지막으로 경영자는 **현실에 대한 안주보다는 창의적 행동과 혁신을 통한 능동적인 리더십**이 요구된다. 우리가 살아가는 사회는 계속해서 변화하고 있고 이처럼 변화하는 사회 환경에 기업이 적절히 대응하기 위해서는 능동적인 자세가 필수적인 요건이다. 이러한 기본적 필수 역량뿐만 아니라 경영자의 역할 분류는 다음의 표와 같이 나와 있다.

[경영자의 역할 분류]

전략결정	전략실천			결과책임 (평가)
	조직	동기 여부	실행	
• 창의, 혁신기능 • 경영목표설정 • 전략적 의사결정 • 기술개방 지향 • 국제적 시야 • 각종 투자 결정 • 계획수립 과정의 관리적 행위	• 인적 조직기반 • 기업 실체의 형성 및 유지 • 총원 • 조직의 규모와 성격 형성 • 목표관리 • 적절한 리더십의 발휘	• 기업 구성원의 동기, 기업 목적과 조화 연결 • 종업원 노조 관련 인사정책 • 복리후생 • 민주적 경영 • 종업원 훈련 • 전략의 집행	• 전략의 집행 • 경영지식 • 기술지식 • 대외적 능력	• 기업 활동 결과에 대한 책임 • 목표달성을 위한 결과 통제 • 성공과 실패의 원인 분석 및 새로운 전략 수립 반영 • 소비자 보호 • 납세의 충실한 이행

더 알아두기

SWOT 분석

마이클 포터(Michael Porter) 교수에 의한 산업구조와 경쟁전략을 더한 분석기법. 기업의 경영자원에 대한 강점(Strengths)과 약점(Weaknesses) 그리고 기업이 처한 산업에서 오는 기회(Opportunities)와 위협(Threats)을 통해 기업의 외부환경을 분석할 수 있는 분석 틀을 제공함

제1장

OX로 점검하자

※ 다음 지문의 내용이 맞으면 O, 틀리면 ×를 체크하시오. [1~12]

01 사업전략은 특정 사업영역 내에서 경쟁우위를 획득하기 위한 전략이다. (   )

02 포드의 대량 생산 체계는 테일러의 과학적 관리론을 대표하는 생산 시스템이다. (   )

03 기업에서 노동조합의 대두는 생산 활동의 향상을 위함이다. (   )

04 기업의 전략은 군사학에서 그 기원을 찾을 수 있다. (   )

05 기업의 성과는 기업이 처한 환경에 의해서 결정되기에 기업이 산업에 진입 시 산업구조와 환경을 분석이 선행되어야 한다는 것은 산업조직경제학(industrial organization economics)의 주장이다. (   )

06 기업전략으로는 다각화, 인수합병, 해외시장 진출 등을 들 수 있다. (   )

07 경영전략과정은 경영전략의 형성, 실행, 평가로 이루어진다. (   )

정답과 해설 01 O 02 O 03 × 04 O 05 O 06 O 07 O

01 기업의 다양한 사업부들이 해당 산업에서 마케팅, 생산, 원료조달 등의 기업 핵심활동을 통해 경쟁우위를 구축하는 것을 사업(부)전략이라 한다.

02 미국의 자동차 업체인 포드(Ford)는 대표적인 과학적 관리론을 통한 대량 생산 시스템을 도입한 사례이다.

03 생산관리 시대에서 기업들은 생산성 향상에만 몰입하였지만, 1920~1945년 인사 및 조직관리 시대는 인사관리와 노동자에 대한 권익 향상을 위한 운동이 나타났으며, 대표적으로 노동조합의 역할이 대두되었다.

04 중국 춘추전국시대 손무와 손빈의 병법서와 알렉산더 대왕의 병법은 전략의 기원이라 할 수 있다.

05 외부환경 분석으로써 기업의 성과는 기업의 환경에 따라 결정된다는 산업조직경제학과 기업의 내부환경 분석인 자원준거이론이 경영전략의 중요한 분석 도구이다.

06 전사적 차원의 기업전략은 사업의 연관성을 토대로 전략적 우선순위를 정하며, 사업 연관성과 포트폴리오를 토대로 다각화, 인수합병, 해외사업 진출 등의 전략을 추구한다.

07 경영전략의 형성(formation), 전략의 실행(implementation) 그리고 전략에 대한 평가(evaluation)의 세 영역이 경영전략과정이라 볼 수 있다.

08 경영전략의 분석수준에 따라 기업전략, 사업(부)전략, 기능별 전략으로 구분할 수 있다. ( )

09 기업의 최고경영자는 과거 회사의 경험에만 치중한 의사결정을 통해 자신만의 전략적 의사결정을 실행하면 된다. ( )

10 대규모 기업집단이 등장하면서 전문경영자에 대한 수요가 많아졌다. ( )

11 기업환경의 불확실성 증대는 기업에 관리의 중요성을 인식시켜주는 계기가 되었다. ( )

12 1960년대 후반부터 기업이 보유한 자원과 역량을 통한 분석이 시도되었다. ( )

정답과 해설 08 O 09 × 10 O 11 × 12 ×

08 기업의 전사적 차원의 전략인 기업전략, 사업부 수준의 사업전략 그리고 개별 기능별 부서의 기능별 전략이 분석수준에 따른 전략으로 볼 수 있다.

09 기업의 의사결정의 주체인 최고경영자는 경영에 대한 지식(knowledge), 분석적 그리고 관리적 기술(skills)과 목표를 이룩하기 위한 야망과 비전의 자세(attitude)의 역량을 기반으로 의사결정을 실행해야 한다.

10 카네기 철강, 스탠다드 오일 등의 대규모 기업의 등장으로 전문경영자에 대한 수요뿐만 아니라, 전문경영자 교육 및 양성에 대한 수요가 증가하여, 단과대학에도 경영대학의 설립과 경영전략 수업의 시초인 경영정책 수업이 개설되었다.

11 1973년 오일쇼크와 1997년 외환위기 이후 기업경영의 급격한 변화는 기업에 불확실성을 경험하게 되었으며, 기업들은 경영관리만으로는 기업의 지속적 발전이 어려움을 인식시켜 주었다.

12 기업이 보유한 자원(resources)과 역량(capabilities)을 통한 분석은 1980년대 중반 이후 자원준거 이론에 기반한 시도였다.

제 1 장

실전예상문제

해설 & 정답

01 전략의 기원은 군사학과 병법에서 시작되었으며, 대표적으로 동양의 손자병법, 손빈병법, 서양의 알렉산더 대왕과 시저의 병법을 들 수 있다.

02 의사결정 주체인 경영자는 자신의 지식, 기술, 자세를 통해 기업에 대한 적절한 의사결정을 해야 한다.
㉢ 경영자의 평판을 위한 전략적 의사결정은 사적 이익 추구로써 올바른 경영전략 추구 동기가 아니다.

정답 01 ① 02 ③

01 다음 중 전략의 기원으로 옳은 것은?

① 손빈의 손빈병법
② 포드의 대량 생산 시스템
③ 테일러의 과학적 관리론
④ 마이클 포터의 SWOT 분석

02 다음은 기업이 경영전략을 추구하는 이유에 관한 내용이다. 이 중 옳은 것을 모두 고르시오.

㉠ 희소한 자원의 효율적 배분이 가능하다.
㉡ 급변하는 환경에 능동적인 대처가 가능하다.
㉢ 경영자의 평판 관리에 용이하다.
㉣ 기업의 영속적인 성장과 번영을 가능하게 한다.

① ㉠, ㉡, ㉢, ㉣
② ㉡, ㉢, ㉣
③ ㉠, ㉡, ㉣
④ ㉠, ㉡, ㉢

해설 & 정답 checkpoint

03 경영전략의 발전과정에서 경영의 초점과 학문적 탐구의 흐름으로 옳은 것은?

① 생산관리 시대 - 테일러의 과학적 관리론
② 마케팅관리 시대 - SWOT 분석
③ 인사관리·조직관리 시대 - 자원준거이론
④ 기획관리 시대 - 조직이론

03 생산관리 시대에는 기업의 생산성 향상에 초점을 맞추며, 테일러의 과학적 관리론에 기반한 대량 생산 시스템이 도입되었다.
마케팅 관리 시대는 마케팅의 4P, 인사관리·조직관리 시대는 조직이론 그리고 기획관리 시대는 앤소프의 경영계획이 주요 학문적 탐구 흐름이었다.

04 다음 중 자원준거이론(resource based view)에서 주장하는 것으로 옳은 것은?

① 기업의 성과는 기업이 직면한 환경에 달려있다.
② 기업이 필요한 자원은 무한하다.
③ 기업성과를 위해서는 기업의 내부환경을 판단하는 것이 중요하다.
④ 급변하는 환경분석이 선행되어야 기업의 전략선택이 가능하다.

04 기업들이 보유한 자원(resources)과 역량(capabilities)의 차이가 기업 간의 성과 차이를 가져온다고 바라보는 관점이 자원준거이론이다. 자원준거이론에서는 기업의 자원은 한정적이고, 기업이 지닌 자원이나 내부역량에 관심을 가진다. 그래서 기업의 외부환경에 대한 고려보다는 기업 내부특징에 초점을 지닌 관점이다.

05 기업의 최고경영자(Chief Executive Officer)의 역할로 옳지 <u>않은</u> 것은?

① 기업의 이익극대화에 노력해야 한다.
② 기업의 경영을 담당하지만, 하부조직의 운영은 담당할 필요가 없다.
③ 전략계획, 조직관리, 운영관리의 책임을 진다.
④ 최고경영자는 지식, 기술, 자세의 기본 역량을 지녀야 한다.

05 기업의 의사결정자는 크게 최고경영자, 중간경영자 및 하부경영자로 구분되지만, 최고경영자에서 하부경영자의 의사결정은 연속성을 지닐 뿐만 아니라 최고경영자는 기업의 모든 운영에 책임을 지닌다.

정답 03 ① 04 ③ 05 ②

checkpoint 해설 & 정답

06 산업조직경제학(industrial organization economics)의 주된 주장은 기업의 성과는 기업이 처한 산업환경에 의해 결정이 된다는 것이다. 자원에 대한 탐색이나, 기업이 보유한 자원 그리고 의사결정자의 판단이 기업의 성과와 연관된다고 보는 관점은 자원준거이론이다.

07 1980년대 중반 이후는 기존의 산업조직경제학이 가지고 있던 기업의 외부환경분석에 관한 한계점을 지적하였다. 기업의 내부자원과 역량이 기업성과를 설명할 수 있고 이를 통해 기업의 전략 수립이 도출되어야 한다고 주장했던 시대이다. 외부환경에 대한 관점은 산업조직경제학에서 주장하는 관점이다.

08 마케팅, 생산, 재무, 인사 등은 기능별 전략이다.

정답 06 ④ 07 ④ 08 ①

06 다음 중 산업조직경제학에서 주장하는 관점으로 옳은 것은?

① 기업에서 중요시하는 자원을 탐색하는 학문이다.
② 기본적으로 기업 보유자원에 관심을 지닌 관점이다.
③ 경영자의 의사결정이 기업성과를 좌우한다고 본다.
④ 기업을 둘러싼 기업환경에 초점을 둔다.

07 다음 중 1980년대 중반 이후 기업경영과 경영전략 학문의 특징으로 옳은 것은?

① 기업경영 환경이 기업에 성과에 영향을 미친다는 주장이 강했다.
② 오일쇼크로 인해 기업들은 외부환경에 더욱 관심을 가지게 되었다.
③ 산업조직경제학을 통해 신규산업 진입의 평가가 이루어졌다.
④ 기업이 보유한 자원과 이를 통한 전략도출의 방법이 주를 이루었다.

08 다음 내용이 설명하는 것으로 옳지 <u>않은</u> 것은?

> 전체 기업 차원의 미션을 정의하고 사업수준과 기능별 수준에서 나오는 제안 검토를 통해 관련된 사업의 연관성을 고려하여, 자원할당에 대한 의사결정을 기업전략이라 한다.

① 마케팅, 생산, 재무 등의 개별 사업부의 기능이 중시된다.
② 이익극대화를 위한 전사적 고려가 기본 전략이다.
③ 사업단위에 적절한 장·단기 목표를 수립하고 실행하는 데 필요 자원을 분배한다.
④ 어떤 사업 분야에 참여할지를 결정한다.

해설 & 정답 checkpoint

09 다음 중 괄호에 들어갈 내용으로 올바른 것은?

> 경영전략의 형성과정은 경영전략의 형성(formation), 전략의 (㉠) 그리고 전략에 대한 (㉡)의 세 영역으로 구성된다. 이와 같은 전략적 의사결정과정은 기업의 최상부층인 최고경영진(top management team)의 직무로써 이해되지만, 조직의 위계상에 존재하는 리더들에게도 개별적인 목표나 비전을 제시함에 있어서 유용하다.

	㉠	㉡
①	지속	성장
②	선언	평가
③	수익성	비용
④	실행	평가

09 경영전략의 형성과정은 경영전략의 형성(formation), 실행(implementation), 평가(evaluation)의 세 영역으로 구성된다. 또한, 평가 피드백 이후 전략의 실효성을 판단하고 전략 시행에 있어서의 문제점을 파악 및 보완하는 작업을 거친다.

10 다음 중 기업의 전사적 의사결정에 관련된 이해관계자로 옳지 <u>않은</u> 것은?

① 정부
② 생산부서 관리자
③ 최고경영진
④ 중간경영자

10 기업경영과 전략적 의사결정에 있어서 고려되어야 할 주요 이해관계자들은 전략적 실행을 가능하게 하는 임직원이라 할 수 있다.

11 다음 중 기업이 추구하는 전략의 목표로 옳지 <u>않은</u> 것은?

① 이윤 극대화
② 기업의 비전 및 사명
③ 지속적인 성장과 번영
④ 관리추구와 안정

11 전략이란 기업이 시장에서 경쟁자들과의 경쟁에서 이기며, 주주의 이익 극대화를 위해 노력하고, 지속 가능한 성장과 번영을 추구하는 기업의 의사결정이다.

정답 09 ④ 10 ① 11 ④

checkpoint 해설 & 정답

12 기업 내 의사결정은 비단 소수에 의해 이루어지는 것이 아니다. 정보의 폭증, 정보화 증가, 인터넷 보급, 기업환경의 변화, 기업조직의 세분화 및 조직화로 인해 전사적으로 위계질서하에서 의사결정이 이루어지기에 중간관리자 및 임직원들의 전문적 능력이 더욱 요구되는 시대이다.

13 경영전략을 바라보는 다섯 가지 견해는 기업 내부의 기획 및 관리, 사업 포트폴리오 선정, 경쟁우위에 입각한 경쟁전략, 이해관계자에게 공헌할 수 있는 효율적인 지배구조를 들 수 있다. 단기전 수익만을 추구하는 의사결정은 전략적 관점이라 보기 힘들다.

14 생산관리시대에 근로자들을 기계와 같은 취급을 했지만, 민주화의 흐름에 힘입어 인간이 더는 기계적인 역할만을 하는 것이 아니라 인권회복을 위한 움직임이 활발히 나타나며, 그 중심에는 노동조합의 역할이 강조되었다.

정답 12 ③ 13 ④ 14 ①

12 다음 중 조직의 의사결정 분권화의 원인으로 옳지 않은 것은?

① 대규모 기업집단의 등장
② 정보화 증가와 정보의 폭증 현상
③ 중간관리자들의 능력 저하
④ 기업환경의 변화

13 다음 중 경영전략을 바라보는 견해로 옳지 않은 것은?

① 회사 내부의 다양한 의사결정이 긴밀하게 결합되어 있는 프로세스라고 본다.
② 기업이 시장에서 경쟁할 영역을 선택하는 것으로 본다.
③ 경쟁우위의 성취와 외부환경의 기회와 위협 그리고 내부 강점 약점을 통한 대응이라 본다.
④ 단기적 수익만을 추구하는 의사결정을 말한다.

14 다음 중 빈칸에 들어갈 내용으로 올바른 것은?

> 1910년대까지는 생산향상에 초점을 맞춰 (   )의 기능을 제대로 하지 못했다. 그러나 제1차 세계대전 이후 노동자의 인간적, 인격적 요구가 대두되면서 강력한 (   )이/가 등장했다.

① 노동조합
② 직무명세서
③ 생산관리제도
④ 기획실

해설 & 정답 checkpoint

15 **다음 중 경영전략의 패러다임 변화로 옳은 것은?**

① 경영정책 – 전략계획 – 경영전략
② 경영정책 – 경영전략 – 경영관리
③ 경영관리 – 경영정책 – 경영전략
④ 경영관리 – 전략계획 – 경영정책

15 경영전략의 패러다임은 경영정책 – 전략계획 – 경영전략의 순서를 지닌다. 경영자와 과업의 책임을 다루는 경영정책에서 기업 환경에 의해 제공된 강점과 약점을 파악하는 전략계획 그리고 이윤 극대화라는 목표와 기업의 전략적 자세의 재정립인 경영전략 순의 패러다임 과정을 거친다.

16 **다음은 기업의 조직구조와 의사결정의 분권화의 원인에 대한 설명이다. 이 중 옳은 것을 모두 고르시오.**

> ㉠ 정보의 양과 복잡성이 증가
> ㉡ 사람 간의 커뮤니케이션 빈도 증가
> ㉢ 인터넷의 발달로 다수 사용자가 정보 접근 가능
> ㉣ 환경의 변화 속도가 빨라짐

① ㉠, ㉡, ㉣
② ㉠, ㉡, ㉢
③ ㉡, ㉢, ㉣
④ ㉠, ㉡, ㉢, ㉣

16 기업의 조직구조와 의사결정의 분권화는 정보의 폭증 현상, 정보화 증가의 메커니즘, 인터넷 보급 그리고 기업 환경변화 등이 원인이라 할 수 있다.

17 **의사결정자와 전략과의 관계에 대한 설명으로 옳지 않은 것은?**

① 경영자들은 전략계획, 관리통제 그리고 운영통제를 담당한다.
② 기업의 전반적인 관리 및 성장에 영향을 미친다.
③ 기업 내에서 최고경영자, 중간경영자, 하부경영자의 절대적 삼분법적 구조가 적합하다.
④ 경영활동을 담당하는 주체가 어느 위치인지에 따라 경영활동에 대한 범위가 달라진다.

17 기업 내 위치에 따라 최고경영자, 중간경영자 그리고 하부경영자의 구분이 가능하지만 하나의 연속체로 이해하는 것이 적절하며, 조직 내에서 어느 위치에 있느냐에 따라 전략, 조직관리 및 운영에 대한 범위가 달라지는 것으로서 절대적인 구분이라 보기 힘들다.

정답 15 ① 16 ④ 17 ③

checkpoint 해설 & 정답

18 경영전략이란 기업의 강점과 약점을 모두 파악하고, 기업이 속한 산업의 위기와 기회를 분석하여 경쟁우위를 창출하는 것이다.

19 사업(부)전략은 사업부 수준에서 고려되는 전략으로써, 기업전략에 의한 자원분배가 실행된 후 기업이 가진 자원을 활용하여 경쟁기업과의 경쟁에서 이길 구체적인 방향을 강구하는 것을 말한다.

정답 18 ④ 19 ②

18 다음 중 경영전략에 대한 설명으로 옳은 것을 모두 고르시오.

> ㉠ 전략은 회사 내부에 존재하는 다양한 의사결정의 결합
> ㉡ 장기적인 목표와 행동
> ㉢ 시장에서 경쟁을 위한 수단
> ㉣ 기업의 강점만을 부각하기 위한 수단

① ㉠, ㉡, ㉢, ㉣
② ㉠, ㉡, ㉣
③ ㉡, ㉢, ㉣
④ ㉠, ㉡, ㉢

19 다음 제시문에서 설명하는 전략으로 옳은 것은?

> 각 사업 내에서 해당 사업이 경쟁우위를 획득하고 유지하는데 필요한 활동을 의미하며, 기업 외부 기회와 위협을 인식하고 기업전략에 의한 자원분배가 실행된 후 타 경쟁기업들과의 경쟁에서 이길 구체적인 방향을 모색한다.

① 기능별 전략
② 사업(부)전략
③ 기업전략
④ 인수합병전략

20 다음은 경영전략의 패러다임에 대한 설명이다. 옳은 것을 모두 고르시오.

> ㉠ 정책수립 - 기업의 기능적인 활동의 통합
> ㉡ 전략계획 - 외부환경과 연결한 전략 수립 및 전략 수립과 과정의 이분화
> ㉢ 경영전략Ⅰ - 환경과 기업조직 수준의 통합과 산업구조 분석을 통한 전략수립
> ㉣ 경영전략Ⅱ - 환경 영향력 증대에 따른 환경분석의 세밀화

① ㉠, ㉢, ㉣
② ㉠, ㉡, ㉢, ㉣
③ ㉡, ㉢, ㉣
④ ㉠, ㉡, ㉢

주관식 문제

01 기업의 전략적 수준에 따른 전략을 나열하시오.

해설 & 정답 checkpoint

20 경영전략의 패러다임에서 경영전략Ⅱ 시대에는 전략수립의 관점이 기업 외부환경에서 기업 내부자원으로 변화하였으며, 전략실행의 가능성에 초점을 두었다.

01
정답 기업전략, 사업(부)전략, 기능별 전략
해설 전략은 기업 내 위치하는 의사결정자의 위치에 따라 기업전략, 사업부를 책임지는 경영자라면 사업전략, 사업부 내의 특정 기능을 책임지는 의사결정자라면 기능별 전략으로 구분된다.

정답 20 ④

checkpoint 해설 & 정답

02

정답 ㉠ 영속적인 기업, ㉡ 생산요소, ㉢ 시너지

해설 해당 내용은 기업경영의 기본적인 이해에 관한 내용이다. 기업은 영속성에 기반하고 생산을 위한 투입과 그리고 유기적인 결합을 통해 시너지 효과를 창출하고자 하는 기본적인 목적을 지닌다.

03

정답 ㉠ 테일러의 과학적 관리론
㉡ 포드 시스템

해설 1900~1919년의 생산관리 시대에는 과학적 관리론에 의거하여, 대량 생산이 가능해졌으며, 대표적인 기업으로는 포드가 컨베이어 시스템을 통해 생산량 증대에 기여했다.

02 다음 빈칸의 ㉠, ㉡, ㉢에 들어갈 내용을 쓰시오.

일반적으로 기업은 기초를 단단히 하고 기둥을 세우고 지붕을 알맞게 덮어야 (㉠)으로써의 기능 실행이 가능하다. 경영활동은 구체적으로 노동, 자본, 기술이라는 (㉡)를 투입하여 재화와 용역을 산출하는 생산기능이며, 유기적 결합에 의해 형성된 조직은 단순합계보다 커지는 (㉢)효과를 창출할 수 있는 것이다.

03 경영전략의 발전과정에서 다음 빈칸에 들어갈 단어를 쓰시오.

20세기 기업은 능률 향상에 있어 획기적인 변화를 경험하였다. 특히 1900~1919년의 생산관리 시대에는 (㉠)의 등장으로 인해 생산량의 폭발적 증대를 가져왔다. 생산에 투입되는 최소의 비용과 최대의 능력 창출을 할 수 있는 표준적 업무 절차로 과거보다 작업 생산량의 증대를 가져왔다. 해당 시기의 대표적인 기업으로는 컨베이어 시스템을 도입한 포드의 (㉡)을 통해 생산량 증대에 기여했다.

04 경영전략의 과정을 순서대로 나열하시오.

전략목표설정 – (㉠) – 경영전략 도출 – (㉡) – (㉢)

05 다음의 빈칸에 들어갈 단어를 쓰시오.

(㉠)은 산업구조(외부환경)와 기업의 내부환경을 고려한 분석기법으로써, 기업이 보유한 자원의 강점과 약점 그리고 기업이 처한 산업에서 오는 기회나 (㉡)을 통해 경영전략으로 도출하는 분석틀

해설 & 정답 checkpoint

04

정답 ㉠ 환경분석, ㉡ 경영전략 실행, ㉢ 평가 및 피드백

해설 기업 비전과 미션의 설정(전략목표설정) 과정을 거치고, 내·외부의 환경분석 이후 기업의 경영전략을 도출하며, 경영목적 달성을 위해 경영전략을 실행 후 경영전략의 결과 평가 및 피드백의 과정을 거친다.

05

정답 ㉠ SWOT 분석
㉡ 위협

해설 마이클 포터 교수에 의해 기업이 보유한 자원을 토대로 강점(Strengths)과 약점(Weaknesses)을 파악하고 기업의 환경에서 오는 기회(Opportunities)나 위협(Threats)을 분석하는 분석틀을 SWOT 분석이라 한다.

checkpoint 해설 & 정답

06 경영전략의 정의와 기업의 목표에 관해 기술하시오.

06

정답 경영전략이란 기업이 경쟁우위를 창출하기 위해 기업의 희소한 자원을 어떻게 배분할지에 대한 의사결정으로써 기업의 외부환경을 적절히 파악한 후 희소한 자원을 효율적으로 배분하는 것을 말한다. 또한, 기업들은 주주의 이윤 극대화와 이해관계자들에 대한 만족이라는 기업의 목표를 지닌다.

07 기업 수준 전략에서 기업이 추구하는 전략 행동과 구체적인 방안을 기술하시오.

07

정답 기업 수준의 전략의 구체적인 전략 방안으로는 수직적 통합, 기업인수합병, 해외사업 진출, 다각화 등과 같은 전략 행동이 있으며, 이는 사업 포트폴리오를 구성시 새로 시작할 사업과 기존 사업의 연관성에 따라 전략행동을 설정해야 한다.

08 경영전략의 발전과정을 역사 순으로 기술하시오.

08

정답 경영전략의 발전과정은 생산관리 시대 → 인사관리·조직관리 시대 → 마케팅관리 시대 → 기획관리 시대 → 전략경영 시대의 순서의 발전과정을 지닌다.

09 장기 전략 계획이 쇠퇴한 원인을 기술하시오.

10 의사결정 주체인 경영자에게 필요한 능력 세 가지를 간략히 기술하시오.

해설 & 정답 checkpoint

09

정답 1970년대 오일쇼크와 경기침체는 기업들에게 불확실성(uncertainty)의 증대를 가져왔으며, 기업들은 급진적인 변화의 환경에 발맞추어 장기 전략 계획 보다는 민첩하게 대응할 수 있는 전략의 필요성이 증대되었다.

10

정답 지식(knowledge), 기술(skills), 자세(attributes)

해설 경영자는 해당 산업과 사업에 대한 지식(knowledge)의 적용을 위해 분석적, 관리적 기술(skills)의 능력과 더불어 기업에게 야망과 비전의 달성에 대한 적극적인 자세(attributes) 등을 함께 겸비해야 한다.

더 많은 정보와 지식을

여기서 멈출 거예요? 고지가 바로 눈앞에 있어요.
마지막 한 걸음까지 시대에듀가 함께할게요!

고득점으로 대비하는 가장 똑똑한 수험서!

기업의 사명과 목표

제 2 장 기업의 사명과 목표

제 1 절 기업 사명의 의의

1 기업 사명의 개념과 의의

(1) 기업 사명의 개념

① 기업의 사명(mission)이란, 해당 기업과 다른 기업의 차별성을 지니게 함과 동시에 기업의 활동 영역을 규정함으로써 기업의 근본적인 존재 이유와 목적을 나타내는 것이다. 기업은 사업을 운영함에 있어서 기존 사업을 유지 및 강화하거나 새로운 사업에 신규 진입함에 있어서 기업의 목표나 철학에 기반한 전략적 지향점을 지녀야 한다. 기업 사명이라는 것은 기업 의사결정자인 최고경영자(CEO)의 사업 철학을 반영한 것으로서 기업의 지향점을 구체화한 것이라 보기보다는 기업의 근본적인 목적과 전략을 개괄적 또는 암묵적으로 나타내는 것이다.

② 기업의 사명은 기업이 추구하는 장기적이며 바람직한 기업의 비전으로써, 전략수립 단계의 목표설정 중 가장 우선시 고려되는 요소이다. 사명은 개괄적이고 암묵적인 성격을 지니며 동시에 기업에게는 정체성(identity)을 부여하며 성장과 번영을 가능하게 한다. 근본적으로 기업의 전략적 의사결정은 개별 기업들이 지니고 있는 기업 사명에서 출발하며, 전략의 수립과 실행에 있어서 근본적인 출발지점이다. 즉, **기업의 사명이란 기업의 선언문으로써 정량적 측정이 가능한 목표는 아니지만, 기업이 추구하는 철학이며 지향점**이라 할 수 있다. 이와 같은 기업 사명의 기능적 효과는 다음과 같다.

> **기업 사명의 기능적 효과**
> 1. 기업의 정체성을 제공한다.
> 2. 기업가치의 중심점을 제공한다.
> 3. 기업목표의 일관성을 평가하는 기준이 된다.
> 4. 기업 전략수립과정의 기준을 제공한다.
> 5. 기업 전략평가의 기준을 제공한다.
> 6. 기업의 자원분배와 활용의 기준이 된다.

(2) 기업 사명의 의의

① 기업 사명이 지니는 의의는 크게 기업의 존재 목적, 가치, 자원배분의 결정, 목표, 전략의 사후 평가 등 기업의 모든 요소에 연관성을 지닌다.
   ㉠ 기업의 존재나 설립의 목적을 대내외적으로 나타낸다.
   ㉡ 기업이 추구하는 가치가 무엇인지 그리고 어떤 사업 또는 방향에 초점을 지니는지를 나타낸다.
   ㉢ 기업이 지니는 장·단기적 목표와 목적들이 기업이 추구하는 방향으로 일관되게 나아가는지를 평가하는 기준으로 작용한다.
   ㉣ 전략수립에 있어서 가장 근본적인 출발점으로 작용한다.
   ㉤ 전략적 의사결정이나 전략적 실행에 있어서 평가의 기준으로 작용한다.

이와 같은 기업의 사명을 담은 구체적인 내용을 사명선언문(mission statement)이라 한다. 사명선언문은 우리는 누구이고, 우리는 무엇을 하며, 우리는 어디로 가는가의 내용을 담는다. 사명선언문의 특징은 다음과 같다.

사명선언문(mission statement)

"우리는 누구이고, 우리는 무엇을 하며, 우리는 어디로 가는가"하는 내용을 담은 문장

사명선언문의 핵심요인

- 기업의 사업영역에 대한 정의
- 사업의 목적
- 기업운영 철학

② 사명이 분명한 기업일수록 기업의 사명을 분명히 밝힌다. 그리고 기업의 사명에 따라 제품을 판매하고 서비스를 제공하며 기업 사명에 동의하고 함께하고자 할 사람을 선발 채용한다. 단순히 제품이나 서비스를 판매하는 것이 아니라 기업의 가치를 판매하는 것이고, 단순히 직업을 선별하는 것이 아니라 함께 목표를 향해 달려갈 동반자를 모집하는 것이다. 즉, 사명은 기업이 존재해야 하는 이유를 아는 것이며, 수많은 경쟁자가 시장에 존재함에도 불구하고 우리 기업을 찾아야 할 이유를 제시하는 것이다. 사명의 중요성만큼 해당 산업에서 전 세계적으로 성공적인 성과를 이룬 기업들의 사명은 다음과 같다.

기업	사명
SONY	‘공공의 이익과 기쁨을 위한 기술 혁신과 기술 활용이 주는 즐거움을 경험함’
3M	‘미해결된 문제의 혁신적 해결을 위한 끊임없는 탐색과정’
	‘기업과 정부의 더 나은 성공에 도움을 주는 것’
	‘우리의 사명은 회원들에게 양질의 제품과 서비스를 최저 가격에 지속적으로 공급하는 것’
The Walt Disney Company	‘사람들을 행복하게 만드는 것’

[선도 기업들의 기업 사명]

(3) 기업의 사명과 비전

① 기업의 비전(vision)은 ‘기업 내의 모든 구성원의 꿈과 의지가 포함된 미래의 모습을 이미지화’한 것으로 정량적으로 측정이 불가능한 정성적인 개념을 말한다. 기업에 따라 비전을 표현하는 방법이 다르며, 특정한 표현방법이 정해진 것은 없다. 다수의 기업은 비전을 추상적으로 여기고 간과하는 경우를 살펴볼 수 있다. 그러나 훌륭한 비전이란 특정한 순간의 발상이나 영감을 통한 신비함을 세시하는 것이 아니라, 정보수집과 정보 분석의 과정을 거친다.

② 기업의 비전을 명확히 제시해 주는 경영자는 기업의 환경에 대한 충분한 이해와 인식을 기반으로 다양한 정보를 수집하여, 미래의 기업에 다가올 상황을 미리 대처할 수 있게 하는 전략가여야 한다. 비전을 제시하는 기업은 미래지향적이며, 비전을 설정할 때 과거나 현재의 연장선에서 미래를 바라보지 않고 경영층과 기업의 모든 임직원의 꿈과 의지가 녹아든 비전을 설정한다. 그래서 비전이 잘 설정되어야만 목표에 도달하기 위해 현재 기업에게 필요한 혁신이 무엇인지, 사업구조를 어떻게 재편할 것인지 그리고 어떻게 기업의 전체적인 성과가 효율적으로 도출될 수 있는지를 찾아낼 수 있다. 이와 같이 기업이 미래에 지향하는 비전을 제시함으로써 기업 명성 강화 및 체질 개선의 예는 다음의 표와 같다.

[기업 비전의 선포 사례]

기업명	비전 스테이트먼트 및 비전의 주요 내용	선포 시기
삼성전자	함께 가요 미래로! 인에이블링 피플(사회공헌 비전) → '인재제일'과 '상생추구'의 핵심 가치를 근간으로 사회공헌 비전과 테마를 재정립	2019년 2월
삼천리	소비자중심경영(CCM) 성숙기 서브비전 → '국내 최고 수준의 안전과 서비스를 제공하는 기업'으로 선포하고, 서브비전을 바탕으로 고객서비스 고도화, 고객가치 제고 서비스 제공, 오픈 커뮤니케이션 등의 목표	2020년 8월
한국수자원공사	국민 중심의 물관리 혁신 → 과감한 기술 혁신 등 새로운 미래 도전을 통해 치열한 물관리 플랫폼 경쟁에서 글로벌 스탠더드를 선점하고, 물재해로부터의 국민안전 확보와 안정적인 맑은 물 공급 등 통합 물관리 체계 구축을 강화	2020년 11월

③ 현대의 기업들은 기업의 비전을 수립함과 동시에 대·내외적으로 기업 비전을 공표하는 등 기업의 비전에 대한 중요성을 많이 인식하고 있다. 대다수 기업은 전략 수립의 첫 단계를 비전 수립이라 인식하고 있다. 그렇기에 기업의 사명에 대한 명확한 이해를 위해서는 최고경영자의 바람직한 기업 미래상 개발이 필요하다. 기업의 비전은 더 나은 미래의 상태를 의미하는 반면 사명이란 현재에 더 초점을 맞춤으로써 특정 시간의 구애를 받지 않는 개념이다. 또한, 기업의 비전이 달성되면 새로운 비전의 제시가 필요하다. 하지만, 사명은 개별 기업의 사명이 의미를 지니는 한 지속적으로 유지될 수 있다. 따라서 비전이란 기업의 목표와 관련이 있고, 기업 사명은 기업의 행동방식과 관련이 있다. 비전과 사명의 차이는 다음과 같다.

더 알아두기

비전과 사명의 차이

- 비전이 일단 성취되면 성취 이전에 설립했던 의미를 잃는다. 따라서 기업에게 더 방향성을 제시하지 못하면 기업행동의 기준이 되지 못한다. 기업 비전이 너무 야망적이거나 달성의 가능성을 의심받게 된다면 조직구성원의 동기부여에 어려움이 있다.
- 기업 사명은 기업의 경영철학과 목적 그리고 이에 따라 요구되는 행동 양식을 의미하는 것으로서 시간의 구애를 받지 않고 기업의 동기와 방향성을 제공하는 원천이다.

④ 이처럼 기업의 사명과 비전은 기업이 나아가는 방향성과 목표설정 및 실질적 전략의 실행에 영향을 미치는 주요한 요인이다. 다음 그림은 기업의 사명과 비전 수립을 도식화한 것이다.

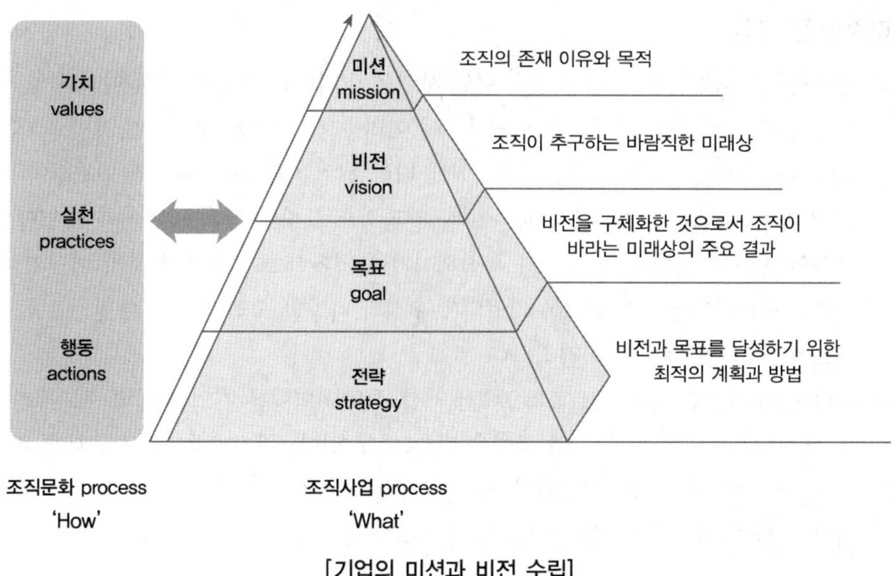

[기업의 미션과 비전 수립]

제 2 절 기업 사명의 수립

1 사업의 정의

(1) 단일 사업 분야의 기업

① 사업에 대한 정의는 본원적으로 "우리가 하는 사업은 무엇인가?"이다. 이것은 기업의 전략 계획을 하는 데 있어서 가장 먼저 던져야 하는 질문이다. 대부분 기업은 스스로의 사업을 제품 위주로 정의한다. 그러나 이와 같은 접근은 소비자의 필요를 무시하거나, 산업에 대한 정확한 이해하지 못하는 데서 나온다. 또한, 사업에 대한 정의는 기업이 단일 사업을 영위하는지 아니면 여러가지 사업을 영위하는지에 따라 달라진다. 구체적으로 **사업을 정의하는 방법은 크게 제품지향, 필요지향, 능력지향에 따라 기업의 사업 분야를 정의**한다.

② 동일한 제품을 생산 및 판매하는 기업의 경우에도 타겟 고객층이 다를 수 있으며, 이에 따라 고객이 원하는 가치나 욕구도 달라진다. 또한, 시장의 욕구가 동일하더라도 기업에 따라 시장에 대한 대응이 달라질 수도 있다. 결과적으로 기업의 사업 분야는 고객 집단이 필요로 하는 욕구가 무엇인가 또한 그 욕구를 충족하기 위한 기업의 행동과 사업이 무엇인가에 따른 정의가 필수임을 보여준다.

(2) 다각화된 기업

① 일반적으로 다각화된 기업의 경우 단일 사업을 영위하는 기업과 달리 여러 사업 분야를 운영하기 때문에 사업에 대한 정의와 구분에 어려움을 겪는다. 왜냐하면, 일반적으로 다각화(diversification)는 제품이나 판매지역에 따라 관련 다각화와 사업의 연관성이 낮은 수준의 비관련 다각화로 구분되기 때문이다. 결과적으로 다양한 사업 분야를 영위할수록 여러 사업의 참여로 인한 사업 정의가 복잡해지기에 명확한 초점을 도출하기 어렵기 때문이다. 그렇기에 다각화된 기업일수록 기업의 특수성과 다양한 사업 참여에 대한 포트폴리오를 기준으로 한 사업 정의가 바람직하다.

② 이와 같은 기업의 사업 포트폴리오에서 가장 중요한 역량은 기업 전체의 포트폴리오를 구성 및 결정함으로써 사업부 간의 균형을 맞추는 데 있다. 즉, 개별사업부에 대한 투자비율을 기반으로 포트폴리오의 구성과 자원의 분배를 조정하는 것으로서, 기업의 전략적 목표가 명확히 반영되게 사업 포트폴리오를 정의하는 것이다.

2 기업의 목표와 철학

(1) 기업목표

① 기업 활동과 경영시스템의 근간이 되는 기업목표는 그 중요성이 날로 부각되고 있다. 즉, 기업 활동과 관련된 활동의 방향성을 설정해주며, 외부로부터 기업 활동에 대한 정당성(legitimacy)을 확보하기 위한 가치체계가 필요한데, 그것이 바로 기업목표이다. **기업의 목표는 주주의 이윤 극대화(profit maximization)**이다. 기업의 이윤 극대화는 기업의 가치창조 극대화를 의미하며, 주주가 자본금을 내어 기업을 설립하고, 임직원을 고용하며, 생산을 위한 원재료를 구매하고 제품을 생산하여 고객에게 제품과 서비스를 판매하여 수익을 창출하는 것을 말한다. 기업은 설립할 때 자본금을 투자했던 주주의 불확실성을 보상하기 위해 주주의 이윤 극대화에 최선을 다해야 하는 기업목표가 있다.

② **기업의 다음 목표는 이해관계자(stakeholder)의 만족**이다. 기업의 목표는 주주, 종업원, 지역사회, 정부 등의 만족을 증대시키는 것이다. 그러나 이해관계자 이론은 최근 세계적으로 경쟁이 심화되고 있는 자본시장에서 기업의 성과에 대한 통제가 심해짐에 따라 그 설득력이 약해지고 있다. 한편, 이해관계자의 만족이 기업의 장기적인 이윤 극대화와 반드시 배치된다는 것은 아니다. 종업원들이 좋은 대우를 받으며, 기업이 환경오염이나 지역사회에 공헌하는 것이 장기적인 이윤 극대화에 도움을 준다.

③ 이해관계자들에 대한 고려는 기업과 이해관계자 사이의 상호호혜성(reciprocity)을 형성하게 되며, 최고경영자와 종업원, 고객 및 협력사 그리고 정부와 지역사회 등 서로 다른 이해관계자들의 목표를 조화시킨다. 글로벌 경쟁이 심화됨에 따라 기업의 생존과 번영이 이해

관계자들의 만족 정도에 따라 달라지기에 현대사회의 기업들은 이와 같은 이해관계자들을 고려한 기업의 사회적 책임 활동을 기업목표의 한 관점으로 접근하고 있다.

(2) 기업철학

① 기업철학은 기업의 창업자(founder)를 포함한 과거 또는 현재의 최고경영자들의 세계관과 가치철학을 융합한 하나의 체계 또는 기업경영과 관련된 기본적인 태도, 가치, 신념을 말한다.

② 기업의 전략은 기업을 구성하고 있는 조직구성원에게 전사적으로 공유되는 가치관에 의해 결정되어야 한다. 하지만 현실적으로는 특정 주체에 의해 주도되는 경우가 빈번하다. 이와 같은 특정 주체는 기업 내의 의사결정 과정의 핵심역할을 수행하거나 큰 영향력을 지닌 사람들을 말한다. 특히 기업의 의사결정 주체인 최고경영자가 지닌 철학은 기업의 의사결정에 막대한 영향을 끼친다.

제 3 절 목표수립

1 목표의 개념과 의의

(1) 목표의 의미와 기업 사명과의 차이

① **목표란 기업의 사명과 비전을 내포하는 경영방침 등의 경영이념을 통해 기업이 추구하고 도달하고자 하는 지향점**이다. 기업의 궁극적인 목표는 기업의 미션이라는 기업의 존재와 방향성을 표현한 것이다. 협소한 의미에서는 기업이 일정기간 동안 한정된 자원을 토대로 자신들의 의사결정을 달성하기 위한 구체적이고 정량적인 목표이다. 이처럼 구체적이고 정량적인 목표는 명확성을 내포하기 때문에 목표의 달성 정도를 구체적으로 평가할 수 있다.

② 기업목표는 구체적인 설정 기간과 달성하고자 하는 정략적 목표가 구체적으로 표현되기 때문에 다음과 같은 4가지 요소를 포함한다.

㉠ 목표란 수익성 및 시장점유율 등의 목표 속성을 가진다.

㉡ 목표를 측정하기 위한 정량적 지표이다,

㉢ 설정된 지표별 달성기준을 포함해야 한다.

㉣ 설정된 목표의 달성기간이 포함되어 있어야 한다.

③ 기업 사명이란 구체적인 기간이나 시점에 관계없이 기업의 본원적이고 장기적으로 추구되어야 하는 가치라면, 기업목표는 앞선 살펴본 바와 같이 구체적인 기간, 시기, 달성하고자

하는 정량적 목표가 구체화된 것이라 할 수 있다. 기업 사명이 기업이 추구하고자 하는 추상적 개념이라면 기업이 추구해야 하는 실질적 목표가 바로 기업목표인 것이다.

④ 다음에 나오는 그림은 기업의 사명에서부터 기업의 전략실행의 과정을 보여준다. 기업의 경영전략 수립과정은 가장 먼저 기업의 사명을 정하고, 사명의 설정 후 수치화 가능한 기업목표를 설정한다. 다음으로는 우리가 제3장과 제4장에서 배울 기업의 외부·내부환경 분석을 하는 것이다. 기업이 속한 산업에 존재하는 기회나 위협을 구분하고 기업이 가지고 있는 자원의 강점과 약점을 통해 효율적·효과적인 전략수립을 통해 경쟁우위 원천을 찾아낸다. 이후 기업은 이와 같은 약점을 토대로 전략적 선택을 하게 된다. 하나는 전사적인 전략, 다른 하나는 사업(부)전략이 그것이다. 전략선택 이후 본격적으로 설정된 전략을 원활하게 수행하기 위한 조직체계를 구성하며, 문제점에 대한 지속적 피드백의 과정을 겪으며, 기업은 경쟁우위 창출을 하는 것이 경영전략의 프레임워크이다. 이처럼 기업의 흥망성쇠를 결정짓는 기업의 전략 수립 사이클에서 기업의 사명과 기업목표는 경영전략 프레임의 초기에서 중요한 방향성을 지닌다고 할 수 있다.

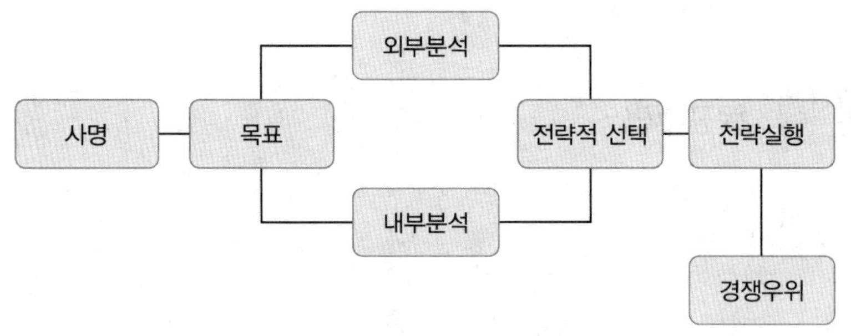

[경영전략 수립의 프레임워크]

2 목표의 종류

(1) 전략적 목표와 재무적 목표

① **기업의 경영전략 수립 프로세스에서 가장 중요한 사항은 기업의 성공과 직접적으로 연관된 핵심성과가 무엇인가를 규명하는 것이다.** 즉, 기업의 핵심성과를 평가하는 데 있어서 어떠한 지표가 기업의 성과를 평가하는데 가장 적절한가를 판단하는 것을 말한다. 기업의 성과는 대체로 수익성, 시장점유율, 성장성, 생산성, 광고 집중도, 인적자원, 기업의 사회적 책임 활동 등을 들 수 있다. 하지만, 다양한 성과지표 들은 기업의 상황 또는 기업이 속한 산업특성 그리고 기업의 특수한 성격 등에 따라 성과평가 지표의 적용이 달라진다. 기업이나 기업이 속한 산업의 특징을 막론하고 기본적으로 성과평가의 주된 목표는 기업의 전략적 목표와 재무적 목표를 가늠하기 위함이다.

② 전략적 목표성과는 기업의 가치관 평판 그리고 위상의 정도를 평가하며, 재무적 목표성과의 경우 기업의 생존과 직결된 기본적이면서도 필수적인 주식가치, 매출액, 당기순이익 등의 재무적 수치와 관련된 목표를 말한다. 예를 들어 기업이 기업 규모 확대를 위한 인수합병, 신규 해외 시장 진출을 위한 다각화, 해외시장 점유율 확대, 제품/서비스 안전율 상승 등의 기업 평판이나 이미지와 관련된 요소는 전략적 목표로 간주된다. 반면, 당기순이익의 증가, 주식 가치의 상승, 현금보유 증가, 배당률, 부채비율 등은 재무적 목표로 간주된다.

③ 기업의 운영과 평가의 과정에서 전략적 목표와 재무적 목표 중 어느 것이 더 중요하다 할 수 없다. 그러나 전략적 목표와 재무적 목표는 기업운영 간에 상충(trade-off)의 문제가 발생한다. 예를 들어 기업이 단기적인 매출액 증대 또는 시장점유율의 증대에 초점을 맞출 경우에는 장기적인 전략인 R&D(연구개발투자) 투자에 소홀해질 수밖에 없는 상황이 도래한다. 반대로 R&D 투자에 초점을 가진 기업일 경우 기업의 단기적 재무성과에 부정적인 영향을 미친다. 이러한 경우는 장기적 기업 경쟁력을 강화함과 동시에 기업의 단기 재무적 안정성을 확보하거나 기업의 재무안전성 확보가 가능한 선에서 장기적 기업의 경쟁력을 확보하여야 한다. 즉, 기업의 전략적 목표와 재무적 목표는 상충관계에 놓여있다.

(2) 장기목표와 단기목표

① 기업의 목표는 시간 영역에 따라 장기목표와 단기목표로 구분된다. 일반적으로 1년 또는 1년 이내의 목표를 단기적이라 명하며, 1년에서 3년 사이의 목표를 중기적인 목표, 3년 이상의 목표는 장기목표라 구분 짓는다. 그러나 이와 같은 구분은 절대적인 기준이 아니라, 기업과 산업특성 또는 외부환경의 변화에 따라 그 맥락을 같이 한다. 예를 들어 비교적 안정적이고 신기술의 도입이 크지 않은 광물 또는 철강 산업에서는 3년이라는 기간은 단기적인 관점에서 접근할 수 있지만, 사물인터넷, IT 산업에서는 신기술과 수많은 특허의 등장 그리고 기술의 급진적 진보로 인해 1년 이상의 기간이 장기로 해석될 수 있기 때문이다.

② 장기적인 목표의 경우, 장기적 목표의 도출 이후 그 실행 과정에 있어서 결과가 빠르게 나타나지 않으며, 위험 수반(risk taking)의 정도가 높다고 할 수 있다. 예를 들어 제약산업에 속한 제약회사가 신약 개발 치료를 위해 5년간 신약 연구개발에 투자하더라도, 5년 후 신규약이 개발되지 않을 수도 있으며, 이미 타 경쟁사에서 해당 기술을 개발할 수도 있기 때문이다. 반면, 단기적 목표는 기업이 추구하고 있는 궁극적인 목적 달성을 위해 거쳐야 하는 단계로써의 역할을 한다.

3 기업의 목표와 비전

(1) 이윤 극대화

① 기업 의사결정이 효율적으로 달성되기 위해서는 기업의 구체적인 목표설정이 필요하다. 구체적인 목표수립은 전략실행에 있어서 가장 선행되어야 하는 중요한 과제이다. 기업은 주주를 위한 이윤 극대화, 이해관계자들의 만족 그리고 사회적 책임 활동 등을 목표로 한다. 고전적 경제학에 기반하여 기업을 바라보던 관점에서 기업의 가장 주된 목표는 이윤 극대화이다. 즉, 기업은 매출액을 극대화시키거나 원자재 값을 극소화시킴으로써 이윤 극대화를 추구한다.

② 기업은 기업의 목표달성을 위해서 이익의 창출이 선행되어야 한다. 이윤을 창출하지 못할 경우 기업이 설정한 목표는 고사하고 성장 및 번영에 어려움을 경험한다. 결국, **기업은 이익 창출을 해야 하는 조직이다.** 그렇기에 **기업의 가장 본질적으로 추구해야 할 궁극적인 목표는 이윤을 창출하는 것이며, 이윤 극대화하는 것이다.**

③ 상품이나 서비스의 생산에는 노동력, 원자재, 설비투자 등 생산요소의 투입이 필요하다. 투입되는 설비투자에 대한 자본에 대해 이자를 지불해야 하며, 투입되는 노동력에 대해서는 임금을 지불해야 하고, 원자재에 대해서는 원자재 구입비용을 지불해야 한다. 이와 같이 투입된 생산요소에 지불되는 금액을 생산비용이라 부른다. 기업에서 생산되는 최종 제품인 상품과 서비스는 시장에서 판매되고 생산비용에 해당하는 임금, 이자비용, 원자재 비용 등을 제외한 가격을 취득한다.

④ 생산에 투입되어 사용되는 생산비용은 회계학적 관점에서의 생산비용이다. 경제학에서 말하는 생산비용은 회계학의 생산비용과는 다른 개념이다. 회계학에서 말하는 생산비용에 기업 활동의 비용을 암묵적으로 포함한 것을 경제학에서는 비용이라 한다. 즉, 기업이 다른 생산 활동을 했을 때 얻을 수 있는 기회비용(수익)을 비용에 추가한 것을 경제학에서는 생산비용이라 한다. 따라서 경제학의 이윤은 회계학의 이윤과는 다른 개념으로써 경제학에서의 이윤은 회계학에서 말하는 이윤에 다른 생산 활동에서 얻을 수 있는 기회비용(이윤)을 공제해야 한다.

(2) 사회적 책임과 이해관계자의 만족

① 기업의 본원적인 행위는 주주를 위한 이윤 극대화로써 영리를 추구하는 것인데, 한편으로 기업의 사회적 책임 활동은 오늘날 보편적인 기업의 책임으로써 인식되고 있다. **오늘날 기업들은 기업의 사회활동을 통해 '주주 모델(shareholder model)'을 넘어 '이해관계자 모델(stakeholder model)'로 이동하고 있다.** 즉, 이해관계자 모델에서는 기업과 관련된 이해관계자(임직원, 소비자, 협력업체, 정부, 지역사회 등)의 만족을 이끌어야 한다는 주장을 한다. 이해관계자 모델에서 주장하는 기업의 사회적 책임 활동(CSR : Corporate Social

Responsibility)이란 기업 활동과 연관성이 있거나 영향을 받는 직·간접적인 이해관계자들에 대해 경제적, 법적, 윤리적, 자선적 책임을 감당할 뿐만 아니라, 기업이 직면할 수 있는 위험(risk)을 줄이고 기회를 포착함으로써 장기적인 기업가치 제고를 위한 '이해관계자 기반 기업 경영활동'이라 할 수 있다. 결과적으로 기업 활동을 통한 이해관계자들의 만족(welfare)은 기업의 재무적·비재무적 가치 증대를 가져오며, 기업은 성장과 번영을 가능하게 한다는 것이다.

② 1979년 미국의 경제학자인 캐럴(Carroll) 교수는 기업의 사회적 책임을 네 가지 차원에서 구분하였다.

㉠ 기업은 사회의 기본적인 경제적 단위로써 재화와 서비스를 창출하고 이윤 극대화의 책임이 있다.

㉡ 기업은 법적 요구사항의 구조 내에서 경제적 임무를 수행할 법적 책임이 있다.

㉢ 기업은 법으로 규정되지 못하지만 기업에게 사회의 일원으로 기대하는 행동과 활동의 윤리적 책임이 있다.

㉣ 기업의 개별적인 판단이나 선택에 맡겨져야 할 자선적 책임이 있다고 주장했다.

캐럴 교수의 기업의 사회적 책임 활동의 네 가지 책임은 다음과 같다.

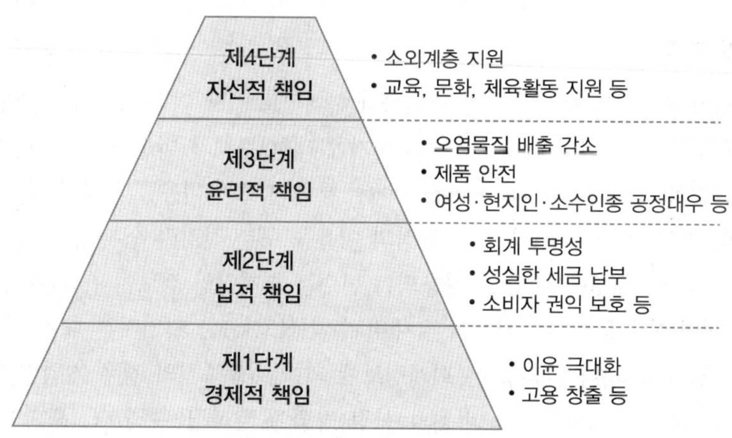

[기업의 네 가지 사회적 책임]

③ 기업의 사회적 책임 활동의 경우 딜레마가 존재한다. "기업이 하는 사회적 책임 활동이 궁극적으로 기업에 이익으로 돌아오는가?"라는 의문을 갖는다. 기업의 본원적 행위는 영리추구인데 언제부터인가 이해관계자들의 고려를 통한 사회적 이익을 추구하라는 경향은 기업이 사회적 책임 활동을 하면서도 경제 환원주의로 돌아가곤 한다. 이에 따라 기업은 종종 기업의 본원적 가치인 이익 추구와 사회적 이익 추구를 적절히 배합하는데, 기업의 사회적 책임 활동은 정책과 방향성에 따라 홍보와 기업 이미지 제고 또는 마케팅 수단으로 활용하

기도 하고, 기업가치의 제고 수단으로 사용하며, 이해관계자를 만족시키는 수단으로 사용하기도 한다. 하지만 문제는 소비자 입장에서 보았을 때, 홍보와 이미지 제고를 위한 기업의 사회적 책임 활동을 보고 기업에 대한 감동을 받거나 기업에 대한 만족이나 존경으로 이어지지 않는다는 점이다.

④ 기업의 사회적 책임 활동을 바라보는 찬·반의 관점과 비자발적·자발적 관점을 막론하고 기업의 사회적 책임 활동의 동기가 현대 기업경영의 주요 이슈임은 분명하다. 궁극적으로 기업의 사회적 책임 활동은 "기업의 활동이 이해관계자의 만족을 우선시하고 이를 통해 기업은 성과 창출이 가능하다."라고 주장한다. 이와 같은 기업의 사회적 책임 활동은 다음과 같이 표현된다.

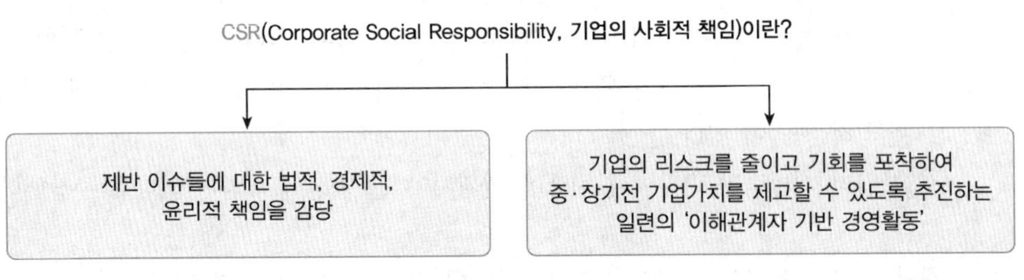

[기업의 사회적 책임 활동]

(3) 이윤의 측정

① 기업의 본원적인 목적이 이윤 극대화라 하더라도 실제 기업이 전략을 추구함에 있어서 구체적으로 이윤을 어떻게 정의해야 하는가에 대한 문제가 발생한다. 이론적인 관점에서 이윤이란 기업의 총수입(total revenue)에서 투입된 모든 비용을 차감한 나머지로 정의된다. 그러나 기업경영에서 이와 같은 관점의 이윤을 구분 짓기란 쉽지 않기에 기업의 경영성과에 대한 대용치(proxy)로 주로 사용되는 변수는 회계적인 정보이다. 회계적 이윤은 주로 총자산 대비 이익률(ROA), 투하자본 대비 수익률(ROCE), 자기자본 대비 이익률(ROE) 등으로 측정된다. 그러나 이와 같은 회계정보에 의한 이윤측정의 경우 기업별 회계기간이 상이하고, 회계처리기준에 따라 비용의 산정 방법이 달라질 수 있다. 또한, 기존 수익률 지표(index)들이 자본비용을 명시적으로 고려하지 않기에 이와 같은 한계점을 보완하기 위해서 최근에는 투하자본 수익률(RIOIC)와 경제적 부가가치(EVA)라는 지표가 주목을 받는다. 두 지표의 정의는 아래와 같다.

- 투하자본 수익률 = (세전 영업이익 + 금융비용) / 총자산
- 경제적 부가가치 = 세전 영업이익 − 법인세 − 가중평균자본비용

② 투하자본 수익률의 경우 기존 다른 수익률 지표들이 사용하지 않는 금융비용을 명시적으로 고려한다는 점에서 널리 사용된다. 경제적 부가가치는 단순히 타인자본 대비 비용뿐만 아니라 자기 자본에 대한 기회비용까지 포함하고 있어 기업의 경제적 부가가치 창출 능력의 종합적인 척도로써 각광을 받는다. 그러나 이처럼 경제적 부가가치율을 통한 투자결정도 한계점을 지닌다.

㉠ 경제적 부가가치의 개념이 경제적 이윤의 개념에 가장 가깝지만, 회계 정보를 사용함으로 인해 과거의 성과를 통한 미래의 투자 의사결정을 해야 하는 단점이 존재한다.

㉡ 이익률의 극대화는 의사결정자에게 전체 기업의 가치를 극대화해야 한다는 가정을 하지만, 위계질서에서 기업의 하위 부서 팀장 및 부서장들에게는 명확한 목표를 제시하지 못한다는 한계점이 있다.

(4) 기업의 가치관과 비전

① 우리는 기업의 목적이 주주의 이윤 극대화에 있다고 보았지만, 미국 Microsoft의 빌 게이츠가 단순하게 이윤 극대화만을 위해 열심히 일하고 있다고 여길 수는 없다. 이미 수십억 달러의 재산을 축적한 빌 게이츠는 이윤추구보다는 자기 성취 또는 컴퓨터산업의 지배와 같은 목적에 더욱 심취하고 있었을 것이기 때문이다. 그러나 이와 같은 기업의 가치관도 본질적으로는 장기적 관점의 이윤 극대화와 같은 맥락을 지닌다. 예를 들어 영국의 바디샵(Body shop) 화장품 회사의 경우 환경 보호, 동물 보호를 기업의 가치관으로 삼고 자신들이 생산하는 제품에 동물성 성분의 사용을 금하고 있다. 이와 같은 기업들은 동물 보호를 통한 이미지로 기업의 경쟁력을 강화하고 있다. 이와 같은 기업들은 기업이 표방하는 가치관이나 기업과 관련된 다양한 이해관계자들에게 기업이 추구하고자 하는 전략적 방향을 제시하여 각 이해관계자들의 목표를 일치시키는 역할을 가능하게 하였다.

② 기업의 사회적 책임을 강조하는 것은 소비자들에게 그 기업이 단순한 이윤 추구보다 환경보호, 임직원에 대한 복지 그리고 지역사회 및 취약 계층에 대한 공헌을 부각시키는 역할을 한다. 결과적으로 소비자들이 해당 기업에 대한 이미지를 개선시키는 효과가 있고 이는 기업의 장기적인 이윤 극대화에 도움을 준다.

제2장

OX로 점검하자

※ 다음 지문의 내용이 맞으면 O, 틀리면 ×를 체크하시오. [1~10]

01 기업 사명은 기업 존재의 목적이나 이유를 나타낸다. ( )

02 기업의 사회적 책임 활동은 기업의 유일한 목표이다. ( )

03 기업 사명에는 최고경영자(CEO)의 사업 철학만이 반영된다. ( )

04 기업 비전은 기업의 모든 구성원의 꿈과 의지가 포함된 미래의 모습으로써 정량적으로 측정이 가능하다. ( )

05 장기적 목표는 단기적 목표에 비해 위험 수반(risk taking)이 따른다. ( )

06 생산비용은 회계학적인 관점과 경제학적 관점이 말하는 두 가지 의미가 있다. ( )

07 기업은 기업의 목표달성을 위해서 반드시 이익 창출이 우선이 될 필요는 없다. ( )

정답과 해설 01 O 02 × 03 × 04 × 05 O 06 O 07 ×

01 기업 사명(mission)이란 기업들의 존재에 대한 근원적인 이유와 목적을 나타내며, 해당 기업과 다른 기업의 차별성을 지니게 한다.

02 기업의 사회적 책임 활동은 현대경영에서 기업의 책임으로 여겨지고 있지만, 기업들이 지니는 유일한 목표라고 볼 수 없다. 기업들은 이윤 극대화의 목표도 지닌다.

03 기업 사명은 기업에서 의사결정자의 사업 철학 가치관이 반영된 것이라기보다는 기업의 근원적인 목표나 전략을 내포하는 것이라 볼 수 있다.

04 기업의 비전은 정량적으로 측정이 불가능한 정성적인 개념이다.

05 기업의 장기적 목표의 추진은 기업 입장에서는 불투명하고 그 결과물이 불확실하기에 단기적 목표에 비해서 위험이 따른다.

06 경제학에서는 생산비용을 기업 활동에 투입되는 비용을 말하지만, 경제학에선 다른 생산 활동을 했을 때 얻을 수 있는 기회비용을 내포한다.

07 기업은 기업의 목표를 위해 이익 창출을 우선으로 해야 하며, 이익 창출이 선행되지 못할 경우 기업의 번영이나 성장에 어려움을 지닌다.

08 기업의 장기적 목표는 3년 이상의 기간을 기준으로 하는 절대적 값이다. (   )

09 기업의 철학은 최고경영자의 가치관 세계관을 반영한다. (   )

10 기업의 전략적 목표와 재무적 목표는 상충관계이다. (   )

정답과 해설 08 × 09 O 10 O

08 기업의 장기적 목표는 일반적으로 3년 이상을 말하지만, 산업이나 기업의 특성에 따라 그 기간의 정도를 달리 할 수 있음으로 절대적인 기준은 아니다.

09 기업 철학이란 과거 또는 현재의 최고경영자들이 지니는 가치관과 세계관을 포함하는 가치, 태도, 신념을 말한다.

10 전략적 목표를 추구할 경우, 재무적 목표를 포기해야 하는 경우가 도래하기에 전략적 목표와 재무적 목표는 상충관계(trade-odd)에 있다.

제 2 장 실전예상문제

01 다음 중 기업의 근본적인 목표로 옳은 것은?

① 이윤 극대화
② 해외 진출을 위한 노력
③ 높은 원가를 통한 제품 판매
④ 기술의 진보를 위한 탐험

02 다음 빈칸에 적합한 말로 옳은 것은?

> 기업의 (　　)은/는 기업의 본질적인 목표이며, 이를 위한 방안으로는 시장, 즉 고객들이 원하는 제품이나 서비스를 충족시키기 위해 다양한 선호에 맞는 상품과 서비스를 확대시킨다.

① 이윤 극대화　　② 기업 사명
③ 기업평판　　④ 사회적 책임

03 다음 중 자동차 기업의 이해관계자로 옳은 것은?

> ㉠ 자동차 타이어 공급업자
> ㉡ 제조공장 지역주민
> ㉢ 자동차 회사 임직원

① ㉠, ㉢　　② ㉡, ㉢
③ ㉠, ㉡　　④ ㉠, ㉡, ㉢

checkpoint 해설 & 정답

01 ② 기업의 해외진출은 시장의 확대를 통한 기업성과 창출이 있을 수 있지만, 초기투입비용과 새로운 시장에 대한 위험이 존재하기에 기업의 이윤 극대화를 위한 무조건 옳은 방법이 아니다.
③ 생산 비용을 낮추는 것이 이윤 극대화의 방안이다.
④ 기업의 목표는 근본적으로 이윤 극대화, 기업의 사회적 책임 활동이며, 기술의 진보를 위한 탐험은 기업의 사명으로 볼 수 있다.

02 기업의 이윤 극대화 방안은 궁극적으로 기업의 수익률을 창출하는 데서 시작하며, 기업이 지속과 번영을 위해 기본적으로 이루어야 할 본원적인 목표이다. 기업 사명은 기업의 장기적이고 기업의 존재 이유를 설명하며, 기업의 평판은 산업 내 기업의 수준 정도를 알 수 있는 척도이다.

03 이해관계자는 기업과 관련된 임직원, 협력업체, 공급업체, 지역사회, 지역주민, 정부 등이 있다.

정답 01 ① 02 ① 03 ④

04 다음 중 기업 목표설정의 예로 옳지 않은 것은?

① 전년 대비 매출액 120% 성장
② 동종 산업 대비 시장점유율 10% 확대
③ 광고매출액 대비 매출액 20% 상승
④ 글로벌 고객을 위한 만족도 제고

05 다음 중 기업 사명에 대한 설명으로 옳지 않은 것은?

① 기업 존재의 이유를 말해준다.
② 기업의 정체성을 나타낸다.
③ 기업의 근본적인 목적과 전략의 암묵적 표시이다.
④ 수치화, 객관화가 가능하다.

06 다음은 기업 사명의 기능적 효과에 대한 설명이다. 이 중 옳은 것을 모두 고르시오.

> ㉠ 기업의 정체성을 제공한다.
> ㉡ 기업목표의 일관성을 평가하는 기준이 된다.
> ㉢ 기업의 전략수립 과정의 기준이 된다.
> ㉣ 동일한 산업의 기업들은 유사한 기업 사명을 지닌다.

① ㉠, ㉡, ㉢
② ㉠, ㉡, ㉣
③ ㉡, ㉢, ㉣
④ ㉠, ㉢, ㉣

해설 & 정답 checkpoint

04 기업의 목표는 정량적 지표, 달성 기간, 시기 등이 명시된 구체화 가능성을 지닌다. 반면, 글로벌 고객을 위한 만족도 제고는 기업이 나아가고자 하는 방향성으로서 기업 사명으로 해석된다.

05 기업 사명은 개괄적이고 암묵적인 성격의 기업 정체성을 부여한다. 하지만, 정량적 측정이 가능하진 않다.

06 기업 사명은 기업이 지니고 있는 특수성 가치관을 반영하며, 해당 기업과 타 기업의 차별성을 지니게 한다.

정답 04 ④ 05 ④ 06 ①

checkpoint 해설 & 정답

07 기업비전은 추상적으로 여기어 간과하는 경우가 있지만, 비전은 순간의 영감이나 신비함이 아닌 정보수집 및 분석의 과정을 거치기에 기업이 미래에 닥칠 위기상황을 대처할 수 있게 해준다.

08 기업 사명은 기업의 차별성, 일관성을 부여하게 하며, 전략수립 및 목표 달성에 있어서 기업의 근본적인 정체성을 반영한다.

09 기업 사명은 개괄적이고 암묵적 그리고 정성적인 특징을 지니기에 수치화되거나 정량적 표현이 어렵다. 정량적 표기 또는 구체화된 표기는 기업목표이다.

정답 07 ② 08 ④ 09 ③

07 다음 빈칸에 들어갈 말로 옳은 것은?

(　　)은 '기업 내의 모든 구성원의 꿈과 의지가 포함된 미래의 모습을 이미지화'한 것으로 정량적으로 측정이 불가능한 정성적인 개념을 말한다.

① 기업전략
② 기업비전
③ 기업의 사회적 책임 활동
④ 다각화된 기업

08 기업이 전략수립과 목표설정 단계에 있어서 가장 우선시 되는 고려요소로써, 기업이 추구하는 장기적이고 바람직한 의미를 지닌 것은 무엇인가?

① 기업전략
② 기업목표
③ 기업의 사회적 책임 활동
④ 기업 사명

09 다음은 선도 기업들이 내세운 기업 사명이다. 이 중 기업 사명으로써 옳은 것을 모두 고르시오.

㉠ 공공의 이익과 기쁨을 위한 기술 혁신과 기술 활용이 주는 즐거움을 경험하게 함
㉡ 미해결된 문제의 혁신적 해결을 위한 끊임없는 탐색과정
㉢ 2020년 시장점유율 50%로 확대
㉣ 기업과 정부의 더 나은 성공에 도움을 주는 것

① ㉠, ㉡, ㉢
② ㉡, ㉢, ㉣
③ ㉠, ㉡, ㉣
④ ㉠, ㉢, ㉣

10 캐럴(Carroll, 1979)이 주장한 기업의 사회적 책임으로 옳은 것은?

① 자선적 책임
② 안전 책임
③ 만족도 책임
④ 사후 책임

11 다음 중 기업의 사명과 전략수립의 과정으로 옳은 것은?

① 사명 – 비전 – 전략 – 목표
② 사명 – 비전 – 목표 – 전략
③ 비전 – 사명 – 전략 – 목표
④ 비전 – 사명 – 목표 – 전략

12 다음 중 다각화된 기업의 사업 정의로 옳은 것은?

① 여러 사업 분야를 운영하는 것을 말한다.
② 관련 다각화만이 다각화된 기업의 특징이다.
③ 단일한 제품을 생산 및 판매한다.
④ 자원의 배분 고려가 덜하다.

해설 & 정답 checkpoint

10 캐럴(Carroll, 1979)이 주장한 기업의 사회적 책임의 네 가지는 자선적 책임, 윤리적 책임, 법적 책임, 경제적 책임이다.

11 기업의 사명과 전략수립의 단계는 '사명(기업의 존재 목적) – 비전(기업이 추구하는 바람직한 미래상) – 목표(비전을 구체화한 것으로 기업이 바라는 미래상의 주요결과) – 전략(비전과 목표를 달성하기 위한 최적의 계획과 방법)'순이다.

12 ② 다각화된 기업은 관련 다각화뿐만 아니라 사업 간의 관계성이 덜한 비관련 다각화의 형태도 존재한다.
③ 단일의 제품을 생산 판매하는 기업은 단일 사업 분야의 기업으로 정의된다.
④ 다각화된 기업의 경우는 어느 사업부에 기업이 가지고 있는 한정된 자원을 분배할 것인지에 대한 고민과 전략이 필요하다.

정답 10 ① 11 ② 12 ①

checkpoint 해설 & 정답

13 다각화된 기업의 경우, 개별 사업부에 대한 투자비율을 설정하기 위해 사업 포트폴리오를 정의하는 것이 바람직하다.

14 경영전략의 수립 프레임워크는 '기업 사명 – 기업목표 – 내·외부 분석 – 전략적 선택 – 전략실행'의 순서를 지닌다.

15 ①·③·④ 기업의 전략적 목표는 기업의 평판, 위상 그리고 가치관 등이 산업 내에서 어느 정도인지를 평가하는 것이다. 반면 현금보유 증가, 당기순이익 증가, 주식 가치 상승의 경우 재무적 목표이다.

정답 13 ② 14 ① 15 ②

13 다음 빈칸에 들어갈 말로 옳은 것은?

> (　　)의 경우, 기업 전체에 대한 사업 포트폴리오를 구성하고 결정함으로써 사업부 간의 균형을 맞추는 것이 가장 중요하다. 즉, 개별사업부에 대한 투자의 자원분배는 사업 포트폴리오의 정의를 통해 명확히 하는 것이 중요하다.

① 기업의 목표
② 다각화된 기업
③ 기업철학
④ 단일 사업 분야기업

14 다음 중 경영전략 수립 순서로 옳은 것은?

① 기업 사명 – 기업목표 – 내·외부분석 – 전략적 선택 – 전략 실행
② 기업 사명 – 기업목표 – 내·외부분석 – 전략 실행 – 전략적 선택
③ 기업목표 – 기업 사명 – 전략적 선택 – 내·외부분석 – 전략 실행
④ 기업목표 – 내·외부분석 – 기업 사명 – 전략적 선택 – 전략 실행

15 다음 중 기업의 전략적 목표로 옳은 것은?

① 현금보유 증가
② 고객만족도 상승
③ 당기 순이익 증가
④ 주식 가치 상승

16 다음 중 기업의 장·단기 목표로 옳은 것은?

① 기업의 장기적인 목표의 경우 5년 이상의 기간을 말한다.
② 6개월 이내의 기간은 단기목표이다.
③ 장·단기목표의 기간은 절대적인 기준이다.
④ 1~3년 사이의 목표는 중기적 목표로 구분된다.

17 다음 중 기업의 재무적 목표로 옳지 않은 것은?

① 시장점유율 증대
② 생산성 향상
③ 수익성 증대
④ 기업 평판 상승

18 다음 중 기업의 사회적 책임과 이해관계자의 만족에 대한 설명으로 옳지 않은 것은?

① 기업의 사회적 책임은 이해관계자 모델을 기반으로 한다.
② 기업과 관련된 소비자, 임직원, 협력사, 정부, 지역사회 등을 이해관계자라 한다.
③ 기업의 사회적 책임은 이해관계자들의 만족을 목표로 한다.
④ 이해관계자에 대한 만족은 비재무적 가치만을 증대시킨다.

해설 & 정답 checkpoint

16 ①·② 기업의 장기적인 목표는 일반적으로 시간 영역에서 3년 이상을 말하며 단기적인 목표는 1년 이내의 기간을 말한다.
③ 기업의 장·단기 목표는 절대적인 것이 아니며, 기업과 산업특성 또는 외부환경의 변화에 따라 그 맥락을 달리할 수 있다.

17 기업의 재무적 목표는 기업의 성과 평가를 목적으로 하는 시장점유율, 성장성, 수익성, 생산성 등의 목적을 말하며, 기업 평판 상승의 경우 기업의 전략적 목표이다.

18 기업의 사회적 책임 활동은 이해관계자들의 만족을 이끌고, 이는 기업의 재무적 가치와 비재무적 가치의 증대를 가져오고 결과적으로 기업의 성장과 번영을 가능하게 한다.

정답 16 ④ 17 ④ 18 ④

checkpoint 해설 & 정답

19 기업목표는 수익성 및 시장점유율의 목표속성과 목표 측정을 위한 정량적 지표 그리고 달성 기간이 포함되어 있어야 한다.

20 ESG 평가지수의 경우, 대표적인 기업의 사회적 책임 활동을 평가하는 방법으로써 비재무적 요인의 측정방법이라 할 수 있다.

정답 19 ① 20 ④

19 다음은 기업목표에 대한 설명이다. 이 중 옳은 것은 모두 고르시오.

> ㉠ 수익성 및 시장점유율 등의 목표를 지님
> ㉡ 설정된 지표별 달성기준을 포함함
> ㉢ 정량적 지표로 측정

① ㉠, ㉡, ㉢
② ㉡, ㉢
③ ㉠, ㉡
④ ㉠, ㉢

20 다음 중 기업의 이윤 측정 방법으로 옳지 않은 것은?

① 총자산 대비 이익률
② 투하자본 대비 수익률
③ 자기자본 대비 이익률
④ ESG 평가지수

해설 & 정답 checkpoint

주관식 문제

01 다음 빈칸에 들어갈 적합한 말을 쓰시오.

> (㉠)은 기업의 창업자 또는 과거와 현재의 (㉡)들의 세계관과 가치철학을 융합한 하나의 체계 또는 경영과 관련된 기본적인 태도, 가치, (㉢)을 말한다.

01

정답 ㉠ 기업 철학, ㉡ 최고경영자, ㉢ 신념

해설 기업의 의사결정 주체인 최고경영자들이 지닌 경영에 관련된 가치, 태도, 신념은 기업의 철학으로써 작용되며, 기업 철학은 기업 내 핵심역할을 수행하거나 큰 영향력이 있는 사람에 의해 영향을 미친다.

02 기업의 사명선언문(mission statement)의 핵심요인을 나열하시오.

02

정답 기업의 사업영역에 대한 정의, 사업목적, 기업 운영 철학

해설 기업의 사명선언문은 "우리는 누구이고, 우리는 무엇을 하며, 우리는 어디로 가는가"하는 내용을 담은 문장으로써, 기업의 정체성을 반영하며, 타 기업과의 차별성을 가져다준다. 그렇기에 사명선언문은 기업의 근본적인 존재의 이유와 목적을 나타낸다.

안심Touch

checkpoint 해설 & 정답

03

정답 ㉠ 다각화
㉡ 특수성
㉢ 포트폴리오

해설 다각화된 기업은 일단 단일 사업을 운영하는 것이 아닌, 다양한 사업을 운영하는 기업을 말한다. 궁극적으로 다각화된 기업은 기업의 자원, 환경 등의 기업의 특수성을 파악해야 하며, 가장 중요한 역량으로는 기업 전체의 포트폴리오를 구성 및 결정함으로써 사업의 정의를 내리고 사업부 간의 균형을 맞추는 데 있다.

04

정답
- 장기목표 : 3년 이상의 목표 기간
- 단기목표 : 1년에서 1년 이내의 목표 기간

해설 기업의 목표는 1년에서 1년 이내의 목표를 단기목표, 1년~3년 이내는 중장기목표 그리고 3년 이상의 기간이 설정된 목표는 장기목표라 부른다. 하지만, 산업의 변화 정도에 따라 기간영역의 구분 적용은 달라질 수 있기에 절대적인 기준은 아니다.

03 다음 빈칸에 적합한 말을 쓰시오.

(㉠)된 기업의 경우 단일 사업을 영위하는 기업과는 달리 여러 사업을 운영함으로 인해 사업의 정의가 복잡하고 명확한 도출이 어렵다. 그렇기에 다각화된 기업일수록 기업의 (㉡)과 참여하고 있는 사업에 대한 (㉢)를 기준으로 한 사업의 정의가 바람직하다.

04 시간 영역에 따른 목표의 구분에 관해 쓰시오.

05 이윤측정의 대표적인 지표 두 가지를 쓰시오.

06 기업 사명의 개념을 기술하시오.

07 기업 비전에 관해 기술하시오.

해설 & 정답 checkpoint

05

정답 투하자본 수익률, 경제적 부가가치

해설 투하자본 수익률은 '(세전 영업이익 + 금융비용) / 총자산'을 말하며, 경제적 부가가치는 '세전 영업이익 − 법인세 − 가중평균자본비용'을 의미한다.

06

정답 기업 사명은 기업의 다른 기업과 구분되는 차별성을 지니게 하며, 기업이 경영하는 활동의 영역을 규정함과 동시에 기업의 근원적인 존재 이유와 목적을 나타낸다.

07

정답 기업 비전은 기업 내의 모든 구성원이 상상하는 미래의 기업 모습을 이미지화한 정성적 개념이지만, 비전의 형성은 사업과 산업에 대한 정보수집과 분석의 과정을 통해 도출된다.

checkpoint 해설 & 정답

08

정답 기업의 가치관 평판 그리고 위상 정도를 목표로 하는 전략적 목표와 수익성, 성장성, 시장점유율의 기업성과를 나타내는 재무적 목표는 상충관계(trade-off)를 지닌다. 즉, 기업의 단기적 매출액 증진을 위해서는 기업의 장기적인 목적인 연구개발투자 부분의 위상에 소홀해 질 수 있다.

09

정답 기업의 이윤 극대화는 전략 실행에 있어서 기업에게 가장 선행되어야 할 중요한 과제이며, 기업의 궁극적인 목표라 할 수 있다. 기업의 이윤 극대화는 기업의 매출액을 극대화시키거나 생산에 투입되는 원자재 값을 극소화시킴으로써 가능하다.

10

정답
- 경제적 책임: 기업은 기본적인 경제 단위로써 재화와 서비스 창출을 통한 이윤 극대화의 책임이 있음
- 법적 책임: 기업을 둘러싼 법적 요구사항 하에서 경제적 임무를 수행해야 함
- 윤리적 책임: 기업은 법으로 규정되지 못한 분야의 기업 활동의 윤리적 책임을 지님
- 자선적 책임: 기업의 개별적 판단이나 선택에 의한 책임 활동을 수행해야 함

08 기업의 전략적 목표와 재무적 목표와의 관계를 기술하시오.

09 기업의 이윤 극대화의 의미와 방법에 대해 간략히 기술하시오.

10 캐럴(Carroll, 1979)이 주장한 기업의 사회적 책임의 네 가지와 의미를 간략히 쓰시오.

11 다음 빈칸에 들어갈 적합한 말을 쓰시오.

> 기업의 가장 본질적이며 궁극적인 목표는 (㉠)이다. 생산요소의 투입을 줄이거나, 매출액을 (㉡)시킴으로 이를 달성할 수 있다. 생산에 투입되는 생산비용은 회계학적 관점과 (㉢)을 포함한 경제학적 관점이 있다.

12 이해관계자 모델(stakeholder model)의 개념에 관해 기술하시오.

해설 & 정답 checkpoint

11

정답 ㉠ 이윤 극대화
㉡ 극대화
㉢ 기회비용

해설 기업의 본질적인 목표는 주주를 위한 이윤 극대화(profit maximization)이다. 기업이 이윤 극대화를 창출할 수 있는 방안에는 두 가지가 존재한다. 생산요소의 절감과 매출액 극대화를 통한 이익의 증대이다. 또한, 생산에 투입되는 비용은 단순히 기업이 비용을 지출하는 관점의 회계학적 관점과 기회비용을 포함한 관점인 경제학적 관점의 생산비용이 있다.

12

정답 이해관계자 모델은 기존 기업의 궁극적인 목표의 근본적인 관점인 주주 모델(shareholder model)과는 상반된 관점이다. 그리고 기업의 이해관계자인 소비자, 협력업체 정부, 지역사회, 노동자 등의 고려와 이해관계지의 만족이 다시금 기업 활동에 직·간접적으로 영향을 받는다고 가정한다. 궁극적으로 "기업과 이해관계자 간의 거래나 관계가 서로 상호만족 또는 상호호혜성(reciprocity)을 지닐수록 기업을 성장과 번영이 가능하다."라고 보는 관점이다.

checkpoint 해설 & 정답

13
정답 기업의 장기목표와 단기목표는 시간 영역의 기준에 따라 구분된다. 하지만 산업에 따라 기업을 둘러싼 환경이나 산업특성에는 차이를 지닌다. 예를 들어 장기적인 투자와 신기술의 도입이 크지 않은 철강 산업은 3년이라는 기간이 단기적인 시간이지만, IT산업이나 의약품 산업 등은 새로운 특허나 기술의 등장으로 인해 1년 이상의 기간 또한 장기간으로 해석될 수 있다. 그렇기에 산업의 특성과 기업의 환경에 따라 시간 영역의 분류에 따른 전략은 차이를 지닌다.

14
정답 기업 사명은 기업에게 정체성을 제공하고, 기업목표의 일관성과 평가기준을 제공한다. 뿐만 아니라 전략수립 과정의 기준과 전략평가의 기준으로서 기업에게는 자원 배분과 자원 사용의 기준으로서 작용한다.

15
정답 기업 비전의 바람직한 기업의 미래상으로써 기업의 비전이 성취될 경우 성취 이전의 설립 의미를 잃게 되지만, 기업 사명은 기업의 철학, 목적 그리고 이에 따르는 행동 양식으로서 장기적인 기업의 동기와 방향성을 제공한다는 점에서 차이점을 지닌다.

13 기업의 장기목표와 단기목표가 절대적인 기준이 아닌 이유를 기술하시오.

14 기업 사명의 기능적 효과에 대해 기술하시오.

15 기업 비전과 사명의 차이점에 관해 기술하시오.

환경 분석

제 3 장 환경 분석

제 1 절 환경 분석의 의의와 체계

1 기업 외부환경의 영향

(1) 기업 외부환경

① 일반 사회에서 인간이 살아가는데 가족, 사회, 동료, 국가 그리고 세계와 같은 외부환경에 영향을 받듯이 기업 또한 기업을 둘러싼 외부환경인 경제, 기술, 국가, 정부 그리고 인구 특성 등과 같은 거시적 환경요인이나, 기업이 속한 산업, 경쟁자, 소비자에 의해 영향을 받는다.

② **기업의 외부환경은 끊임없는 변화를 하며, 이에 대해 기업의 최고 경영자는 기업을 둘러싼 외부환경 변화에 대해 항상 촉각을 기울여 경영을 실천해야 한다.** 최고 경영자가 실행하는 전략이 기업의 입장에서는 적합성이 높을 수도 있지만, 기업을 둘러싼 외부환경이 어떠한 방향으로 변화할지 모르기에 전략 수정이 필요할 수 있기 때문이다. 또한, 이러한 전략 수정은 기업 내부의 조건을 급진적으로 바꾸거나 자연스럽게 변화하는 것이 아니기 때문에 의사결정자의 능동적인 대처와 민첩함이 필요하다.

③ 특히 인터넷, 미디어 발달, 소비자의 욕구 다양화 그리고 정보화 시대 등으로 인하여 이에 맞게 해당 산업들은 기술적 진보가 급진적으로 일어나며, 이는 기업의 외부환경 변화를 촉진시킨다. 또한, 국민소득의 증가와 교통, 통신 등의 발전은 이와 같은 변화를 증대시키면서 의사결정자가 인식해야 할 중요한 요인으로 기업의 외부환경이 대두되며, 중요성이 강조되고 있다.

(2) 기업 외부환경의 종류 및 의의

① **환경이란 기업을 둘러싸고 있거나 기업에 영향을 미치는 일련의 영향력 및 조건**을 말한다. 이와 같은 환경은 일반적인 환경이라 불리며 기업전략을 수립하고 기업의 핵심 성공요인에 미칠 수 있는 위협과 기회를 말하는 거시적 외부환경과 기업이 갖고 있는 독특한 기업문화나 기업 분위기(기업 성격, 가치, 스타일, 규정 및 특성)를 의미하는 내부 환경, 기업의 외부에 존재하면서 기업의 의사결정이나 전반적인 기업 활동에 영향을 미치는 환경인 외부환경이 존재한다.

② **일반환경으로 분류되는 거시적 환경은 사회의 모든 조직단위에 간접적으로 영향을 미치는 환경으로써, 경제적 환경, 기술적 환경, 정치적·법적 환경, 사회문화적 환경이 이에 속한다.** 거시환경 외에도 기업과 직접적으로 연관된 환경을 미시환경 또는 과업환경이라 칭한다. 미시환경은 경쟁자, 소비자, 공급자, 대체재, 규제 환경 등이 존재한다.

③ 이와 같이 다양한 기업환경은 기업에 긍정적인 영향과 때로는 부정적인 영향을 미친다. 기업과 관련된 환경요인은 기업 활동에 긍정적인 영향을 미치도록 하기 위하여 기업이 환경 자체에 영향을 미치게 할 수도 있다. 대표적으로 환경이 기업에 긍정적인 영향을 미치게 하는 방법은 인수합병(M&A), 합작 투자(joint venture), 기업 간 네트워크 등을 이용한 방법을 이용하는 것이다. 합병을 통해 타 기업의 소유권 획득을 통해 경쟁자를 흡수하거나 합작 투자를 통해 투자비용이 많이 들거나, 실패의 위험이 높은 연구개발 프로젝트를 타 조직과 투자함으로써 기업에 긍정적인 관계를 이끌 수 있다.

④ 기업을 둘러싼 외부환경은 기업의 흥망성쇠에 영향을 미치며, 기업이 통제하기 힘든 영역과 기업의 참여로 어느 정도 통제 가능한 영역 등으로 나누어진다. 이번 장에서는 기업을 둘러싼 환경에 대해 공부하며, 4장에서는 기업 내부환경에 대해서 공부하도록 한다. 기업을 둘러싼 환경은 다음과 같다.

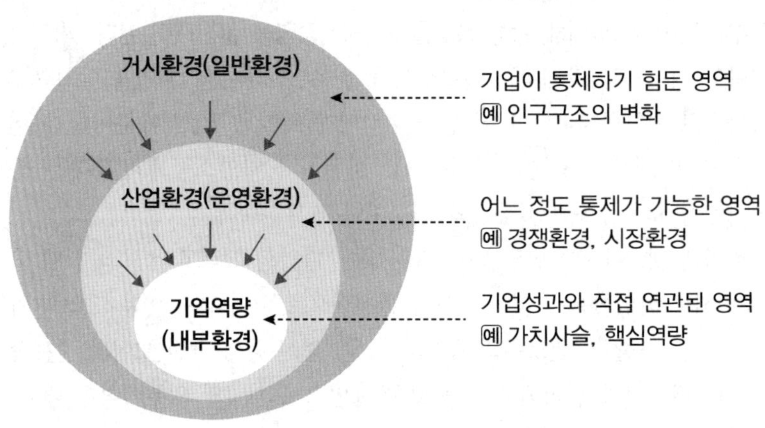

[환경 분석의 프레임워크]

제 2 절 일반환경

1 거시환경

(1) 경제적 환경

① 기업의 거시환경이란 기업 전략을 수립하고 기업의 핵심 성공 요인에 미칠 수 있는 위협과 기회를 말하고 기업들은 이와 같은 환경하에서 전략적 관점을 도출하기 위한 분석으로 외부 환경 분석을 실시한다. 대표적으로 기업의 거시환경은 경제적 환경, 기술적 환경, 정치적·법적 환경 그리고 사회적 환경을 말한다.

② 기업의 경영활동과 기업의 전략 수립 및 실행으로 나타나는 결과는 경제성장률, 취업률, 실업률 등에 영향을 미친다. 예를 들어 자본집약적 산업에서 막대한 투자가 발생할 경우 투자 초기에는 순손실이 크기에 경제적 여건을 고려하여 경기 호황 시에 투자를 고려해야 한다. 또한, 자동차 제조업체라면 새로운 제품이나 생산 공장 증설을 고려할 경우도 자동차 산업의 경제적 상황을 고려해야 한다. 그렇기에 경제 환경에 대한 분석은 전반적인 경제 환경보다는 해당 기업이 속해있는 경제 환경에 초점을 맞추어야 한다.

(2) 기술적 환경

① 기술은 현대사회에서 기업에 가장 큰 영향을 미치는 환경요소이다. 21세기에 접어들면서 글로벌화되는 사회흐름은 통신수단, 운송 등의 급격한 기술적 진화를 가져왔기 때문이다. 이와 같은 급진적 기술발전은 어느 기업에는 독특한 경쟁우위를 안겨주지만 반면 해당 기술의 변화에 적응하지 못한 기업들은 경쟁에서 밀려나게 된다. 따라서 기업은 항상 자신을 둘러싼 환경과 기술적 변화를 예의 주시해야 한다.

② 기술 환경의 변화를 어떻게 분석할 것인가는 기업의 주요한 문제이다. 왜냐하면, 기업 입장에서 가장 중점을 두고 기업을 운영하는 것은 바로 현재 기업이 적극 활용하고 있는 기술이기 때문에 변화하는 기술적 환경에 대한 대응이 얼마나 필요한지를 판단해야 하기 때문이다. 그러나 이와 같은 기술적 환경의 판단이 쉬운 것은 아니다. 기술이란 제품수명주기(product life cycle)와 같이 기술수명주기(technology life cycle)를 갖는다.

③ 기업은 해당 기업이 사용하는 기술이 어떠한 수명주기 단계에 있는지를 파악하고 미래에 어떠한 기술이 등장할 것인가에 관한 관심을 기울여야 한다. 이와 같은 기술수명주기에 관한 내용은 다음 표와 같다. 따라서 기업은 미래의 기술 변화에 발맞추어 현재 초기 단계에 중점을 지니며 기술 환경 분석을 실행해야 한다.

[기술수명주기(technology life cycle)와 경쟁우위]

기술수명주기 단계	기술적 경쟁우위의 중요성
초기 단계	경쟁을 기반으로 변화시킬 수 있는 잠재력이 없음
발전 단계	경쟁을 기반으로 변화할 수 있는 잠재력을 지니며, 제품에 사용됨
핵심 단계	가치 창출에 주요한 영향을 미치며, 독점적 우위를 창출함
표준화 단계	가치 창출에 영향력이 작아지며, 다른 경쟁자들에게 공통적인 기술이 됨

(3) 정치적·법적 환경

① 정치적·법적 환경은 정부가 경제에 간섭하는 정도를 말하며, 정부는 기업에 지원 또는 규제의 영향을 동시에 미치기에 기회 또는 위협요인으로 작용한다. 특히 기업 세금, 근로자에 대한 노동법, 무역 제재, 관세, 환경, 정치적 안정성 등을 포함한다. 정치적 요소들은 정부 차원에서 권장하거나 제재를 가하는 상품, 서비스 등의 종류를 포함하기도 한다. 국가적 차원에서 중앙정부가 보건, 인프라 구축, 교육 등에 끼치는 영향을 말한다.

② 우리나라의 경우는 기업과 정부 간의 긴밀한 상호 협조적인 관계를 지니는 특성으로 인해, 한국주식회사라고 말하기도 하지만, 이는 대한민국 정부가 기업을 보호해주고 감싸주는 역할만을 수행한다는 오해에서 비롯되었다. 실제로 대한민국 정부는 기업에 대한 통제, 지시, 행정 명령 등의 여러 형태의 규제나 관료적인 절차 등을 통해 기업을 통제하거나 자유로운 활동에 대한 제약을 가하기도 한다.

③ 특히 1960년대 시작된 정부 주도형 경제성장으로 인해 기업 기능의 상당 부분을 정부가 대신하기도 하였으며, 오늘날은 그 정도와 기능 면에서 많이 달라졌지만, 여전히 정부의 영향력은 기업 활동에 큰 영향을 미치고 있다. 따라서 우리나라의 여건에서는 정부의 정책 방향성을 분석하는 일이 기업에 매우 중요시되는 요인으로 인식되는 상황이기에, 정치적·법적 환경의 중요성이 큰 상황이다.

(4) 사회문화적 환경

① 사회문화의 변화추세는 여러 기업에 기회 또는 위협을 제공한다. 서양식 문화에 익숙한 청소년층의 증가와 소규모 가구의 증대 그리고 식습관의 변화는 '버거킹', '맥도날드', 'KFC'와 같은 패스트푸드 체인점의 증가와 번영을 가져왔다. 또한, 일하는 여성의 증가로 인해, '냉동식', '간편식' 등의 시장 규모를 확대시켰다.

② 사회문화의 환경 변화로 인해 확대되는 산업들이 존재하지만, 그로 인해 사양되는 산업들도 존재한다. 이와 같은 사회문화의 변화는 기업들에 위협 또는 새로운 기회로써 작용하게 된다. 즉, 새로운 사회문화에 대해 기업들은 기존의 제품을 응용 또는 변형을 통해 성공과 번영을 이룩할 수 있다. 결과적으로 기업에게는 사회문화적 변화에서 오는 위협을 위협으로 인식하기보다는 기회로 전환시킬 수 있는 의사결정과 자세가 필요하다.

더 알아두기

PEST 분석

사업전망을 검토할 때 해당 기업과 외부환경을 염두해야 한다. 그중에서도 거시 외부환경은 시장 전체에 큰 영향을 미친다. PEST는 Political, Economical, Social, Technological의 알파벳 첫 글자를 딴 말로써, 거시 경제 환경에 대한 분석을 위한 프레임워크(framework)이다.

① 정치적 요소로는 정부의 정책전환, 관련 법규 개정, 정권교체, 규제 강화 및 완화, 외교 문제 변화 등이 있다. 예 인재파견에 관한 법률의 개정으로 기존에 파견이 금지되었던 업종이 허용 가능으로 개정된다면 큰 기회가 될 수 있다.
② 경제적 요소에는 GDP 성장률, 실업률, 생산지수, 주택착공지수, 물가변동, 세계 경제 동향이 향후 전망에 포함된다. 예 경기에 민감한 광고 산업의 경우 불경기에 접어들면 광고주의 예산이 크게 감소해 기업 실적에 악영향을 미칠 수 있다.
③ 사회적 요소에는 문화, 출생률, 고령화, 교육제도, 라이프스타일과 인식변화, 인구변화 등이 포함된다. 예 출생률이 저하되고 고령화에 가까운 사회가 될수록 학교와 학원의 경영은 어려움에 처하지만, 노인요양시설이나 간병 서비스 산업은 성장할 것이다.
④ 기술적 요소에는 신기술의 개발과 등장 및 보급으로 인한 시장 변화 등이 해당된다. 혁신적 기술은 기존 거대 시장을 창조하기도 하고 기존 시장을 파괴하기도 한다. 예 인터넷 보급으로 인해 기존에 존재하던 신문, 잡지 등은 인터넷 미디어들의 등장으로 시장이 축소되었다.

Politics(정치)	Economic(경제)
• 방재 및 복지에 중점을 둔 정책 • 세수 증대 목적의 증세 • 헌법 개정에 대한 국민적 논의 • 성장 전략을 위한 규제 완화 • 공무원 및 의원 정원수 삭감 • 지방자치와 주민 참가 활성화	• 불황에서 벗어나 성장 노선을 유지 • 안정적인 물가 수준을 유지 • 지속되는 저축률 하락 경향 • 심각한 엔고 및 엔저 현상을 개선 • 금융기관의 세계적 부진 • 기업 설비 투자가 회복세를 타는 경향
PEST 분석	
• 인구 감소 및 초고령화 사회 • 20대 실업률 상승 경향 • 안전과 안심을 추구하는 국민 심리 • 도심 회귀 경향과 지방 과소화 현상 • 국제화에 대처하는 학교 교육 • 여성의 사회진출과 미혼율 상승	• 정보통신기술의 발전 • 인간형 로봇의 실용화 • 전기자동차 가격 하락 • 자연 에너지 이용 촉진 • 전동 모터카 실용화 • 더 편리해진 전자 화폐
Social(사회)	Technology(기술)

이 같은 PEST 분석의 핵심요소는 다양한 거시환경변화가 기업에 어떠한 영향을 줄 수 있는지를 예측하는 것이고, 똑같은 환경 변화 속에서도 기업에 따라 긍정적인 효과가 되는 경우가 있고, 반대로 부정적인 영향을 미칠 수 있다. 또한, 고려 가능한 요소들을 찾아 미래의 기회와 위협을 예측할 필요성이 있다.

2 산업환경

(1) 산업조직론(industrial organization)

① 동일한 산업에 존재하는 개별 기업들은 서로를 경쟁 대상으로 인식하며, 기업 간의 경쟁이 필연적으로 존재하게 된다. 이와 같은 경쟁은 기업의 생존과 번영을 결정할 뿐만 아니라 기업 간의 경쟁을 통한 '파괴적 혁신'을 유발하게 되면 경제발전의 동력으로써의 역할을 하므로 기업과 국가 수준에서 매우 중요성을 지닌다.

② **산업환경에서 자유롭고 공정한 경쟁이 이루어질 수 있는 조건이 무엇인지를 찾고 이와 같은 조건에 달성하기 위한 방법을 찾는 관점의 산업조직론은 기본적으로 기업의 산업구조에 의해 기업의 성과가 창출된다고 주장**한다. 산업조직론은 기업 간 경쟁의 본질과 양성 및 그 정도는 기본적으로 경쟁 관계에 있는 기업들이 형성하고 있는 산업 구조적인 요인을 기반으로 개별 기업의 경쟁전략에 의해 결정되기에 기업들은 전략을 수립하기에 앞서서 산업구조를 분석하고 경쟁기업들의 특성과 역량 및 능력 그리고 전략을 검토해야 한다.

③ 이와 같은 관점에서 산업조직론은 기업의 개별 자원에만 초점을 맞추는 기업전략 관점에서 산업구조의 본질과 그 구성요소 및 다양한 유형들을 제시함으로써 기업 간의 경쟁에 대한 이해를 높인다. 산업조직론에서는 기업을 현실 경제 안에서 존재하는 생동하는 유기체로 인식하고 시장 여건에 대해 기업이 반응을 보이며 투입과 산출 과정을 일으키는 것이라 주장한다.

④ 산업구조란 '어떠한 요인에 의해 구성되는가'는 '구성요소들이 어떻게 연관되어 어떤 산업구조 유형에서 형성하고 있는가' 그리고 '시간이 지남에 따른 산업구조는 어떻게 변화하는가'와 같은 초점을 지니며 앞으로 산업환경과 그리고 산업조직론의 관점을 살펴보고자 한다.

(2) 산업 집중도

① **산업구조 내에서 기업의 수와 규모로 설명하는 것이 산업 집중도**이다. 이는 한 산업 내에 기업들이 공동으로 지배하는 시장점유율로 나타내도 주도적인 기업들을 가늠할 수 있다. 즉, **산업 집중도는 과점(oligopoly) 정도를 나타내는 것으로서, 산업 집중도가 높다는 것은 과점 기업 간의 상호 의존성이 높다는 의미이다.** 이처럼 산업 집중도가 높은 산업에서는 과점 기업 간의 협조와 치열한 경쟁을 통한 시장점유율은 단일 기업의 같은 효과보다는 약하게 나타난다.

② 이와 같은 기업 수와 기업 규모의 분포는 두 가지 관점에서 산업 집중도의 개념에 따라 산업구조를 정의할 때 산업 집중지수(industrial concentration index)를 도출하여 사용하면, 산업구조를 정량적 척도로 측정할 수 있기에 산업이 보이는 특징을 도출하는 것이 용이해진다. 이와 같은 시장구조를 파악하면 기업의 경영자들은 시장 집중도 외에 산업 집중도의 추세를 파악하고, 자신의 기업이 속한 산업 분야 또는 새롭게 진입하고자 하는 산업의 집중

도 추이를 파악하여 산업구조에 대한 이해를 높일 수 있다. 그래야만 앞으로 배우게 될 제품 차별화나 진입장벽에 관한 전략을 결정하고 신규 진입 시장을 물색하여 진입장벽을 세우는 것과 같은 전략 수립 시에 도움을 받을 수 있다.

(3) 산업 진입장벽(entry barriers)

① 동일 산업 내에서 기업이 획득하는 성과는 장기적인 관점에서 볼 때 기존 기업 간의 경쟁뿐만 아니라 해당 산업에 참여할 가능성이 있거나 구체적 진입 참여 의사를 지닌 새로운 기업들에 의한 잠재적 경쟁 정도에 의해서도 영향을 받는다. 그러나 **현실적으로 산업 내에서 새로운 기업들이 진입하는 것을 어렵게 하는 것은 진입장벽(barriers to entry)의 존재 때문이다.** 이와 같은 진입장벽은 산업 구조적 성격을 크게 좌우하며, 기존 기업들은 진입장벽을 높임에 따라 일정한 범위 내에서 시장 내에서 지배력을 행사하는 경우가 많다.

② 진입장벽은 다양한 경제적 요인에 의해서 결정되는데, 가장 우선으로 고려할 수 있는 것은 바로 절대비용우위(absolute cost advantage)이다. 산업 내 존재하는 기존 기업들은 특허나 독점 기술을 통해 경쟁기업들보다 뛰어난 생산기술을 지니거나 생산에 필수적인 자원을 독점하는 반면, 신규 시장 진입자들은 시장 참여를 위한 노동, 서비스, 장비, 자원 등 필요한 생산요소 또는 필요 투입 자금을 기존 기업들만큼 유리한 조건에서 획득할 수 없어 불리함을 지닌다.

③ 소비자들은 기존 기업의 제품이나 브랜드에 신뢰도를 지니는 경우가 있는데 이와 같은 현상을 제품 차별화(product differentiation)에 의한 진입장벽이라 한다. 제품 차별화는 지속적인 홍보나 기업 이미지에 따른 구매자 선호현상 이외에 우수한 제품 디자인이나 유통경로 장악을 통해서도 이루어지기도 한다. 만약 기업이 제품 차별화를 지니고 있을 때 신규 진입 기업은 기존 기업이 제품 차별화로 지니고 있는 충성고객들은 유인하기 위해서 평균비용 이하로 가격을 책정하거나, 광고 홍보지에 더 많은 비용을 지출하거나, 새로운 유통경로의 개척을 통하는 불리함을 감수하게 된다.

④ 또 다른 진입장벽으로는 규모의 경제(economy of scale)를 들 수 있다. 기존 기업들은 절대 생산량이 증가함에 따라 제품에 투입되는 단가가 떨어지는 규모의 경제를 실현하거나 신규 진입 기업으로 하여금 대규모로 뛰어들어 기존 기업들의 강력한 반발을 유발하고 위험을 무릅쓰며, 원가 상의 불이익을 감수하게 하는 두 가지 방안 중 한 가지를 채택함으로써 진입장벽을 형성한다.

⑤ 앞서 살펴본 기업의 거시적 환경과 같이 기술의 중요성은 진입장벽에서도 존재한다. 기업이 지닌 특허권, 지적 소유권이 법률로 존재할 경우 산업 내 신규 진입하고자 하는 기업들에게는 진입장벽으로 작용하며, 또는 기존 기업들에게도 기업 철수를 힘들게 하는 철수장벽으로 존재하기에 이와 같은 산업의 구조적 특성은 경영자에게 중요한 이슈가 된다.

⑥ 산업 집중도 또한 산업의 진입장벽으로써 밀접한 관계를 지닌다. 즉, 산업의 미래성과 성장성 여하에 따라 기업들은 신규 진입이나 기존 산업에 대한 철수를 통해 해당 산업구조를 변화시키게 되는 것이다. 예를 들어 어떤 산업에서 진입장벽이 높을 경우 신규 기업이 시장에 참여하기가 어렵지만, 반대로 진입장벽이 낮을 경우 새로운 기업의 진입이 용이하기 때문이다.

⑦ 산업의 진입장벽이 존재하는 이유는 제품 차별화, 규모의 경제, 특허권, 지적 재산권의 법률적 진입장벽, 산업 집중도 등이 존재한다. 이밖에 기업의 다각화 정도, 기업의 수직적 결합 및 수요자 독점 그리고 정부의 정책 등이 진입장벽에 영향을 미치는 요소이다. 앞서 살펴본 바와 같이 산업구조를 제대로 파악하기 위해서는 기업 간의 경쟁과 앞으로 발생할 변화를 동태적인 관점에서 살펴보는 자세가 필요하다. 그러므로 현실 경영에 있어서 기업의 전략을 실행할 최고 경영자 입장에서는 산업구조를 파악할 때 단순히 현재 상황만을 살펴서는 안 되며 제품 또는 산업의 주기에 입각한 산업이 현재 위치 단계의 동태적 측면을 반드시 고려해야 한다.

3 마이클 포터의 산업 분석

앞서 살펴본 산업조직론은 산업구조를 파악하는 방법이다. 하지만 1980년대 들어 산업구조를 기업전략관점에 융합하여 더 현실적인 분석 틀로 제공하려는 시도가 활발히 발생하였다. 이와 같은 논의는 **각 산업 내에 존재하는 경쟁 정도는 우연히 정해지는 것이 아닌 근본적인 산업의 구조(structure)와 경쟁자들 간의 상대성에 따라 결정된다고 주장**한다. 산업에서 경쟁이 심해진다는 것은 해당 산업에 속한 기업들의 투자 대비 수익률이 낮아진다는 것이며, 일정 수준보다 높은 투자수익률을 보이는 산업의 경우 기존 기업들의 확장이나 신규 진입자의 진입으로 투자는 증가한다. 이처럼 기업전략관점에서는 공급자, 대체재, 경쟁자, 신규 진입자들의 특성을 고려하여, 산업 경쟁도에 미치는 영향을 살피며, 이와 같은 산업의 분석을 통해 강점과 약점을 파악 후 알맞은 경쟁전략의 수립이 필요하다고 주장한다.

(1) 기존 기업과의 경쟁(rivalry among existing)

① 산업에 존재하는 기존 경쟁기업 간의 경쟁은 자신의 기업이 어떻게 하면 유리한 지위나 위치를 차지할 수 있는가에 대한 문제로써, 가격, 광고, 신제품 개발, 서비스 및 제품 보증 등의 다양한 형태로 나타난다. 한 산업 내의 각 기업은 서로 상호의존적인 관계를 맺으며 어느 한 기업이 경쟁적 행태의 자세를 취할 경우는 다른 경쟁 기업들에게도 직접적인 영향을 미치기 때문에 자연스럽게 보복적인 행동이나 대응적인 행동이 야기된다.

② 특히 가격경쟁은 가장 쉽게 적용이 가능한 전략으로 곧바로 경쟁기업들의 대응적 행동을 유발하고 결과적으로 해당 산업에 대한 수요탄력성이 높지 않은 경우 산업 참여 기업들의

수익은 감소하게 된다. 반면, 광고 및 홍보의 경쟁은 시장 자체의 확대를 야기할 뿐만 아니라 각 기업이 제품 차별화에 성공하는 경우에는 모든 산업 참여자들에게 이익을 가져다 줄 수 있다.

③ 산업별로 치열한 양상을 보이는 산업이 존재하는가 하면, 상대적으로 격렬하지 않은 경쟁을 벌이는 산업도 존재한다. 이 같은 경우를 살펴보기 위해서는 산업의 구조적 측면에서 생각해야 한다. 먼저 어느 산업이나 기업의 수가 굉장히 많을 때 한 기업의 움직임이 다른 기업들에 의해 발견되지 않을 것이라고 생각하고 경쟁을 유발시키는 전략을 채택하는 기업이 나오기 마련이다. 그리고 기업의 수가 많지 않은 산업의 경우는 경쟁기업들이 규모나 외형적 자원의 유사성이나 비교적 균형적 관계를 이룰 경우는 불안정한 상태가 유발되어 지속적이고 강력한 보복 조치를 취하기가 쉬워진다.

④ 성장이 느린 산업의 경우 시장점유율을 높이기 위한 경쟁이 발생하게 되는데, 이런 경우 고정비나 재고비용이 높은 산업에서는 이와 같은 양상이 더욱 나타난다. 그 뿐만 아니라 기업 간의 경쟁적 상품이나 서비스의 성질이 동질적일 경우 제품 차별화에 어려움이 있거나 교체비용이 높을 경우, 규모의 경제를 이루기 위해 대규모의 시설설비 투자가 필요한 경우, 상이한 전략을 펴는 다양한 유형의 기업들이 산업에서 공존하는 경우, 철수장벽이 높은 경우에 이와 같은 경쟁은 치열해지기 마련이다.

⑤ 이처럼 경쟁의 강도를 결정하는 요인들은 시간이 지남에 따라서 변화하게 되며 산업이 성숙해지고 경쟁이 격화되어 수익률 및 성장률이 둔화되기 시작하면, 새로운 경쟁자의 등장으로 새로운 경쟁 방식으로 유도될 수도 있다.

(2) 신규 진입자의 위협(threat of new entrants)

① 어떤 산업에 새로운 기업들이 진출할 경우 이들은 새로운 역량과 시장 확보를 위한 강한 동기 그리고 때로는 상당한 자원을 지니고 신규산업에 뛰어든다. 이와 같은 신규 경쟁자가 등장할 경우 제품이나 서비스의 가격은 하락하거나 부대비용이 상승하기에 결국 수익성의 저하를 불러올 가능성이 있다. 새롭게 진출하는 기업이 주는 위협은 그 산업에서 내포된 진입장벽과 기존 참여자인 기업이 경쟁기업들의 대응에 따라 달라진다.

② 진입장벽이 높고 기존 기업들의 보복적 대응의 정도가 높을수록 신규 진입 기업이 등장할 가능성은 낮아지는 것이다. 즉, 새롭게 진입하려는 기업들은 신규 기업들에 비해 제품 차별화, 규모의 경제, 투자 시 필요 소요 자본량, 구매자가 기존 제품에서 신규 공급자의 제품으로 바꿀 때 부담될 수 있는 전환비용(switching cost), 유통경로의 어려움, 생산기술, 기존 기업의 원자재 독점, 경험곡선, 법과 제도에 의한 허가 규정, 대기 및 수질오염 규제 등에서 불리함을 경험하게 된다. 이처럼 전략적 관점에서는 진입장벽의 몇 가지 속성에 대해 중요성을 제시하고 있다.

③ 진입장벽이란 몇몇의 환경이나 여건이 바뀔 경우 형태가 달라질 수 있다. 예로 미국의 폴라로이드(Polaroid)사가 독점한 즉석 사진 기술의 특허 유효기간이 만료되면서 기술독점으로 만들었던 진입장벽은 무너졌다. 이로 인해 코닥(Kodak)사가 즉석 사진 시장에 뛰어든 것은 진입장벽의 변화로 인해 외부환경이 변함을 보여준다. 폴라로이드와 코닥의 경우처럼 진입장벽을 기존기업들이 통제할 수 없는 이유로 인해 바뀌는 경우가 종종 발생하지만, 기업들의 전략적 결정에 따라서도 이와 같은 장벽의 변화에 영향을 주는 사례들도 존재한다. 그 대표적인 예로써 등장하는 것이 반도체 산업이다. 과거 일본의 반도체 생산기업들은 우리나라의 삼성, LG 등의 기업에서 양산되는 64K D-RAM, 256K D-RAM의 생산이 시작되면서 가격의 하락을 대폭 가져오면서 시장의 잠식을 막으려고 노력하였다. 이는 신규 진입자들을 억제하기 위한 가격구조의 장벽을 통해 손해를 보더라도 진입의 위협을 저하하고 시장점유율을 유지하고자 하는 전략이었다.

④ 몇몇 기업들은 특수한 자원이나 기술을 지니고 있어 대부분의 다른 기업들보다 훨씬 적은 비용으로 특정 산업의 진입장벽을 뛰어넘을 수 있었다. 예를 들어 우리나라의 건설업의 경우 유수한 건설 회사들이 자체적으로 건설한 아파트라는 안정적인 수요처를 지니고 가구업에 진출한 경우, 면도날과 면도칼의 유통경로를 튼튼하게 장악하고 있었던 미국의 질레트(Gillette)라는 기업이 다른 회사들보다 훨씬 적은 비용으로 일회용 가스라이터 시장에 뛰어든 경우는 적은 비용으로 특정 산업에 존재하는 진입장벽을 쉽게 뛰어넘은 경우라 할 수 있다.

⑤ 산업에 참여하고 있는 기존 기업의 전략적 관점에서 볼 때 규모의 경제는 오히려 진입장벽으로 작용하는 문제점이 되기도 한다. 이와 같은 문제점은 규모의 경제를 이룩하기 위해 대규모 설비 투자를 갖출 경우, 다양화나 제품 차별화를 동시에 추구하기 어렵게 되고 기업의 전략적 움직임의 신축성이 부족하여 기술적 변화가 필요할 때 신속히 대응하기 어렵게 된다. 또한, 규모의 경제에 집착하다 보면 신기술이나 타 기업과의 경쟁 방법을 개발하는 데 있어 관심을 덜 두는 문제점이 발생한다.

⑥ 새로운 산업에 진입하고자 하는 기업의 경영자들은 해당 산업의 진입장벽을 고려할 때 반드시 기존 경쟁 기업들이 어떠한 형태의 반응을 보일 것인가를 예상해야 한다. 다음은 신규 진입의 어려움이 예상되는 진입장벽이 높은 경우이다.

㉠ 새롭게 진입하는 기업에 대한 심한 보복의 예시가 존재하는 경우

㉡ 기존기업들의 막강한 자원동원능력, 생산능력, 유통경로, 고객들에 대한 영향력을 펼칠 수 있는 경우

㉢ 기존 기업들이 진출 대상 산업에서 전력을 다하며, 거대한 고정자본을 통해 산업에서 철수가 어려운 경우

㉣ 진출하고자 하는 산업이 완만한 성장을 보이며, 새로운 기업이 진출할 때 기존기업의 판매량과 수익의 크기가 줄어들 가능성이 존재하는 경우

(3) 대체재의 위협(threat of substitutes)

① 산업 내에서 경영활동을 벌이고 있는 기업들은 넓은 의미에서는 대체재를 생산하는 산업들과 경쟁을 벌이고 있다고 볼 수 있다. 대체재의 존재는 해당 산업에서의 가격 수준에 영향을 미치거나 기업들이 이윤과 해당 산업의 잠재적 수익을 결정한다. 대체재가 있는지를 확인하기 위해서는 기존상품과 동일한 기능을 수행하고 있는 제품을 찾으면 된다는 간단한 방법이 있겠지만, 실제로 대체재를 찾는 과정은 어렵고 세밀한 분석을 필요로 한다. 때로는 대체재로는 무관한 산업으로 보이지만 해당 산업에 위협을 가하기도 한다.

② 한편 대체재에 대한 기존 상품의 경쟁적 지위는 산업 내에서 단일 기업이 좌우할 수 있는 것이 아니라 산업 전체의 집단적 행동에 의해 결정되는 경우가 많다. 예를 들어 고속도로를 건설할 때 시멘트 업계와 아스팔트 업계는 자신들이 생산하는 제품의 우월성을 높고 공방한 사건이 좋은 예시라 할 수 있다.

③ 대체재가 기존 제품과 가격 및 효능 면에서 대체성을 지속적으로 향상시키거나 높은 이익을 올리는 산업에서 대체재가 개발될 경우, 기업은 운명을 걸고 대체재에 관한 관심을 더욱 기울여야 한다. 결과적으로 시장의 구매자들이 매력적인 가격이나 좋은 품질과 서비스의 대체 제품을 쉽게 찾을 수 있으며, 구매자가 기존에 사용하던 제품이나 서비스를 다른 제품이나 서비스로 전환하는 전환비용이 적을 때 특히 위협적이다. 예를 들어 '커피를 마시는 것에서 차를 마시는 것'과 '자동차를 타는 것에서 자전거를 이용하는 것'은 전환비용이 크지 않은 예시라 할 수 있다.

(4) 구매자의 교섭력(bargaining power of buyer)

① 기업 환경에서 구매자(buyer)들은 품질 향상이나 가격 인하 그리고 서비스 증대를 요구하거나 경쟁기업들의 경쟁을 통해 이익을 취하는 행위 등으로 구매대상 산업과 경쟁을 펼치는데 이와 같은 행위는 해당 산업의 수익성을 하락시키는 결과를 가져온다.

② 구매자는 협상력이 강할 경우 생산자로부터 저렴한 가격 또는 높은 품질의 요구를 할 수 있는 권한을 지니며, 가격이 낮으면 생산자의 수입은 줄고 좋은 품질의 제품 생산을 위해 생산 비용은 증대된다. 이와 같은 양상은 생산자들에게는 적은 이익을 가져오고 구매자가 강한 교섭력을 발휘하게 된다고 볼 수 있다. 구매자의 경우 다음과 같은 상황에서 공급자보다 더 유리한 상황을 맞이하게 된다.

㉠ 소수의 구매자가 존재할 경우
㉡ 타 공급업체로 전환 시 전환비용이 적을 경우
㉢ 구매자가 후방 통합을 실행할 경우
㉣ 많은 대체재가 존재할 경우
㉤ 구매자들이 가격 탄력성이 높을 경우

(5) 공급자의 교섭력(bargaining power of suppliers)

① 공급자(supplier)가 구매자들보다 유리한 상대적 지위를 가질 수 있다면 공급자에게 유리한 가격 인상이나 판매하는 서비스 및 제품의 질을 떨어뜨리겠다는 위협을 통해 공급자로서의 교섭력을 강화시킬 수 있다.

② 강력한 교섭력을 지닌 공급자는 구매자에게 더욱 높은 가격을 요구하거나 품질이 낮은 원자재를 공급할 수 있다. 이는 구매 기업의 이익에 직접적인 영향을 미치며 구매 기업은 원자재 구매에 있어서 더 많은 비용을 지불하게 된다. 공급자의 경우 다음과 같은 상황에서 구매자보다 더 유리한 상황을 맞이하게 된다.

㉠ 구매자는 많지만, 공급자는 소수일 경우

㉡ 대체재가 거의 존재하지 않을 경우

㉢ 공급자가 희소한 자원을 보유하고 있을 경우

㉣ 구매자가 원자재를 바꿀 때 투입되는 전환비용이 높을 경우

③ 앞서 살펴본 산업 내 경쟁자, 신규 진입자, 공급자, 구매자, 대체재의 위협은 다음 그림과 같다. 산업 내에서 작용하는 이와 같은 힘은 산업구조와 해당 산업의 경쟁 수준을 결정하는데 진입장벽이 낮고 신규 진입이 수월하거나 대체 상품이 시장 내에서 통용될 가능성이 존재한다면 산업구조는 크게 변화할 수 있기에 매력적이지 않다 볼 수 있다. 결과적으로 전략적 관점에서 도출된 산업구조분석(five forces models)의 환경 분석은 기업의 경쟁적 지위를 평가하고 그 지위를 강화하기 위해 어떠한 강점이 존재하고 어떠한 약점이 존재하는 지를 활용할 수 있는지를 파악하는 분석모형이다. 이와 같은 도구는 특정 산업에서 다섯 가지의 핵심 요인이 얼마나 강한 힘을 지니는가를 보여주고 기업의 전략수립에 유용하게 사용된다.

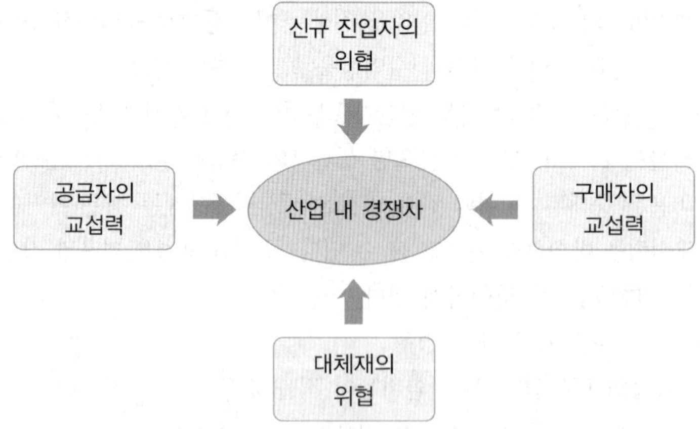

[산업구조분석(five forces model)의 경쟁요인]

4 전략집단의 개념

(1) 전략집단

① 대개 단일 산업 내에는 다양하고 수많은 기업이 경쟁을 펼친다. 한 산업 내에 경쟁하는 기업들을 하나씩 분석하는 것은 시간이나 비용이 많이 투입될 뿐만 아니라 매우 힘들고 분석결과의 의미도 모호성을 지니기 쉽다. 그렇기 때문에 **전략 분석가들은 전략집단(strategic group)이라는 개념을 활용하여 산업 내에 존재하는 기업들을 특성에 따라 그루핑하고 산업의 경쟁 지형을 도출한다.**

② 여기에서 전략집단이란 다음과 같은 특징이 있다.

㉠ 경쟁전략이 장기간 유사성을 지닌다.

㉡ 유사한 기업 내부의 자산이나 역량을 보유한다.

㉢ 기업 행동에 있어서 유사한 특성을 보이는 기업을 묶은 그룹을 말한다.

기업전략에서는 기업 간 유사한 전략적 포지셔닝을 보이는 기업들을 묶은 2차원 그래프 상에 표시된다. 이때 중요한 요소는 전략집단 내에서는 구성 기업들끼리 경쟁전략, 자산/역량 그리고 행동 특성이 유사하지만, 전략집단 간에는 분명한 차이점을 지녀야 한다는 것이다. 이와 같은 전략집단의 분류를 자동차 산업에 적용하여 도식화한 것이 다음 그림의 내용이다.

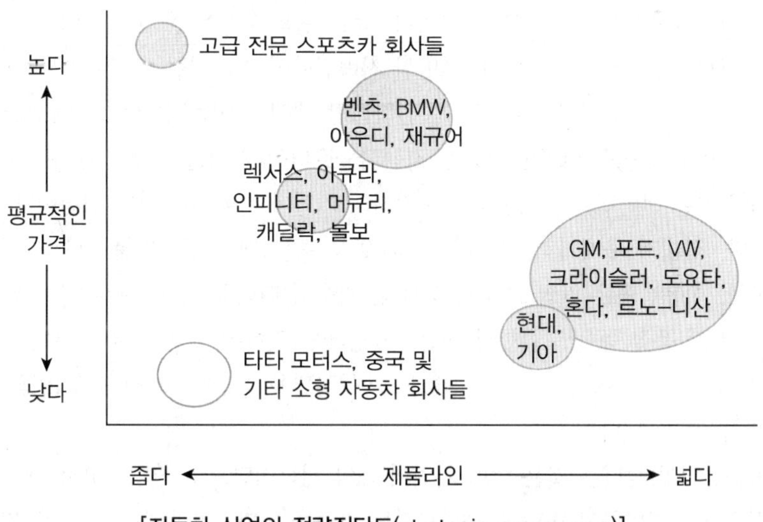

[자동차 산업의 전략집단도(strategic group map)]

(2) 전략집단의 의의 및 개념

① **전략집단의 개념은 경쟁자들을 쉽게 분석하고 기업에 통찰력을 제공하는 분석 도구**이다. 산업 내의 수많은 기업을 일정한 전략적 기준에 의해 몇 개의 그룹으로 구분 짓고 이들의 속성과 경쟁의 양상을 파악함으로써 산업 내 경쟁 지형도를 도출하기 때문이다.

② 전략집단은 기업들에 미래 전략을 예측하는 데 도움을 준다. **전략집단 사이의 이동장벽이 존재하기 때문에 전략집단의 경계를 넘어서기는 쉽지 않은데 그 이유는 유사한 기업들과 비슷한 전략을 취하기 때문**이다. 만약 전략집단을 넘어서는 전략을 추구할 때, 그 노력이 이동장벽을 넘어서고 뛰어나거나 충분한 것인지 평가함으로써 해당 전략의 성패 여부를 가늠할 수 있다. 실제로 전략 컨설팅 기업인 BCG나 맥킨지의 경우 미래의 산업을 예측하는 데 있어서 산업 내의 전략집단을 먼저 설정하고 미래의 이들 그룹이 변화한 환경에서 어떠한 전략을 취할 것인지를 가늠하는 방법을 사용한다.

③ 전략집단을 분류하는 것은 또한 투자의사결정의 구체화에 있어서도 도움을 준다. 어떤 섹터(sector)나 산업에 투자할 것인가를 정하면, 어떤 기업에 투자할 것인가를 판단하게 된다. 이러한 경우 기업 선정 이전 단계에서 각 전략집단의 현재 수익성과 미래 예상의 잠재 수익성을 살피며 어떤 전략집단에 투자할지를 결정하는 것이다. 즉, 산업 내 어떤 위치의 포지셔닝이 가장 적합하며 장기적으로 유리한지를 판단하며, 투자 대상 기업을 산업 내에서 향후 매력적인 전략집단 대표 기업을 찾는 것 또한 좋은 방안이 될 것이다.

(3) 전략집단과 이동장벽

① 그렇다면 전략집단 내에서 한 기업이 전략집단의 위치를 옮기는 것이 가능한가에 대한 의문이 든다. 결혼부터 말한다면 이미 한 전략집단에 속해있던 기업이 다른 전략집단으로 이동하는 것은 쉽지 않다. 왜냐하면, **전략집단 내에는 이동장벽(mobility barrier)이 존재하기 때문이다. 이동장벽이란 인접한 경쟁자들로부터 기업을 보호하는 구조적 요소**이다.

② 이와 같은 전략집단의 이동장벽은 각각의 기업이 실행했던 과거 경험이나 투자에 따라 결정된다. 상대적 구매가격, 상대적 가격 위치 또는 제조되는 제품 라인의 폭 등을 포함한다. 또한, 이동장벽은 기업 브랜드 정체성, 기술적 리더십, 자산 특수성, 서비스 수준, 기업 평판, 생산 품질 등을 포함한다. 또한, 성공적인 전략적 실행은 유통 수단의 다양성이나 생산의 다양성 정도에서 비롯될 수 있고, 이동장벽을 공고히 함으로써 기업의 수익성을 공고히 할 수 있게 된다.

③ 이동장벽이 높다는 것은 어떤 기업이 해당 전략집단으로 진입하고자 할 때 더 많은 비용이 소요됨을 의미하고 변화를 억제시키는 기능을 한다. 성과 수준이 낮은 기업일수록 성과가 높은 기업을 모방하고자 전략형태에 변화를 취하는데 이럴 때 이동장벽이 높다는 것은 전략형태를 변화하고자 하는 기업에는 높은 모방비용을 감수한다는 의미로 볼 수 있다.

④ 이동장벽이 높다는 것은 결과적으로 경쟁적 우위를 지속시키며, 이동장벽이 낮을 때는 경쟁적 열위를 초래한다. 해당 전략집단으로 진입하고자 하는 난이도는 산업특성에 따라 상이하고 진입이나 퇴출에 있어서도 그 장벽이 다르다.

(4) 전략집단의 활용

① 기업들의 경쟁전략에서 전략집단이 어떠한 수준에서 형성되는가에 대한 현상 분석도 중요하나, 형성된 전략집단들이 산업구조나 환경에 어떤 영향을 미치는지 또는 어떤 기업이 특정 전략집단에 진출하거나 타 기업들이 해당 기업이 속한 전략집단에 진입할 시에도 산업과 환경 구조에 어떤 변화가 야기되는가를 고려하는 것도 매우 중요하다.

② 그렇기에 전략집단을 구분하고 개별 기업들에 전략적 시사점을 제공할 수 있는 분석 도구는 기업의 경쟁전략을 수립하는 데 도움을 준다. 앞서 살펴본 자동차 산업의 전략집단도는 산업 내 기업들을 특정 지으며 포괄적인 변수 두 가지를 설정하여 전략변수의 활용 정도에 따라 해당 기업들은 몇 개의 전략집단으로 그룹화한 것이다. 논리적인 면에서는 엄밀성이 매우 높지 않을 수 있으나, 산업 내의 전략집단 그룹의 도식화를 통해 전략적 시사점을 얻을 수 있기에 학계나 실무적으로 많이 사용되고 있다.

(5) 전략집단 분석의 문제점

① 전략집단은 기업 간의 경쟁 관계 파악에 용이하고 특정 산업에서 존재하는 경쟁기업들의 전략을 분석하는데 매우 중요한 개념이기에 다양한 유용성을 지니지만, 한편으로는 전략집단 분류기준, 선정, 변수 또 그에 따른 대상 산업의 전략집단 구조를 적절하게 파악하지 못하는 문제점과 전략집단 간의 성과 차이를 설명하지 못한다는 한계점을 지닌다.

② 산업조직론과 전략경영의 관점에서 시작된 전략집단의 분류와 연구들은 전략집단의 개념화와 명확성 그리고 정의를 구체적으로 제시하지 못하는 한계점을 지니고 있다. 전략집단에 대한 정의는 특정 산업에서 유사한 전략을 사용하는 기업들의 집합이라고 주장되지만 그러한 전략을 어떻게 정의하느냐에 따라 전략집단에 대한 구분이 현저히 달라지는 문제점이 발생한다. 또한, 전략집단의 분석 수준은 정태적인 분석이기에 동태적인 관점에서 설명하지 못한다는 단점을 지닌다.

5 동일한 환경에 대응하는 기업의 전략형태

산업 내에서의 경쟁 정도와 다양한 경쟁자들의 분석 및 특징을 파악하는 것은 미래에 있을 경쟁에서 상대방의 반응을 예측할 수 있다는 장점을 지니기에 중요성이 높다. 마일스와 스노우(Mies & Snow)는 동일 산업 내에서 경쟁하는 기업들의 전략적 성향을 다음 네 가지로 분류하였다.

(1) 방어형 전략

제한적인 제품 라인을 유지하면서 운영의 효율성을 개선하는 것에 초점을 맞추는 기업들이다. 제품 라인을 유지함으로써 비용을 중시하는 성향으로 인해 방어형 전략은 새로운 제품혁신을 시도할 가능성이 낮은 기업들이다. 오히려 기존의 공정과정을 더욱 효과적으로 만들기 위한 노력으로 공정혁신을 추구할 것이다. 폭넓고 큰 변화를 회피함으로써 안정적인 전략이긴 하지만 산업이나 사장에서의 성장 둔화가 시작될 경우 기업에게는 문제로 다가온다.

(2) 공격형 전략

광범위한 제품 라인과 제품혁신을 통해 새로운 시장의 기회에 초점을 두는 유형으로써, 안정성보다는 효율성과 창의성을 강조하는 전략이다. 항상 앞서가기 위해 제품개발로 초기 진입자로서 우위를 노리는 전략이다. 기업 수익 부분을 연구개발투자에 투입하여 공격적인 투자를 보인다. 공격형 전략은 성공했을 때는 시장에서 유일한 존재이기 때문에 높은 가격 책정이나 높은 보상을 받을 수 있지만, 선구자인 만큼 연구개발의 실패 위험도 높고 불확실성도 높기 때문에 위험성이 높은 전략이라 할 수 있다.

(3) 분석형 전략

공격형 전략이 리더형 전략인 데 반해 분석형 전략은 모방형 전략에 가깝다. 시장에서 제품이나 시장의 수익성이 확인될 경우, 지체 없이 뛰어드는 능력과 뒤늦게 다른 기업을 쫓아가는 반응형 전략과는 구분된다. 예를 들어 미국의 AMD 회사의 경우 인텔의 뒤를 항상 바짝 쫓아가는 회사이다. 인텔이 새로운 프로세서 제품을 출시하면 그것을 모방한 제품을 내 놓으며 그 차이를 점점 좁힌다. 이처럼 분석형 전략을 사용하는 기업들은 인적자원, 축적된 기술적 노하우, 영업망 등을 통해 선두기업의 위치를 빠른 시간에 따라간다.

(4) 반응형 전략

반응형 전략의 경우 직면한 문제점의 골이 깊어져서 더는 기업이 기다릴 수 없을 때가 되어서 움직이는 전략적 부재 상태라고 할 수 있다. 방어형, 공격형, 분석형 전략들은 기업의 상황에 따라 적절히 사용될 때 높은 수익률을 보여주는 것으로 알려졌지만, 반응형 전략의 기업들은 예외 없이 낮은 수익률을 보인다.

제 3 절 핵심성공요인의 규명

1 핵심성공요인의 규명방법

(1) 핵심성공요인(critical success factors)이란 특정 산업에서 기업의 성공을 결정짓는 주요 요인으로서 핵심성공요인의 분석 및 결과 도출은 곧 기업에 경쟁우위(competitive advantage) 창출을 위한 기회를 규명하는 것으로 이해된다. 핵심성공요인의 규명은 의사결정의 주체인 최고경영자들에게는 기업의 성공이 무엇이며 어떠한 요인이 가장 중요한 요인이 되며 어떠한 것이 덜 중요한 요인인가를 알 수 있게 한다. 핵심성공요인은 기업의 전략을 수립하는 데 있어서 하나의 기준으로써의 역할일 뿐이며, 기업이 발견한 핵심성공요인이 경쟁기업들보다 우위에 서게 될 때 비로써 기업의 경쟁우위를 획득하게 된다.

(2) 이와 같이 핵심성공요인의 규명은 두 가지 질문에서 시작된다.

① 우리 기업의 고객은 무엇을 원하는가?
② 다른 기업과의 경쟁에서 이기기 위해서는 어떻게 해야 하는가?

첫 번째 질문인 우리 기업의 고객은 무엇을 원하는가에 대한 답변은 산업 내의 고객 집단에 대한 면밀한 분석이 필요하고 이는 기업의 고객이 누구이며, 고객들이 원하는 요구는 무엇이고, 여러 기업은 어떤 선호체계에 따라 선택 및 구매를 하는가를 분석 및 전망해야 함을 의미한다. 두 번째 질문인 다른 기업과의 경쟁에서 이기기 위해서는 어떻게 해야 하는가에 대한 질문은 산업 내의 경쟁 구조에 대한 깊은 검토를 통해 그 답을 도출해야 한다.

(3) 이와 같이 핵심성공요인은 기업이 진입한 산업에서의 생존 및 성장을 위해 무엇을 해야 하는가를 잘 보여준다. 다음의 그림은 핵심성공요인을 파악하기 위한 개념적 틀을 보여준다.

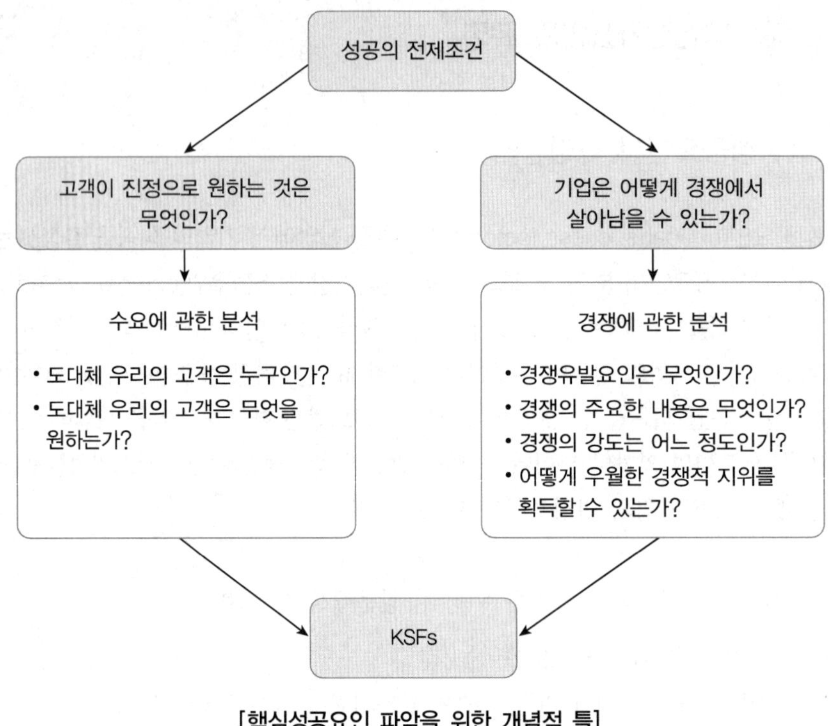

[핵심성공요인 파악을 위한 개념적 틀]

2 고객 분석 및 경쟁자 분석

(1) 고객 분석

① 기업들은 현재 또는 잠재적 소비자들의 욕구를 파악한 이후 이와 같은 욕구를 만족시킬 수 있는 방안을 찾고 기업전략과 활동에 반영해야 한다. 기업은 소비자의 욕구에 얼마나 충실히 부응하느냐에 따라서 기업의 경쟁력과 성장 및 번영이 결정되기 때문이다. 따라서 생산된 제품의 판매만을 목적으로 하기보다는 소비자의 욕구를 사전에 파악함으로써 경쟁자들보다 먼저 차별적이고 선도적인 위치를 차지해야 기업의 경쟁우위를 확보할 수 있다.

② 기업의 경쟁력을 좌우하는 요인은 기업의 제품을 구매하는 소비자에 달렸다. 치열한 경쟁을 벌이는 경쟁자 못지않게 중요한 것이 바로 기업의 제품이나 서비스를 구매하는 고객인 것이다. 왜냐하면, 경쟁기업들과 대비하여 기업들의 경쟁우위를 인정해주는 것은 바로 고객들이기 때문이다. 넓은 의미에서 보면 경쟁의 요인 속에 고객들이 포함되기 때문에 앞에 공부했던 산업구조 분석의 틀을 이용하면 고객에 대한 간략한 분석도 가능하다.

고객은 기업경영 활동에 매우 중요한 요소이고 정교한 분석이 필요하다. 왜냐하면, 경쟁기업의 반응에만 초점을 맞추다 보면 고객 욕구의 변화와 같은 중요한 추세를 발견하지 못하는 낭패를 보는 수가 있기 때문이다. 그렇기에 경쟁자 분석과 함께 고객 분석도 경쟁전략

수립에 반드시 필요한 것이다. 그렇기에 성장기업 분석, 자사 분석 그리고 고객에 대한 분석의 세 박자가 톱니바퀴처럼 맞아야만 기업에 경쟁우위를 가져다줄 수 있는 경영전략을 수립 가능하다. 기업이 경쟁기업들보다 아무리 원가우위를 가지더라고 고객이 가격이 아니라 차별화된 독특한 특징을 원한다면 가격우위만으로는 경쟁우위를 획득할 수 없는 것이다. 다음 그림은 기업이 경쟁기업 또는 고객 중 어느 곳에 더욱 중점을 두느냐에 따른 네 가지 전략 구분을 도식화한 것이다.

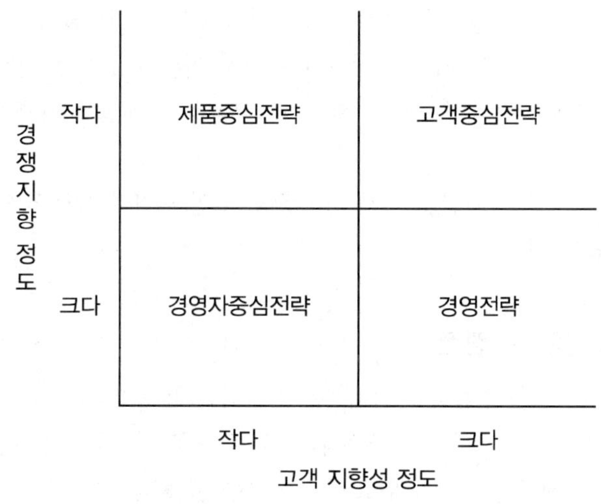

[기업 지향성에 따른 전략유형]

③ 위의 그림과 같이 경쟁자와 고객에 대한 분석이 동시에 실행될 때만이 진정한 경쟁전략의 수립이 가능하다. 경쟁자에게만 비중을 둘 때 기본적으로 경쟁기업에 대한 반응에 따르는 행동만을 하게 되는데 이런 방식은 경쟁에 대응하면 경쟁기업의 행동에만 매우 민감하게 반응하게 되므로 경쟁 지향적인 행동이 되며, 경쟁기업에 대비한 자사의 장점과 약점을 잘 파악할 수 있는 장점이 있다. 하지만 지나친 경쟁기업에 대한 반응은 고객에 대한 전략을 수립하지 못하고 경쟁자의 행동에 수동적으로 대응하게 되어 결과적으로는 기업이 고객에 대한 전략을 수립하지 못하고 경쟁기업의 행동에 따라 혼란스러운 행동만을 초래하는 부정적인 결과를 빚기 쉽다.

④ 고객에게만 비중을 두는 기업은 고객의 욕구나 변화를 잘 파악함으로써 특정 고객이나 새로운 신규 고객의 욕구나 만족을 충족시킴으로써 이윤을 올릴 수 있다는 장점이 있다. 하지만 경쟁기업의 행동에 무감각하거나 변화에 탄력적으로 반응하지 못해 치열한 경쟁상황을 극복하지 못하는 단점을 초래한다. 일반적으로 시장이 지속적인 확대와 성장을 한다면 고객 중심적 전략만으로도 버틸 수 있겠지만, 시장의 정체나 하락이 있을 때는 고객 중심만의 전략으로는 그 한계에 부딪치게 되기에 경쟁기업의 분석을 함께 하여야 한다.

⑤ 기술이 발전하며 경제가 성장하는 과정에서 인구증가율이 둔화되고 소비자들의 욕구는 다양해지고 기업들의 경쟁도 치열해 지면서 기업이 공급하는 제품이나 서비스가 소비자의 수요보다 초과하는 현상이 나타났다. 이로 인해 현대사회에서는 시장도 판매자 시장이 아닌 구매자의 시장이 되었으며, 소비자는 어떤 의미에서는 소비자 주권을 가진 존재이며 기업들은 이들 고객의 욕구를 만족시키기 위한 기업 활동을 전략적으로 전개하고 있다. 이와 같은 관점에서 기업의 경쟁전략 수립과정에서 고객 분석이 반드시 필요한 이유는 다음과 같다.

㉠ 시장의 급진적인 변화는 기업들에 커다란 위협과 기회를 동시에 제공하기에 소비자의 욕구와 변화를 이해하지 못하고 대응하지 못하면 경쟁에 뒤처지게 된다.

㉡ 사회문화적 환경의 변화로 인해 기존 사업이나 제품으로 충족되지 못한 사회적 욕구를 야기한다.

㉢ 국민소득 증가에 따른 소비자 욕구 변화로 인해 기업 간의 경쟁을 심화시키는 사회문화적 요인이 있다.

(2) 고객 분석의 절차 및 장점

① 기업이 경쟁전략을 수립하기 위해서는 기업의 소비자가 왜(why) 그리고 어떻게(how) 구매하고 제품이나 서비스를 소비하는지를 포괄적으로 설명해 주는 분석이 필요하다. 이와 같은 분석을 위해서는 소비자의 요구나 복잡한 행동 패턴을 이해해야 한다. 그렇기에 고객 분석에 앞서 우선 시장을 구성하고 있는 소비자에 대한 이해가 선행되어야 한다. 기업을 둘러싼 거시적 환경 변화를 정확히 파악 및 분석하고 소비자에 대한 충분한 이해가 선행될 때만이 기업의 목표 달성이 가능하다. 따라서 고객 분석의 출발점은 고객의 행동을 이해하는 것에서부터 시작된다.

② 고객에 대한 이해와 분석이 끝났다면 이를 기반으로 다음과 같은 세 가지 문의사항에 적절히 답할 수 있어야 한다.

첫째, 우리 기업의 고객은 누구인가? 기업의 고객을 정확히 파악하기 위해서는 먼저 시장의 세분화 과정과 이를 바탕으로 한 기업이 만족시키고 만족시킬 수 있는 고객층을 발견해야 한다.

둘째, 고객이 우리 기업의 제품이나 서비스를 이용하는 동기는 무엇인가? 제품이나 서비스의 특성에 기반하여 실제로 고객들은 무엇을 가장 중요한 요인으로 인지하며 구매가 발생하는지를 파악해야 한다. 현재 구매하는 고객의 구매동기와 미래에 발생할 구매동기의 변화 파악을 통해 기업 제품의 상대적 지위를 평가하는데 용이하다.

셋째, 고객들이 인지하지 못하고 존재하지만 충족되지 못한 욕구는 무엇인가? 고객들이 현재 기업의 제품이나 서비스에 만족하는가에 대한 파악이 필요하다. 이는 고객들이 충족하지 못한 욕구 파악을 통해 새로운 기회 창출을 가능하게 하기 때문이다. 이와 같은 고객 분석의 내용과 절차는 다음과 같다.

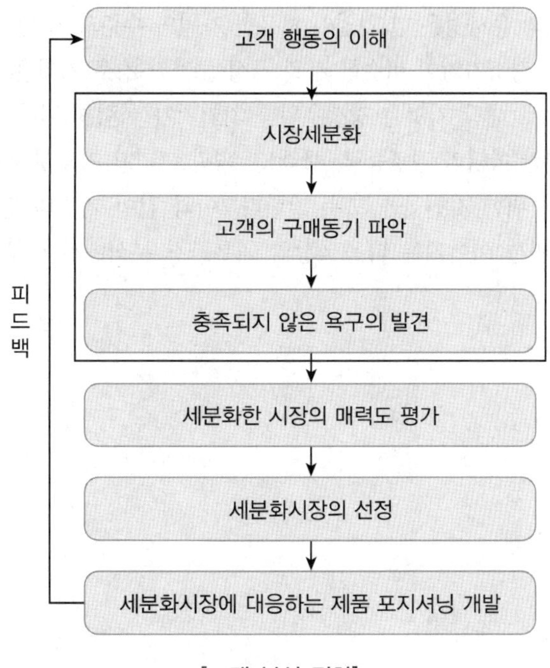

[고객 분석 절차]

(3) 경쟁자 분석

① 단순하게 경쟁기업의 특징 및 기업이 속한 산업에 대한 특성에 대한 분석은 기업이 직면하고 있는 경쟁에 있어서 충분하지 않고, 동시에 고객에 대한 분석이 함께 이루어져야 기업에 경쟁우위를 가져올 수 있다고 배웠다. 앞서 배운 기업의 고객 분석만큼이나, 기업의 경쟁자에 대한 분석은 매우 중요한 요인이다. 경쟁기업이 지닌 절대적인 특징 외에도 각 기업은 다른 경쟁기업들과 비교하여 자사의 상황을 어떻게 판단하고 정의 내리는지에 따라 전략적 행동의 방향성이 결정되기 때문이다. 즉, 더 완벽한 경쟁기업의 분석을 위해서는 경쟁기업 간에 존재하는 상대적 관계를 고려해야만 한다.

② 한 산업 내의 기업들의 경쟁관계는 다수의 경쟁 관계의 집합이다. 상대적인 경쟁관계를 분석하기 위해서는 기본적으로 두 기업 이상의 경쟁관계가 존재해야 되기 때문이다. 이와 같은 경쟁 집단에서 기업들의 경쟁관계를 분석하는 가장 기본적인 분석단위는 '**시장 공통성**(market commonality)'과 '**자원의 유사성**(resource similarity)'이다.

③ 한 기업의 시장이 다른 경쟁기업의 시장과 얼마나 중복되는가를 나타내는 것이 시장 공통성이다. 시장 공통성은 각 시장의 전략 중요성과 경쟁기업의 경쟁력 그리고 경쟁 시장이 얼마나 기업들에게 핵심시장인가를 나타내는 것으로서, 기업에 얼마나 중요한 재무적·전략적 중요성을 지니는지 또는 해당 기업에 비해 경쟁기업들이 시장점유율을 얼마나 차지하는지를 통해 경쟁기업을 분석한다.

④ 다음으로 자원의 유사성은 한 기업이 보유한 자원의 수준과 자원이 얼마나 유사한지를 가늠하는 것으로서 경쟁기업이 비슷한 자원 구성을 가진 경우 기업은 유사한 전략적 역량을 가지고 결과적으로 해당 기업은 경쟁우위를 지키기가 어렵게 된다. 여기서 말하는 자원이란 유형적 자원뿐만 아니라 경영능력, 브랜드, 평판 그리고 기술성 등을 모두 포괄하는 경쟁우위를 창출하기 위한 자원들을 모두 말한다. 이와 같이 기업의 경쟁우위에 영향을 미치는 기업 자원에 관한 이야기는 다음 4장의 내부환경 분석에서 다루겠다.

제3장

OX로 점검하자

※ 다음 지문의 내용이 맞으면 O, 틀리면 ×를 체크하시오. [1~10]

01 기업 외부환경의 대표적인 분석 틀은 산업구조분석(five forces model)을 들 수 있다. ( )

02 기업 외부환경을 분석하는 이유는 기업이 지닌 자원을 파악하기 위함이다. ( )

03 기업의 외부환경은 일반환경인 거시환경과 산업환경인 운영환경으로 구분된다. ( )

04 제품수명주기(product life cycle)와 마찬가지로 기술 또한 기술 수명주기가 존재한다. ( )

05 거시환경 분석의 분석 도구인 PEST 분석은 'Political, Economical, Social, Technological'한 외부환경을 분석하는 도구이다. ( )

06 산업 집중도가 높다는 것은 해당 산업구조가 완전경쟁임을 나타낸다. ( )

정답과 해설 01 O 02 × 03 O 04 O 05 O 06 ×

01 마이클 포터 교수가 개발한 산업구조분석(five forces model)의 경우, 경쟁자, 구매자, 공급자, 대체재의 요소를 고려한 분석이다.

02 기업 외부환경 분석은 기업을 둘러싼 환경의 분석을 통해 기업의 핵심성공요인에 영향을 미칠 수 있는 위협이나 기회를 파악하기 위함이다.

03 환경 분석의 프레임워크를 통해 기업을 둘러싼 환경을 살펴보면 거시환경(일반환경)과 산업환경(운영환경)으로 구성됨을 알 수 있다.

04 제품수명주기와 마찬가지로 기술 또한 기술수명주기로 인해, 급변하는 기술 변화에 맞추어 기업들도 이에 맞게 기술이 어떠한 수명주기를 가지는지 파악해야 한다.

05 사업전망 검토 시 거시 외부환경 분석에 사용되는 PEST 분석은 정치, 경제, 사회, 기술 측면에서 기업에게 어떠한 영향을 줄 수 있는지를 예측하는 분석기법이다.

06 산업 집중도가 높다는 것은 산업의 과점(oligopoly) 정도를 보여주는 것으로서 과점 기업 간의 상호 의존성이 높으며, 불완전 시장임을 의미한다.

07 마이클 포터의 산업구조분석(five forces model)은 기업을 둘러싼 산업에서 강점과 약점을 파악할 수 있는 분석 방법이다. (　　)

08 핵심성공요인을 파악하는 데 있어서 고객을 분석하는 것은 경쟁기업을 분석하는 것보다 중요하지 않다. (　　)

09 기업의 전략집단은 산업 내 전략적 기준에 의거해 그룹별 기업을 구분 지음으로써 그룹 간의 속성 및 경쟁 정도를 파악할 수 있다. (　　)

10 경쟁자 분석은 가장 기본적 분석단위로써 '시장 공통성'과 '자원의 유사성'이 있다. (　　)

정답과 해설　07 O　08 ×　09 O　10 O

07 산업구조분석(five forces model)은 대표적인 산업구조를 파악하는 분석 방법으로서 1980년대 산업조직론과 전략적 관점이 융합된 더 현실적인 분석 도구로써 산업의 구조와 경쟁자들 간의 상대성에 따라 경쟁 정도가 결정된다고 보았다.

08 핵심성공요인을 분석하는 것은 기업의 고객이 무엇을 원하는지를 파악하고, 다른 기업과의 경쟁에서 이기기 위한 것을 파악하는 것으로서 무엇이 더 중요하다고 볼 수 없다.

09 전략집단의 개념은 산업 내의 경쟁자들을 쉽게 분석하고 기업에 통찰력을 제공할 수 있는 분석 도구이다. 전략집단을 통해 기업들에 미래 전략의 도출을 용이하게 해준다.

10 한 산업 내의 기업들의 경쟁 정도를 평가하기 위해서는 기업들에게 해당 시장이 얼마나 핵심시장인지, 또는 보유자원 수준이 얼마나 유사한지를 통해 경쟁기업을 평가할 수 있다.

제 3 장 실전예상문제

01 다음 중 기업 외부환경에 대한 설명으로 옳지 않은 것은?

① 기업의 외부환경은 끊임없이 변화한다.
② 기업은 속한 해당 기업의 산업, 경쟁자, 소비자 등에 영향을 받는다.
③ 경제, 기술, 국가, 정부 그리고 인구특성 등은 거시환경에 해당한다.
④ 외부환경에 관계없이 최고 경영자의 전략적 방향은 최선의 방안이다.

02 다음 중 기술수명주기의 순서로써 옳은 것은?

① 초기 단계 - 발전 단계 - 핵심 단계 - 표준화 단계
② 초기 단계 - 핵심 단계 - 발전 단계 - 표준화 단계
③ 핵심 단계 - 초기 단계 - 발전 단계 - 표준화 단계
④ 핵심 단계 - 발전 단계 - 초기 단계 - 표준화 단계

03 다음 중 거시환경으로 옳지 않은 것은?

① 경제적 환경
② 정치적·법적 환경
③ 물류 환경
④ 사회문화적 환경

해설 & 정답 checkpoint

01 기업의 환경은 항상 변화하기에 기업의 전략 변화는 항상 수정을 필요로 한다. 최고 경영자의 실행 전략이 적합할지라도 변화하는 환경에 대해 전략 수정의 필요성이 존재한다.

02 기술수명주기(technology life cycle)는 기술의 '초기 단계 - 발전 단계 - 핵심 단계 - 표준화 단계'의 순으로 진행된다.

03 기업의 거시환경은 경제적 환경, 기술적 환경, 정치적·법적 환경, 사회문화적 환경으로 구성되어 있다. 물류 환경 또한 기업의 중요한 외부환경이긴 하지만, 거시적 환경이라기 보기는 어렵다.

정답 01 ④ 02 ① 03 ③

checkpoint 해설 & 정답

04 ① 기업의 보유자원에 대한 관점은 기업 내부환경에 대한 설명이다.
② 기업을 둘러싼 거시환경과 산업환경 중 무엇이 더 중요하다고 볼 수는 없으며, 거시적 상황 또는 기업이 속한 산업의 동태적 관점에서 산업은 기업에 영향을 미친다.
④ 기업의 거시환경은 통제하기 힘든 영역이다.

05 산업환경 분석인 산업구조분석(five forces model)에서는 산업 내 경쟁자, 공급자, 구매자, 대체재를 생산하는 기업, 신규 진입자를 분석요인으로써 제시했다.

06 ① 철수장벽이란 기업이 진출하고 있는 시장에서 빠져나오기 위한 장벽으로써 초기 설비 투자로 인해 철수 시 입는 금전적 피해를 들 수 있다.
③ 한 산업에 참여하고 있는 기존 기업들이 다른 기업의 진출을 막으려는 조치를 이동장벽이라 한다.
④ 전략집단은 기업 간의 전략적 유사성에 기반한 개념이다.

정답 04 ③ 05 ④ 06 ②

04 기업의 거시환경에 대한 설명으로 옳은 것은?

① 기업의 거시환경보다 기업이 보유한 자원이 중요하다.
② 거시환경보다 직접적인 산업환경이 중요하다.
③ 거시환경은 기업이 통제하기 힘든 영역이다.
④ 거시환경의 한 종류인 사회법적인 환경은 통제가 가능하다.

05 다음 중 산업환경요소로써 옳지 <u>않은</u> 것은?

① 경쟁기업
② 공급자
③ 구매자
④ 국제기구

06 다음 빈칸에 들어갈 말로 옳은 것은?

> 기업들이 새로운 산업에 진출하고자 할 때 진입을 어렵게 만드는 것을 (　　)이라고 한다. 기존 기업들이 생산요소를 독점하거나 규모의 경제, 독보적인 기술력이나 특허를 지니고 있을 때 (　　)은 더욱 심하다.

① 철수장벽
② 진입장벽
③ 이동장벽
④ 전략집단

07 다음은 기업의 외부환경 대한 설명이다. 이 중 옳은 것을 모두 고르시오.

> ㉠ 환경이 기업에 긍정적 효과를 미치게 하는 방법으로 인수합병이 있다.
> ㉡ 기업 외부환경은 기업의 흥망성쇠에 영향을 미친다.
> ㉢ 거시적 환경은 기업에 간접적으로 영향을 미치는 환경을 말한다.
> ㉣ 기업의 외부환경은 기업에 위협만을 가한다.

① ㉠, ㉡, ㉢
② ㉠, ㉡, ㉣
③ ㉡, ㉢, ㉣
④ ㉠, ㉢, ㉣

08 다음 중 거시환경에 대한 설명으로 올바르게 연결된 것은?

① 경제적 환경 – 경기 호황
② 기술적 환경 – 보건 안전
③ 사회문화적 환경 – 법인세 강화
④ 정치적·법적 환경 – 출산율

09 다음 빈칸에 들어갈 말로 옳은 것은?

> (　　　)은 기업의 성공을 결정짓는 주요한 요인을 말한다. 기업은 (　　　)의 요인과 분석을 파악함으로써 경쟁우위의 창출이 가능하다.

① 임직원 만족도
② 핵심성공요인
③ 기부금 지출
④ 해외 진출

해설 & 정답 checkpoint

07 ㉣ 기업의 외부환경이 기업의 전략을 수립하는 데 있어서 가지는 의미는 기업이 성공할 수 있는 핵심성공요인을 파악하는 데 있어서 위협과 기회를 말한다.

08 ② 기술적 환경으로는 통신수단이나 운송의 발달 그리고 기술적 혁신을 들 수 있다.
③ 사회문화적 환경은 출산율, 고령화, 실업률, 교육제도, 라이프스타일 등의 변화를 들 수 있다.
④ 정치적·법적 환경은 보건, 인프라 구축, 교육 등 또는 법적인 측면에서의 변화를 말한다.

09 ①·③·④ 임직원 만족도, 기부금 지출은 기업의 사회적 책임 활동과 관련된 내용이며, 해외 진출은 기업의 전략 행동에서 중요한 방법이다. 하지만, 이와 같은 요인은 기업이 지닌 핵심성공요인의 파악이 선행된 후 실행되어야 한다.

정답 07 ① 08 ① 09 ②

checkpoint 해설 & 정답

10 기업이 고객 분석을 시행하기 위해서는 생산된 제품의 판매만을 목적으로 하기보다는 소비자 욕구의 파악을 통해 차별적이고 선도적인 위치를 만들어야 한다.

11 ① 거시환경의 경우 기업의 통제가 어려우나, 일반환경은 기업이 어느 정도 통제 가능성을 지닌다.
③ PEST 분석은 대표적인 거시환경 분석 도구이다.
④ 기술적 환경은 거시환경으로 볼 수 있다.

12 정치적·법적 환경, 경제적 환경, 기술적 환경은 모두 기업의 거시적 환경에 해당한다. 하지만, 식습관의 변화와 같은 생활의 변화는 사회문화적 환경의 변화로 볼 수 있다.

정답 10 ③ 11 ② 12 ①

10 다음 중 고객 분석에 대한 설명으로 옳지 않은 것은?

① 고객 분석은 소비자의 욕구를 파악하기 위함이다.
② 소비자 욕구를 정확히 파악하는 것과 기업의 성장은 비례한다.
③ 제품의 판매를 목적으로만 한다.
④ 고객 분석은 매우 정교한 분석을 필요로 한다.

11 다음 중 일반환경에 대한 설명으로 옳은 것은?

① 일반환경은 기업이 통제하기 힘든 영역이다.
② 일반환경으로는 기업의 경쟁상황, 시장환경 등이 있다.
③ 일반환경에 대한 분석으로는 PEST 분석이 있다.
④ 기술적 환경이 대표적인 일반환경이다.

12 다음 중 빈칸에 들어갈 말로 옳은 것은?

( )의 변화는 기업들에게 기회 또는 위협을 제공한다. 예를 들어 서양식 식습관으로의 변화는 패스트푸드 산업의 증가와 번영을 가져왔다.

① 사회문화적 환경
② 정치적·법적 환경
③ 경제적 환경
④ 기술적 환경

13 다음은 산업조직론에 대한 설명이다. 이 중 옳은 것은 모두 고르시오.

> ㉠ 산업구조가 기업의 성과를 창출하는 선행요인이다.
> ㉡ 산업 집중도를 통해 기업의 규모와 수를 예측할 수 있다.
> ㉢ 개별 기업의 경쟁전략만을 통한 분석이 주요 내용이다.

① ㉠, ㉡
② ㉠, ㉡, ㉢
③ ㉡, ㉢
④ ㉢

14 다음 중 핵심성공요인에 대한 설명으로 옳은 것은?

① 경쟁기업의 분석으로 충분하다.
② 경쟁자 분석의 기본적인 분석 단위는 시장 공통성과 자원 유사성이다.
③ 고객 분석은 경쟁기업 분석 이후 시행되어야 한다.
④ 제품 판매만을 위한 고객 분석이 효과적이다.

15 다음 중 기업 경쟁에 관한 분석에 대한 질문으로 옳지 <u>않은</u> 것은?

① 경쟁 유발 요인은 무엇인가?
② 경쟁의 주요한 내용은 무엇인가?
③ 경쟁의 강도는 어느 정도인가?
④ 고객의 선호는 무엇인가?

해설 & 정답 checkpoint

13 ㉢ 개별 기업의 전략 수립에 대한 분석에 앞서서 산업구조를 분석하고 경쟁 대상 기업들의 역량과 특성을 검토해야 한다.

14 ①·③·④ 기업에 대한 고객 분석과 경쟁기업 분석의 두 가지 분석을 통해서만이 기업의 경쟁우위 창출이 가능하다. 또한, 기업은 제품 판매만을 위한 고객 분석이 아닌 고객이 무엇을 원하는가를 탐색해야 한다.

15 고객이 무엇을 선호하고 원하는지에 대한 질문은 고객 분석의 질문이다.

정답 13 ① 14 ② 15 ④

16 다음 빈칸에 들어갈 말로 옳은 것은?

> (　　)의 존재는 해당 산업에서 가격에 영향을 미친다. 기존 상품과의 동일한 기능을 수행하는 제품을 찾아 (　　)를 찾을 수 있겠지만, 실제 현상에서는 어려운 과정이다. 또한, 무관한 산업에서 해당 산업에 위협을 주기도 한다.

① 대체재
② 사치재
③ 정상재
④ 필수재

17 다음 중 진입장벽에 대한 설명으로 옳지 않은 것은?

① 다양한 경제적 요인에 의해 결정된다.
② 산업 내 기업들이 특허나 독점 기술을 지녔을 때 진입장벽이 높다.
③ 제품 차별화가 높을수록 진입장벽이 높다.
④ 기업의 이미지는 정성적 측면으로 인해 고려 대상이 아니다.

18 다음 중 내용이 올바르게 연결된 것은?

① 방어형 전략 – 높은 제품 혁신
② 공격형 전략 – 협소한 제품 라인
③ 분석형 전략 – 모방적 전략
④ 반응형 전략 – 높은 연구개발 투자

checkpoint 해설 & 정답

16 ② 사치재는 소득이 증가하는 폭보다 더 큰 폭으로 소비가 증가하는 재화를 말한다.
③ 정상재는 소득이 증가함에 따라 수요가 같은 양으로 증가하는 재화를 말한다.
④ 필수재는 소득이 증가하는 폭보다 소폭으로 소비가 증가하는 재화를 말한다.

17 기업 이미지의 경우 기업 이미지에 따른 구매자 선호가 발생할 수 있기에 진입장벽으로서 작용한다.

18 ① 방어형 전략은 제한적인 제품 라인과 효율성 개선에 초점을 둔다.
② 공격형 전략은 새로운 시장 기회를 창출하기 위해 광범위한 제품 라인을 구성한다.
④ 반응형 전략은 현재 가지고 있는 문제점의 골이 깊어진 상태를 말한다.

정답 16 ① 17 ④ 18 ③

19 **다음 중 구매자의 교섭력이 강해지는 상황에 대한 설명으로 옳지 않은 것은?**

① 소수의 구매자가 존재할 경우
② 타 공급업체로의 전환 시 전환비용이 높을 경우
③ 많은 대체재가 존재할 경우
④ 구매자에 의한 후방 통합이 실행될 경우

20 **다음은 기업 지향성에 따른 전략유형에 대한 설명이다. 이 중 옳은 것은 모두 고르시오.**

> ㉠ 경영전략 : 고객지향정도 ↑, 경쟁지향정도 ↑
> ㉡ 고객 중심전략 : 고객지향정도 ↑, 경쟁지향정도 ↓
> ㉢ 경영자 중심전략 : 고객지향정도 ↑, 경쟁지향정도 ↓
> ㉣ 제품 중심전략 : 고객지향정도 ↑, 경쟁지향정도 ↑

① ㉠, ㉢
② ㉠, ㉡
③ ㉡, ㉢, ㉣
④ ㉠, ㉡, ㉢, ㉣

해설 & 정답 checkpoint

19 구매자의 교섭력은 타 공급업체로의 전환 시 투입되는 전환비용이 낮을 경우, 공급자보다 더욱 유리한 교섭력을 지니게 된다.

20 경영자 중심전략의 경우 고객지향정도가 낮고 경쟁지향정도가 높을 때를 말한다. 또한, 제품 중심전략의 경우는 고객지향정도가 낮고, 경쟁지향정도 또한 낮을 때를 말한다.

정답 19 ② 20 ②

checkpoint 해설 & 정답

01
정답 정치 요인, 경제 요인, 사회 요인, 기술 요인
해설 거시적 환경 분석의 대표적인 분석틀인 PEST 분석은 정치, 경제, 사회, 기술 네 가지의 측면을 고려한다.

02
정답 ㉠ 기회, ㉡ 위협, ㉢ 고객 분석
해설 기업을 둘러싼 환경 변화는 기업에 기회의 요소이기도 하며 위기의 상황을 가져다주기도 한다. 그렇기에 근본적으로 기업들은 변화하는 환경에서 타 기업들과의 경쟁에서 살아남기 위해 고객 분석을 반드시 실시해야 한다.

03
정답 방어형 전략, 공격형 전략, 분석형 전략, 반응형 전략
해설 마일스와 스노우(Miles & Snow)가 제시한 동일한 환경에서 대응하는 기업의 전략은 방어형, 공격형, 분석형, 반응형 전략의 네 가지로 구분된다.

주관식 문제

01 거시환경 분석인 PEST 분석에서 고려하는 네 가지 요인을 쓰시오.

02 다음 빈칸에 들어갈 적합한 말을 쓰시오.

> 환경의 변화는 기업들에게 커다란 (㉠)와 (㉡)을 동시에 제공하며 소비자의 욕구에 대한 대응이 적절하지 못할 경우 경쟁에서 뒤쳐진다. 그렇기에 경쟁전략 수립을 위해 (㉢)이 반드시 필요한 이유이다.

03 동일한 환경에 대응하는 기업의 전략적 형태 네 가지를 쓰시오.

04 다음 빈칸에 들어갈 적합한 말을 쓰시오.

> 비슷한 전략을 사용하는 기업들의 그룹을 (㉠)이라고 한다. 또한, 한 기업이 다른 (㉠)으로 이동하는 것은 쉽지 않다. 그 이유는 경쟁자들로부터 기업을 보호하려는 구조적 요인이 (㉡)이 존재하기 때문이다.

05 마이클 포터의 산업분석에서 말하는 산업경쟁 정도를 결정하는 요인 다섯 가지를 쓰시오.

06 산업에 존재하는 진입장벽의 개념을 기술하시오.

해설 & 정답

04

정답 ㉠ 전략집단, ㉡ 이동장벽

해설 전략집단은 유사한 전략을 구사하는 기업들의 그룹으로써 경쟁자들에 대한 분석에 용이함을 제공하는 분석도구이다. 또한, 전략집단들 사이에는 기업 브랜드, 기술, 정체성 등의 이동장벽이 존재하기 때문에 다른 전략집단으로의 이동은 쉽지 않다.

05

정답 기존기업과의 경쟁, 신규 진입자의 위협, 대체재의 위협, 구매자의 교섭력, 공급자의 교섭력

해설 마이클 포터의 산업구조분석(five Forces model)은 산업구조를 기업전략관점에서 바라본 분석으로써 다섯 가지 요인을 통해 산업의 경쟁 정도를 파악하는 분석기법이다.

06

정답 진입장벽은 산업 내 신규 기업의 진입을 어렵게 하기도 하는데 이는 경제적 요인에 의해서 결정된다. 대표적으로 기존 기업들이 지닌 특허나 독점 기술로 얻은 절대비용우위, 제품 차별화, 규모의 경제, 기술 등의 우위를 가지고 있는 반면, 신규 기업들은 생산요소나 투입요소에 있어서 기존기업들보다 유리한 조건이 아니기에 불리함을 지닌다.

checkpoint 해설 & 정답

07 산업조직론이 바라보는 기업 성과를 간략히 기술하시오.

08 전략집단에 관해서 기술하시오.

09 기업을 둘러싼 산업환경이 기업에 긍정적인 영향을 미칠 수 있는 세 가지 방안을 쓰시오.

07

정답 산업조직론에서는 기업 간의 경쟁이 본질적으로 기업들이 구성하고 있는 산업의 구조에 의해 기업 성과가 결정된다고 바라본다. 그렇기에 기업들은 전략 수립에 앞서 산업구조와 경쟁기업들의 분석이 필수적이다.

08

정답 전략집단은 기업의 경쟁자에 대한 분석을 용이하게 하며, 산업 내의 기업들을 전략적 유사성에 기반하여 그룹화함으로써 경쟁 양상을 파악하기 위한 분석 도구이다.

09

정답 인수합병, 합작투자, 기업 간 네트워크 활용

해설 기업의 외부환경 중 산업환경은 기업이 어느 정도의 통제가 가능한 영역으로써 이를 통해 기업에 긍정적인 영향을 미칠 수 있다. 대표적으로 기업은 다른 기업과의 인수합병, 합작투자, 또는 기업 간의 네트워크를 활용해 실패 요인을 축소할 수 있다.

해설 & 정답 checkpoint

10 경쟁자 분석에서 가장 기본적인 분석단위를 간략히 설명하시오.

10

정답 한 산업 내에서 기업의 경쟁 관계를 분석하기 위해서는 기본적으로 얼마나 기업들에게 해당 시장이 핵심시장인지를 나타내는 '시장 공통성'과 기업이 소유한 전략적 자원이 얼마나 유사한지를 가늠하는 '자원의 유사성'이 기본적인 분석단위이다.

11 공격형 전략의 특징을 기술하시오.

11

정답 공격형 전략의 경우, 광범위한 제품라인과 기술 및 제품혁신의 뒷받침을 통해 새로운 시장의 기회에 초점을 두는 전략으로써, 안정성보다는 창의성을 강조하는 전략이다. 하지만, 기업의 수익을 혁신을 위한 투자에만 사용하기에 전략의 실패 시 위험부담이 큰 전략이다.

12 공급자의 교섭력이 강해지는 경우를 기술하시오.

12

정답 다수의 구매자와 소수의 공급자·대체재가 없을 때, 공급자가 희소한 자원을 지닐 때, 구매자가 다른 원자재를 사용 시 전환비용이 높게 발생할 경우와 같이 공급자의 교섭력이 높아지는 경우는 공급자가 유리한 상황을 맞이하는 상황에서 공급자의 교섭력은 커지게 된다.

checkpoint 해설 & 정답

13 핵심성공요인의 목적을 기술하시오.

14 거시환경에서 정치적 요인으로 어떤 것들이 있는지 설명하시오.

15 신규 진입기업에게 높은 진입장벽이 존재하는 경우를 쓰시오.

13

정답 핵심성공요인은 기업의 성공을 결정짓는 성공요인을 도출하고 분석하는 것으로 궁극적으로 기업의 경쟁우위를 창출하기 위한 규명작업이며, 기업에 무엇이 더 중요하고 무엇이 덜 중요한지를 알 수 있게 한다.

14

정답 정치적 요인은 관련 법규의 개정, 정부 정책의 전환, 규제 강화, 외교 문제 등을 들 수 있다. 법률의 개정으로 인한 세금 문제, 국가 간의 대립 등은 정치적 요인으로 볼 수 있으며 대표적인 거시환경요인이다.

15

정답
- 신규 진입기업에 대한 심한 보복이 존재할 경우
- 산업 내 기존 기업들이 자원, 생산, 유통 등에서 영향력이 강할 경우
- 기존 기업들의 철수장벽이 높을 경우
- 산업이 정체기를 겪을 경우

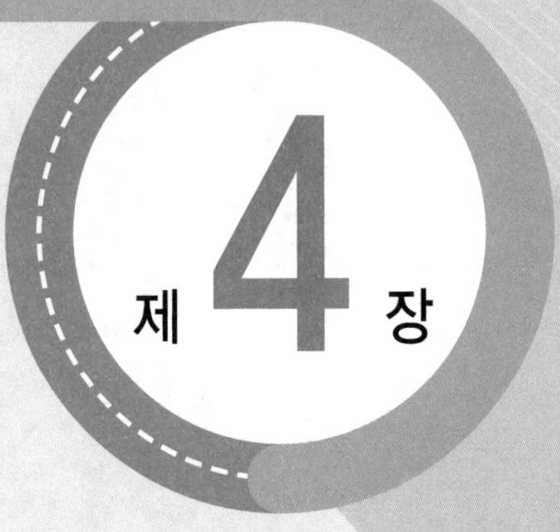

내부 분석

제 4 장 내부 분석

제 1 절 내부 환경 분석의 의의

1 내부 환경 분석

우리는 제1장 경영전략의 이해에서 병법의 사례를 통해 기업이 경쟁자들과의 경쟁에서 자신들이 지닌 자원의 객관적인 평가가 전략의 기초라는 것을 배웠다. 그러나 우리가 기업이 지닌 자원을 분석하기 위해서는 기업의 경영자원이 무엇을 의미하는가와 이와 같은 경영자원을 어떻게 측정해야 하는가에 대한 이해가 선행되어야 한다. 기업의 자원은 기계나 건물과 같은 자본재, 종업원들이 지닌 지식과 기술, 기업이 지닌 특허권과 평판 등을 포함한 모든 자원을 말한다. 이러한 자원들의 구분에 대한 구체적인 분류 기준이 명확한 기준에 의해서 구분되지는 않으나 다음과 같이 유형자원(tangible resource), 무형자원(intangible resource), 인적자원(human resource)의 세 가지 구분으로 분류할 수 있다.

기업의 내부 분석 환경이란 기업의 경영환경 진단과 사업을 추진함에 있어서 필요한 내부역량 분석을 의미한다. 내부역량은 기업이 지닌 능력으로써 경쟁력에 기반이 되는데, 이런 경쟁력은 조직역량으로 대변되며, 유형자원, 무형자원, 인적자원을 포함한 경쟁역량을 의미한다.

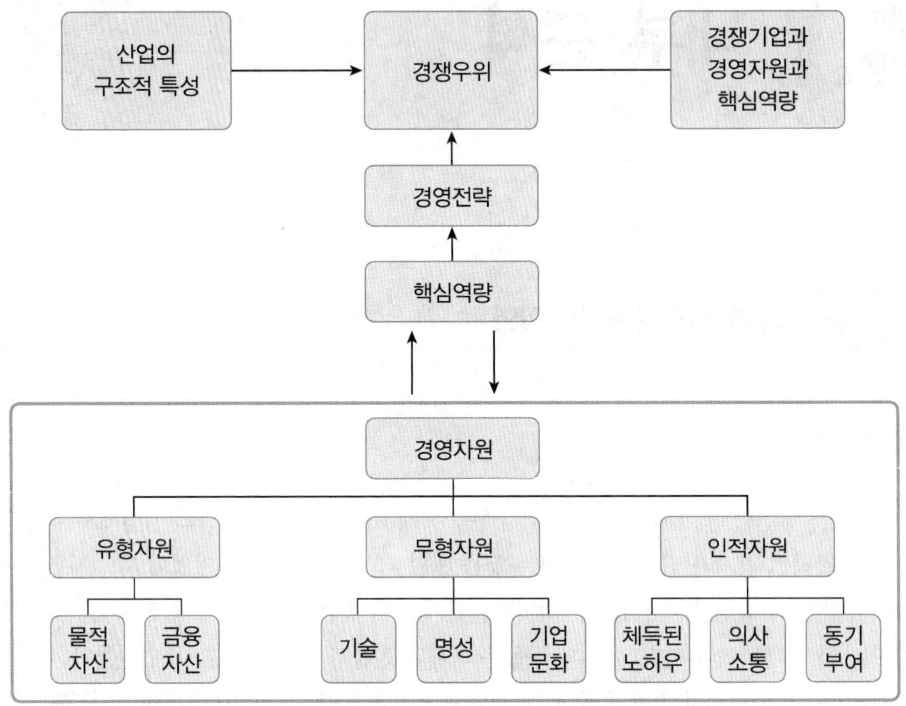

[경영자원, 핵심역량, 경쟁우위의 관계]

제 2 절 내부 분석의 틀

1 전략 수립의 두 가지 관점

기업의 전략 수립에 대한 관점은 기업을 둘러싼 외부 환경 분석과 기업이 지닌 내부 자원과 능력에 초점을 두는 내부 환경 분석의 두 가지 관점이 존재한다. 두 관점 중에서 무엇이 더욱 중요한가는 어느 곳에 중점을 두는가에 따라 다르며, 기업의 경쟁우위의 원천을 파악하는 관점에 따라 다르다.

(1) 외부 환경 중시관점(1970~1980년대)

외부 환경 중시관점에서는 분석단위가 산업이며 기업의 성과는 기업이 속한 산업에 의해 결정된다고 주장했다. 기업의 전략과 성과에 미치는 주요한 요인은 산업 내 존재하는 진입장벽, 제품의 차별화 정도, 산업의 집중도 등이 영향을 미친다고 주장한다. 외부 환경 중시관점의 주요 가정에서 모든 기업은 유사한 자원과 능력을 지니고 있으며, 자원의 이동은 기업 간 용이하게

발생하기에 차별적인 자원을 장기간 개별 기업이 보유한다는 것은 어렵다고 주장한다. 또한, 기업의 전략은 산업이 지니고 있는 구조적 특성에 의해 결정된다고 주장한다(S – C – P). 마지막으로 기업 경영자의 의사결정은 제한적이지 않으며, 항상 합리적인 의사결정을 내린다고 가정한다.

(2) 기업 내부역량 중시관점(1980년대 이후)

기업 내부역량 중심관점(자원기반관점)에서는 분석단위가 개별 기업이며 기업의 전략과 성과의 주요한 요인이 기업이 지닌 자원과 능력이다. 자원기반이론 관점에서는 다음과 같은 가정을 한다. 기업이 보유한 자원이나 능력은 독특성을 지니고 이러한 자원과 능력이 기업 간 성과에 차이를 발생시킨다. 또한, 자원의 이동은 자유롭지 못하며, 기업들은 자원을 장기간에 걸쳐 보유하고 활용할 수 있다고 가정한다. 뿐만 아니라 기업의 전략은 제한된 자원에 의해서 결정되고 의사결정자인 최고경영자의 의사결정능력 또한 제한적이라 가정한다.

> 더 알아두기
>
> **펜로즈의 자원기반관점**
>
> 펜로즈(Penrose)는 기업이 경쟁우위 창출을 할 수 있는 원천은 다른 기업이 모방할 수 없는 자원이나 역량을 보유하는 것이라고 최초로 주장했다. 기업은 자본, 생산설비, 인적자원 등 유형 자산의 집합이라는 신고전경제학자들의 주장을 비판하고, 단순히 유형자산만을 지닌 것이 아니라 기술, 노하우, 임직원들의 조직 능력, 브랜드 등의 무형자산이 기업의 실질적인 경쟁력 창출에 도움을 준다고 주장하였다.

2 내부 환경 분석의 틀(자원준거관점)

(1) 자원준거관점의 개념

① 기업 간의 성과 차이를 설명하는 관점 중 개별 기업의 특성에 주목하는 관점이 자원준거관점(resource based view)이다. 자원준거관점에서는 기업은 유형자원과 무형자원의 독특한 집합체로써 정의한다. 기업이란 장기적인 시간에 걸쳐 나름대로 독특한 자원과 능력의 결합을 구축해 가기에 이와 같은 자원과 능력이 기업에게는 역량의 근거이며, 타 기업들과의 차이를 유발시키며 자원과 능력의 차별적 역량을 통한 경쟁우위 창출이 가능하다고 주장한다.

② 자원준거관점은 과거 연구들이 상대적으로 간과하던 핵심역량, 조직 능력, 기업문화, 경영자의 의사결정 능력 등과 같은 무형자산을 기업의 주요한 요인으로 다룬다. 이와 같은 자산은 대부분 무형적이고, 암묵적(tacit)이기에 경쟁기업이 쉽게 구매하거나 모방 가능성이 낮

다. 그렇기에 기업의 경쟁우위 창출은 이런 특징을 지닌 자원과 능력의 뒷받침을 통해서만 지속 가능하다고 바라보는 관점이다.

③ 자원준거이론에서는 기업의 경쟁우위 창출의 근원이 되는 자원이란 기업 간의 동질성과 이질성을 인정하지 않는다고 가정한다. 동일한 산업 내에 속한 기업일지라도 통제 가능한 전략 자원은 기업 간 자원의 이질성을 가지게 하는 것이며, 이와 같은 자원은 기업 간에 완벽한 이동이 어렵다는 것이다. 그렇기에 자원의 이질성은 장기적으로 지속될 수 있으며, 이런 자원의 특성이 기업 경쟁우위의 연속성을 가능하게 한다. 자원준거관점은 기업자원의 이질성과 자원 이동의 비이동성 가정을 통해 경쟁우위를 이야기한다.

(2) 자원의 이질성

자원준거관점에서는 기업이 지닌 자원과 역량이 타 기업 간의 자원 이질성을 지닌다고 가정한다. 자원의 이질성은 본질적으로 개별 기업들이 보유한 자원이 생산성과 효율성에 있어서 차이점을 야기시킨다는 것을 의미한다. 개별 기업이 보유한 자원은 각 기업의 특성에 따라 효율성 측면에서 수준의 차이를 발생시킨다. 타 기업들보다 효율성이 뛰어난 자원이나 능력을 보유한다는 것은 기업이 고객의 요구나 시장의 요구를 더욱 적절히 충족시키는 데 있어서 더 유리하다는 것을 설명한다.

(3) 자원의 비이동성

개별 기업들은 경쟁기업의 성공이 발생했을 때 성공적인 전략을 모방하는 것이 가장 쉬운 전략이다. 일차원적인 방법은 성공적인 전략 수행에 필수적인 자원이나 능력을 자원시장에서 구입함으로써 모방전략을 수행한다. 모방전략을 사용하고자 하는 기업이 가장 중요한 것은 자원의 이동 가능성이다. 즉, 자원과 능력의 이동 가능성이 높다면 모방이 쉽고 빠를 것이다. 그러나 모든 자원이나 능력이 쉽게 취득이나 모방이 되지 않는다. 즉, 경영자의 리더십, 조직 임직원의 학습능력, 기업문화 등과 같은 자원은 기업의 특수한 자원이기에 기업 간의 모방이 어렵다. 이와 같은 자원이나 능력이 독특하여 모방이나 시장에서의 구매가 어렵기에 기업 간의 자원 이동에 제약을 받는데 이를 자원의 비이동성이라 한다. 즉, 자원이 독특하고 기업의 특유한 속성을 지닐 때 기업 간의 자원 이동은 더욱 어려움을 지닌다.

(4) 자원의 이질성과 지대

① 자원의 이동성은 자원 요소시장의 완전하지 못한 상황에 기인한다. 자원준거관점에서는 기업이 얻는 초과이익은 공급이 제한적이고 우월한 자원에 대한 렌트(rent)의 의미를 지닌다. 과거 전략경영에 관한 기존의 논의들이 제품시장에서 판매자의 관점에서 기업행동을 설명한다면, 자원준거관점은 자원 요소시장에서의 구매자 관점에서 요소시장의 불완전한 특성과 초과이익(rent)의 발생을 이야기한다. 자원의 이질성이란 공급이 제한된 효율적인 자원

의 존재를 의미하는데 여기서 공급이 제한적이라는 것은 해당 자원을 다른 경쟁기업이 개발하거나 모방할 수 없음을 의미한다. 특히 무형자원의 경우 단기간에는 모방이 불가능하며 단기적으로 볼 때 이와 같은 자원은 수요를 모두 충족시킬 수 없는 희소성을 지닌 자원이라 할 수 있다. 이와 같은 희소자원을 확보하지 못한 기업은 이보다 못한 비효율적인 자원을 투입할 수밖에 없는 상황에 직면하게 된다. 결과적으로 비효율적인 자원을 보유했다는 것은 효율적인 자원을 보유한 기업보다 생산 원가가 높으면 생산 원가 경쟁력이 낮다는 것을 의미한다.

② 희소한 자원의 공급을 단기간에 증가시킬 수 없다는 의미는 희소자원을 구매하는 시장가격이 아무리 높을지라도 공급곡선은 비탄력적일 수밖에 없다. 제품에 대한 수요가 증가하여 제품의 시장가격이 높아지면, 다른 비효율적인 기업이 해당 산업에 진입할 수 있게 된다. 이들 기업은 가격이 한계비용을 초과하는 한 해당 산업에 진입하여 생산 활동을 계속 영위할 것이다. 산업 내의 공급과 수요가 균형을 이루며 비효율적인 자원을 보유한 기업들이 손익분기(P = AC)에 도달할지라도 희소한 자원을 지닌 기업은 초과이익(P 〉 AC)을 누리게 된다. 이때 발생하는 초과이익은 희소한 자원에 대한 렌트(rent)이다. 이와 같이 우수한 성과와 선도적인 기업이 누리는 초과이익은 산업조직론에서 주장하는 생산량에 대한 인위적인 제한 또는 시장지배력의 결과이기보다는 효율성이 높은 희소한 자원을 보유했기 때문에 얻을 수 있는 것이다. 따라서 효율적 기업들은 해당 기업이 보유한 자원의 공급에 제한되거나 타 기업들에 의한 모방이 어려울 때 지속 가능한 경쟁우위를 유지할 수 있다고 주장하는 것이 자원준거이론의 주장이다.

(5) 자원준거관점과 전략적 의미

① 제품시장에서 판매자 관점에서 기업행동을 주로 설명하는 산업조직론의 산업 구조 모델은 기업성과를 설명하는 장점에도 불구하고 두 가지 측면에서 한계점을 지닌다.

㉠ 기업이 누리는 초과이익을 기업의 외부환경에서 그 원인을 찾으며 설명하려는 점이다. 즉, 산업조직론에서는 산업 매력도에 영향을 주는 산업의 구조적인 특성에 주목하며 그 특징을 이용한 기업의 초과이익을 설명하고 있기에 상대적으로 기업의 내부적 특성에 대해 고려하지 못한 한계점이 있다.

㉡ 산업조직론에서는 동일 산업에 속한 기업 간에 발생하는 성과 차이에 대한 설명이 부족하다. 산업조직론은 산업의 매력도를 평가함에 있어서 해당 산업에 속한 기업의 수익성을 예측하는 데 도움을 주지만 이와 같은 설명은 산업 내 대표적인 기업이 얻는 수익성일 뿐이지 개별 기업들의 수익성의 차이를 설명하지 못한다는 한계점을 지닌다.

② 산업조직론의 한계로 인해 마이클 포터에 의한 경쟁우위 모형이 제시되었다. 경쟁우위 모형에서는 기업의 성과를 산업조직론에서 고려하지 못했던 기업 내부 환경 요인으로 설명하는 노력과 산업조직론에서 동일 산업 내의 개별 기업 간의 수익성을 설명하지 못한 점을

어느 정도 설명을 보완하였다. 하지만, 경쟁우위 모형도 경쟁우위 창출에 대한 근본적인 설명을 하지 못하는 한계점을 지닌다. 이러한 문제점을 해결한 관점이 바로 자원준거관점인 것이다.

더 알아두기

자원준거관점(resource-based view)

루멜트(Rumelt)와 바니(J. Barney) 등이 자원기반관점의 대표적인 학자이다. 1990년대 이후 이들의 이론은 마이클 포터의 외부 환경 분석과 현대 경영전략의 양대 축을 형성했다. 자원기반이론을 주장한 제이 바니(Jay Barney) 교수는 전략경영 분야의 선구적인 저서를 펴낸 마이클 포터(Michael Porter)의 주장이 틀렸다고 주장했다. 바니는 기업의 자원이 성공적인 전략 수행을 위해서는 유용성(utility), 희소성(rareness), 모방의 어려움(incomplete imitability), 불완전 대체재(incomplete substituability)의 특성이 있어야 한다고 주장했다.

Barney, Jay Bryan
(born 1954)
Professor of Strategic Management University of Utah

재무자원: 기업의 전략을 고안하고 실행하기 위해 이용하는 모든 형태의 자금(현금, 이익잉여금 등)

유형자원: 물질적 기술을 뜻하고, 공장 설비, 지역적 입지, 원재료 등을 포함(하드웨어 소프트웨어, 생산공정의 로봇, 자동화된 창고 등)

인적자원: 기업의 경영자와 종업원들의 교육, 경험, 판단, 지능 관계 직관을 포함(빌 게이츠, 스티브 잡스)

조직자원: 기업의 공식적인 보고구조, 공식적이거나 비공식적인 계획통제, 기업문화, 조직 프로세스, 조직이 가진 루틴

3 자원준거관점을 이용한 내부 환경 분석 틀(VRIO)

VRIO 모델은 기업이 보유하고 있는 모든 자원과 능력을 분석하고 보유자원과 능력이 경쟁우위를 창출할 수 있는지에 대한 잠재력이 존재하는가를 판단하는 분석 기법이다. 기업이 보유한 자원과 능력에 대한 정의 및 자원의 이질성과 비이동성의 두 가정은 추상적인 측면이 강하기에 기업 보유자원에 대한 강점과 약점의 파악이 직접적으로 가능한 VRIO 모델은 매우 유용하다. VRIO 모델은 기업이 보유한 자원과 능력을 가능하기 위해 네 가지 질문을 포함하고 질문의 약자인 Value(가치), Rare(희소성), Imitable(모방 가능성), Organization(조직)을 따서 VRIO 모델이라 부른다. VRIO 모델의 의미는 기업이 보유한 자원과 능력이 경쟁우위 창출을 위해서는 가치를 지녀야 하고, 희소해야 하며, 경쟁기업에 의해 모방 가능성이 낮아야 하고 조직화가 가능해야 한다는 것이다. VRIO에 대한 네 가지 질문은 다음과 같다.

경제가치 Value	• 기업이 보유한 그 자원으로 기회를 잡을 수 있는가? • 기업이 보유한 그 자원으로 위협 요인을 타파할 수 있는가?
희소성 Rare	• 그 자원을 보유하거나 활용하는 기업이 적은가? • 소수의 경쟁기업들만이 그 자원을 통제하는가?
모방 가능성 Imitable	• 그 자원을 획득하는 데 얼마나 큰 비용을 부담해야 하는가? • 그 자원을 보유할 경우 비용 측면에서 불리한 입장이 되는가?
조직 Organizaion	• 자원을 유효하게 활용하는 구조와 룰이 있는가? • 자원을 잘 활용하기 위한 조직이 정비되어 있는가?

[VRIO 분석]

(1) 가치(Value)

"어느 기업의 특정한 자원과 능력이 그 기업으로 하여금 외부로부터 기회를 이용하고 위협을 중화할 수 있는가?"의 질문에 대한 답변으로 해당 자원과 능력이 가치를 지니는가를 판단한다. 애초부터 가치 있는 자원과 능력은 존재하지 않으며, 기업의 경쟁우위를 향상시키는 만큼 가치가 있다고 말할 수 있다. 만약 동일한 자원과 능력이 있을지라도 시장의 성격이나 상황에 따라 어떤 기업에는 강점이 되고 어떤 기업에는 약점이 된다.

(2) 희소성(Rare)

"얼마나 많은 경쟁자가 특정한 자원과 능력을 이미 보유하고 있는가?"에 대한 질문에 대한 답변으로 자원과 능력이 얼마나 희소한 성격을 지니는가를 판단한다. 기업의 자원과 능력이 모두 가치 있고 희소한 것은 아니며 사실상 대부분 기업은 가치는 있으나 희소하지 않은 자원과 능력을 지니고 이러한 자원들은 심지어 임시적인 경쟁우위의 원천도 되지 못하며 오직 경쟁등위만을 창출하게 된다. 경쟁등위를 가진 기업들은 생존 가능성은 높지만 경쟁우위를 갖는 것도 아니다. 일반적으로 가치 있는 특정한 자원이나 능력을 지닌 기업의 숫자가 동일 산업이 완전경쟁 시장의 기능을 실행하기 위한 필요 숫자보다 적을 때, 그 자원과 능력은 희소성을 지녔다고 말할 수 있고 경쟁우위의 원천이 된다.

(3) 모방 가능성(Imitable)

"어떤 자원이나 능력을 소유하지 못한 기업들이 해당 자원이나 능력을 획득하거나 개발하려고 할 때 그 자원을 이미 소유한 기업들에 비해 원가열위를 가지는가?"에 대한 답변으로 자원과 능력이 모방 가능성의 성격을 지니는가를 판단한다. 특정 기업이 어떤 가치 있는 자원을 새롭게 발견하거나 획득한 후에는 기회를 이용하거나 위협을 중화시키기 위한 기존 자원을 활용한

다면 해당 기업은 다른 기업들에 비해 경쟁우위를 획득하게 된다. 경쟁자들은 성공적인 기업의 가치 있는 자원을 복제함에 있어서 큰 원가열위를 가진다. 이와 같은 경우 새로운 자원을 발견한 기업이 지속 가능한 경쟁우위(sustained competitive advantage)의 획득이 가능하다.

(4) 조직(Organization)

"기업은 자원과 능력이 가진 경쟁 잠재력을 충분히 이용하기 위해 조직되어 있는가?"에 대한 답변으로 기업이 조직화 되어 있는가를 판단한다. 기업조직은 다양한 요소들을 포함하고 있다. 예를 들어 공식적인 보고구조, 형식적 또는 비형식적인 경영통제, 보상정책 등의 존재 여부를 통해 기업의 조직화 가능성을 판단한다.

(5) VRIO의 적용 방법

VRIO는 기업의 자원에 맞춘 다양한 질문 형태를 취한다. 단순하게 어떤 자원을 보유하고 있는지 확인하는 것이 아니라 해당 자원을 활용할 능력(capability)을 기업이 지니고 있는지를 살피는 데 목적을 지닌다. 또한, 기업이 지닌 자원과 능력의 우월성을 종합적으로 분석할 시에 가치사슬 등의 경영자원을 함께 고려해야 한다. 다음은 강점과 약점을 객관적으로 파악하며, 어떤 부분에서 경쟁우위가 가능한지 검토할 수 있는 프레임워크이다.

[VRIO의 적용방법]

구분	V	R	I	O	방침(강점과 약점을 분석해 선택과 집중함)
기업	○	△	×	×	고객과의 강한 유대 관계를 제품 기획에 활용할 수 있도록 시스템과 조직 체제를 구축함
개발	○	○	○	×	자사 경쟁력의 원천임. 지속적인 연구 개발 투자를 통해 타사보다 높은 경쟁우위를 점유함
구매	×	△	×	○	고객과의 관계에서 특별히 주목할 점은 없음. 업무 진행 시 다른 부문과 협업해서 하도록 함
제조	△	○	△	○	지금 보유한 경쟁우위를 앞으로도 유지하도록 기술혁신과 비용삭감을 단행함
물류	×	×	×	△	지금 현재 특별한 강점을 찾을 수 없으므로 앞으로 아웃소싱을 검토함
판매	△	△	○	×	폭넓은 판매 채널을 충분히 활용할 수 있도록 새로운 전략을 수립해 실행함
서비스	○	△	×	△	지금까지 간과되었으나 강점이 큼. 전략적으로 확대하여 경쟁우위 요소를 높임

4 자원준거관점에 따른 전략분석

자원준거관점에서 기업의 지속 가능한 경쟁우위의 원천은 기업이 보유한 자원과 능력에서 출발한다고 주장한다. 자원준거관점은 1959년 펜로즈(Penrose)가 처음 주장한 것으로 '기업이 존재하는 이유는 물적, 인적, 경영자원의 효과적인 결합을 통해 새로운 가치를 만드는 것'이라고 정의했다. 펜로즈의 견해는 당시에는 받아들여지지 않다가 1984년 워너펠트(Wernerfelt)에 의해서 자원준거관점으로 이름 붙여 전략에 적용되었다. 워너펠트는 '기업의 특수한 자원이 어떻게 지속 가능 경쟁우위를 계속적으로 가져다 주는가'를 핵심으로 주장했다. 이와 같이 자원준거관점의 큰 흐름에서 기업이 초과이익을 달성하는 것은 기업의 내부 환경을 활용해 경쟁우위를 달성한다는 것이라 주장하는 것이 자원준거관점이다.

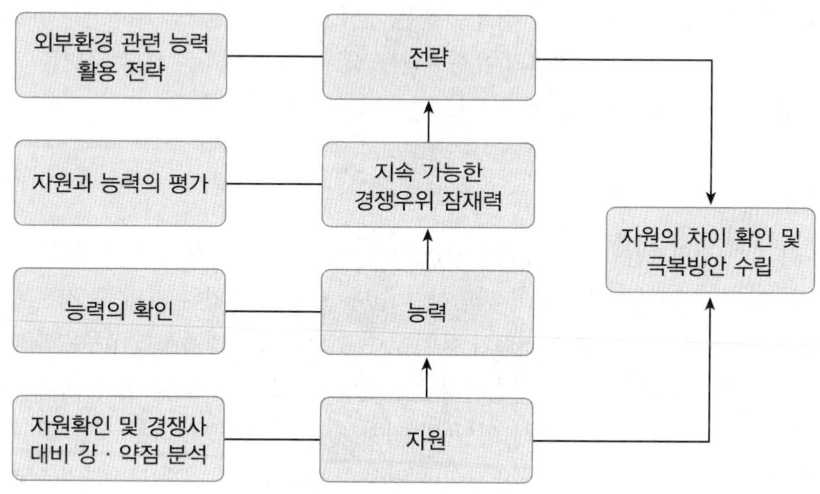

[자원준거관점에 따른 전략 분석 틀]

제 3 절 내부 분석의 전략적 활용

1 기업의 보유자원

(1) 유형자원

① 기업이 보유한 유형자원은 눈으로 확인되며 우리가 가장 쉽게 파악 및 평가가 가능하다. 기업의 대차대조표에 명시된 공장, 건물, 기계 등의 물적 자산이나 금융자산은 기업이 지닌

중요한 경영자원이다. 그러나 대차대조표는 기업이 보유한 유형자원을 정확히 측정하지는 못한다. 기업의 인수합병 시에 인수 기업과 피인수 기업 간의 인수합병 과정에서 가장 큰 갈등의 소지를 불러일으키는 것은 어떠한 방법으로 얼마의 가치로 자원을 평가할 것인가 하는 문제이다. 피인수 대상 기업의 입장에서는 장부가치에 비해 자신들이 지닌 자산의 가치가 높다고 주장할 것이고, 인수기업의 입장에서는 피인수 기업의 가치를 저평가할 것이기 때문이다.

② 기업이 지닌 유형자원의 가치는 인수하려는 기업의 전략에 따라 달라질 수 있다. 예를 들어 외국기업이 국내기업 인수를 통해 국내시장으로 진출하려는 경우 인수 대상기업의 유통망을 통한 자사의 제품을 쉽게 판매할 수 있다고 판단할 때, 피인수 기업의 유통망이 지니는 전략적 가치는 매각하는 기업들보다 인수하는 기업이 더 높게 평가될 것이다. 그렇기 때문에 기업의 유형자원은 그 가치가 객관적으로 평가될 수 있기보다는 이와 같은 유형자원을 보유하고 있거나 신규로 구매를 필요로 하는 기업이 어떠한 전략을 추구하는가에 따라 달라질 가능성이 높다. 따라서 기업의 유형자원을 평가하기 위해서는 해당 자원을 더욱 효율적으로 활용할 수 있고 기회 창출의 가능성이 높은지를 평가하여야 한다.

(2) 무형자원

① 우리가 흔히 경영자원이라 인식하고 있는 기계, 토지, 현금과 같이 눈에 보이는 유형자원들은 기업이 지닌 자원의 전부라고 판단하기 쉽다. 하지만 기업의 기계, 토지, 건물, 현금과 같은 유형자원은 시장을 통한 거래가 용이할 수 있으므로 기업에게 경쟁우위를 가져다 주지 못한다. 기업에게 경쟁우위를 창출시켜주는 경영자원을 생각해본다면 눈으로 확인이 어려운 무형자원이 유형자원에 비해 훨씬 더 가치 있는 경영자원이라는 것을 알 수 있다.

② 대표적으로 기업이 지닌 기업의 평판이나 명성은 경쟁사들이 쉽게 모방하기 어려운 경영자원이다. 또한, 기업이 보유한 브랜드 이미지 역시 기업의 제품이나 서비스에 높은 프리미엄을 통한 수익 창출을 가능하게 하는 중요한 자원이다. 기업이 지닌 기술이나 특허권(patent) 그리고 저작권 등도 기업의 무형자원으로써 기업의 경쟁우위 창출을 가능하게 하는 무형자원이다. 뿐만 아니라 기업의 역사와 경영을 통해 축적된 기업만의 노하우나 자신들만의 지식도 한 기업의 무형자원으로써 중요한 자원으로 분류된다.

(3) 인적자원

① 앞서 유형자원과 무형자원을 살펴보았다. 기업의 자원을 유형자원과 무형자원의 분류에 더해서 인적자원을 구분지어 살펴보는 이유는 인적자원이 무형자원인지 유형자원인지에 대한 분류의 어려움도 있으나, 무엇보다 기업에서 인적자원이 매우 중요한 자원이기 때문이다. 쉽게 생각해보면 인적자원은 눈으로 보이는 유형자원에 가깝다고 생각된다. 그러나 기업에서 흔히 역량이 뛰어난 인재들은 그동안 체득한 노하우, 기술, 의사결정, 형상 능력들과 같

이 눈에 보이지 않는 무형의 역량을 회사에 제공한다. 경제학 관점에서도 인간이 지닌 생산 능력을 유형자원이나 무형자원에 대비한 인적자원이라고 말한다.

② 이와 같은 인적자원에 대한 성과는 평가가 어렵다는 특성이 있다. 기업들의 중요한 의사결정이나 생산 활동은 개인에 의해서만 이루어지기보다는 부서에 의해 이루어지는 경우가 많기에 기업들이 개개인의 능력을 평가할 때는 지금까지 어떤 일을 했고 그 성과는 어땠는지 등에 있어서 정확한 평가가 어렵다. 그럼에도 불구하고 인적자원을 기업에 있어서 가장 중요한 자원으로 인식하는 이유는 기업 내 존재하는 무형의 자원들이 해당 기업에서 일하는 사람에게 체화되어 있기 때문이다.

[기업자원의 종류 및 측정]

자원		성격	측정지표(예시적)
유형자원	재무적	• 대출능력 • 내부펀드 창출 • 유동성	• 부채/자본 비율 • 신용등급 • 순현금흐름
	물리적	• 장치/설비 : 크기, 입지, 기술 • 토지와 기술, 원자재	• 고정자산의 시장가치 • 장치 및 설비의 규모
무형자원	기술	• 특허권, 저작권, 노하우 • R&D 기술	• 특허 개수, 특허료 수입 • R&D 비용
	평판	• 브랜드, 고객 충성도, NPS • 기업 명성	• 브랜드 자산가치 • 인지도
인적자원		• 종업원 수(기술직, 연구직) • 직무훈련 경험도	• 급여 수준, 종업원 자질 • 신규 채용률

2 기업 능력의 분석

(1) 핵심역량의 기본개념

핵심역량(core capability)이란 가치사슬 상의 특정 부분에 관한 기술 및 생산 능력에만 주목하는 핵심능력(core competence)과는 달리 가치사슬 전체를 포괄하는 개념이다. 핵심역량은 본질적으로 기업이 생산하는 최종 제품이나 서비스에서 사업의 단위인 시장전략에 구애받는 것보다는 근본적인 조직의 능력이라 할 수 있고, 조직 능력까지 포함하는 광의의 개념이다.

① 기술의 집합

기업의 핵심역량은 기업이 지닌 특정한 기술이 아닌 여러 기술의 집합체를 말한다. 따라서 다양한 분야의 기술을 어떻게 결합시킬 지 조정하느냐에 따라서 새로운 기술을 개발하고 습득하며 그 과정에서 구성원들이 어떻게 상호작용하느냐에 따라 핵심역량의 경쟁우위 효력이 발생하게 된다. 예를 들어 일본의 자동차 제조 기업들은 해외시장에서 강한 경쟁력을

발생하는데 이는 유리한 입지 때문이라기보다는 근로자들의 근면성, 공동체 의식, 협력업체 간의 관계 등이 중요한 역할을 했기 때문이다. 미국의 월마트가 시어스로벅을 제치고 백화점 산업에서 선두를 차지한 것 또한 동일한 산업의 똑같은 입지조건에서 월마트가 더 높은 목표 추구를 했기 때문이다. 우리나라 또한 대기업들의 성장이 고도성장을 이끌었는데 근면한 노동력과 안 되면 되게 하라는 적극적인 근로정신과 기업가들의 강한 창업정신이 종합적으로 핵심역량으로써 작용했기 때문이다.

② **핵심역량과 비핵심역량**

기업이 지닌 핵심역량과 비핵심역량을 구분하는 기준은 다음과 같다.

㉠ 기업의 핵심역량을 구성하는 기술이 고객에게 중요한 가치나 혜택을 제공하는가의 여부

㉡ 기업의 핵심역량이 되는 기술이 경쟁기업들에 비해 독창성을 지니는가의 여부

㉢ 기업의 핵심역량을 구성하는 기술은 연장 가능성이 존재하는지의 여부

이와 같은 핵심역량을 형성하는 기술은 기업에 새로운 사업의 선정과 진입에도 도움을 주며 기업의 전략적 의사결정 방향에도 큰 영향을 미친다.

③ **핵심역량과 경쟁적 비교우위요소**

기업의 경영자원은 인력, 돈, 건물, 설비, 물자, 인적자원, 브랜드, 경험 기술 등 경쟁에 필요한 모든 것들을 말한다. 경영자원을 가지고 있다는 것은 곧 경쟁력이 뛰어나다는 것을 의미하는 것은 아니고 기업이 경쟁우위를 갖기 위해서 경영자원을 활용해 핵심역량을 만들어야 한다. 핵심역량은 기업이 가진 특수한 총체적 능력, 지식, 기술, 문화 등 경쟁의 기반이 되는 능력을 말한다. 또한, 핵심역량이란 스스로 평가하는 것이 아닌 경쟁자와의 비교에 의해 평가되어야 하며, 수치상 아무리 뛰어나다 할지라도 더 나은 경쟁자가 있다면 핵심역량으로써의 기능을 다하지는 못한다. 그렇기에 경영자원의 핵심역량은 고객의 관점에서 실질적인 가치를 만들어 낼 수 있을 때만 발휘되며, 고객 및 시장에서 인정이 될 때 핵심역량으로써의 가치가 있다고 판단할 수 있다.

④ **핵심역량의 변화**

기업의 핵심역량은 영구적으로 변화하지 않는 것이 아니라 경쟁상황에 따라 변화한다. 선진국에서 품질은 1970~80년대에 매우 중요한 핵심역량이었으며, 특히 낮은 불량률과 품질에 대한 높은 신뢰도는 일본의 제조업체들의 핵심역량으로써 오랫동안 작용했다. 그러나 다른 경쟁 기업업체들 또한 품질 수준을 높임으로써 경쟁업체 간의 차별성이 없는 평범한 기술로 변모했다. 이와 같이 핵심역량의 구성요소인 기술은 시장경쟁상황에 따라 차이가 변모하고 기업은 항상 고객과 시장이 원하는 가치와 혜택이 무엇인가를 파악하는 것이 전략경영의 중요한 과제라 할 수 있다.

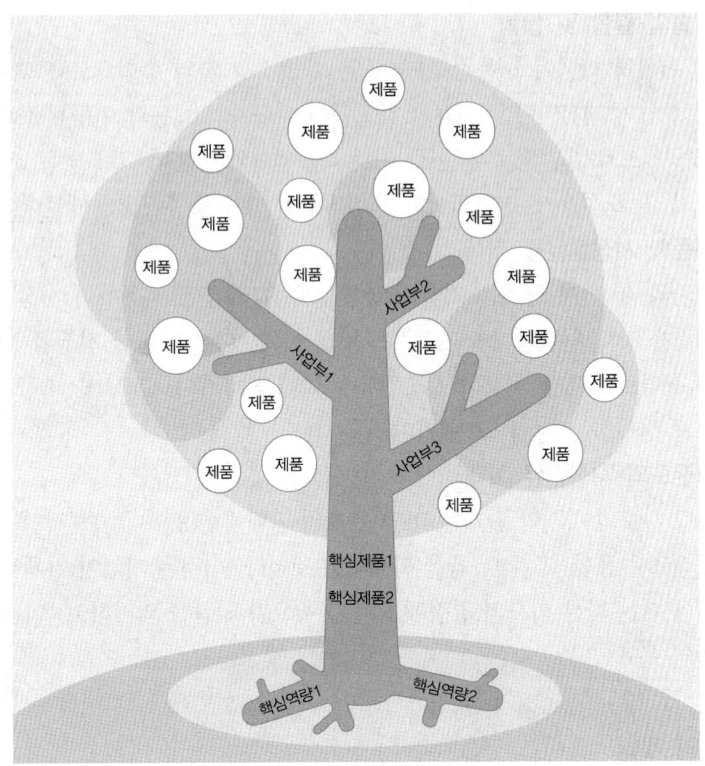

[경쟁우위의 근본으로써 핵심역량]

(2) 핵심역량의 확보과정

핵심역량은 다른 기업이 개발해 높은 제품을 뒤쫓는 추종자의 자원이 아닌 새로운 수요나 시장의 창조, 시장 내 지위의 주도적 개선 가능성 등 시장 창조의 자원으로 기업 활동을 격상시켜주는 역할을 한다. 이와 같은 점에서 핵심역량은 적극적으로 환경을 개척해 나가는 선진기업으로 발전하기 위해 갖추어야 할 필수조건이라 할 수 있다. 이같은 핵심역량 확보과정을 정리하면 아래와 같다.

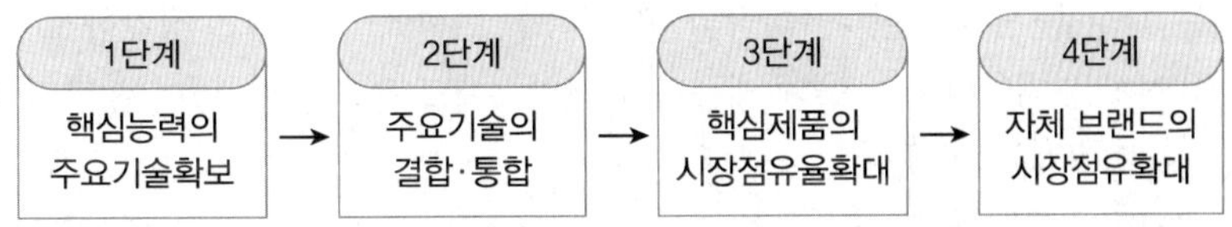

[핵심역량 확보의 단계적 과정]

① 핵심역량의 중요기술 확보

핵심역량의 구성의 첫 단계는 중요기술의 확보이다. 주요기술을 지닌 인적자원 고용, 다른 기업과의 기술적 제휴 동맹, 지적 소유권 확보 등의 다양한 형태로 이루어진다.

② 주요기술의 결합 및 통합

기업의 핵심역량은 어느 특정 기술 또는 개별적 기술의 총합으로 도출되는 것이 아니다. 컴퓨터 산업의 핵심역량은 유능한 하드웨어 기술자의 채용과 연구개발비의 투입에도 불구하고 성공적으로 개발되지 않는데, 이는 하드웨어와 더불어 그에 맞는 소프트웨어, 마케팅, 서비스 등의 노하우가 결합되어야 핵심역량이 개발될 수 있기 때문이다.

③ 핵심제품의 시장점유율 확대

핵심역량의 세 번째 단계는 기술의 통합을 주요 제품에 적용하며 시장점유를 확대하면서 핵심역량을 강화하는 단계이다. 주로 주요 제품은 다른 회사나 경쟁업체에 판매하고 그 회사의 유통경로 이점을 활용한 시장점유율 확대를 하거나, OEM 방식으로 다른 유명회사의 이름으로 판매하는 것이 그 예이다.

④ 자체브랜드의 시장점유 확대

핵심역량 확보의 마지막 단계는 OEM 형태의 판매에서 벗어나 자체적인 브랜드를 개발하고 자체브랜드를 통한 시장점유율을 확대하는 것이다. 이것은 기업이 자체적인 핵심역량을 갖추었기에 더는 다른 회사의 강점에 의존할 필요가 없음을 의미하고, 이는 기업이 추구하는 궁극적인 목표이다.

(3) 핵심역량의 개발

① 핵심역량의 파악

경영활동상에서 특정 활동이 핵심역량이 되기 위해서는 자사의 핵심역량이 무엇인지를 파악하는 것이 매우 중요하다. 핵심역량이 되기 위해서는 몇 가지 조건이 충족되어야 한다.

㉠ 핵심역량은 기업의 최종 제품이나 서비스의 단위기능이 아닌 기업의 지속적인 경쟁우위를 가져다 줄 수 있는 기술이나 지식의 집합체여야 한다. 왜냐하면, 제품이나 서비스는 비록 특허나 지적 재산권 등에 의해 보호 받을 지라도 경쟁기업에 의해 쉽게 모방이 가능하기 때문이며, 동시에 원자료 조달이나 생산 등과 같은 기능도 그 하나만으로도 경쟁우위 확보에는 크게 기여할 수 없기 때문이다.

㉡ 여러 제품이나 서비스가 장기적이고 공통으로 사용될 경우 다양한 시장에 접근할 수 있는 특성을 지녀야 한다. 시장의 고객 욕구 변화에 신속하고 정확하게 대응할 수 있는 유연성을 지녔다면 다양한 제품이나 서비스에도 응용할 수 있어 시너지 효과의 발휘가 가능하기 때문이다.

㉢ 핵심역량은 기업의 미래 사업의 방향과 전개에 핵심이 되는 비즈니스 시스템하에서 소수의 활동으로만 구성되어야 한다. 예를 들어 3M 기업의 경우 6만여 종 이상의 다양한 제품군의 생산과 판매를 하고 있지만, 그 근원은 도장, 접착 기술의 핵심기술에서 여러 가지 생산에 기술개발 지원을 하는 혁신시스템에 있다.

㉣ 핵심역량은 기업 내부의 어느 특정한 부서나 개인의 단위가 아니라 기업 전체의 자원에서 조직에 체화되어야 하는 조건을 지닌다.

② 핵심역량의 개발 방향

기업의 구성원들이 지닌 핵심역량이 파악된다면 기업의 목표와 연관지어 핵심역량의 개발 방향성을 설정해야 한다. 기업 구성원들이 보유한 핵심역량을 중심으로 현재와 미래에 대한 네 가지 핵심역량의 개발 방향성을 구체화할 수 있다.

㉠ **현재 기업의 핵심역량이 기존 제품과 서비스에 대응하는 경우(a)**에는 현 시장에서 기업의 핵심역량을 어떻게 더욱 잘 동원하여 현재 시장에서 시장 위치를 향상시킬 것인지가 전략적 과제라 할 수 있다. 예를 들어 GE(Genreral Electric)의 발전기 사업부와 제트엔진 사업부는 동력기술의 상호 간에 이전시켜 시장에서 위치를 향상시켰다.

㉡ **현재 기업의 핵심역량을 새로운 시장 개척 시 사용하는 경우(b)**는 기존 보유한 핵심역량을 어떻게 창의적으로 새롭게 결합하고 재동원하여 새로운 시장에서 필요로 하는 핵심역량으로 개발할지가 가장 주요한 전략적 과제이다.

㉢ **미래시장 개척을 위한 새 핵심역량을 개발하는 경우(c)**는 다른 기업과의 제휴나 협약을 통해 미래시장에서 필요로 하는 능력을 단기간에 개발하는 것이 주요 전략과제라 할 수 있다.

㉣ **기존시장에서 기업의 위치를 장기간 유지하기 위한 경우(d)**는 새로운 핵심역량의 개발이 요구된다.

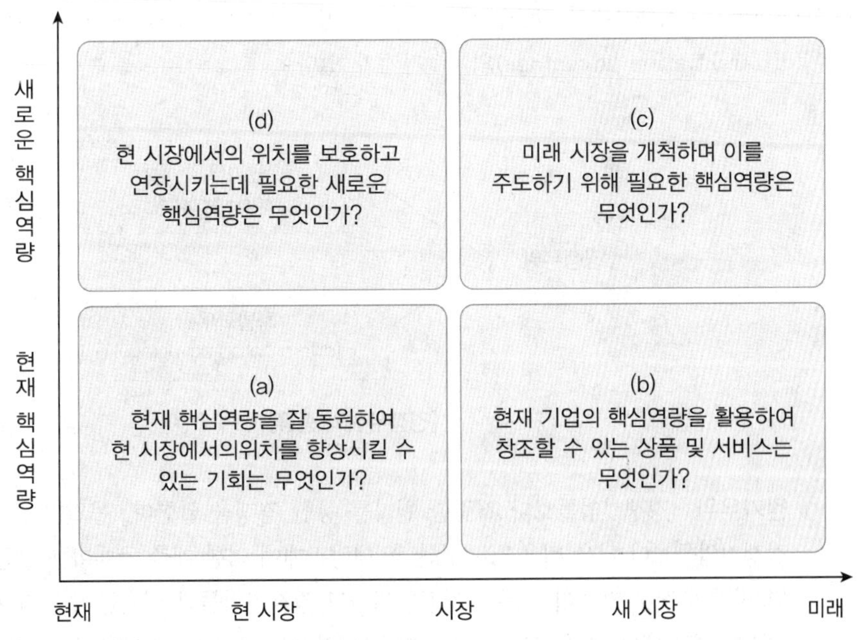

[핵심역량 개발의 전략적 과제]

3 기업의 경쟁우위

기업이 설정한 목적달성을 위해서는 경쟁기업과 경쟁에서 승리할 수 있는 경쟁우위를 확보하고 있어야 한다. 그렇기에 기업 목적달성을 위한 원천인 경쟁우위를 공부해 보도록 하겠다.

(1) 경쟁우위의 특징과 종류

① **경쟁우위란 특정 기업이 제공하는 제품이나 서비스가 소비자나 시장에서 우선적으로 선택될 수 있도록 하는 능력**을 말한다. 즉, 경쟁기업들을 제치고 선택되는 힘을 의미한다. 이와 같은 경쟁우위는 몇 가지 특징을 지닌다.

㉠ 경쟁우위는 시장에서의 핵심적 성공 요인을 포함해야 한다.

㉡ 경쟁우위는 다른 경쟁자들과 사실상의 차이를 가져올 정도로 구별되어야 한다.

㉢ 환경변화나 경쟁자의 대응조치에도 불구하고 지속될 수 있어야 한다.

② 고객이 시장에서 특정 기업의 제품이나 서비스를 선택한다고 할지라도 이것이 일시적인 것이거나 기업에 불리한(원가 이하) 교환이 되어서는 경쟁우위를 확보했다고 말할 수는 없다. 자사 제품을 선택하는 고객 수가 증가할수록(매출 증대), 이로 인해 창출되는 이익 대부분을 기업이 향유할수록(이윤 증대) 기업의 수익성과 성과는 증대된다. 따라서 고객이나 시장의 반응이 어떤 기업의 제품이나 서비스를 다른 비교 대상에 비해 더 가치 있다고 평가하고 원가 이상의 가격으로 그 제품이나 서비스를 구매할 경우 비로소 경쟁우위 확보가 가능하게 된다. 이같은 경쟁우위를 창출할 수 있는 종류에는 원가우위(cost advantage)와 차별화우위(differentiation advantage)의 두 가지가 있다.

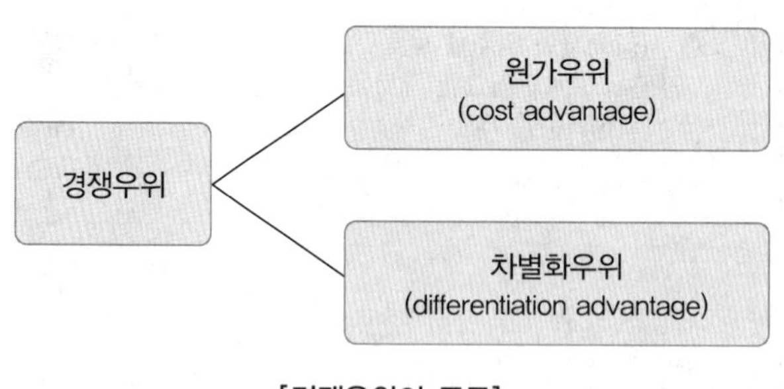

[경쟁우위의 종류]

㉠ **원가우위**: 경쟁기업들보다 저렴한 원가를 통한 경쟁을 말한다. 동일한 품질의 제품을 경쟁기업들보다 낮은 비용으로 생산 후 대량판매에 의한 매출 극대화를 말한다. 원가우위 전략의 경우 가격이 아무리 저렴할지라도 경쟁기업들과 비슷한 수준의 제품이나 서비스를 제공해야 한다. 그렇기에 원가우위 전략을 구사하는 기업들은 저비용을 고려한 생산구조와 유통구조를 유지하고자 설치투자, 간접비, 광고 홍보비, 연구비 등을 통제

하는 경향을 지닌다. 반면, 원가우위 전략의 단점은 기존 고객의 충성도를 기대할 수는 없기에 더욱 저렴한 제품이나 서비스가 나타나는 순간 경쟁력을 잃는다.

㉡ **차별화우위** : 가격이 아닌 제품이나 서비스의 디자인, 충성도, 성능 등의 차별화를 말한다. 차별화된 서비스나 제품은 모방이 어렵기에 경쟁기업들보다 더욱 비싼 가격에 판매가 가능하고, 제품디자인 또는 광고 및 홍보를 통한 차별화된 브랜드이미지를 구축하여 높은 서비스와 품질을 제공한다.

(2) 경쟁우위의 원천과 인과관계 사슬

① 기업의 차별적 성과 내지 성공은 기업을 둘러싼 환경이나 산업의 구조적 매력도와 산업 내 상대적 지위에 의해서 결정된다. 산업효과와 기업효과의 두 가지 요인에 의해 기업성과가 결정되는 것이다. 산업효과는 모든 기업에 공통으로 적용되며 동일한 산업 내의 기업 간의 성과 차이는 기업효과, 즉 기업의 산업 내 상대적 지위에 의해 달라지게 된다.

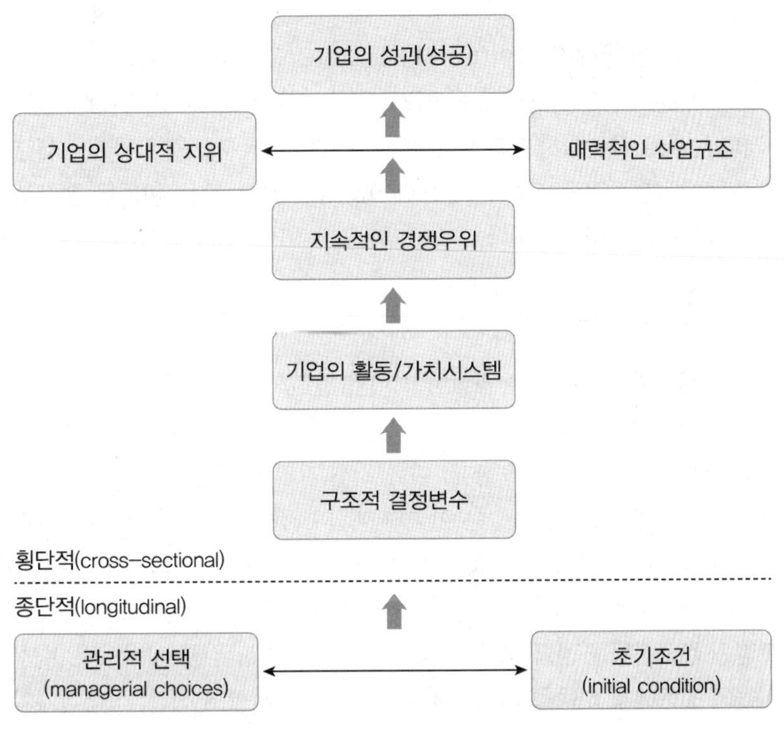

[경쟁우위 원천과 인과관계 사슬]

② 이러한 기업의 상대적 지위는 어디에서 나오는가? 이처럼 기업의 우월한 지위는 바로 경쟁우위에 의해 뒷받침되지만, 원가우위/차별화우위로 기업의 상대적 지위를 결정하는 원인일 뿐만 아니라 또 다른 요인의 결과물인 것이다. 따라서 기업은 경쟁우위를 어떻게 확보할

수 있는가에 대한 경쟁우위 원천이 무엇인가에 대한 의문이 여전히 존재한다. 이런 경쟁우위 원천은 기업의 활동이나 가치 시스템에서 비롯되는데, 기업의 경쟁우위는 타 기업들보다 낮은 비용으로 또는 차별화된 방법으로 기업 활동을 구성하고 수행할 능력이 있는지에 의해 창출되는 것이다. 이러한 점에서 볼 때 경쟁우위의 기본 단위는 기업의 분리된 가치 활동임을 알 수 있다. 또한, 이렇게 분리된 활동은 기업 내에서 서로 연계되어 다른 행동에도 영향을 미친다. 동시에 기술, 조직 루틴, 지식 등의 무형 자산을 창출하게 된다.

제 4 절 기업 능력의 분석

1 가치사슬

가치사슬은 하버드 경영대학원의 마이클 포터(Michael E. Porter) 교수의 저서인 『경영전략』에서 경쟁우위의 기업 가치 분석 틀로 사용하였다. **기업의 경쟁우위를 파악하기 위해서는 기업의 모든 구성요소를 몇 개의 범주로 세분화하고 분석하여야 한다.** 이러한 분석을 위해서는 **세분화와 상호 간의 비교를 위한 분석의 틀을 필요로 하며, 필요에 따라서 기업의 모든 활동을 전략적 단위 활동으로 구분해 놓은 것이 가치사슬인 것이다.**

(1) 맥킨지의 가치사슬 모형

이미 우리는 기업의 핵심역량을 파악하고 이를 발전시키는 것이 기업이 경쟁우위를 창출함에 있어서 필수적인 요소임을 알게 되었다. 그렇다면 과연 기업의 핵심역량을 어떻게 파악해야 하는 것인가에 대한 노력이 필요하다. 이를 위해 기업의 생산 활동을 가치사슬을 통해 분류하여 살펴볼 필요가 있다. 가치사슬은 미국의 맥킨지 컨설팅회사가 개발한 Business System을 마이클 포터 교수가 훨씬 정교한 분석 틀로 발전시킨 것이다. 맥킨지의 가치사슬 모형은 제품의 생산에서 소비자에 이르기까지의 일련의 흐름을 말한다. **기본적으로 기업의 가치창출의 흐름에 포함된 주요활동을 공급, 제품디자인, 생산, 마케팅, 유통, 서비스의 여섯 가지 분류로 나누고 이들의 활동에서 비용을 중심으로 기업의 경쟁우위를 분석한다.** 맥킨지의 가치사슬 모형은 다음 그림과 같다.

공급(자)	제품디자인	생산	마케팅	유통	서비스
• 특허권 • 제품/공정의 선택	• 기능 • 물리적 특성 • 미학 • 품질	• 통합 • 원자재 • 생산능력 • 생산입지 • 조달 • 부품생산 • 조립	• 가격 • 광고/판촉 • 세일즈맨 • 포장 • 브랜드	• 유통채널 • 재고 • 수송	• 품질보증 • 서비스의 속도 • 전속 또는 독립적 서비스 • 가격

[맥킨지의 가치사슬 모형]

(2) 마이클 포터의 가치사슬 모형

① 마이클 포터의 가치사슬 모형의 의의

가치사슬을 통해서 해당 기업의 원가우위 또는 차별화우위를 형성할 수 있는 요소들을 체계적으로 파악하며, 해당 기업의 경쟁우위가 무엇인지를 찾을 수 있다. 그러면 가치사슬에서의 가치의 개념과 가치사슬의 구성요소들이 무엇인가를 알아야 할 것이다.

가치란 기업에 생산하는 제품이나 서비스에 대해 소비자가 기꺼이 지불하려는 금액을 말한다. **가치사슬은 가치의 총량(total value)으로 구성되며, 다시 총 가치는 가치 활동(value activity)과 이윤(margin)으로 구성된다.** 가치 활동은 소비자에게 가치 있는 제품과 서비스를 제공하기 위해 기업이 수행하는 활동을 말하며, 이윤은 총 가치에서 가치 활동에 필요한 원가를 뺀 차액을 의미한다. 기업의 일반적인 목적은 가치의 총량이 원가를 초과하는 것을 목표로 한다. 따라서 가치사슬에서 주목해야 할 점은 가치를 창조하는 가치 활동들이며, 이 부분이 기업의 경쟁우위를 성립하는 요소이다. 이와 같은 **가치 활동은 본원적 활동(primary activities)과 지원 활동(support activities)으로 구분된다.**

[마이클 포터의 가치사슬 모형]

② **본원적 활동**

본원적 활동은 제품의 물리적 산출과 판매, 소비자에게 전달 그리고 사후관리 등을 말하며, 크게는 내부물류, 제조 및 생산, 외부물류, 마케팅과 영업(판매), 서비스의 다섯 가지 단계로 구성된다.

㉠ **내부물류(inbound logisitics)** : 투입요소(input)의 구입이나 저장 그리고 유통에 관련된 활동들을 말하며, 자재관리, 재고관리, 장비의 사용계획 및 공급자에 대한 재주문 등이 포함된다.

㉡ **제조 및 생산(operations)** : 투입요소를 최적제품의 형태로 만드는 활동을 말한다. 대표적으로는 기계작업, 포장, 조립, 검사, 설비 유지, 인쇄, 설비 가동 등이 이에 포함된다.

㉢ **외부물류(outbound logistics)** : 제품이나 서비스를 구매자에게 유통시키기 위한 저장, 물적 유통, 수집과 관련된 활동을 하며, 완성품 보완, 자재관리, 운송장비작업, 주문처리, 유통계획 등이 이에 포함된다.

㉣ **마케팅과 판매(marketing and sales)** : 소비자나 구매자가 제품을 구입할 수 있도록 하며 그러한 행동을 유도하는 수단을 제공하는 활동을 말한다. 판촉활동이나, 광고, 판매원 고용 및 할당, 유통경로의 선택, 유통경로와 관계 증진, 가격 설정 등이 이러한 활동에 포함된다.

㉤ **서비스(service)** : 제품 가치를 유지하고 증진시키기 위한 활동을 말하며, 보수, 훈련, 사후관리, 부품 공급 등이 이에 해당한다.

③ **지원활동**

지원활동은 본원적 활동과 다른 활동에 대한 구입 요소, 기술, 인적자원, 기타 등 다양한 기능을 공급하며 지원하는 활동을 말한다. 일반적으로 획득활동, 기술개발, 인적자원관리, 기업 하부구조의 네 가지 범주로 구성된다.

㉠ **획득활동(procurement)** : 기업의 가치사슬을 이용한 실험 설비, 사무 장비, 건물, 기계 등의 자산과 원재료 및 소모품의 구입기능을 말한다. 획득활동은 개별적 본원적 활동 및 전반적인 가치사슬을 모두 지원하는 활동을 말한다. 구매라는 용어 대신 획득이라는 용어를 사용하는 것은 구매가 협소한 의미를 주기 때문이다. 획득이 경쟁우위에서 핵심적인 산업군은 초콜릿 제조업과 전기설비업 등이 있다.

㉡ **기술개발(technology development)** : 기술개발은 제품과 공정을 향상시키기 위한 노력의 움직임을 말한다. 연구개발(R&D) 대신 기술개발이라는 용어를 사용하는 것은 획득의 경우와 동일하다. 기술개발 또한 개별적인 활동과 전반적인 가치사슬 모두를 지원할 수 있다. 기술개발은 엔지니어링 부분과 깊은 연관이 있는 것이 사실이지만, 기업의 거의 모든 부문에서 적용되고 발생된다고 보아야 한다. 기술개발이 경쟁우위에서 가장 중요한 산업은 철강산업을 들 수 있다.

ⓒ 인적자원관리(human resource management) : 인적자원관리는 모집 활동, 훈련, 개발, 고용, 보상 등의 활동을 말하며 개별적이고 전반적인 활동을 모두 지원한다. 인적자원관리가 중요한 산업의 경우 고도한 전문지식을 요하는 산업들이다.

ⓔ 기업 하부구조(firm infrastructure) : 기업의 하부구조는 일반관리, 재무, 회계, 법률 그리고 정부와의 관계 등으로 구성된다. 기업 하부구조는 개별적인 활동을 지원하지 못하고 전체 가치사슬만 지원 가능하며, 하부구조 활동은 사업단위와 기업 단위의 활동으로 분리할 수 있지만 대부분 두 곳에서 모두 발생하는 특징이 있다.

④ **가치사슬의 연계과정**

㉠ 앞서 살펴본 기업의 가치사슬은 경쟁우위를 창출하는 구성요소이며 이 구성요소들은 서로 관련성 있는 활동이 연계되어 체계적으로 이루어진 것이지 단순히 독립된 활동들의 합이 아니다. 즉, 가치 활동은 가치사슬에서 서로 연계되며 하나의 방향으로 가치활동이 수행될 때 다른 가치활동과 비용이나 성과 측면에서 연관성을 지니게 된다. 그렇기에 경쟁우위는 개별 가치 활동에서 발생하기도 하지만 개별 가치 활동의 연계과정에서 발생하기도 한다.

예를 들어 제품 설계 시 비용을 증가시키거나 원료의 품질검사를 엄격하게 시행할 때 공정에서의 검사횟수가 증가될수록 서비스 비용은 감소하게 된다. 이와 같이 경쟁우위를 확보하기 위해서는 전략적인 관점에서 가치활동 간의 연계과정을 최적화해야 한다. 또한, 경쟁우위 확보를 위해 가치활동 간의 조율이 필요하다.

㉡ 기업 내에서는 여러 가지 형태의 연계과정이 존재하는데 특히 본원적 활동과 가치사슬 간에 이루어지는 연계가 가장 확연하게 나타난다. 예를 들어 기술개발 활동의 하나인 제품설계 활동은 일반적으로 제조비용에 영향을 미치며, 획득활동은 투입요소의 품질에 영향을 미치게 된다. 본원적 활동과 지원활동 사이에만 연계과정이 발생할 뿐만 아니라 본원적 활동 간에도 연계가 나타난다.

예를 들어 부품검사를 강화하면 제조과정의 품질보증에 대한 비용을 절감할 수 있고, 기계설비에 대한 유지비용을 늘린다면 갑작스러운 작업중단에 의한 시간을 감소시킬 수 있다. 가치사슬의 연계가 경쟁우위 확보에 중요한 영향요인이지만 이를 인식하고 판단하는 것은 쉽지 않다. 최근에는 정보처리 기술의 발전으로 인해 가치활동 간의 새로운 연계과정을 찾거나 기존 연계를 조합한 경쟁우위를 증진시킬 수도 있지만, 연계를 찾기 위해선 전략수립에 대한 통찰력이 필수적으로 요구된다.

⑤ **가치사슬의 활용**

㉠ 기업의 내부능력을 평가하고 경쟁우위의 원천을 밝히는데 사용되는 가치사슬은 사업부 수준에서 그 활용도가 가장 높다. 사업부 수준에서 개별 활동들이 밀접하게 연계되어 있기 때문인데, 반도체 사업이나 가전 사업 등 여러 사업 부문의 다각화된 기업의 경우 반도체사업부와 가전사업부는 물류투입과 마케팅, 서비스 및 연구개발투자 등의 활동에

있어서 상당히 다른 특성을 보인다. 이런 사업부를 합쳐 기업 전체를 대상으로 한 가치사슬을 적용할 때 각 사업부의 경쟁우위 요인을 제대로 규명할 수 없다. 그렇기에 다각화된 기업의 경우 사업 부문별로 가치사슬을 적용시켜야 한다.

ⓛ 가치사슬의 적용을 통해 경쟁우위를 파악하려면 특정 산업에서 경쟁하는 기업의 가치사슬을 먼저 정의해야 한다. 가치사슬을 특정 기업의 개별 가치활동과 구별하여 정의하고 개별 활동은 서로 다른 독립된 활동으로 나눠진다. 예를 들어 생산이나 마케팅의 광범위한 개념은 다시 여러 가지 분류를 통해 세분활동으로 구분된다. 기업의 가치사슬을 재정립함으로 전통적인 활동의 분석이 가능한데 이러한 과정을 통해 경쟁우위의 획득도 가능하다. 예를 들어 고객에게 자사 제품의 사용법에 대한 교육 활동이 서비스 활동으로 간주되나 이를 마케팅으로 재정립하면 유용한 마케팅 도구로 활용할 수도 있다. 고객에게 자사 제품의 사용법을 교육하면 자사가 생산한 제품에 익숙해지기에 다른 제품으로 교육시 전환비용이 높아져 경쟁우위 확보가 가능해진다.

(3) 기능별 분석

① 기능별 분석은 기업의 활동이 근간이 되는 기능부서별로 자사의 강점과 약점을 파악하는 방법이다. 각 기능부서의 강점과 약점으로 작용할 요인은 다음과 같다. 각 기능의 잠재력을 모두 상세히 분석할 필요는 없지만, 이들 요인 가운데 기업의 성공에 크게 영향을 미치는 것이 무엇인지 규명하고, 이러한 요인의 강점과 약점을 분석하여 전략을 개발하는 것이 바람직하다.

- 생산 능력: 경험곡선, 규모의 경제, 생산설비 효율성, 공장의 입지, 원자재 조달, 공정 혁신 등
- 재무 능력: 자본조달능력, 재무구조, 자본비용, 자금 운용 능력 등
- 마케팅 능력: 시장점유율, 제품 다양성, 유통경로, 브랜드 충성도, 고객서비스 등
- 기술 능력: 신제품 개발, 연구개발인력, 특허 수, 기술개발체계 등
- 인적자원관리 능력: 인력의 질, 숙련도, 노사관계, 조직 충성도, 전문인력, 인사정책 등
- 경영일반: 경영자의 능력, 조직구조, 조직문화, 기업 이미지, 정보 시스템 등

② 각 요인의 중요성은 산업의 특성이나 시장에서 기업의 위치, 제품수명주기, 경쟁기업들의 전략 등에 따라 달라진다. 예를 들어 철강산업은 규모의 경제에 의한 원가경쟁력이 중요한 요인이지만 기술 변화 속도가 빠른 IT산업은 경쟁기업들보다 새로운 기술을 먼저 선보이는 연구개발 능력이 더욱 필요하다. 따라서 기업 내부능력에 대한 평가는 환경분석을 바탕으로 도출된 핵심 성공 요인과 관련성 깊은 요인을 중심으로 이루어져야 한다.

(4) 경험곡선의 분석

① 경험축적과 원가절감

㉠ 기업이 다른 경쟁기업들보다 원가절감을 하게 되는 이유 중 하나는 경험곡선 효과를 들 수 있다. 아래의 그래프는 누적된 경험이 두 배로 증가할 때마다 생산 원가는 감소하는 것을 보여준다. 이러한 생산 원가와 경험 누적의 관계를 X, Y축에 로그값으로 나타내면 그림과 같이 직선으로 표현된다. 이 선을 경험곡선이라 한다.

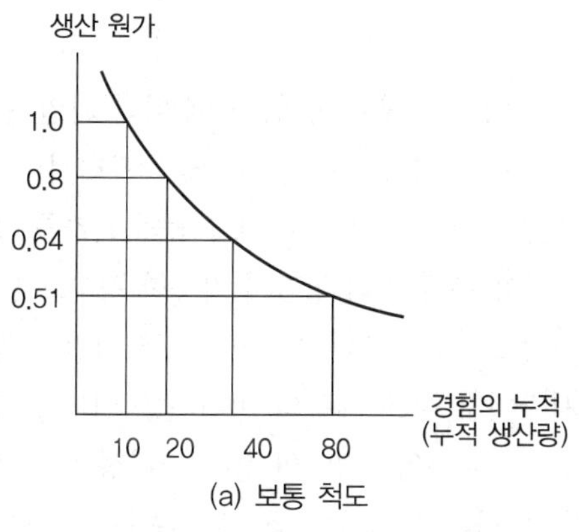

(a) 보통 척도

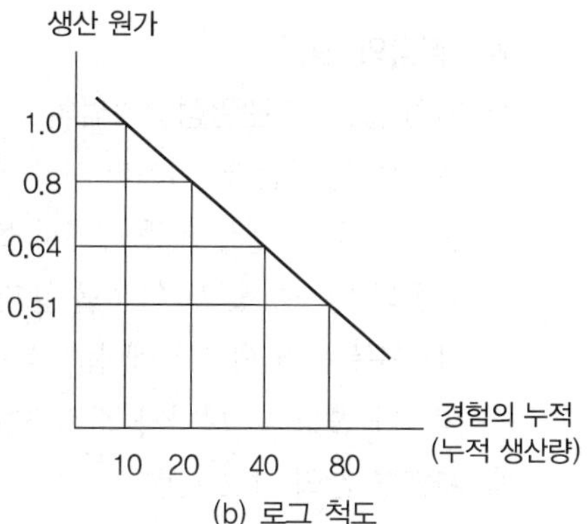

(b) 로그 척도

[경험곡선]

㉡ 이와 같은 경험곡선은 1966년 컨설팅 회사인 보스턴 컨설팅 그룹(BCG)에서 처음 사용하였으며, 학습곡선과는 구별되는 개념이다. 반복적인 작업을 계속할 때 제품 한 단위에 필요한 노동 시간이 감소되는 현상을 학습곡선(learning curve)이라고 하는데, 대체로 한 작업자의 누적된 작업량이 두 배가 될 때마다 그 제품 한 단위에 소비되는 노동 시간은 약 10~15% 감소한다.

> 더 알아두기
>
> **학습곡선과 경험곡선**
>
> ① 학습곡선 : 학습량과 학습시간, 반응시간과 오류 등을 척도로 하여 행동의 변화를 표시할 수 있다. 이것을 일반적으로 학습곡선이라 부른다. 즉, 학습곡선이란 인간이 어떤 작업을 처음 수행할 때 숙련되지 않아 많은 시간을 필요로 하지만, 작업을 반복할수록 익숙해져 작업시간이 줄어드는데 이것을 학습효과(learning effect)라고 한다.
>
> ② 경험곡선 : 누적 생산량이 증가하면 단위당 생산비용은 꾸준히 감소하는 것을 말한다. 동일한 종류의 상품을 지속적으로 생산하면 그로 인해 경험이 쌓이게 되고 생산에 투입되는 유통, 경상, 마케팅 비용 등이 총체적으로 반영되는 단위당 비용이 낮아지는 효과를 말한다. 다음과 같은 이유로 인해서 경험곡선이 발생한다.

- **낮은 자본비용** : 대량생산 및 대량판매가 가능할 경우 좋은 조건으로 자금조달이 가능해질 때 경험곡선이 발생함
- **낮은 원자재 비용** : 대량 구매를 통한 낮은 구매비용 가능 시 경험곡선이 발생함
- **규모의 경제** : 생산량이 증가하고 고정비용이 생산 제품에 나눠 분배됨으로써 한 단위당 생산비용이 감소할 때 경험곡선이 발생함
- **제품 및 생산 프로세스 개선** : 생산량이 증가함에 따른 공정개선, 기술개선, 공장배치 효율화 등의 개선으로 인해 경험곡선이 발생함

② 원가절감의 원인

㉠ **기업 활동 간 관련성** : 기업의 경영활동이 어떻게 수행되는지에 따라 기업 활동의 원가는 영향을 받는다. 기계의 사용 및 보수·유지 활동, 품질검사 및 애프터서비스 활동, 부품의 구매 및 생산 활동 등에서 볼 수 있듯이, 의도적으로 한 활동의 원가를 높이고 다른 활동의 원가를 낮출 수 있을 뿐만 아니라 총 원가의 절감이 가능한 경우도 많이 나타난다. 예를 들어 생산 시에 품질검사 활동을 강화시킨다면 사후 애프터서비스 활동에 드는 원가가 줄고 더 나아가 소비자나 시장에서 좋은 제품의 이미지를 심어줄 수 있다.

㉡ **사업부 간의 상호 관련성** : 기업 내의 다른 사업단위와의 상황 관련성은 원가에 영향을 미치는 요소이다. 어떤 활동이 기업 내 다른 사업과 공동으로 수행되는 경우 비약적인 원가절감이 가능하다. 예를 들어 한 사업부가 다른 사업부와의 브랜드를 런칭하거나 유통 활로 및 부품의 사용을 공동으로 한다면 원가절감의 효과를 낼 수 있다.

㉢ **수직적 통합** : 수직적 통합의 정도에 따라 원가에도 영향을 미친다. 기업이 자체적으로 소프트웨어를 가진 경우, 외부 아웃소싱을 이용하는 것보다는 주문 처리 시스템의 운영비용을 낮출 수 있으며, 또한 자체 운송부서를 소유하고 있는 경우 원재료 수납 또는 유통에 있어서 수송비용 원가가 달라질 수 있다. 부서의 통합이 발생한 경우 각 활동 간의 결합은 경제적 이익의 창출이 가능해진다.

㉣ **학습효과** : 원가절감은 기업의 학습효과에 의한 효율성 증대와 시간 경과에 따른 영향으로 발생한다. 학습효과로 원가를 낮출 수 있는 방법은 다양한데, 예를 들어 기계설비의 재배치, 일정의 변경, 노동생산성의 향상, 생산의 효율성을 높이는 제품 설계의 변경, 공정에 알맞은 원자재 구입 등을 들 수 있다. 학습효과는 학습의 원리나 원칙이 다양하며 산업에 따라 다르기에 각 활동에 적합한 학습효과 수준에서 차이를 지닌다. 예를 들어 학습이 임직원들의 능률을 향상시킬 수 있으며, 원가에 영향을 미칠 경우 학습효과는 활동의 누적량과 관련성이 높을 것이지만, 학습효과가 효율적인 설비의 도입으로 발생하는 경우에는 학습효과가 기업의 누적 생산량과는 무관할 것이다.

㉤ **규모의 경제** : 제품을 대량으로 생산함으로써 기업 활동이 효과적으로 수행되고 광고나 연구개발투자 등에서 발생한 원가를 더 많이 생산량에 분산시킴으로써 원가절감의 효과를 나타나게 한다. 규모의 경제는 제품 생산량이 증가함에 따라서 생산에 투입되는 간접

비가 제품 생산량에 비해 적게 증가하고 또는 기업 경영활동이 더 효율성의 성격을 띨 때 나타난다. 하지만, 기업의 규모가 증가함에 따라 규모의 불경제가 나타나기도 한다. 환경변화가 빠른 패션산업이나 서비스 산업의 경우 조직의 규모가 클수록 능률이 저하되는 특성을 보여준다.

제 5 절 내부 환경의 규명 및 평가

기업 능력을 분석하는 것은 기업의 경쟁우위 획득과 유지에 중요한 영향을 미치는 요인이 무엇인지를 밝히며, 전략적 요인이 무엇인지 판단하는 중요한 평가과정이다. 원래 내부 환경 요인의 규명과 평가는 기업 능력의 분석과정에 있어서 동시적으로 시행되지만, 규명 및 평가의 이해를 위해 기업 능력과는 분리하여 제시한다. 기업에 있어서 어떤 부분이 전략적 내부요인이며, 어떤 내부자원과 능력이 강점이고 약점인지를 파악하는 것과 마찬가지로 기업의 내부능력이란 어떤 절대적인 기준과의 비교를 통한 평가가 아니라 기업이 직면한 환경이나 경쟁기업들과의 비교를 통해 객관적으로 평가될 수 있다.

1 기업의 내부능력 평가 방법

일반적으로 기업의 내부능력을 평가하는 방법에는 기업의 과거 성과와의 비교, 산업 진화단계에 따른 평가, 경쟁기업과 환경 분석 결과에 따른 평가들이 있다.

(1) 과거 성과와의 비교를 통한 분석

① 기업의 내부능력에 관한 평가 방법으로는 과거 성과와의 비교를 통한 방법이 빈번하게 사용된다. 현재 시점의 이익률, 성장률 등의 성과지표를 과거의 성과지표와 비교하는 것을 통해 기업의 내부능력을 평가한다. 그러나 어떤 요인이 경쟁우위의 원천인지 또는 어떤 요인의 보완점이 필요한지 기업의 약점이 무엇인지를 규명하지는 못한다.

② 기업 외부환경 요인인 경기상승 또는 하락으로 인해 성과에 영향을 미치기 때문에 과거 성과와의 비교로 내부능력의 강점과 약점을 평가하는데 한계점을 지닌다. 또한, 경영자나 관리자들은 기업의 각 부분에 오랫동안 근무한 경험으로 인해 기업 내부능력이나 문제점을 판단하기 어렵고 어떤 요인에 대한 평가는 과거 경험에 의해 영향을 받기 때문에 객관적인 평가에 어려움이 있다.

(2) 산업 진화단계에 따른 평가

① 특정 산업에서 성공 요인은 시간의 흐름에 따라 변화하는데 이를 반영하는 관점이 산업 진화단계별 성공 요인을 규명하고 이에 따라 내부능력의 강점 및 약점을 평가하는 것이다. 산업이 형성된 지 얼마 되지 않은 도입기에는 매출 성장 수준이 낮지만, 반면 급속한 기술 발전으로 상당한 연구개발 투자가 필요하기에 손실 가능성이 높다. 따라서 도입기에는 위험을 지탱하기 위한 여유자원이 필요하고, 이 시기의 성공 요인은 주로 기술적 능력이나 인지도 획득을 위한 마케팅 능력이 필수적이다.

② 성장기에는 시장의 성장과 함께 새로운 경쟁자들이 출현하고 이 시기에는 마케팅이나 홍보의 비용이 증가함으로 브랜드 인지도나 재무능력과 같은 기업의 요인이 강점으로 부각된다. 성숙기에 들어서는 산업의 성장률이 둔화되며 산업이 세분화되기에 제품의 기술발전 속도는 정체된다. 따라서 기업 간 경쟁이 치열해지므로 인해 가격 경쟁력이나 홍보 활동이 강점이 될 것이다. 산업 특성에 따라 이와 같은 진화론 관점은 다소 차이가 있지만 중요한 것은 산업발전단계에 따라 성공을 결정하는 기업 내부의 요인에 따라 달라진다.

(3) 경쟁기업과 산업 내 핵심성공요인의 비교(환경분석 결과)에 따른 평가

① 기업의 강점 및 약점에 가장 중요한 요인은 기존 경쟁자와 잠재적 경쟁자의 능력을 비교하는 것이다. 동일 산업 내의 기업이라도 내부능력은 기업마다 상이하고 내부능력의 차이는 기업이 선택하는 전략에 따라 강점 또는 약점으로 작용하기도 한다. 경영자는 기업의 핵심역량을 경쟁기업과의 비교를 통해 기업의 강점 위주의 활용 전략을 선택해야 한다.

② 환경 분석 결과에 따른 평가란 성공에 영향을 미치는 주요 요인을 파악하고자 환경 분석의 결과에서 파악된 핵심성공요인에 따라 기업 내부 능력을 평가하는 것을 말한다. 환경 분석 결과에 따른 평가 방법의 장점은 특정한 요인에 초점을 두고 기업의 내부능력을 평가해야 하는가를 명확히 제시하는 것에 있다. 그렇기에 내부능력 평가와 환경분석의 결과 평가를 상호 연계하는 것이 가능해지고 도출된 결과를 바탕으로 전략 수립 시 직접적으로 반영하는 것이 적절하다.

제4장

OX로 점검하자

※ 다음 지문의 내용이 맞으면 O, 틀리면 ×를 체크하시오. [1~10]

01 기업 내부 환경 분석은 기업이 속한 산업을 기본 분석단위로 한다. ( )

02 자원준거관점의 시초는 펜로즈(penrose)이다. ( )

03 기업의 자원은 크게 유형자원, 무형자원으로 분류된다. ( )

04 자원의 이질성이랑 자원의 근원적 성질의 차이를 의미한다. ( )

05 자원준거관점의 분석모형으로는 VRIO 모형이 대표적이다. ( )

06 VRIO 모형에서 O는 기업의 의무를 말하는 Obligation의 약자이다. ( )

07 핵심역량은 가치사슬 상의 특정 부분에 관한 기술이나 생산 능력을 말한다. ( )

정답과 해설 01 × 02 O 03 × 04 O 05 O 06 × 07 ×

01 기업의 내부 환경 분석은 기본 분석단위가 기업이다.

02 1950년대 펜로즈는 기업의 경쟁우위 창출이 기업이 지닌 자원과 역량에 따라서 결정된다고 주장했지만, 당시에는 받아들여지지 않았다.

03 기업의 자원은 크게 유형자원, 무형자원, 인적자원으로 세 가지로 분류된다.

04 자원의 이질성이란 본질적으로 기업들이 보유한 자원이 생산성 및 효율성에 있어서 차이점을 발생하는 정도를 말한다.

05 자원준거관점을 이용한 내부 환경 분석 도구로는 VRIO 모형이 대표적이며, 외부 환경 분석 도구로는 'five forces model'이 대표적이다.

06 VRIO에서 O는 기업이 자신들이 보유한 자원과 능력을 이용할 잠재력이 있게 조직화 되었는지를 말하는 'Organization'의 약자이다.

07 기업의 핵심역량이란 특정 부분에 국한된 것이 아니라 가치사슬 상의 전체를 포괄하는 개념이다.

08 기업이 지니는 경쟁우위는 원가우위와 차별화우위가 있다. (　　)

09 기업의 유형자원으로는 기업의 평판이나 명성 등을 들 수 있다. (　　)

10 기업의 원가절감의 원인으로는 규모의 경제를 들 수 있다. (　　)

정답과 해설　08 O　09 ×　10 O

08 경쟁우위는 경쟁기업들보다 더 좋은 성과를 실현시키는 것을 말하는데, 가격경쟁을 통한 원가우위와 특특한 가치나 프리미엄 제공을 통한 차별화우위가 존재한다.

09 기업의 평판이나 명성은 기업의 무형자원이다. 기업의 유형자원으로 대표적인 것들은 건물 토지, 구축물, 기계장치, 차량운반구, 비품, 건설 중인 자산 등이 있다.

10 기업의 원가절감 원인으로는 기업 활동 간의 관련성, 사업부 간의 상호 관련성, 수직적 통합, 학습효과, 규모의 경제를 들 수 있다.

제4장 실전예상문제

01 다음 중 인적자원에 대한 설명으로 옳지 않은 것은?

① 기업의 자원에서 인적자원은 매우 중요한 자원이다.
② 인적자원에 대한 성과 평가는 매우 쉽다.
③ 임직원이 체득한 노하우, 기술, 의사결정 능력도 인적자원에 해당한다.
④ 인간이 지닌 생산 능력을 유형자원이나 무형자원에 대비한 인적자원이라 말한다.

02 다음 빈칸에 적합한 말로 옳은 것은?

> 자원의 (　　)은 본질적으로 보유한 자원이 생산성과 효율성에 있어서 차이점을 야기시키는 것을 말한다.

① 동질성　　② 이질성
③ 접근성　　④ 비이동성

03 다음 중 기업자원으로 옳지 않은 것은?

① 인적자원
② 무형자원
③ 유형자원
④ 공공자원

해설 & 정답 checkpoint

01 인적자원에 대한 성과 평가는 어려운 특징을 지닌다. 중요 의사결정이나 생산 활동은 개인보다는 팀 또는 부서 단위로 이루어지는 경우가 많기에 기업들이 개개인의 능력을 평가하기는 어렵다.

02 자원이 지닌 특징 중 자원의 이질성이 의미하는 바는 자원 간 생산성과 효율성의 차이를 말한다.

03 기업자원의 종류에 대한 구분은 인적자원, 무형자원, 유형자원으로 구분되며, 추가로 이와 같은 자원을 활용할 수 있는지 역량을 말하는 조직자원이 있다. 공공자원의 경우 공공재산이라고도 불리며 공공단체나 국가기관에 소유된 자원을 말한다.

정답 01 ② 02 ② 03 ④

checkpoint 해설 & 정답

04 기업 명성은 무형자원에 해당하는 자원으로써 기업 명성의 측정은 인지도의 성격으로 측정할 수 있다.

05 내부 분석은 기업을 분석단위로 하며, 기업이 지닌 자원이나 능력에 관심을 지닌다. 이를 위한 대표적인 분석 도구로는 VRIO 모델이 있다. 기업을 둘러싼 외부환경이 기업의 성과에 영향을 미친다고 보는 관점은 기업 외부환경 모형이다.

06 해당 내용은 자원준거관점에 대한 내용이다. 자원준거관점은 기업의 내부 자원이나 역량에 초점을 맞추어 강점 또는 약점을 파악하여, 기업이 경쟁우위 창출의 가능성을 파악하는 관점이라 할 수 있다.

정답 04 ④ 05 ① 06 ②

04 다음 중 자원의 성격과 측정지표의 연결로 옳지 않은 것은?

① 유동성 - 순현금흐름
② 연구개발투자(R&D) 기술 - 연구개발투자 비용
③ 특허권 - 특허 개수
④ 기업 명성 - 신용등급

05 다음은 내부 분석에 대한 설명이다. 이 중 옳은 것을 모두 고르시오.

> ㉠ 분석단위가 기업이다.
> ㉡ 기업의 전략과 성과는 기업이 보유한 자원과 능력에 따라 달라진다.
> ㉢ 대표적인 분석 도구는 VRIO 모델이 있다.
> ㉣ 기업이 처한 외부환경의 영향에 대한 고려를 기반으로 한다.

① ㉠, ㉡, ㉢
② ㉠, ㉡, ㉣
③ ㉡, ㉢, ㉣
④ ㉠, ㉡, ㉣

06 다음 빈칸에 들어갈 말로 옳은 것은?

> (   )에서는 기업은 유형자원(tangible resource)과 무형자원(intangible resource)의 독특한 집합체로써 자원과 능력의 차별화가 기업의 경쟁우위 창출을 가능하게 한다고 주장한다.

① 조직 생태학
② 자원준거관점
③ 기업의 사회적 책임 활동
④ 제도주의

해설 & 정답 checkpoint

07 보유자원이나 능력이 독특하고 모방의 어려움이 존재하며, 시장에서 구매가 어렵기에 기업 간의 이동에 제약을 의미를 지닌 것은 무엇인가?

① 자원의 이질성
② 자원의 동질성
③ 가치사슬
④ 자원의 비이동성

07 자원의 이질성과 동질성은 자원이 창출하는 효율성과 생산성의 차이를 말하며, 가치사슬은 기업의 경쟁우위 파악을 위한 구성요소의 세분화 분석을 의미한다.

08 다음은 기업의 가치사슬에 대한 설명이다. 이 중 옳은 것을 모두 고르시오.

> ㉠ 마이클 포터의 가치사슬 모형이 대표적이다.
> ㉡ 가치사슬은 기업의 구성요소를 범주화한 후 경쟁우위 파악을 위한 것이다.
> ㉢ 기업의 모든 활동 중 주요한 활동만을 고려한다.
> ㉣ 분석을 통해 사업부 수준에서 그 활용도가 높다.

① ㉠, ㉡, ㉢
② ㉡, ㉢, ㉣
③ ㉠, ㉡, ㉣
④ ㉠, ㉢, ㉣

08 가치사슬은 기업의 모든 활동을 전략적 단위활동으로 구분한 것을 말한다.

09 제이 바니(J. Barney)가 주장한 자원분류로 옳지 않은 것은?

① 재무자원 : 기업의 전략을 고안하고 실행하기 위해 이용하는 모든 형태의 자금
② 유형자원 : 물질적 기술을 뜻하며, 공장 설비, 지역적 입지, 원재료 등을 말함
③ 조직자원 : 조직의 목표를 말하며, 상시 변경이 가능한 자원을 말함
④ 인적자원 : 기업의 경영자 임직원들의 교육, 경험 등을 말함

09 조직자원은 기업의 공식적인 보고구조, 공식적이거나 비공식적인 계획 및 통제, 기업문화 조직 프로세스, 조직이 가진 루틴 등을 말한다.

정답 07 ④ 08 ③ 09 ③

checkpoint 해설 & 정답

10 인적자원이란 인간의 노동력을 다른 물적 자원과 똑같이 하나의 자원으로 보는 것을 말한다. 기업의 자원 중 인적자원에 해당하는 것은 최고경영자, 종업원(기술직, 연구직, 현장직), 직무훈련 경험도 등을 들 수 있다. 그러나 이익잉여금의 경우 기업의 유형자원이며, 공식보고구조는 조직자원의 한 요소이다.

11 자원준거관점에 따른 전략분석 순서는 자원(자원확인 및 경쟁사 대비 강점약점분석) – 능력(능력 확인) – 지속 가능한 경쟁우위의 잠재력(자원과 능력의 평가) – 전략(외부환경 관련 능력 활용 전략) 순서로 진행된다.

12 제시문은 자원과 능력의 특징인 '희소성'에 대한 설명이다. 부가적으로 자원이 희소하다는 것은 해당 자원이 많거나 적음을 의미하는 것이 아니라 기업이 생산활동에 필요한 자원이 상대적으로 부족할 경우를 의미한다.

정답 10 ② 11 ② 12 ②

10 다음 중 기업의 인적자원으로 옳은 것은?

> ㉠ 이익잉여금
> ㉡ 현장근로자
> ㉢ 최고경영자
> ㉣ 공식 보고구조

① ㉠, ㉢, ㉣
② ㉡, ㉢
③ ㉠, ㉡, ㉣
④ ㉠, ㉡, ㉢

11 자원준거관점에 따른 전략분석의 순서로 옳은 것은?

① 능력 – 자원 – 지속 가능한 경쟁우위의 잠재력 – 전략
② 자원 – 능력 – 지속 가능한 경쟁우위의 잠재력 – 전략
③ 전략 – 자원 – 능력 – 지속 가능한 경쟁우위의 잠재력
④ 지속 가능한 경쟁우위의 잠재력 – 자원 – 능력 – 전략

12 다음 빈칸에 들어갈 말로 옳은 것은?

> (　　)이란 기업의 자원과 능력이 얼마나 희소한 성격을 지니는지를 의미한다. (　　)이 떨어지는 자원이나 능력의 경우에는 경쟁우위의 원천도 되지 못하며, 오직 경쟁등위의 창출만이 가능하다.

① 가치(Value)
② 희소성(Rare)
③ 모방 가능성(Imitable)
④ 조직(Organization)

13 다음 중 핵심역량 확보 단계과정 순서로 옳은 것은?

① 주요기술확보 – 기술의 결합 및 통합 – 핵심제품의 시장점유율 확대 – 자체브랜드 시장점유 확대
② 주요기술확보 – 기술의 결합 및 통합 – 자체브랜드 시장점유 확대 – 핵심제품의 시장점유율 확대
③ 기술의 결합 및 통합 – 주요기술확보 – 핵심제품의 시장점유율 확대 – 자체브랜드 시장점유 확대
④ 자체브랜드 시장점유 확대 – 주요기술확보 – 기술의 결합 및 통합 – 핵심제품의 시장점유율 확대

14 다음 중 내부 환경 규명 및 평가로 옳지 않은 것은?

① 과거 성과와의 비교를 통한 평가
② 산업진화단계에 따른 평가
③ 경쟁기업과 환경분석 결과에 따른 평가
④ 자기자본이익률을 통한 평가

15 내부 환경 분석의 관점에서 원가절감의 원인으로 옳지 않은 것은?

① 기업 활동 간의 관련성
② 수직적 통합
③ 마케팅 및 홍보
④ 학습효과

해설 & 정답 checkpoint

13 핵심역량 확보의 단계적 과정은 '핵심능력의 주요기술확보 – 주요기술의 결합 및 통합 – 핵심제품의 시장점유율 확대 – 자체브랜드의 시장점유 확대' 순서로 발생한다.

14 내부 환경 규명을 위한 평가로는 과거 성과와의 비교를 통한 평가, 산업진화단계에 따른 평가, 경쟁기업과 환경분석 결과에 따른 평가가 있으며, 자기자본이익률(ROE)을 통한 평가는 대표적인 기업가치평가의 방법이다.

15 원가절감의 원인은 기업 활동 간의 관련성, 사업부 간의 관련성, 수직적 통합, 학습효과, 규모의 경제 등을 들 수 있다. 마케팅 및 홍보는 원가절감보다는 비용의 확대를 가져온다.

정답 13 ① 14 ④ 15 ③

16 다음 중 핵심역량의 설명으로 옳지 않은 것은?

① 조직 능력까지 포함하는 광의의 개념을 말한다.
② 핵심역량은 고객에게 얼마나 중요한 가치나 혜택을 제공하는가 여부를 말한다.
③ 기업이 지닌 특정한 기술이 아닌 여러 가지 기술의 집합체를 말한다.
④ 핵심역량은 영구적이고 변하지 않는 절대 기준이다.

17 다음 중 경쟁우위에 대한 설명으로 옳지 않은 것은?

① 경쟁우위를 창출할 수 있는 종류에는 원가우위와 차별화우위가 있다.
② 특정 기업이 제공하는 제품이나 서비스가 소비자나 시장에서 우선 선택될 수 있도록 하는 능력을 말한다.
③ 경쟁우위는 다른 경쟁기업들과 사실상의 차이를 가져올 정도로 구별되어야 한다.
④ 특정 기업의 제품이나 서비스를 고객이나 시장이 단기적으로 선택할 때에도 경쟁우위를 확보했다고 할 수 있다.

18 다음 중 VRIO 요소와 설명이 옳지 않은 것은?

① V : '가치'를 의미하며 해당 자원과 능력이 얼마나 가치 있는지를 판단한다.
② R : '희소성'을 의미하며, 얼마나 많은 경쟁자가 특정한 자원과 능력을 이미 보유하고 있는지를 판단한다.
③ I : '내부화 가능성'을 의미하며 시장에 존재하는 자원을 어떻게 내부화할지를 판단한다.
④ O : '조직'을 의미하며 자원 활용을 위해 기업이 얼마나 잘 조직화 되어 있는지를 판단한다.

해설 & 정답 (checkpoint)

16 핵심역량은 영구적이지 않고 시대별 또는 경쟁상황에 따라 달라진다.

17 고객이 시장에서 특정 기업의 제품이나 서비스를 선택할지라도 일시적인 행위에 머문다면 이는 경쟁우위를 확보했다고 할 수는 없다.

18 VRIO는 Value(가치), Rare(희소성), Imitable(모방 가능성), Organization(조직)을 의미한다. 'I'는 자원의 모방 가능성을 의미하며, 어떠한 자원이나 능력을 소유하지 못한 기업들이 해당 자원이나 능력을 획득하거나 개발할 때 그 자원을 이미 소유한 기업들에 비해 원가열위를 가지는지를 판단하는 것을 말한다.

정답 16 ④ 17 ④ 18 ③

해설 & 정답 checkpoint

19 기업의 본원적 활동(primary activities)으로 옳지 않은 것은?

① 내부물류
② 제조 및 생산
③ 마케팅 및 영업
④ 인적자원관리

20 다음은 지원 활동(support activities)에 대한 설명이다. 이 중 옳은 것은 모두 고르시오.

> ㉠ 다양한 기능을 공급하며 지원하는 활동을 일컫는다.
> ㉡ 획득, 기술개발, 인적자원관리, 기업하부구조의 네 가지 범주로 구성된다.
> ㉢ 가치 창조를 위한 활동으로 가치 활동(value activities)에 속한다.

① ㉠, ㉡, ㉢
② ㉡, ㉢
③ ㉠, ㉡
④ ㉠, ㉢

19 인적자원관리의 경우 기업의 지원 활동에 속한다.

20 본원적 활동과 함께 가치 창출을 위한 활동으로써의 지원 활동은 획득, 기술개발, 인적자원관리, 기업하부구조로 구성되며, 다양한 지원 활동을 말한다.

정답 19 ④ 20 ①

안심Touch

checkpoint 해설 & 정답

01
정답 가치, 희소성, 모방 가능성, 조직
해설 기업 내부 자원과 능력에 대한 대표적인 분석 방법인 VRIO 분석은 가치(특정한 자원과 능력이 기업에게 기회를 주는지), 희소성(얼마나 많은 경쟁자가 특정한 자원과 역량을 보유하고 있는지), 모방 가능성(자원을 획득하기 위해 큰 비용이 발생하는지), 조직(자원을 유효하게 활용할 수 있는 구조인지)이라는 네 가지 측면에서 고려되어야 한다.

02
정답 ㉠ 유형자원
㉡ 무형자원
㉢ 인적자원
해설 기업의 성과와 전략적 방향을 결정짓게 하는 기업의 내부자원은 내부분석 관점에서 매우 중요한 요인이다. 기업이 자원을 규정짓는 데 있어서 유형자원, 무형자원, 인적자원의 분류를 통해 기업을 평가한다.

주관식 문제

01 기업 내부분석인 VRIO 분석에서 고려하는 네 가지 요인을 쓰시오.

02 다음 빈칸에 들어갈 적합한 말을 쓰시오.

(㉠): 기업의 보유자원에 대한 분류는 눈으로 확인되며 가장 쉽게 파악 및 평가 가능한 자원. 예 공장, 건물, 기계 등
(㉡): 눈으로는 확인이 어렵지만, 기업의 경쟁우위 창출을 더욱 가능하게 하는 자원. 예 특허권, 지적 재산권 등
(㉢): 인재들이 그동안 체득한 노하우, 기술, 의사결정 능력 등을 말하는 것

해설 & 정답 checkpoint

03 경쟁우위를 창출시킬 수 있는 두 가지 형태를 쓰시오.

03

정답 원가우위, 차별화우위

해설 고객이나 시장의 반응이 어떤 기업이나 서비스를 다른 경쟁대상과 비교를 통해 더욱 가치 있다고 판단하고 특정 기업의 제품이나 서비스를 선택할 시 경쟁우위가 존재한다고 하며, 이와 같은 경쟁우위 창출은 원가우위, 차별화우위의 두 가지 형태로 발현된다.

04 다음 빈칸에 들어갈 적합한 말을 쓰시오.

> 기업의 가치 창출 흐름에 포함된 주요 활동인 (㉠), 제품 디자인, 생산, 마케팅, 유통, (㉡)의 여섯 가지로 분류하고 일련의 활동들에서 비용을 중심으로 기업의 경쟁우위를 파악하는 것은 맥킨지의 Business System이다.

04

정답 ㉠ 공급, ㉡ 서비스

해설 맥킨지의 Business System은 기업의 핵심역량을 파악하여 발전시키는 것이 경쟁우위 창출의 필수적 조건임을 제시하며, '공급 – 제품디자인 – 생산 – 마케팅 – 유통 – 서비스'의 여섯 가지 분류를 제시했다.

안심Touch

checkpoint 해설 & 정답

05 핵심역량 확보의 단계적 과정을 쓰시오.

06 핵심역량의 개념을 기술하시오.

07 자원준거관점에서 바라보는 기업성과를 간략히 기술하시오.

05

정답 핵심능력의 주요기술확보 – 주요기술의 결합 및 통합 – 핵심제품의 시장점유율 확대 – 자체브랜드의 시장점유 확대

해설 핵심역량의 확보과정을 통해 적극적으로 환경을 개척해 나가는 것이 선진기업으로 발전하기 위한 필수조건이다.

06

정답 핵심역량이란 특정 부서 또는 사업에서의 기술 및 생산 능력에만 주목하는 것이 아닌 가치사슬 전체를 포함하는 개념으로써 경쟁기업에 비해 특별히 뛰어난 자원이나 능력을 의미한다.

07

정답 자원준거관점에서는 분석단위가 개별 기업이며, 기업의 전략과 성과를 결정하는 중요한 요인은 기업이 보유하고 있는 자원과 능력에 따라 달라진다고 주장한다. 기업이 지니고 있는 자원이나 능력이 독특성을 지니고 있다면 기업 간의 성과 차이를 발생시킨다고 주장한다.

08 자원의 이질성에 대해 기술하시오.

09 마이클 포터의 가치사슬 모형에서 가치 활동의 두 가지를 쓰시오.

10 학습효과의 개념을 간략히 쓰시오.

해설 & 정답 checkpoint

08

정답 자원의 이질성은 기업이 지니고 있는 자원이나 능력이 비교 대상 기업이 지니고 있는 자원과 비교했을 때 생산성과 효율성에 있어서 차이점이 존재하는 것을 의미한다.

09

정답 본원적 활동, 지원 활동

해설 가치사슬 모형에서 주목해야 할 가치 활동으로는 본원적 활동과 지원 활동으로 구분된다. 본원적 활동은 제품의 물리적 산출, 생산, 판매, 마케팅, 사후 관리 등을 말하고, 지원 활동은 본원적 활동과 다른 활동에 대한 구입 요소, 기술, 인적자원, 기타 등 다양한 기능을 공급하며 지원하는 활동을 말한다.

10

정답 인간이 어떠한 작업을 처음 수행할 때 익숙하지 않아 많은 시간을 필요로 하게 되지만, 작업을 반복할수록 익숙해져 작업시간이 줄어드는데 이것을 학습효과(learning effect)라고 한다.

checkpoint 해설 & 정답

11 자원준거관점에서 말하는 모방 가능성이 낮은 자원과 능력이 지니는 의미를 기술하시오.

12 원가절감이 발생하는 경우를 기술하시오.

13 VRIO 모형의 목적을 기술하시오.

11
정답 모방 가능성이란 해당 자원을 획득하는데 얼마만큼의 비용이 드는지에 대한 가치판단으로 특정 기업이 어떤 가치 있는 자원을 새롭게 발견 또는 획득 후 위협을 중화시키기 위한 기존 자원을 활용한다면 기업은 경쟁기업들에 비해 경쟁우위를 획득하게 된다.

12
정답 경험곡선 효과, 기업 활동의 관련성과 사업부 간의 연관성이 높으며, 학습효과를 통한 효율성 증대가 발생하고 규모의 경제로 인해 원가절감이 발생한다.
해설 기업의 원가절감은 가치사슬에서 이윤을 극대화시키며 기업의 경쟁우위 창출을 돕는다.

13
정답 VRIO 모형은 기업이 지닌 자원이나 능력을 분석하고 경쟁기업들과 대비하여 보유자원과 능력을 통해 경쟁우위 창출을 할 수 있는지를 판단하는 분석 기법이다.

14 마이클 포터의 가치사슬 모형에서 본원적 활동의 종류를 쓰시오.

15 경험곡선이 발생하는 경우를 쓰시오.

해설 & 정답

14

정답 본원적 활동에는 내부물류(inbound logisitics), 제조 및 생산(operations), 외부물류(outbound logistics), 마케팅과 판매(marketing and sales), 서비스(service)의 활동들이 있다.

15

정답 경험곡선이란 누적 생산량이 증가하면 단위당 생산비용이 꾸준히 감소하는 것을 말하며, 낮은 자본비용과 원자재 비용, 규모의 경제, 제품 및 생산 프로세스의 개선으로 인해 발생한다.

더 많은 정보와 지식을

사업부 전략

제 5 장 사업부 전략

제 1 절 사업부 전략을 위한 기본개념들

1 경쟁우위의 개념

(1) 경쟁우위의 정의와 유형

① **경쟁우위의 정의**

경쟁우위(competitive advantage)란 시장 내 경쟁기업보다 비용을 낮게 책정하거나 편의시설을 더욱 좋게 구축하거나 높은 가격을 정당화하는 제품이나 서비스 제공 등과 같은 최고의 가치를 제안해서 경쟁기업들을 넘어 유리한 경쟁적 지위를 확보하는 것을 말한다. 기업의 효율성 추구나 차별화 전략으로 획득되기도 하지만 실질적인 경쟁우위는 유일한 경쟁지위를 확보하는 것이 방법이다. 마이클 포터 교수에 따르면 경쟁우위의 원천이 되는 경쟁전략의 방안은 원가우위 전략, 차별화 전략 그리고 집중화 전략의 세 가지 경우가 있다. 두 가지 이상의 전략을 동시에 추구하고 구현하는 기업은 극히 드문 이유는 조직 구성, 기업의 관리 기법, 기업의 형태, 조직문화 등의 내부 모순이 야기하기 때문인 것이다. 경쟁전략의 세 가지 방법은 기본적인 경쟁우위 구축수단으로써 이 중에서 어느 것도 구축하지 못하는 기업은 시장에서 도태되거나 궁지에 몰리는 경우가 많다. 이런 상태가 지속될수록 기업의 우위 구축 실현은 어렵게 되며 오히려 차별화에 성공한 기업이나 특정 표적을 설정하여 집중전략을 펼치는 기업에 점유율을 빼앗겨 버리게 될 수도 있다.

② **경쟁우위의 의미(상대적 개념)**

앞에서 강조한 바와 같이 경쟁우위란 경쟁기업을 격퇴하는 것이 아닌, 경쟁기업들보다 우월한 가치를 창출하는 것이라 할 수 있다. 기업에 진정한 경쟁우위가 존재한다면 경쟁업체보다 더 높은 가격을 받을 수 있거나 낮은 비용에 의한 운영이 가능하거나 이 두 가지를 모두 가능하게 할 수도 있다. **경쟁우위란 상대적인 개념이다.** 각기 다른 사업영역의 회사가 동일한 투하자본수익률을 기록한다고 할지라도 반드시 같은 산업 내 경쟁기업들과 비슷한 경쟁상황이나 유사한 형태의 경쟁업체들과의 비교가 필요하다. 또한, 이와 같은 경쟁우위 측정을 위해서는 기업의 성과는 사업별로 측정되어야 의미가 있다. 또한, 성과란 모든 조직이 받아들일 수 있는 경제적 목적을 반영하여야 한다. 즉, 투입 비용의 총합을 뛰어넘는

가치를 지닌 제품과 서비스를 생산한다는 목적을 의미한다. 종합적으로 말하면, 경쟁우위는 어느 특정 기업이 다른 경쟁기업과의 경쟁에서 우위에 설 수 있는지 여부를 판단하는 개념이다.

③ **경쟁우위의 두 가지 유형**

경쟁우위는 특정 기업이 경쟁기업에 비해 높은 수익률을 얻는 것을 말하며 이와 같은 경쟁우위의 유형은 크게 두 가지로 구분된다.

첫 번째 방법은 동일한 제품을 훨씬 낮은 가격에 만들어 싸게 파는 방법이며, 두 번째 방법은 다른 경쟁자들과는 차별화된 제품을 제공함으로써 소비자나 시장으로 하여금 차별화로 인해 소요된 비용 이상의 가격 프리미엄을 받는 것이다. 전자의 경우를 **원가우위**라 하고 후자의 경우 **차별화우위**라고 말한다. 비용우위를 추구하는 기업의 목적은 사업 내에서 비용의 선도자가 되는 것을 말한다. 비용우위를 가지려면 그 기업은 비용우위를 만들어 낼 수 있는 요소의 발견을 통해 이를 이용해야 한다. 반면, 차별화 우위를 추구하는 것은 소비자들에게 차별화된 가치를 제공하지 않으면 안 된다. 이와 같은 두 가지 전략을 추구하는 기업들은 시장에서 포지셔닝 또는 그들이 지니고 있는 경영자원과 핵심능력 및 조직의 특성에서 차이를 지닌다.

2 전략사업단위

경쟁전략 또는 사업부 전략은 기업의 사업부 수준에서의 전략을 말한다. 기업의 사업부란 전략사업단위(strategic business unit)를 의미하고, 사업부 전략의 수립과 실행의 기본 단위이다. 따라서 사업부 전략을 명확히 이해하기 위해서는 전략사업단위의 구분 및 이해가 선행되어야 한다.

(1) 전략사업단위의 개념

① **전략사업단위의 정의**

전략사업단위(전략적 사업단위)는 특정 사업에 대한 전략적 의사결정을 일관성 있게 수립 및 실행할 수 있는 사업단위를 말하며, 명확한 전략이 존재하며 그 사업단위의 성과에 책임을 지는 경영자가 있는 하나의 조직단위를 말한다. 전략사업단위 개념은 GE와 같은 다각화된 기업이 각 사업의 특성에 맞는 전략이 개발될 수 있게 조직단위로 구분 짓고 전략 수립과 실행의 권한과 책임을 조직단위별로 분권화하는 과정에서 형성된다. 전략사업단위는 다음과 같은 조건을 지닌다.

㉠ 전략사업단위는 다른 전략사업단위와 구별되는 독자적 사업과 분명한 목표가 존재해야 한다.

㉡ 전략사업단위는 분명한 경쟁자가 존재해야 하며, 시장에서 독자적으로 능력이 있는 경쟁자로서의 자격이 있어야 한다.

㉢ 전략사업단위의 경영자는 기술, 생산, 마케팅, 자금 등의 수단을 사용하여 전략과 성과에 책임을 지니며 해당 사업단위의 이익에 영향을 미칠 요인에 대한 통제력을 지녀야 한다.

② 전략사업단위의 형태

기업의 전략사업단위는 그림과 같이 여러 형태로 존재한다.

(a)의 경우 기업 자체가 전략사업단위가 되는 경우로서 한 가지 제품이나 서비스를 생산하더라도 제품의 특성이나 환경, 경쟁기업 등이 유사한 경우가 이에 해당되며 대체로 규모가 작은 기업들에서 흔히 나타난다.

(b)의 경우 각 사업부가 전략사업단위로서의 역할을 하며 사업 부제를 택하는 기업에서 흔하게 나타난다.

(c)는 사업부가 몇 개의 전략사업단위로 구성된 것으로서, 기업 규모가 크고 각 사업부가 여러 가지 제품을 관할하는 경우가 이에 해당한다.

(a) 기업 = 전략사업단위

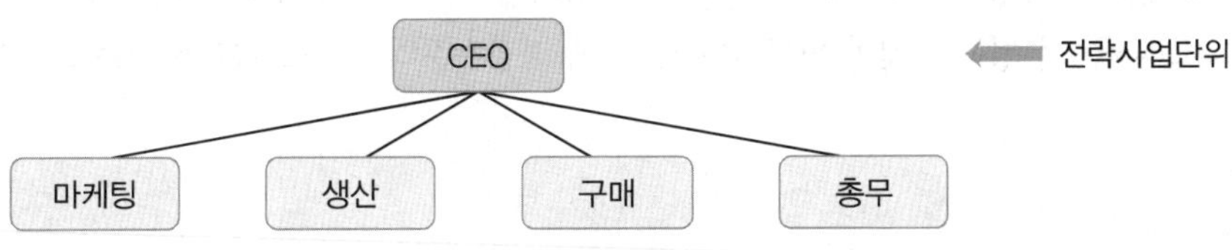

(b) 사업부 = 전략사업단위

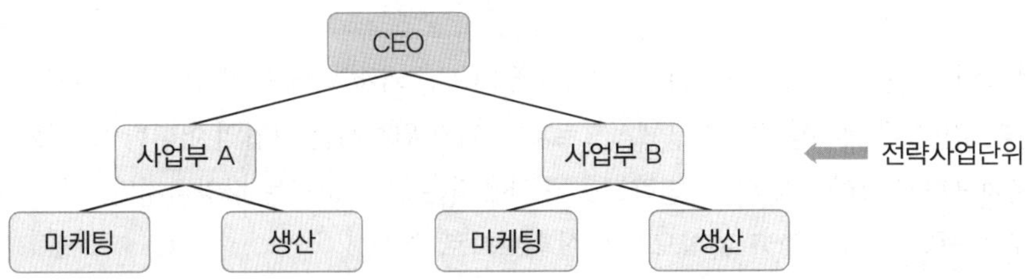

(c) 세분화된 전략사업단위 = (사업부 산하) 전략사업단위

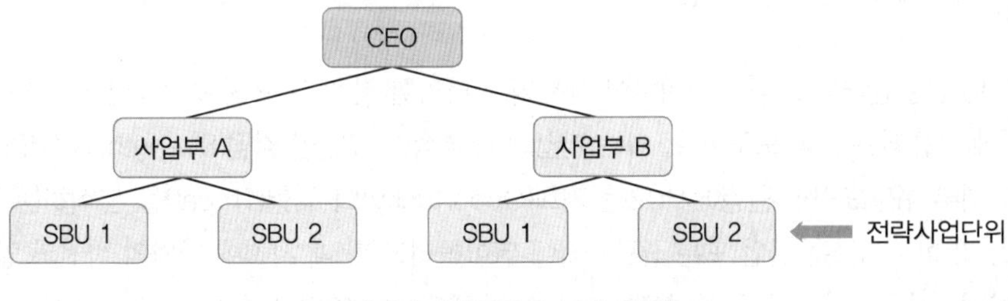

[전략사업단위의 여러 형태]

(2) 전략사업단위의 선정

① 전략사업단위의 선정 중요성

기업의 적합한 전략사업단위를 선정하는 것은 중요하지만 쉽지 않은 일이다. 전략사업단위의 올바른 선정은 다음과 같은 중요성을 지닌다.

㉠ 경쟁이 치열해지며 경쟁기업들도 다양해지는 추세이므로 경쟁우위 획득을 위해서는 경쟁사의 전략에 유연하고 적절히 대응할 수 있는 사업단위의 선정이 요구된다.

㉡ 전략사업단위의 선정은 효과적인 경쟁전략의 수립에 직접적인 영향을 미친다. 상이한 경쟁전략을 필요로 하는 사업단위들을 하나의 전략사업단위로 묶는 경우에 올바른 경쟁전략의 수립이나 전략의 효율적인 실행이 어려워진다.

㉢ 적절한 전략사업단위의 선정은 전사적 전략의 수립 및 실행에 중요하기 때문이다.

② 전략사업단위의 선정 효과

전략사업단위가 올바르게 설정되어야 기업의 측면에서의 자원 배분이나 시너지 창출 기회 인식이 용이하고 사업의 포트폴리오 평가를 토대로 전략사업단위에 투자 및 철수에 대한 의사결정이 용이해진다. 전략사업단위는 구매자, 경쟁자, 공급자, 유통경로 등과 같은 외부환경 요인의 유사성 정도와 제품특성, 원가구성 등과 같은 기업 내부 측면에서의 유사성 여부를 고려하여 설정하는 것이 바람직하며, 항상 적정수준의 규모를 유지하려는 노력이 중요하다.

제 2 절 SWOT 분석 : 전략의 도출

전략의 대안은 결과적으로 고정비용과 변동비용의 상승과 하락에 따라 안정성 추구와 성장전략으로 구분된다. 전략 대안이 정확하고 구체적으로 분석되기 위해서는 기업의 어떠한 요소를 살펴보는지에 따라 분석모형이 달라지게 된다. 전략도출에 사용되는 분석 도구는 다양하지만, 여기에서는 전략도출의 분석도형으로써 SWOT 분석모형을 살펴보기로 한다.

1 SWOT 분석의 개념

SWOT 분석은 전략을 도출하기 위하여 사용되는 다양한 분석 도구 중에서 산업계나 학계에서 가장 빈번하게 사용되는 분석 도구이다. 이는 **기업의 내부적인 요인인 강점(Strength)과 약점(Weakness) 그리고 외부적인 요인인 환경에서 오는 기회(Opportunity)와 위협(Threat)을 분석하는 전략 기획방법**이다. 기업이 새로운 산업 또는 신규사업에 뛰어들려고 할 때 사전에 기업의 비전과 일치하는가를 판단하려는 차원에서 개발된 분석모형이다. 스탠포드 교수였던 A. 험프리(Albert Humphrey)가 포춘 500대 기업을 상대로 분석한 결과에서 시사점을 받아 만들어진 분석모형이다. SWOT 분석이 주장하는 좋은 전략은 시장의 성장할 기회를 포착하면서 위협을 완화시키고 회사의 강점을 지렛대(leverage)로 활용하면서 약점은 피하거나 축소시키는 방향으로 수립되는 것을 말한다. SWOT 분석은 구체적으로 다음과 같은 질문에 답을 제시한다.

- 우리 회사는 어떠한 강점에 바탕을 두고 전략을 개발해야 하는가?
- 우리의 약점 중 가장 취약한 부분은 무엇이며, 환경의 기회를 선취하는데 장애가 되는 요인은 무엇인가?
- 우리의 약점을 보완할 수 있는 전략은 무엇인가?
- 환경의 기회를 활용할 수 있는 우리의 강점은 무엇인가?
- 가장 우려되는 환경의 위협 요인은 무엇이며, 이에 대처하기 위한 전략방안은 무엇인가?

	기회(Opportunity)	위협(Threat)
외부환경 분석	• 외부환경의 비즈니스 기회는 무엇인가? • 자사와의 관련성은 높은가? – IT혁신에 의한 시장 확대 – 고령화 사회로 인한 소비구조 변화 등	• 외부환경에서의 비즈니스 리스크는 무엇인가? • 자사와의 관련성은 높은가? – 기술혁신에 의한 획기적 신상품 등장 – 해외로부터의 저가제품 유입 등
	강점(Strength)	**약점(Weakness)**
내부환경 분석	• 자사의 강점은 무엇인가? • 타사와 비교하여 우위를 점하는 부문은 무엇인가? – 기술력 – 노화우 등	• 자사의 약점은 무엇인가? • 타사와 비교하여 열위에 있는 점은 무엇인가? – 판매력, 조식력, 사금력, 인력 – 해외진출력 등

[SWOT 분석]

2 SWOT 분석의 역할

기업을 둘러싼 환경의 변화는 매우 빠르게 발생하며 과거 성공요인이 반드시 현재 시점에서 적용되지 않는다. 따라서 기업은 환경변화에 대응하고 지속 가능한 성장하기 위해서는 경영전략 수립이 필수이기 때문에 한정된 자원의 효율적 활동을 통한 경영을 위해서는 그만큼 분석의 중요성이 대두된다. SWOT 분석은 기업 경영을 내부능력과 외부능력으로 구분하며 또한 플러스와 마이너스 요소로 구분한다. 즉, **내부능력의 플러스 요인을 강점(Strength), 내부능력의 마이너스 요인을 약점(Weakness), 외부환경의 플러스 요소를 기회(Opportunity), 외부환경의 마이너스 요소를 위협(Threat)으로 분류**

하는 것으로 요소들의 앞 문자를 따서 SWOT 분석이라고 명명한다. 이와 같은 SWOT 분석의 이용을 통해서 플러스 요인들을 보충하거나 강화 및 발전, 또는 마이너스 요소를 회피 또는 해소극복을 위한 간략하면서도 상황에 맞는 경영전략 수립이 가능하다. 다음의 표는 기업 내부환경과 외부환경의 강점 및 약점 그리고 기회와 위협을 나타낸 항목들이다.

[내부환경 분석: 강점 및 약점]

구분	내용
인력	우수한 기술자, 임직원의 타업종에서의 경험, 노하우, 잉여 노동력 등
자산	토지 및 건물, 기계 및 설비, 시설, 제품 등
자금	자금조달력, 자기 자금 등
기술력 및 노하우	개발력, 저작권, 특허, 비용절감능력, 품질관리능력, 기획능력, 마케팅 능력 등
네트워크	거래처와 연계, 협동, 파트너십, 전문가 집단과의 관계 등
기타	기업문화, 브랜드 가치 등

[외부환경 분석: 강점 및 약점]

구분	내용
정책동향	규제강화, 규제완화, 새로운 정책 등
경제정세	경기 동향, 환율 동향, 금리 및 물가 동향 등
경쟁상황	신규진입 동향, 유통업자/공급업자 동향, 동업자 동향 등
사회적 니즈	업계경기, 고객 니즈 및 라이프사이클 변화, 유행 변화 등
지역 특유의 과제 및 니즈	인구증가, 고령화 정도, 입지조건 변화 등
기술혁신	신기술개발동향, IT화의 진전 등
기타	사회공헌활동, 지역사회와의 융합, 지구환경문제 등

3 SWOT 분석을 통한 전략적 선택

SWOT 분석은 다음과 같은 매트릭스의 도출이 가능하다. 기업의 상황에 따라 매트릭스 상 어디에 속하는지에 따라 전략적 방향성이 달라질 수 있다.

(1) SO 전략

SO 전략은 가장 기업에게 호의적인 상황으로써 환경의 기회를 활용하고 기업 내부의 강점이 많은 경우라 할 수 있다. 이런 경우에는 공격적이고 성장지향적인 전략이 바람직하다.

(2) ST 전략

ST 전략은 기업이 지니고 있는 강점이 많음에도 불구하고 환경상의 위협이 많아 기업이 불리한 상황에 처한 경우를 말한다. 이런 경우에는 다른 제품시장에서 현재의 강점을 활용하는 전략을 펼쳐야 한다. 대표적으로는 6장에서 배울 다각화 전략이 바람직하다.

(3) WO 전략

WO 전략은 시장의 기회는 충분하지만 기업이 가진 내부능력이 취약하기 때문에 기회 활용에 있어서 제약을 받는 상황을 말한다. 이와 같은 상황에서는 내부 약점의 단기적인 개선과 기회를 적극적으로 포착하는 것이 매우 중요하다. 내부 약점의 단기적인 개선을 위해서는 기업의 약점을 보완할 수 있는 합작투자 또는 인수전략의 활용이 필요하다.

(4) WT 전략

WT 전략은 기업이 가장 불리한 상황에 처한 것으로 기업의 내부능력도 취약하고 기업이 처한 환경도 불리한 경우를 말한다. 이 경우에는 사업을 축소하거나 전략 방향을 재조정하는 등의 방어적 전략이 바람직하다.

구분	기회(O)	위협(T)
강점(S)	**SO 전략** 강점을 가지고 기회를 살리는 전략	**ST 전략** 강점을 가지고 위협을 최소화하는 전략
약점(W)	**WO 전략** 약점을 보완하며 기회를 살리는 전략	**WT 전략** 약점을 보완하며 위협을 최소화하는 전략

[SWOT 분석을 통한 SWOT 전략]

제 3 절 본원적 전략

1 본원적 전략의 유형

본원적(generic) 전략은 본원적 경쟁전략이라 불린다. 즉 경쟁우위와 경쟁영역이라는 두 가지 축을 통해 세 가지 본원적 경쟁전략을 구분한다. **기업이 경쟁우위(competitive advantage)를 획득하기 위한 경쟁전략을 결정짓는 요소로는 저원가(low cost)와 차별화 우위/독특성(uniqueness)이 있다.** 더욱 효율적인 설계 생산을 통해 내놓을 수 있는 능력을 저원가라 하고 독특하고 뛰어난 가치의 제품의 질, 제품의 특성, 애프터 서비스 제공 능력 등을 차별화라 할 수 있다. 이를 토대로 본원적 경쟁전략은 크게 원가우위 전략, 차별화 전략, 집중화 전략으로 구분되다. 원가우위 전략은 넓은 경쟁 시장에서 원가 우위를 추구하는 전략이며, 차별화 전략은 넓은 경쟁영역에서 차별화 우위를 추구하는 전략을 말한다. 마지막으로 집중화 전략은 경쟁자보다 좋은 경쟁영역의 틈새시장에서 원가우위나 차별화우위를 추구하는 전략을 말한다.

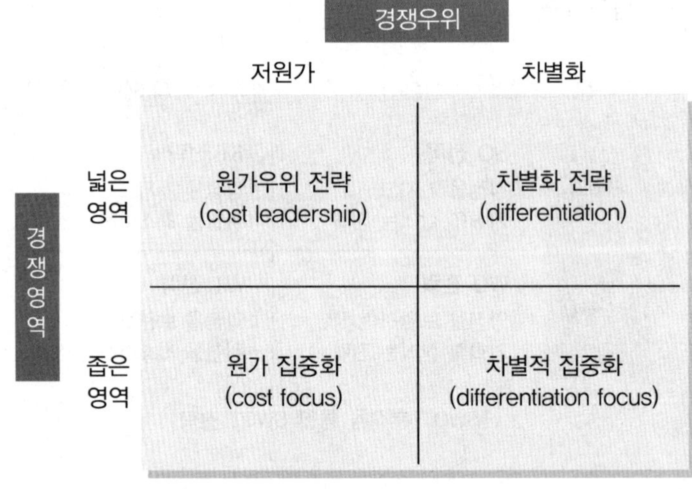

[본원적 경쟁전략]

2 원가우위 전략

(1) 원가우위 전략의 개념

① 원가우위 전략의 정의

원가우위는 경험곡선의 개념을 기본 전제로 특정 기업이 투입되는 원가를 낮추기 위한 기능별 전략을 통해 산업 내에서의 원가우위를 달성하는 것을 말한다. 이때 원가우위를 확보하기 위한 방안으로는 적정규모 설비의 구축, 경험곡선에 의한 원가절감, 총 경비에 대한 엄격한 통제, 한계고객과의 거래 회피, 연구개발투자 및 서비스 그리고 홍보 등에 있어서 원가 최소화 등을 생각할 수 있다. 이처럼 여러 가지 기능 분야에서 공통으로 원가절감의 목표 달성을 위해서는 원가의 통제를 위한 의사결정자들의 지속적인 관심이 요구된다. 의사결정자들은 제품의 품질이나 서비스를 제외한 나머지 부분에 대해서 무관심하여도 된다는 것이 아니라, 경쟁기업에 비해 낮은 원가를 달성하는데 초점을 지녀야 한다는 것이다.

② 원가우위 전략의 효과

원가우위를 확보한 기업은 경쟁이 심한 경우에도 산업의 평균 수익보다 높은 수익을 얻게 된다. 과도한 경쟁으로 인하여 경쟁기업들이 수익을 얻지 못하는 상황에서도 원가우위를 지닌 기업은 수익을 얻을 수 있다. 또한, 시장의 소비자들도 두 번째로 낮은 원가를 지닌 기업의 수준으로 밖에는 가격을 얻을 수 없기 때문에 원가우위를 지닌 기업은 강력한 구매자들에 의해 보호된다. 원가우위 기업은 공급자들로부터도 보호를 받는데 이는 투입비용의 증가에 대한 가격탄력성을 갖기 때문이다. 저원가를 추구하는 방법으로는 규모의 경제 혹은 원가상의 이점의 형태로 기업에는 두터운 진입장벽을 지니게 하며 잠재적 경쟁자의 진입을 막는다. 또한 원가우위를 가진 기업은 대체품에 대해서도 경쟁기업들보다 우월한 지위를 누릴 수 있다. 결과적으로 원가우위 전략은 경쟁자, 구매자, 공급자, 잠재적 경쟁자, 대체품의 위협으로부터 기업을 보호한다.

(2) 원가우위 전략이 효과적인 상황

원가우위 전략은 다음과 같은 상황에서 효과적으로 작용할 수 있다.

① 산업 내 기업 간의 경쟁이 주로 가격경쟁에 바탕을 두고 있을 경우
② 제품이 표준화되고 구매자들이 시장에서 쉽게 구매할 수 있을 경우
③ 제품을 차별화할 수 있는 여지가 적고, 제품의 차별화가 고객에게 큰 의미를 주지 않을 경우
④ 대부분 고객이 제품을 동일한 목적으로 사용하거나 제품의 요구조건이 별 차이가 없는 경우
⑤ 제품의 전환비용이 낮은 경우
⑥ 고객의 규모가 크고 가격 인하에 협상력이 강한 경우

(3) 원가우위의 원천

① 기업 활동 간 관련성

기업의 경영활동이 어떻게 수행되는지에 따라 기업 활동의 원가는 영향을 받는다. 기계의 사용 및 보수·유지 활동, 품질검사 및 애프터 서비스 활동, 부품의 구매 및 생산 활동 등에서 볼 수 있듯이, 의도적으로 한 활동의 원가를 높이고 다른 활동의 원가를 낮출 수 있을 뿐만 아니라 총 원가의 절감이 가능한 경우도 많이 나타난다. 예를 들어 생산 시에 품질검사 활동을 강화시킨다면 사후 애프터서비스 활동에 드는 원가가 줄고 더 나아가 소비자나 시장에서 좋은 제품의 이미지를 심어줄 수 있다.

② 사업부 간의 상호 관련성

기업 내의 다른 사업단위와의 상호 관련성은 원가에 영향을 미치는 요소이다. 어떤 활동이 기업 내 다른 사업과 공동으로 수행되는 경우 비약적인 원가절감이 가능하다. 예를 들어 한 사업부가 다른 사업부와의 브랜드를 런칭하거나 유통 활로 및 부품의 사용을 공동으로 한다면 원가절감의 효과를 낼 수 있다.

③ 수직적 통합

수직적 통합의 정도에 따라 원가에도 영향을 미친다. 기업이 자체적으로 소프트웨어를 가진 경우, 외부 아웃소싱을 이용하는 것보다는 주문처리 시스템의 운영 비용을 낮출 수 있으며, 또한 자체 운송부서를 소유하고 있는 경우 원재료 수납 또는 유통에 있어서 수송비용 원가가 달라질 수 있다. 부서의 통합이 발생한 경우 각 활동 간의 결합은 경제적 이익의 창출이 가능해진다.

④ 학습효과

원가절감은 기업의 학습효과에 의한 효율성 증대와 시간 경과에 따른 영향으로 발생한다. 학습효과로 원가를 낮출 수 있는 방법은 다양한데, 예를 들어 기계설비의 재배치, 일정의 변경, 노동생산성의 향상, 생산의 효율성을 높이는 제품 설계의 변경, 공정에 알맞은 원자재 구입 등을 들 수 있다. 학습효과는 학습의 원리나 원칙이 다양하며 산업에 따라 다르기에 각 활동에 적합한 학습효과 수준에서 차이를 지닌다. 예를 들어 학습이 임직원들의 능률을 향상시킬 수 있으며, 원가에 영향을 미칠 경우 학습효과는 활동의 누적량과 관련성이 높을 것이지만, 학습효과가 효율적인 설비의 도입으로 발생하는 경우에는 학습효과가 기업의 누적 생산량과는 무관할 것이다.

⑤ 규모의 경제

규모의 경제(economy of scale)는 제품을 대량으로 생산함으로써 기업 활동이 효과적으로 수행되고 광고나 연구개발투자 등에서 발생한 원가를 더 많이 생산량에 분산시킴으로써 원가절감의 효과를 나타나게 한다. 규모의 경제는 제품 생산량이 증가함에 따라서 생산에 투입되는 간접비가 제품 생산량에 비해 적게 증가하고 또는 기업 경영활동이 더 효율성의 성격을 띨 때 나타난다. 하지만, 기업의 규모가 증가함에 따라 규모의 불경제가 나타나기도 한다. 환경변화가 빠른 패션산업이나 서비스 산업의 경우 조직의 규모가 클수록 능률이 저하되는 특성을 보여준다.

⑥ **경험곡선**

기업이 다른 경쟁기업들보다 원가절감을 하게 되는 이유 중 하나는 경험곡선 효과를 들 수 있다. 아래 그림과 같이 누적된 경험이 두 배로 증가할 때마다 생산 원가는 감소하는 것을 보여준다. 이러한 생산 원가와 경험 누적의 관계를 X, Y축에 로그값으로 나타내면 그림과 같이 직선으로 표현되는 이 선을 경험곡선이라 한다.

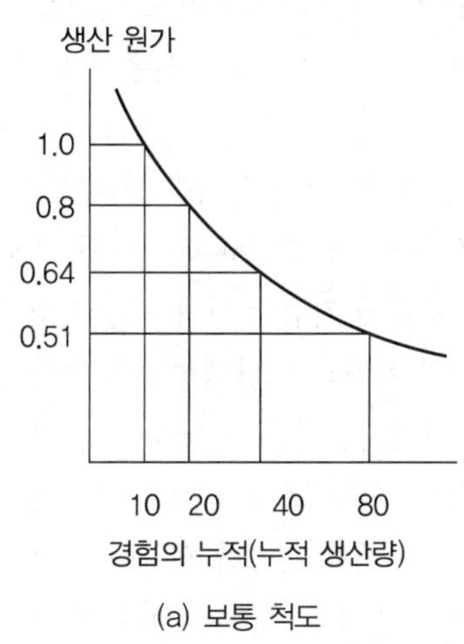

(a) 보통 척도

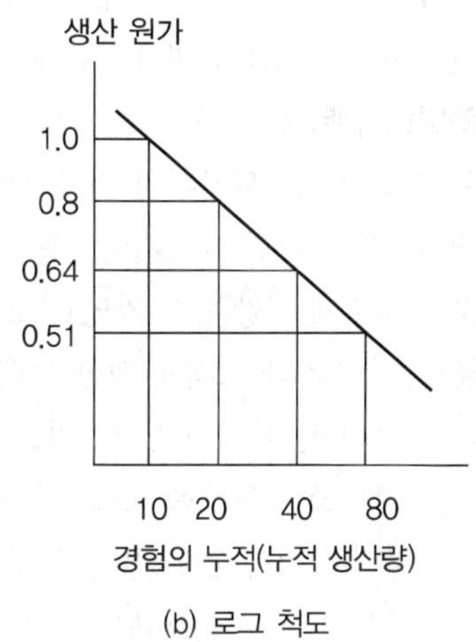

(b) 로그 척도

[경험곡선]

⑦ **입지**

기업 활동이 발생하는 곳의 지리적 입지조건은 원가에 영향을 미친다. 경영활동에서 입지 선정이란 대체로 전략적 선택의 결과이기도 하지만 기업의 성장배경이나 역사 그리고 주요 원재료 투입요소의 소재지 또는 기타 다른 요소의 영향을 받기도 한다.

입지는 여러 가지 방법으로 원가에 영향을 미친다. 즉, 입지에 따라 임직원에 대한 급여 수준, 연구개발인력의 인건비, 원재료, 에너지 및 기타 요소들의 가격에서 차이가 난다. 동일한 항목일지라도 임금수준이나 생활은 나라 또는 도시마다 큰 차이를 보인다. 해당 지역의 사회간접자본이 얼마나 잘 갖추어져 있느냐에 따라 투입되는 원가에도 영향을 미친다. 문화, 관습, 기후, 취향 등도 입지에 따라 영향을 미치는데 이와 같은 요인은 제품에 대한 소비자의 욕구에 영향을 미치기도 하고 기업 활동을 수행하는 양식이나 방법에도 영향을 미칠 수 있다.

3 차별화 전략

(1) 차별화 전략의 개념

① 차별화 전략의 정의

두 번째 본원적 전략인 **차별화 전략은 기업이 제공하는 제품이나 서비스를 차별화함으로써 산업 전반에 걸쳐 소비자나 시장에서 독특함으로 인식될 수 있는 가치를 창출하는 것이다.** 차별화 전략에는 제품의 디자인, 고객에 대한 서비스, 상표 이미지, 제품에 적용된 기술 등의 여러 가지 방법이 있다. 그러나 차별화 전략을 채택할지라도 원가를 무시해도 좋다는 것이 아니라, 단지 원가우위만을 고려한 전략적 목표가 최우선은 아니라는 것이다.

② 차별화 전략의 효과

차별화 전략은 원가우위 전략과는 대비되는 전략이기는 하지만, 차별화도 일단 기업이 성취되기만 한다면 경쟁기업, 구매자, 잠재적, 경쟁자 그리고 대체품의 다섯 가지 요소에서 오는 위협에 대항하며, 기업을 보호해 주기 때문에 기업에 산업 평균 이상의 수익을 제공해 준다. 소비자나 고객에 의한 브랜드 충성도와 가격의 비탄력성으로 인한 경쟁에 시달리지 않아도 되고, 이윤을 증가시키므로 낮은 원가체계를 반드시 가져야 할 당위성 또한 사라진다. 또한, 소비자의 충성도와 차별화된 제품이나 서비스로 인해 경쟁기업이 타계해야 하는 진입장벽은 더욱 높아진다. 구매자 입장에서는 대체 가능한 제품이나 서비스가 없기 때문에 가격 측면에서는 비탄력적이 되며 해당 기업에게 위협이 되지 못한다.

차별화 전략을 채택하여 고객의 충성도를 높이는 기업의 제품이나 서비스는 경쟁기업의 대체품보다 더 높은 지위를 지니게 한다. 그러나 차별화 전략은 기업에게는 높은 시장점유율을 가져오지는 못한다. 즉, 차별화 전략은 배타성을 의미하고 높은 시장점유율과는 어울리지 않는 개념이기 때문이다. 왜냐하면, 차별화우위를 이룩하기 위해서 요구되는 활동들은 광범위한 시장 조사 및 파악, 제품의 설계, 높은 품질의 원자재, 집중적 고객 지원 등의 많은 비용을 수반하기에 제품 및 서비스에 대한 원가는 상승한다. 비록 기업의 우수성이 시장에서 인정받을지라도 높은 원가에 상응하는 높은 수준의 가격을 기꺼이 지불하는 고객은 많지 않을 것이다. 따라서 차별화 전략을 추구하는 기업은 시장점유율을 높이는데 일정한 한계를 지니게 된다. 다만, 산업의 특성에 따라 차별화 전략을 추구하는 기업이라 할지라도 경쟁기업과 비슷한 수준의 가격을 갖는 것이 불가능하지는 않으며 이와 같은 기업에게는 시장점유율을 증가시키는 것이 가능하다. 이와 같은 본원적 전략은 경영자들에게 다른 유형의 리더십을 요구하게 된다. 본원적 전략인 원가우위 전략과 차별화 전략의 특성은 다음과 같다.

[본원적 전략의 특징]

본원적 전략	기술과 자원	조직요건
원가우위전략	• 지속적인 자본조달과 자본투자 • 공정 공학 기술 (process engineering skills) • 노동력에 대한 집중적 감독 • 제조에 용이하게 설계된 제품 • 유통 시스템의 원가절감	• 철저한 원가관리 • 빈번하고 자세한 통제보고 • 구조화된 조직과 책임 • 양적 목표 달성 정도에 기초한 자극 임금제도
차별화전략	• 강력한 마케팅 능력 • 제품공학 • 창의적 재능 • 기초 연구 분야의 우수한 능력 • 질적 또는 기술상의 기업 명성 • 동 산업에서의 오랜 역사나 타 산업에서 얻은 기술의 독특한 결합	• R&D, 제품개발, 마케팅 분야의 상호조정 • 양적 측정에 대신한 주관적 측정과 자극 임금제도 • 고도로 발달된 기술, 과학자, 창의적인 인재를 유인할 수 있는 좋은 분위기

(2) 차별화 전략의 원천

① **일반적인 차별화 정책** : 기업이 어떤 활동을 수행할 것이고 해당 활동을 어떻게 수행할 것인지에 대한 전략적 의사결정과정에 있어서, 이와 같은 의사결정은 가장 일반적인 차별화 전략의 원천이다. 차별화 우위를 창출하기 위해서 기업이 선택할 수 있는 전형적인 방향에는 제품의 외관이나 성능 그리고 서비스 등과 같은 보편적인 요인뿐만 아니라 투입요소인 임직원의 기술, 경험 및 숙련도, 기계장비의 능력, 공장 자동화 정도와 같은 것들이 포함된다.

② **수직적 통합** : 기업의 수직적 통합수준은 기업의 차별화 우위의 원천이 될 수 있다. 기업이 통합을 시도하는 것은 공급자나 유통경로 상의 거래처 활동뿐만 아니라 구매자들에 의해 수행되고 있는 활동까지도 통합의 대상에 포함시킬 수 있다. 차별화 전략의 원천은 각 활동별로 차이를 지니는데 동일한 활동이라도 산업에 따라 차별화의 원천이 달라진다. 그렇기에 기업은 해당 사업영역 내에서 어떤 요인들이 차별화를 이루는가를 검토해봐야 한다. 또한, 경쟁기업들이 생각하지 못한 분야에서 차별화의 원천을 발견할 수도 있기 때문이다.

③ **기업 활동 간의 관련성** : 만약 한 가지 활동을 수행하는 방법이 다른 활동의 성과에 영향을 미친다면 기업 활동 간의 연관성을 통한 차별화 우위 창출이 가능하다. 예를 들어 배달시간은 고객의 주문 이후 주문 처리 속도와 주문을 받는 빈도에 따라서 결정되는데 속도와 빈도를 적절하게 조정함을 통해 배달시간을 단축할 수 있다.

④ **입지** : 기업이 선점한 입지로부터의 차별화우위가 창출된다. 예를 들어 시중은행은 고객의 입장에서 가장 접근의 용이성이나 편리한 장소에 지점이나 ATM기 설치를 통한 입지의 차별화 요인이다.

⑤ **사업단위 간의 상호 관련성** : 차별화우위는 계열회사 간의 활동을 공유함으로써 창출이 가능하다. 예를 들어 금융업의 경우에 보험과 다른 금융상품을 판매하고 동일한 판매조직을 담당함으로써 판매원들이나 구매자들에게 더 나은 서비스 제공이 가능하다.

4 본원적 전략의 위험요인

본원적 전략을 실행하는 데 있어서 두 가지 위험이 존재한다.
첫째, 전략을 수립하지 못해 수립된 전략의 지속적 수행이 불가한 경우이고 둘째는 전략을 채택함으로써 기업이 획득하는 이점이 산업의 변화와 함께 사라지는 것이다. 두 가지 전략은 기업의 경쟁력 결정요소에 대한 각각 다른 유형의 방어 전략을 제공하고 그 결과 서로 다른 위험을 지니고 있다. 따라서 기업이 최적의 전략을 선택할 때에는 이와 같은 위험요인을 명확하게 파악해야 한다.

(1) 원가우위에 따르는 위험요인

① **원가우위에 따른 위기상황**

원가우위 전략을 추구하는 기업은 기계 시설의 최신화와 진부화된 자산을 폐기하고, 제품 요인을 확대하지 않으며 기술적 진보에 항상 주의를 기울임과 동시에 자신들의 지위를 지키려는 노력을 동반해야 한다. 제품의 수량이 증가한다고 해서 자동으로 원가가 하락하는 것이 아니기에, 더 구체적이고 세밀한 계획과 함께 상당한 관심을 쏟지 않으면 규모의 경제를 달성할 수가 없다. 원가우위 전략을 채택하는 기업은 진입장벽의 규모와 경험에 지나치게 의존하며 다음과 같은 위기에 직면한다.

㉠ 기술상의 변화로 인해 과거의 투자나 교육 훈련 등의 효력이 없어질 때
㉡ 경쟁기업의 상표나 이미지가 비가격경쟁 요소를 상쇄하기에 충분한 가격 차이를 보장해 주던 기업의 능력을 감소시킬 때
㉢ 모방이나 최신 투자를 통해 산업의 신규 진입자 또는 기존 경쟁자들이 저원가 기술 등의 결과물을 보일 경우
㉣ 원가에 지나치게 주의를 기울여서 생산이나 마케팅의 변화를 감지하지 못할 경우

② **미국 포드 자동차의 사례**

원가우위 전략의 위험을 가장 잘 나타내는 예는 1920년대의 미국 포드(Ford) 자동차 회사의 사례이다. 포드는 모델과 차종의 제한을 두고 적극적인 후방통합과 고도의 자동화, 저렴한 원가를 통한 저원가 전략을 추진했다. 그러나 이미 차를 소유했던 구매자들은 자신들의 소득이 증가함에 따라서 자동차의 디자인, 모델의 변화 등에 관심을 보이기 시작했다. 따라서 소비자는 자신들의 욕구를 반영한 특징을 지닌 자동차를 구입하기 시작하였다. 당시 포드사보다 후발 업체였던, 제너럴 모터스의 경우 이와 같은 소비자와 시장의 동향을 파악하

여 다양한 자동차 모델을 시장에 내놓았다. 당시 포드사는 진부한 모델의 원가 최소화에 막대한 비용을 투입하였고 전략의 재조정에도 막대한 자금이 필요로 하게 되었고, 이에 따라 제너럴 모터스의 전략에 민첩하게 대응하지 못했다. 이후 포드는 제너럴 모터스에게 뺏긴 자동차업계 1위 자리를 한 번도 되찾지 못했다.

(2) 차별화에 따르는 위험요인

① 차별화에 따른 위기상황

차별화 전략 또한 원가우위 전략과 마찬가지로 위험요인을 수반한다. 위험요인은 다음과 같다.

㉠ 차별화 요소에 대한 소비자의 욕구가 줄어들고 소비자들이 더욱 많은 정보에 의해 합리적인 판단을 하게 될 때 위협이 된다.

㉡ 저원가 전략을 채택한 경쟁기업과의 가격 차이가 너무 클 경우 브랜드 충성도가 제대로 기능을 발휘하지 못하게 될 때 소비자는 낮은 가격의 유인에 의해서 차별화 전략을 채택하는 기업의 제품, 특성, 제품 이미지 등의 일부를 포기하게 된다.

㉢ 경쟁기업의 모방에 의해 차별화는 위협을 받는다.

② 저원가 전략으로 인한 위기

특히 저원가 전략에 의한 위험은 매우 중요하다. 기업이 차별화 전략을 이룩하는 데 있어서는 그만큼의 가격 차이가 나타나기 마련이다. 그렇기에 차별화된 기업이 기술상의 변화나 단순한 무관심으로 원가 면에서 크게 불리한 위치에 놓이게 될 경우 원가우위 전략을 사용하는 기업에 의하여 시장의 지위는 잠식당하기 쉽다.

5 본원적 전략의 동태적 결합 – 원가우위와 차별화의 동시적용

(1) 원가우위와 차별화의 동시달성

① 원가우위와 차별화의 양립

원가우위와 차별화는 동시에 달성될 수 있는가에 대한 질문에서 본원적 전략의 마이클 포터에 따르면 원가우위 전략과 차별화 전략은 양립될 수 없다고 말한다. 왜냐하면, 원가우위 전략은 저원가를 유지하기 위해 추가로 제품의 특성 또는 서비스를 제외한 표준화된 제품만을 소비자에게 제공해야 하는 데 이와는 반대로, 차별화 전략은 소비자에게 특별한 혜택을 제공하기 위한 추가적인 비용이 소요되기 때문이다. 그러나 현실 상황에서는 IBM, GE, Sony, Toyota, Honda 등의 기업들은 원가우위 전략뿐만 아니라 차별화 전략도 추구해 원가우위와 차별화우위를 모두 달성하였다.

② **원가우위와 차별화 양립의 어려움**

마이클 포터는 비록 두 가지 본원적 경쟁전략을 통한 우위를 동시 달성한 기업이라 할지라도 경쟁자에 의해 상호 관련성이나 기술혁신 등을 모방당하거나 한 가지 경영전략만을 추구하는 강력한 경쟁자가 등장할 때에는 두 가지 경쟁우위 모두를 지속적으로 추구하는 것이 어렵다고 주장한다. 결국, 기업이 상황에 따라 두 가지의 본원적 경쟁우위를 동시에 달성할 수도 있지만, 이는 단지 일시적인 현상이며, 경쟁자의 끊임없는 위협 때문에 두 가지 경쟁우위를 계속 유지한다는 것은 불가능하다는 것이다.

③ **원가우위와 차별화의 양립 가능성**

원가우위와 차별화우위를 동시에 달성할 수 있다는 관점에서는 다음과 같은 근거에 기반하여 두 가지 우위의 동시달성이 가능하다고 주장한다.

㉠ 앞서 언급한 마이클 포터의 주장과는 달리 특정 상황에서는 두 가지 본원적 전략을 일시적이 아닌 지속적으로 추구할 수 있다. 예를 들어 산업에서는 차별화 전략이 수요를 증가시키고 수요 증가는 다시 원가를 절감시키기 때문에 두 가지 본원적 전략은 동시에 달성될 수 있다고 말한다.

㉡ 특정한 상황이 아닐지라도 품질개선을 통한 차별화를 달성한 경우에 불량으로 인한 제반 비용을 절감할 수 있는 것과 같이 가치 활동상의 연계에 의해 원가가 절감될 수도 있다.

㉢ 차별화의 시장점유율 간에는 정(+)의 관계가 있기에 차별화를 달성한 기업은 시장점유율을 높일 수 있고, 시장점유율이 높아지면 규모의 경제효과에 의해 다시 원가를 낮출 수 있기 때문에 결국 차별화 전략은 원가를 절감시킨다.

그러나 이와 같은 주장들은 두 가지 전략을 동시에 추구가 가능한 특정 상황만을 언급하거나 원가우위 전략과 차별화 전략 간의 상충관계가 있다고 가정하며 차별화 전략에 필요한 원가부담분이 효익 효과를 초과할 경우에는 두 가지 우위를 동시에 달성할 수 없다고 주장한다. 이 밖에도 차별화 전략을 추구하면서 원가우위를 달성하는 경우는 설명하지만, 그 반대의 경우는 설명하지 못한다.

6 집중화 전략

(1) 집중화 전략의 내용

집중화 전략이란 자원이 제한적인 상황에서 큰 시장에 진입하여 낮은 점유율을 추구하기보다는 한 개 혹은 소수의 하위 세부 시장에서 높은 점유율을 추구 및 확보하는 전략을 말한다. 더 구체적으로는 경쟁기업들이 존재하는 넓은 시장보다는 특수한 니즈를 가진 좁은 틈새시장에서 원가우위나 차별화우위를 추구하는 전략을 말한다. 먼저, 집중화 전략을 추구하기 위해서

는 원가우위 전략이나 차별화 전략보다 더욱 산업과 시장을 세분화해야 한다. 산업 세분화의 경우 구매자의 행동이나 원가의 형태를 고려해야 하며, 시장 세분화는 구매자의 요구 및 구매 행동의 차이를 파악해야 한다. 기업들이 집중화 전략을 선택하는 가장 큰 이유는 경쟁기업들과의 전면적인 경쟁을 하기 불리한 경우 또는 기업이 가지고 있는 자원이나 역량이 부족한 경우를 들 수 있다.

(2) 집중화 전략이 효과적인 경우와 위험한 경우

① 집중화 전략이 효과적인 경우

- 산업 내 이질적인 세분화된 시장이 상당히 존재하는 경우
- 세분화시장이 산업 내 선도기업들의 성공에 중요하지 않을 경우
- 세분화시장의 성장 잠재력이 크거나 수익성이 높은 경우

② 집중화 전략의 위험요인

- 기술변화나 소비자기호의 변화에 의해 틈새시장이 갑자기 사라지고 전체산업에 동화되는 경우
- 차별화 기업들이 집중화 기업들의 고객욕구를 충족시킬 만큼의 제품을 공급하는 경우
- 경쟁기업이 집중화 기업들의 목표가 되는 특정 시장영역에서 더욱 세분화된 목표시장을 설정하고 이를 공략함으로써 더욱 집중적인 전략을 추구하는 경우
- 넓은 시장을 대상으로 경쟁하는 기업들과 가격 차이가 특정 시장에 집중되어 얻는 원가상의 이점이나 차별화를 상쇄하는 경우

7 어중간한 상태

두 가지 본원적 전략인 원가우위 전략과 차별화 전략은 경쟁력의 결정요소에 대응하여 생존하고자 하는 상호 대체적 관계의 전략이다. 반면, **본원적 전략 중에서 어느 한 가지도 수행하지 못하는 상태를 어중간한 상태라 부르는데 이는 기업이 아주 보잘 것 없는 전략적 상황에 놓인 상황을 말한다.** 이와 같은 어중간한 상태는 해당 기업이 시장점유율, 원가우위, 자본투자, 차별화우위 등이 결여되어 있는 상태를 말한다. 어중간한 상태의 기업들은 대부분 낮은 수익성을 기록하고 낮은 가격을 요구하는 대규모 고객을 잃거나 원가우위를 확보하고 있는 경쟁기업에 밀려서 이익을 포기하는 상황에 놓인다. 적재용 트럭산업에 있어서 미국 시장뿐만 아니라 전 세계적으로 높은 시장점유율을 기록하고 있던 클라크사(Clark Equipment Co)의 경우가 이와 같은 어중간한 상태로 빠진 대표적인 케이스이다. 토요타와 고마쯔 등의 일본 제조업체들이 대량 고객만을 대상으로 하여 생산 원가를 최소화하고 수송비를 상쇄하고도 남는 일본의 저렴한 청각 가격을 이용한 최저가격 제품으로 승부하였기 때문이다. 클라

크사는 높은 시장점유율을 지니고 있었지만, 다양한 제품라인과 원가절감에 대한 낮은 인식으로 인하여 원가우위를 확보하지 못하고 있었다. 반면, 대형 적재용 트럭에 중점을 투고 연구개발투자를 아끼지 않았던 하이스터(Hyster) 기업에서는 기술상의 명성과 제품차별화를 통한 강렬한 지위를 구축함으로 인해 클라크사의 수익이 하이스터사에 비해 낮아지게 되었다.

국내의 경우에도 이와 같이 어중간한 상태로 인한 경우를 찾아볼 수 있다. 대한전선의 가전사업부의 경우, 삼성전자나 LG전자처럼 막대한 자본투자와 이미지 구축을 저원가 전략에 의해 높은 시장점유율을 차지하지 못하고, 아남전자나 동원전자와 같이 차별화 내지 집중화 전략을 통해 높은 수익률을 추구하지도 못하는 어중간한 상태에 놓여서 결국 대우에게 가전사업 부분을 매각시켰다.

어중간한 상태에 놓인 기업들은 근본적으로 전략적 의사결정을 내려야 하며, 원가우위나 최소한 경쟁기업과 동일 수준의 원가 수준을 유지하는 행동을 펼쳐야 한다. 그리고 본원적 경쟁을 채택하기 힘들 때는 해당 사업을 철수하는 방법을 고려해야 한다.

집중화 전략이나 차별화 전략은 시장점유율의 저하 또는 판매액의 감소까지도 초래할 수 있으므로 본원적 전략 중에서 어떤 것을 선택하는 문제는 필연적으로 기업의 능력과 한계에 달려있다 볼 수 있다. 각 본원적 전략을 성공적으로 수행하는 데에는 서로 다른 자원과 능력, 조직관리 스타일이 필요하지만, 두 전략에 모두 적합한 능력을 가진 기업들은 드물다.

일단 어중간한 상태에 빠져들게 된다면 그 상황에서 벗어나기 위한 많은 시간과 지속적인 노력이 소요된다. 어려움에 처한 기업은 두 가지 본원적 전략 사이에 우왕좌왕하는 경향을 보일 수 있고, 그러한 일관성의 결여는 말미암아 실패의 가능성을 더욱 높인다.

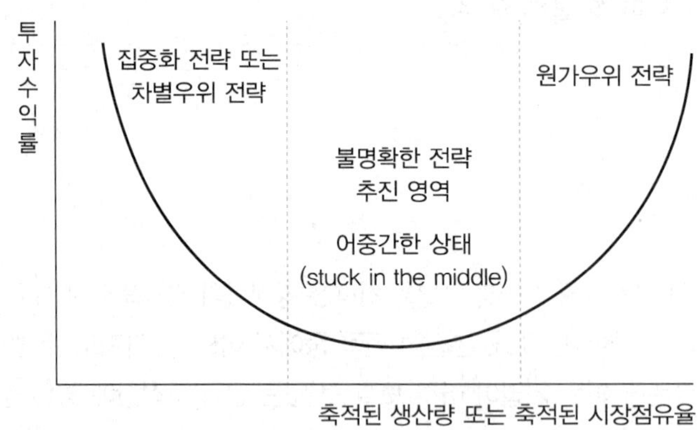

[본원적 전략, 시장점유율과 투자수익률 간의 관계]

본원적 전략과 시장점유율 그리고 투자 수익률 간의 관계를 통해 이들의 관계를 알 수 있다. 일반적으로 집중화 전략 또는 차별화 전략을 펼치는 기업과 원가우위 전략을 펼치는 기업이 수익성이 가장 높고 어중간한 상태의 기업은 수익성이 낮음을 알 수 있다. 위의 그림에서 보이는 바와 같이 U자형의 관계가 존재하는데, 이와 같은 관계는 자동차 산업에도 적용될 수 있다.

제5장

OX로 점검하자

※ 다음 지문의 내용이 맞으면 O, 틀리면 ×를 체크하시오. [1~10]

01 전략사업단위는 마케팅, 재무, 마케팅과 같은 기능적 부서를 기본 단위로 한다. (　)

02 외부환경의 기회와 위협, 기업 내부 환경의 강점과 약점의 파악을 분석하는 분석 도구를 SWOT 분석이라 한다. (　)

03 생산 규모가 커짐에 따라 제품 1단위당 투입원가가 하락하는 것을 규모의 경제라 한다. (　)

04 본원적 전략은 산업에서 경쟁우위를 창출하기 위한 전략이다. (　)

05 기업 임직원의 제품생산 경험이 증대됨에 따라 숙련도가 향상되어 제품단위당 노무비의 감소는 기술혁신 때문이다. (　)

06 산업 내의 이질적인 세분화 시장이 존재할 경우는 집중화 전략이 효과적이다. (　)

07 경쟁우위란 경쟁기업을 파산하고 산업 내의 격퇴를 의미한다. (　)

정답과 해설 01 × 02 O 03 O 04 O 05 × 06 O 07 ×

01 전략(적)사업단위는 사업부 수준에서 전략의 수립과 실행이 기본 단위이다.
02 SWOT 분석은 기업 외부환경(기회, 위협)과 기업 내부환경(강점, 약점)의 파악을 통한 바람직한 방향의 전략도출을 위한 방법이다.
03 규모의 경제란 생산 규모의 증가로 인해 단위당 원가가 하락되는 것을 말한다.
04 마이클 포터의 본원적 전략은 경쟁우위 창출을 위한 전략으로 원가우위 전략, 차별화 전략, 집중화 전략이 있다.
05 학습효과란 임직원들이 경험을 통해 숙련도 상승으로 노동 생산성의 증가를 말하는 것이다.
06 세분화된 시장이나 환경은 집중화 전략에 유리한 조건이다.
07 경쟁우위란 경쟁기업을 격퇴시킨다는 의미가 아니라 경쟁기업들과 비교하여 우월한 가치 창출을 한다는 것을 말한다.

08 본원적 전략의 세 가지 유형은 원가우위 전략, 차별화 전략, 다각화 전략이 있다. (   )

09 기업 외부의 정책 및 경제 상황 변화는 기업에게는 기회가 된다. (   )

10 기업의 원가절감의 원인으로는 학습효과를 들 수 있다. (   )

정답과 해설 08 × 09 × 10 O

08 본원적 전략이란 산업 내의 경쟁기업에 대한 경쟁우위를 획득함으로써 평균 이상의 성과를 획득하는 사업부 수준의 전략을 말하며, 대표적으로 원가우위 전략, 차별화 전략, 집중화 전략이 있다.

09 기업을 둘러싼 변화하는 환경으로는 정책, 경제, 사회문화의 변화, 고객의 니즈, 기술혁신 등이 있으며, 이와 같은 외부환경의 변화는 기회 또는 위협으로 작용한다.

10 기업의 원가절감 원인으로는 기업 활동 간의 관련성, 사업부 간의 상호 관련성, 수직적 통합, 학습효과, 규모의 경제를 들 수 있다.

제 5 장 실전예상문제

01 다음 중 경쟁우위에 대한 설명으로 옳지 않은 것은?

① 경쟁기업들보다 유리한 경쟁적 지위를 확보하는 것이다.
② 경쟁기업을 해당 산업 내에서 퇴출시킬 수 있는 능력이다.
③ 경쟁우위 창출을 위한 방법 중 하나로 원가우위가 있다.
④ 경쟁우위는 상대적 개념이다.

02 다음 중 본원적 전략으로 옳지 않은 것은?

① 차별화 전략
② 원가우위 전략
③ 집중화 전략
④ 다각화 전략

03 다음 빈칸에 적합한 말로 옳은 것은?

> 동일한 제품을 훨씬 낮은 가격에 만들어 싸게 파는 방법을 (　　)(이)라 한다.

① 차별화우위
② 원가우위
③ 지리적 우위
④ 브랜드 명성

해설 & 정답 checkpoint

01 경쟁우위란 경쟁기업을 퇴출이나 격퇴시키는 것이 아닌, 더 우월한 가치를 창출하는 것을 말한다.

02 마이클 포터의 본원적 전략은 크게 세 가지 유형을 지니며, 원가우위 전략, 차별화 전략, 집중화 전략이 있다. 다각화 전략은 기업이 단일 사업만 집중투자하고 한 사업에만 전념하는 것이기보다는 다른 사업 분야로의 사업 범위를 확장시키는 경영 전략을 말한다.

03 경쟁기업들과 차별화된 제품이나 서비스를 제공하는 것을 차별화 우위라 하며, 지리적 우위는 기업의 제품이나 서비스에 대해 소비자에게 노출하기 용이한 정도를 말한다. 브랜드 명성은 기업 브랜드에 대한 소비자나 시장의 인식을 나타내는 개념이다.

정답 01 ② 02 ④ 03 ②

checkpoint 해설 & 정답

04 SWOT 분석은 외부환경에서 오는 기회와 위협, 기업 내부환경이 지니는 강점과 약점을 파악하기 위한 분석 도구이다. 제시문의 질문은 모두 SWOT 분석이 내포하고 있는 질문이다.

05 SWOT 분석은 외부환경의 기회와 위협 그리고 내부환경의 강점과 약점을 파악하며 전략을 도출하는 분석 도구이다. 약점의 경우 기업 내부자원이 지닌 약점을 파악하는 척도이기에 IT 시장의 확대는 외부환경에 대한 맥락이다.

06 해당 내용은 전략사업단위에 관한 내용이다. 전략사업단위란 전략적인 관점에서 사업단위를 구분하는 것으로 독자적인 전략 수립이 필요한 사업끼리 함께 묶은 조직이라 정의된다.

정답 04 ① 05 ④ 06 ②

04 다음은 SWOT 분석이 내포한 질문이다. 이 중 옳은 것을 모두 고르시오.

> ㉠ 우리 회사는 어떠한 강점을 바탕으로 전략을 개발해야 하는가?
> ㉡ 우리의 약점을 보완할 수 있는 전략은 무엇인가?
> ㉢ 외부환경의 기회를 활용할 수 있는 우리의 강점은 무엇인가?
> ㉣ 가장 우려되는 환경의 위협은 무엇인가?

① ㉠, ㉡, ㉢, ㉣
② ㉠, ㉡, ㉣
③ ㉡, ㉢, ㉣
④ ㉠, ㉡, ㉢

05 다음 중 SWOT 분석의 세부 요인 연결로 옳지 않은 것은?

① 기회(Opportunity) – 소비구조의 변화
② 위협(Threat) – 해외 저가 제품의 유입
③ 강점(Strength) – 특허권과 기술력
④ 약점(Weakness) – IT 시장의 확대

06 다음 빈칸에 들어갈 말로 옳은 것은?

> 경쟁전략 또는 사업부 전략은 기업의 사업부 수준의 전략으로써 기업의 사업부란 (　　　)를 의미하고 사업부 전략 수립과 실행의 기본 단위이다.

① 기능별 사업단위
② 전략사업단위
③ 최고경영자
④ 잉여자원

해설 & 정답 checkpoint

07 다음은 원가우위에 따르는 위험요인에 대한 설명이다. 이 중 옳은 것을 모두 고르시오.

> ㉠ 기술상의 변화로 인해 과거 투자나 교육 훈련의 효과가 사라질 경우
> ㉡ 모방이 쉽고 경쟁자들의 저원가의 기술을 선보일 경우
> ㉢ 경쟁기업의 브랜드나 이미지의 경쟁력이 크지 않은 경우
> ㉣ 원가에 지나치게 집중하여 생산이나 마케팅의 변화를 감지하지 못할 경우

① ㉠, ㉡, ㉢
② ㉡, ㉢, ㉣
③ ㉠, ㉡, ㉣
④ ㉠, ㉢, ㉣

07 경쟁기업의 브랜드나 이미지가 비가격경쟁 요소를 상쇄하기에 충분한 가격 차이를 보장해주던 기업능력을 감소시키면 이는 원가우위에 따르는 위험요인이 된다.

08 다음 중 집중화 전략이 효과적인 경우에 해당하는 것으로 옳은 것은?

① 시장이 동질적인 경우
② 선도기업이 시장을 장악하고 있는 산업
③ 수익성이 낮으나 선도기업이 존재하지 않는 경우
④ 시장이 세분화되어 성장 잠재력이 크거나 수익성이 높은 경우

08 집중화 전략이 효과적으로 발휘되기 위해선 이질적이고 세분화된 시장과 선도기업이 존재하지 않고 성장 잠재력과 수익성이 높을 때 유효하다.

09 다음 중 원가우위의 요인으로 옳지 <u>않은</u> 것은?

① 사업부 간의 상호 관련성
② 학습효과
③ 일반적인 차별화 정책
④ 입지

09 일반적인 차별화 정책은 차별화 전략의 원천으로써 기업이 어떤 활동을 수행할 것이며 어떻게 수행할 것인지에 대한 전략적 의사결정과정이다.

정답 07 ③ 08 ④ 09 ③

checkpoint 해설 & 정답

10 원가우위 전략은 본원적 전략의 하나이며, 본원적 전략에는 원가우위 전략, 차별화 전략, 집중화 전략이 있다.

11 원가우위는 기업의 경영활동에서 가격경쟁에 바탕을 두고 있기에 철저한 원가 관리, 구조화된 조직과 책임, 빈번하고 자세한 통제보고, 양적 목표 달성에 기초한 자극 임금제도 등이 조직의 요건으로 볼 수 있다. 연구개발 분야의 상호조정 및 창의적 인재를 유인할 수 있는 분위기의 경우 차별화 전략에서 요구되는 조직요건이다.

12 본원적 전략의 하나인 차별화 전략에 대한 내용이다. 차별화 전략은 소비자에게 독특한 가치를 제공함으로써 차별화에 소요된 비용이상으로 높은 가격 프리미엄을 얻는 것을 말한다.

정답 10 ② 11 ② 12 ②

10 다음 중 원가우위 전략이 해당하는 전략 수준으로 옳은 것은?

① 경쟁 전략
② 본원적 전략
③ 기업 전략
④ 사업부 전략

11 다음 중 원가우위 전략의 조직요건으로 옳은 것은?

> ㉠ 연구개발 마케팅 분양의 상호조정
> ㉡ 철저한 원가 관리
> ㉢ 구조화된 조직과 책임
> ㉣ 고도로 발달된 기술, 과학자 등의 창의적 인재를 유인할 수 있는 분위기

① ㉠, ㉢, ㉣
② ㉡, ㉢
③ ㉠, ㉡, ㉣
④ ㉠, ㉡, ㉢

12 다음 빈칸에 들어갈 말로 옳은 것은?

> ( )을 채택하고 고객의 충성도를 높이는 기업의 제품은 경쟁기업의 제품보다 더 높은 지위를 가져다 준다. 하지만 ( )은 기업에게는 높은 점유율을 가져오지는 못하는 특징을 지닌다.

① 원가우위 전략
② 차별화 전략
③ 집중화 전략
④ 인수합병 전략

13 **다음 중 기업이 처한 어중간한 상태에 대한 설명으로 옳지 않은 것은?**

① 본원적 전략 중 어느 한 가지도 수행하지 못하는 상태
② 시장점유, 원가우위, 차별화우위가 모두 결여된 상태
③ 낮은 수익성을 기록하고 고객을 잃게 됨
④ 본원적 전략의 채택이 어려울 경우 사업의 확장을 고려

14 **다음 중 원가우위 전략이 효과적으로 발휘되는 상황으로 옳은 것은?**

① 산업 내 기업 간의 경쟁이 주로 가격경쟁에 바탕을 두고 있는 경우
② 제품의 전환비용이 높은 경우
③ 고객의 규모가 작고 가격인하에 대한 협상력이 강한 경우
④ 제품의 표준화 수준이 낮고 구매자들이 시장에서 쉽게 구매할 수 있는 경우

15 **다음 중 집중화 전략의 위험요인으로 옳지 않은 것은?**

① 기술의 변화나 소비자 니즈의 변화로 틈새시장이 사라지는 경우
② 차별화 기업들이 집중화 기업들의 고객 욕구를 충족시킬 만큼의 제품을 공급하는 경우
③ 기술상의 변화로 인해 과거의 투자나 교육 훈련 등의 효력이 없어진 경우
④ 넓은 시장을 대상으로 경쟁하는 기업들과 가격 차이가 특정 시장에 집중하여 얻는 원가 상의 이점이나 차별화를 상쇄시키는 경우

해설 & 정답 checkpoint

13 어중간한 상태의 기업들은 근본적으로 새로운 전략적 의사결정을 내려야 하며, 원가우위나 최소한의 경쟁기업과 동일 수준의 원가 수준 유지 행동을 펼쳐야 한다. 만약 본원적 전략의 채택이 어려울 경우는 해당 사업의 철수도 고려해야 한다.

14 원가우위 전략이 효과적으로 발휘되는 상황으로는 산업 내 기업 간의 경쟁이 주로 가격경쟁에 바탕을 두고 있는 경우, 제품의 전환비용이 낮은 경우, 고객의 규모가 크고 가격 인하에 대한 협상력이 강한 경우, 제품이 표준화되고 구매자들이 시장에서 쉽게 구매할 수 있는 경우 등에서 원가우위 전략은 매우 효과적이다.

15 기술상의 변화로 인해 과거의 투자나 교육 훈련 등의 효력이 없어진 경우는 원가우위 전략에 따르는 위험요인이다.

정답 13 ④ 14 ① 15 ③

checkpoint 해설 & 정답

16 고객이 시장에서 특정 기업의 제품이나 서비스를 선택할지라도 일시적인 행위에 머문다면 이는 경쟁우위를 확보했다고 할 수는 없다.

16 다음 중 경쟁우위에 대한 설명으로 옳지 않은 것은?

① 경쟁우위를 창출할 수 있는 종류에는 원가우위와 차별화우위가 있다.
② 특정 기업이 제공하는 제품이나 서비스가 소비자나 시장에서 우선으로 선택될 수 있도록 하는 능력을 말한다.
③ 경쟁우위는 다른 경쟁기업들과 사실상의 차이를 가져올 정도로 구별되어야 한다.
④ 특정 기업의 제품이나 서비스를 고객이나 시장이 단기적으로 선택할 때에도 경쟁우위를 확보했다고 할 수 있다.

17 전략사업단위의 선정은 구매자, 경쟁자, 공급자, 유통경로 등과 같은 외부환경요인의 유사성 정도나 제품, 원가구성 등과 같은 기업 내부측면의 유사성 여부를 고려하여 설정하는 것이 바람직하다.

17 다음 중 전략사업단위의 선정 중요성으로 옳지 않은 것은?

① 경쟁기업의 전략에 유연하고 적절히 대응할 수 있는 사업단위의 선정을 고려해야 한다.
② 전략사업단위의 선정은 효과적인 경쟁전략의 수립에 직접적인 영향을 미친다.
③ 전략사업단위가 올바르게 설정되어야 기업의 자원분배 및 시너지 창출에 용이하다.
④ 외부환경의 유사성 정도는 고려대상이 아니다.

18 WT 전략의 경우 기업은 자신들이 지닌 약점을 보완하고 기업 외부환경의 위협을 최소화하는 전략을 말한다.

18 다음 중 SWOT 전략의 설명으로 옳지 않은 것은?

① SO 전략 : 강점을 가지고 기회를 살리는 전략
② ST 전략 : 강점을 가지고 위협을 최소화하는 전략
③ WT 전략 : 약점을 지녔지만 기회를 살리는 전략
④ WO 전략 : 약점을 보완하며 기회를 살리는 전략

정답 16 ④ 17 ④ 18 ③

19 다음은 SWOT 분석에서 외부환경의 강점 및 약점을 연결한 내용이다. 이 중 옳은 것은 모두 고르시오.

> ㉠ 정책 동향 – 규제강화, 새로운 정책
> ㉡ 경쟁상황 – 신규진입 동향, 유통업자/공급업자 동향
> ㉢ 기술혁신 – 신기술개발 동향, IT화의 진전

① ㉠, ㉡, ㉢
② ㉡, ㉢
③ ㉠, ㉡
④ ㉠, ㉢

20 다음 중 소비자의 니즈나 욕구의 행동 분석을 가장 필요로 하는 전략으로 옳은 것은?

① 원가우위 전략
② 집중화 전략
③ 다각화 전략
④ 차별화 전략

주관식 문제

01 SWOT 분석에서 고려하는 네 가지 요인을 쓰시오.

해설 & 정답 checkpoint

19 SWOT 분석에서 외부환경을 분석하는 이유는 외부환경이 지니는 기회와 위협을 파악하기 위함이며, 정책, 경제, 경쟁상황, 사회적 니즈, 기술혁신 등의 환경들이 있다.

20 차별화 전략은 기업이 생산하는 제품이나 서비스가 경쟁기업들과는 다르게 차별화하는 것을 말하고 시장의 세분화를 찾고 고객의 니즈나 욕구를 찾아 가치를 창출하는 것을 말한다.

01

정답 기업 외부환경의 기회, 위협, 기업 내부환경의 강점, 약점

해설 SWOT 분석은 기업의 내부적인 요인인 강점(Strength)과 약점(Weakness)과 외부적인 요인인 환경에서 오는 기회(Opportunity)와 위협(Threat)을 분석하는 전략기획 방법이다.

정답 19 ① 20 ④

checkpoint 해설 & 정답

02
정답 ㉠ 본원적 전략
㉡ 원가우위 전략
㉢ 차별화 전략
해설 본원적 전략은 본원적 경쟁전략이라고 불리며 경쟁우위의 한 축과 경쟁영역의 두 가지 축을 통해 세 가지 본원적 경쟁전략으로 구분한다. 이 세 가지 전략에는 원가우위 전략, 차별화 전략, 그리고 집중화 전략이 있다.

03
정답 원가우위, 차별화우위
해설 고객이나 시장의 반응이 어떤 기업이나 서비스를 다른 경쟁대상과 비교를 통해 더욱 가치 있다고 판단하고 특정 기업의 제품이나 서비스를 선택할 시 경쟁우위가 존재한다고 하며, 이와 같은 경쟁우위 창출은 원가우위, 차별화우위의 두 가지 형태로 발현된다.

02 다음 빈칸에 들어갈 적합한 말을 쓰시오.

> (㉠)은 경쟁우위와 경쟁영역이라는 두 가지 축을 통해 세 가지 본원적 경쟁전략을 구분하며, (㉡), (㉢), 그리고 집중화 전략이 있다.

03 경쟁우위를 창출시킬 수 있는 두 가지 형태를 쓰시오.

04 다음 빈칸에 들어갈 적합한 말을 쓰시오.

기업의 적합한 (㉠)의 선정은 매우 중요한 일이지만 쉽지는 않다. 올바른 선정은 기업에게는 (㉡)이나 (㉢) 창출의 기회 인식 측면에서 용이하게 되며, 사업의 포트폴리오 평가를 토대로 전략사업단위에 투자 및 철수에 대한 의사결정이 용이해진다.

05 차별화 전략의 원천 요인을 쓰시오.

06 경쟁우위의 개념을 기술하시오.

해설 & 정답 checkpoint

04

정답 ㉠ 전략사업단위
㉡ 자원배분
㉢ 시너지

해설 제시문의 내용은 전략사업단위 선정의 중요성에 대한 설명이다. 전략사업단위 선정은 치열한 경쟁에서 경쟁우위 획득을 위해 경쟁기업들 전략에 유연하게 대처할 수 있고 효과적인 경쟁전략 수립에 영향을 미친다. 또한, 적절한 전략사업단위의 선정은 기업 측면에서 자원배분이나 시너지 창출의 용이성을 지닌다.

05

정답 일반적인 차별화 정책, 수직적 통합, 기업 활동 간의 관련성, 입지

해설 차별화 전략의 원천은 크게 일반적 차별화 정책, 수직적 통합, 기업 활동 간의 관련성, 입지 등의 차별화 요인이 존재한다.

06

정답 경쟁우위란 시장 및 산업 내에서 경쟁기업들보다 비용을 낮게 책정하거나 높은 가격을 정당화하여 제품이나 서비스를 제공하면서 경쟁기업들보다 유리한 경쟁적 지위를 확보하는 것을 말한다. 즉, 경쟁우위란 경쟁기업을 격퇴시키는 것이 아닌 경쟁기업들보다 우월한 가치를 창출하는 것을 말한다.

checkpoint 해설 & 정답

07 원가우위 전략을 간략히 기술하시오.

07
정답 원가우위 전략은 특정 기업이 투입되는 원가를 낮추기 위한 기능별 전략을 통해 산업 내 경쟁기업들보다 원가우위를 달성하는 것을 말한다.

08 원가우위 전략에서 입지가 원가에 영향을 미치는 이유에 대해 기술하시오.

08
정답 기업 활동이 발생하는 곳의 지리적 입지조건은 원가에 중요한 영향을 미치는 요소이다. 기업의 입지에 따라 임직원의 급여 수준, 연구개발 인력의 인건비, 원재료, 에너지 및 기타 요소들에서 가격 차이가 발생하기 때문이다.

09 SWOT 분석의 네 가지 전략을 쓰시오.

09
정답 SO 전략, ST 전략, WO 전략, WT 전략
해설 기업의 외부환경의 기회와 위협 그리고 기업 내부자원의 강점과 약점을 기반으로 SO, ST, WO, WT의 네 가지 전략이 존재한다.

10 차별화 전략의 개념을 간략히 쓰시오.

11 차별화 전략과 시장점유율 간의 관계를 기술하시오.

12 집중화 전략이 효과적인 상황을 기술하시오.

해설 & 정답 checkpoint

10

정답 차별화 전략이란 기업이 제공하는 제품이나 서비스를 차별화함으로써 산업 전반에 걸쳐 소비자나 시장에서 독특함으로 인식될 수 있는 가치를 창출하는 것을 말한다.

11

정답 차별화 전략의 채택은 기업 제품이나 서비스에 대한 고객의 충성도를 높이고 기업의 제품이나 서비스가 경쟁기업의 제품이나 서비스보다 더 높은 지위를 지니게 하지만, 차별화 전략은 기업에게는 높은 점유율을 가져오지는 못한다. 즉, 차별화 전략은 배타성을 의미하고 높은 시장 점유율과는 어울리지 않는 개념이기 때문이다.

12

정답 산업 내 이질적이고 세분화된 시장이 존재하거나, 세분화된 시장에 선도기업들의 성공이 중요하지 않을 경우 마지막으로 세분화된 시장의 성장 잠재력이 크거나 수익성이 높을 경우 집중화 전략이 효과적이게 된다.

checkpoint 해설 & 정답

13

정답 어중간한 상태에 놓인 기업은 시장 점유율, 원가우위, 차별화우위 등이 결여된 상태로 어중간한 상태의 기업들은 대부분 낮은 수익성을 기록하고 낮은 가격을 요구하는 대규모 고객을 잃거나 원가우위를 확보한 기업에게 밀려 이익을 포기하는 상황에 놓인다.

14

정답 저원가 전략을 채택한 경쟁자들과 가격 차이가 너무 클 때 충성도가 제대로 발휘하지 못하게 되며, 소비자는 낮은 가격의 유인에 의해 차별화 전략을 채택하는 기업의 제품, 특성, 제품 이미지 등을 포기하게 된다.

15

정답 기업이 전략산업단위인 경우는 한 가지 제품이나 서비스를 생산하는 기업으로써 대체로 규모가 작은 기업들에서 흔히 나타난다.

13 어중간한 상태에 놓인 기업의 상황을 기술하시오.

14 차별화 전략에서 경쟁기업과의 가격 차이가 클 때 따르는 위험을 기술하시오.

15 기업이 전략사업단위인 경우의 특징을 쓰시오.

기업수준 전략

제6장 기업수준 전략

제1절 기업의 성장과 발전

1 기업의 성장단계

(1) 기업 성장의 순서와 결정요인

① **기업 성장의 순서**

대부분 기업은 초기에는 작은 규모와 협소한 지역에서 사업이 시작되며, 사업 초기에는 기업이 생산하는 제품의 종류가 적고 자본도 부족하기에 시장에서의 경쟁지위도 낮은 편이다. 기업은 자신들이 약점이나 열세를 극복하고자 매출의 증대와 시장점유율을 높이고자 노력하고, 이러한 일련의 노력을 통한 수익과 자금조달 등의 방법으로 기업의 규모와 자신들이 생산하는 제품이나 서비스의 확대를 통해 시장에서 고객계층을 확대한다. 이처럼 시장에서의 구축을 통해 특정 지역에서 전국단위의 시장으로 더 나아가서는 해외 진출의 경로로 기업은 성장한다. 물론 모든 기업이 똑같은 목표나 성장 경로를 따르는 것은 아니며, 자신들이 지닌 자원 또는 능력에 따라 성장단계에서 한계점에 봉착하기도 한다.

② **기업 성장의 결정요인**

기업들은 성장의 단계에서 원료 및 중간재 확보나 마케팅 및 유통 같은 부분들이 기업성과나 경쟁력에 중요한 영향을 미칠 수 있는 경우에 수직적 통합을 통해 기능적 구조들을 내부화하게 된다. 기업이 목표한 수준으로 수직적 통합이 진행되고, 기존 산업에서의 성장 둔화는 자신들이 그 동안 축적한 자원 및 능력을 활용하여 관련 다각화나 비관련 다각화를 통해 기업 규모와 성장을 진행한다.

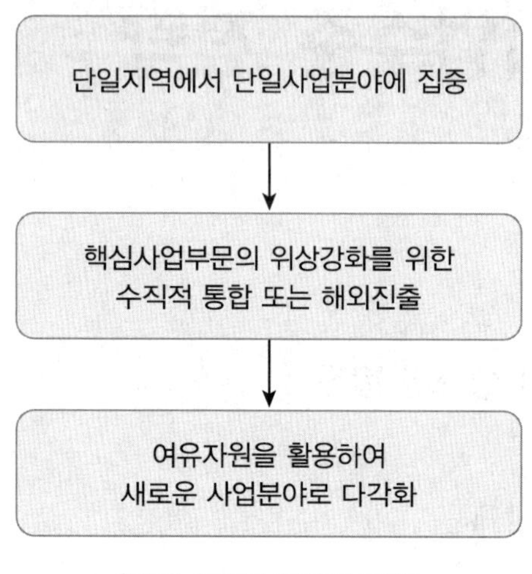

[기업 성장의 일반적 단계]

(2) 단일사업의 장점과 위험

① 단일사업의 장점

단일사업 분야에만 초점을 둔 기업들은 사업의 확장이나 다각화에 의존하지 않고 자신들의 사업 분야에서만 경쟁우위를 확보하며 지속 가능한 경쟁우위를 창출하는 기업들이 존재한다. 대표적으로 코카콜라, 맥도날드, 스타벅스 등은 단일사업 분야에서 자신들의 평판이나 명성을 구축하였고, 새로운 시장을 개발하고 수요기반을 확대함으로써 지속적으로 성장하는 대표적인 기업이라 할 수 있다. 단일사업에 집중함으로써 얻는 이점은 조직 전체의 역량을 하나의 사업에 집중이 가능하고 해당 사업에 대한 수준 높은 노하우와 경험의 축적이 가능하다. 또한, 경영자 입장에선 단기적 성과에만 집착하지 않고 장기적인 경쟁우위를 위한 노력을 지속적으로 추구하게 되며 경험 축적을 통한 원가절감도 가능하다.

② 단일사업의 위험

단일사업 분야에서의 집중에 따르는 위험은 위험분산의 어려움이다. 만약 해당 산업의 침체 또는 쇠퇴가 오거나 산업환경이 열악해질 경우 성장이 어렵고 수익성도 악화될 수 있기 때문이다. 이는 기업에 사기 저하와 침체를 가져오게 되며, 궁극적으로는 기업의 존재가 위태롭게 된다. 이와 같은 이유로 기업들은 성장이 어느 정도 수준에 도달할 경우 지속적 성장과 아울러 위험감소를 위한 다각화가 고려되어야 한다.

2 기업의 성장전략

(1) 기업 성장전략의 유형

① 제품과 시장을 통한 구분

기업은 이윤을 지속적으로 증대시키기 위해서 매출액의 지속적인 성장이 필수적이다. 따라서 기업의 경영자들은 일반적으로 성장을 통한 이윤 극대화를 위해 매출액이나 시장점유율 증대라는 양적 목표를 설정하여 자원을 배분하는 성장전략을 채택한다. 그러나 성장전략에서 핵심적인 전략 변수인 매출액은 매출단가와 수량의 곱으로써 매출액을 증대시키기 위해서는 매출단가를 높이거나 수량을 늘려야 한다. 매출단가를 높이기 위해서는 제품 개발과 혁신을 통해 품질 또는 이미지의 개선이 필요하면 매출의 양적 성장을 위해서는 기존시장에서 매출 규모의 확대나 새로운 시장을 개척해야 한다.

② 네 가지 성장모형

기업의 성장전략은 앤소프가 제시한 제품과 시장의 매트릭스 모델을 통한 네 가지 유형으로 구분된다.

	기존 제품	신제품
신시장/고객	시장개발 전략	다각화 전략
기존시장/고객	시장침투 전략	제품개발 전략

[앤소프의 성장 매트릭스]

(2) 앤소프의 성장전략

① 시장침투 전략

기업들이 기존시장의 심화를 야기하는 방법은 시장점유율 확대와 기존 고객들의 제품 사용률을 증가시키는 두 가지 방법이 존재한다. 특히 기존시장에서 성장할 수 있는 가장 좋은 방법은 시장점유율의 증대인데 이는 마케팅의 4P 중 촉진에 의해 달성될 수 있지만, 이와 같은 방법은 시장 참여자 간의 치열한 경쟁을 야기시킨다는 단점을 가진다. 다른 한 가지 방법으로는 기존 고객의 제품 사용을 증대시킴으로써 경쟁자와 경쟁이 그리 심하지는 않지만, 시장점유율 증대방법보다 수행이 더욱 용이하다. 제품 사용을 증가시키는 방법으로는 사용빈도 및 사용량의 증가 그리고 새로운 용도로의 개발 등을 들 수 있다.

기존시장의 심화 전략이란 미래에도 현재와 동일한 제품을 구성 및 유지하고 판매시장의 범위에도 변화를 주지 않으며 해당 제품의 시장점유율을 높이기 위한 마케팅 측면에 중점을 지닌 기본적인 대안이다. 기술적으로 우위를 지닌 새로운 제품이 빠른 속도로 개발되어 기존 상품에 대한 수요를 대체해 나가는 것과 동시에 수명주기가 점차 짧아지고 있는 오늘날의 기업환경에서는 새로운 경쟁자들이 계속 시장진입 기회를 노리고 있고 기존 경쟁자들의 점유율 확대 또는 유지 전략도 강화되고 있기에 기존제품으로 기존시장을 공략하는 방안은 장기적 이윤 극대화에는 어려움을 지닌다. 따라서 이와 같은 동태적인 변화의 환경에서 기업의 지속성장을 위해서는 신제품 개발, 신시장 개척, 다각화 등의 대안이 필수적으로 요구된다.

② **시장개발 전략**

시장을 개발하는 전략은 **기존 제품의 판매지역을 새로이 개척하거나 고객층에 대한 다양화를 통해 잠재적인 수요시장을 창출하는 전략**을 말한다. 더 적극적으로 마케팅 활동을 수행하며 새로운 영업 경로나 고객을 확보하고 기존 제품에 대한 새로운 수요를 불러 일으켜 기업의 성장을 도모하는 전략이다. 특히 어떤 이유에서건 기존시장에서 매출액이 하락하기 시작할 때 수요가 줄고 있는 상품을 대체할 신제품이 개발되지 않는다면 기존의 제품을 지속적으로 판매할 수 있는 새로운 시장을 확보하는 것은 기업의 생존과도 직결된다. 이와 같은 시장개발 전략은 시장의 다변화로 표현될 수 있는데 이는 기업의 목표시장이 되는 세분화 시장(market segment)을 기존시장 내에서 확대하는 것도 포함하나 엄밀히 말하면 목표시장을 다른 시장으로 확대하는 것이다.

기업이 설립되고 나면 일반적으로 자금이나 경영능력과 같은 내부적 능력에 한계가 있기에 주로 정보의 수집이 용이하고 친밀감이 있는 좁은 영역의 지역에서 기업 활동을 주로 시작하게 된다. 그러나 기업의 규모가 거대해지고 경험이 축적될 경우, 대상 지역이 확대되는데 우리나라의 경우 국내시장이 협소하기에 몇몇 대기업이 이미 국내시장을 점유하고 있는 경우가 많다. 따라서 우리나라의 기업들은 시장을 개척 또는 확대하기 위한 해외시장으로 눈을 돌렸다. 즉 국내시장을 이미 장악한 대기업에서 내부적으로 더 높은 성장을 이룰 수 있는 잠재력을 보유하고 있다면 이와 같은 역량을 통해 해외시장 진출에 활용하려 할 것이며, 새로이 진출을 시도하는 기업들 또한 이미 포화상태인 국내시장에서의 경쟁을 피하고자 상대적으로 진입장벽이 낮은 해외시장 개척에 더욱 큰 매력도를 느낄 것이다. 그래서 국내기업들에 있어서 시장의 다변화나 시장개발은 해외시장 진출(국제화)을 의미한다.

해외시장의 잠재된 성장 가능성을 인식하지만, 기업의 역량이 부족하다고 느끼거나 불확실성과 불리함이 높은 해외시장으로의 진출을 일종의 모험으로 간주하고 손실 회피를 위해 진출을 꺼리고 국내시장에서의 안정적 성장을 선호하는 경영자들이 많다. 하지만 원자재 및 생산 자원이 부족한 국내의 현실을 고려한다면 해외시장 진출이 기업이 어느 정도 규모 이상의 성장을 위해서는 불가피한 전략이다. 그렇기에 우리나라 기업들은 항상 기업의 국제화에 대한 인식과 노력을 기울여야 한다.

③ **제품개발 전략**

제품개발 전략을 살펴보면 앤소프는 기존 제품을 대체할 만한 신제품의 개발을 통해 기존 시장의 시장점유율을 새로운 제품으로 유지하거나 확대하는 전략을 신제품 개발 전략으로 보았지만, 광의의 개념에서 생각해본다면 제품수명주기 상의 성숙기 또는 쇠퇴기에 나타나는 한계 극복을 위해 기본 제품을 개량하거나 제품의 새로운 용도를 찾아내어 새로운 수요를 창조하는 재순환 전략까지를 포괄하는 의미로 해석해야 한다.

④ **다각화 전략**

성장전략 중 가장 적극적이고 성장 지향성이 높은 전략은 다각화 전략이다. 다각화를 일단 제품계열의 확장 과정으로 정의하며 다각화 과정을 파악하여, 제품과 시장을 각각 독립된 다각화로 보는 광의의 개념이 존재한다. 다각화 전략은 연구자 및 관점에 따라 다양한 개념과 범위를 지닌다. 기본적으로는 다각화의 개념을 제품 – 시장 중심으로 다각화와 금융 기능 그리고 정보 수집 및 분석 기능과 같은 서비스 측면의 기능을 다각화시키는 기능 다각화를 포함하기도 한다. 다각화에 대한 개념은 추후 제3절에서 자세히 다루도록 하겠다.

제 2 절 수직적 통합

1 수직적 통합의 의의

(1) 수직적 통합의 개념

① **수직적 통합의 정의**

수직적 통합이란 기술적으로 구분되는 생산, 유통, 판매 등의 경제적 과정들을 단일기업 내부에서의 통합하는 것이다. 기업의 전방 또는 후방 사업을 통합함으로써 시장에서의 거래보다 내부거래를 통한 자체적인 경제적 목적을 달성하고자 하는 기업의 의사결정을 말한다. 이와 같은 수직적 통합은 수요와 공급에서 오는 불확실성을 감소시키고 가격 변동으로부터 기업을 보호하며 시장에서 발생되는 판매, 계약, 협상 등의 비용을 절감시켜주는 긍정적인 역할이 가능하다. 하지만, 기업의 고정비나 철수장벽을 높이기 때문에 거래 상대를 교체할 수 있는 탄력성을 감소시키기에 위험 수반과 부정적인 효과도 동시에 내포한다.

② **수직적 통합과 가치사슬**

수직적 통합의 수준은 가치사슬 상에서 기업의 활동 중 기업의 영역 안에서 실행되는 활동의 수를 뜻한다. 높은 수준의 수직 통합된 기업은 더 많은 활동을 기업 내에서 실행할 수 있다. 기업의 현재 기업 활동으로부터 가치사슬의 근원, 즉 원재료 쪽의 방향 활동들을 기

업이 통합한다면 후방수직통합(backward vertical integration)이라고 한다. 반대로 기업이 현재 실행하는 기업 활동으로부터 가치사슬의 마지막 단계인 최종 구매자 쪽으로의 활동영역으로 통합을 할 때를 전방수직통합(forward vertical integration)이라고 한다.

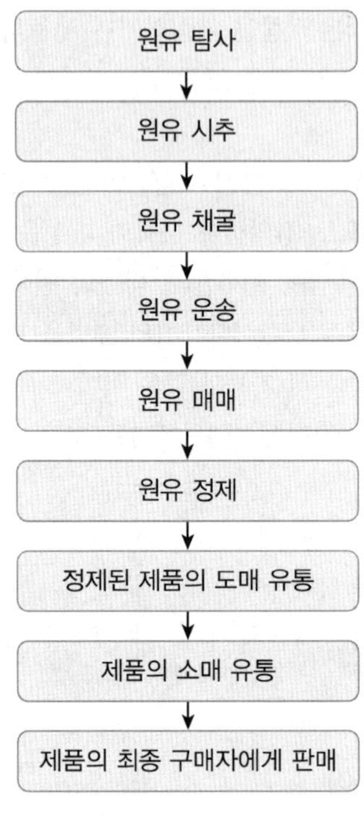

[석유산업에서의 가치사슬]

(2) 수직적 통합의 필요성

① 수직적 통합의 결정요인

수직적 통합은 다음과 같은 상황에 의해서 이루어진다.

㉠ 시장의 불확실성이 커 거래 자체에 위험이 존재하거나 예측이 어려울 경우
㉡ 사업의 전·후방 사업 분야에 종사하는 기업의 교섭력이 클 경우
㉢ 기존시장이 도입기 혹은 쇠퇴기에 놓여 있어 새로운 시장의 개척이 필요할 경우

② 시장실패의 극복

시장실패란 시장에서 거래의 위험이 높거나 존재하는 위험을 제거하기 위한 계약이나 관리가 불가능할 때 발생하는 것으로서, 구매자와 공급자의 수, 자산의 특화, 거래빈도 정도에 따라 영향을 미친다.

③ **구매자와 공급자의 수**

시장에 참여하고 있는 공급자와 구매자 수가 시장실패의 결정요인이다. 즉 구매자나 공급자가 하나일 경우에는 독점적 지위를 활용하고 서로 유리한 위치를 점하려고 시도하게 되지만, 소수일 경우에도 복잡한 조정 과정을 거침으로써 시장실패가 발생하게 된다.

④ **자산의 특성**

시장에 참여하는 공급자나 구매자의 수가 많다 할지라도 이들이 자신의 독특한 설비를 이용해 독과점을 형성함으로써 전환비용(switching cost)을 증가시킬 경우에는 시장실패가 야기된다. 자산의 특화로 인해 야기되는 이와 같은 시장실패는 그 자산의 특성이 자본 집약적이거나 기업의 고정비용 구조를 높이는 경우에 더욱 강하게 나타난다.

⑤ **거래빈도**

소수의 공급자와 구매자 간에 빈번하게 이루어지는 거래 역시 비용을 높여 시장의 실패를 유발한다. 공급자와 수요자 간의 거래빈도가 적을 경우 자산의 특성에 관계 없이 수직적 통합의 필요성이 낮아진다. 즉, 자산의 특화 정도가 낮다는 것은 리스나 신용판매 협정 등과 같이 표준화된 계약을 통해 시장거래를 효율적으로 성사시킬 수 있다. 반대로 자산의 특화 정도가 높은 경우에는 계약 자체는 복잡성을 가질 수 있으나 수직적 통합의 필요성은 여전히 높지 않게 된다. 그러나 거래빈도가 높은 경우에는 거래비용과 거래위험이 커짐으로 인해 수직적 통합의 가능성이 대두된다.

(3) 수직적 통합과 시장지배력

기업 내에 수직적으로 관련된 전방 및 후방 사업의 어느 한 분야에 참여하고 있는 기업이 특정 기업에 대한 강한 교섭력을 발휘함으로써 시장에서 높은 수익을 향유할 때, 이에 대응하기 위해 수직적 통합을 추구하게 된다. 예를 들어 오스트리아 콘크리트 사업자의 경우를 살펴보면, 콘크리트 산업은 낮은 진입장벽과 잦은 수요 변화 등으로 인해 경쟁이 치열하며 손익구조 또한 채석 산업의 공급가격에 큰 영향을 받는다. 반면, 콘크리트 산업에 원재료(모래, 돌 등)를 공급하는 채석 산업은 제한된 채석장의 수와 비용이 높은 수송비 등으로 진입장벽이 높아 커다란 수익을 창출한다. 이와 같이 불리한 시장 상황을 타개하기 위해 오스트리아의 한 콘크리트 사업자는 합병을 통해 채석 산업으로 후방 통합을 실시하였고 공급자인 채석 사업자의 시장지배력을 방지하고 양 산업 모두에서 높은 지위의 확보가 가능했다.

① **시장지배력의 유지 및 강화**

수직적 통합은 시장에 진입장벽을 형성하여 시장 지위를 더 강화시켜주는 도구이다. 다수의 경쟁자가 산업 내에서 수직적 통합을 하고 있을 경우, 수직적 통합을 하지 않은 잠재적인 신규 진입자는 사업의 모든 단계에 참여할 때만 경쟁이 가능하기에 수직적 통합은 기존 시장을 방어할 수 있는 진입장벽의 역할을 한다. 예를 들어 자동차 산업의 경우, 자동차 브랜드들은 일반적으로 전방 통합을 통한 독점적 유통망을 확보한다. 이와 같은 이유 때문

에 신규 진입자는 새로운 광범위한 유통망을 확보하는데 상대적으로 많은 노력과 시간을 투입해야 하므로 경쟁에서 불리해질 수밖에 없다. 만약 GM이 자신들의 독점적인 유통망을 확보하지 못했을 경우 일본 기업에 더 많은 시장을 내주었을 것이다.

② **시장지배력의 기능**

특정 세분 시장을 목표로 한 전방 통합의 경우 가격 차별화를 가능하게 하기에 시장지배력을 높여준다. 시장이 세분화되어 있을 경우 기업들은 가격 민감도가 낮은 시장에 높은 가격을 책정하고, 가격 민감도가 높은 시장에는 낮은 가격을 책정함으로써 총 수익을 극대화하려고 한다. 그러나 이와 같은 전략은 낮은 가격의 시장에서 높은 가격의 시장으로 상품이 재판매 될 가능성이 있기에 실패할 위험이 높아진다. 따라서 이런 경우 낮은 가격 시장으로의 전방 통합을 실시하고 기업은 재판매 가능성을 제거하고 높은 시장 지위의 창출 및 유지를 할 수 있게 된다.

③ **새로운 시장의 창조**

수직적 통합은 도입기에 놓인 산업이 시장을 창조하기 위해 이루어지기도 하는데 이와 같은 경우 수직적 통합은 경쟁자가 모방할 수 없는 독자적 기술이나 강력한 브랜드 이미지를 바탕으로 이행될 때 성공의 가능성이 높다. 또한, 수직적 통합은 사업의 시장 창조를 위해 발생하기도 한다. 주로 시장에서 철수하는 제조 또는 유통업자의 몫을 더 많이 확보하기 위해 전방 통합이 발생하기도 한다.

2 수직적 통합의 가치 및 동기

수직적 통합은 기업의 특정 가치 활동이 기업의 영역 내에 포함되어야 하며, 이러한 수직적 통합의 동기가 무엇인지를 찾는 연구가 진행되어 왔다. 기업의 활동영역에 어떤 가치 활동이 포함되어야 하고 그 이유가 무엇인지에 대해서 노벨상을 수상한 경제학자인 코스(Coase)는 1937년에 발표한 자신의 논문에서 “시장경제가 개별적 경제적 거래를 효율적으로 조정할 수 있다면 왜 기업이라는 또 다른 경제적 거래조정 수단이 필요한가?”의 질문을 던졌다. 시장에서는 아담 스미스가 말한 보이지 않는 손이 시장가격을 통해 모든 제품이나 서비스의 수요나 공급을 조정한다. 반면 기업이라는 통제 기구 내에서 중앙 통제적인 관리자가 하급자를 통제 및 관리하고 하급자들은 하급자 간의 경쟁에서 살아남기 위해 노력한다. 보이지 않는 손의 영향은 어디 있는지에 대한 의문으로부터 시작된 코스의 질문은 다음과 같다. 코스는 어떤 경우에는 경제적 거래를 관리하기 위한 시장을 이용하는데 드는 비용이 경제적 거래를 기업 내부 영역으로 끌어들여서 수직적 통합을 하는 원가보다 더 높다는 사실을 발견하였다. 추후 수직적 통합과 위협 및 특징에 대해 살펴보도록 하겠다.

(1) 수직적 통합과 기회주의의 위협

① 시장거래 위협 감소

수직적 통합이 기업에 가치를 창출해주는 이유 중 가장 대표적인 이유는 시장거래에서 오는 위협을 감소시켜주는 것이다. 기회주의는 기업이 다른 대상과의 거래에서 불공정하게 이용당할 때 발생한다. 대표적인 기회주의의 예로 어느 기업이 거래 대상에게 좋은 품질의 제품을 기대했으나, 실제로 낮은 품질의 제품을 공급받는 경우, 거래대상 파트너로부터 정해진 기한에 서비스를 받기로 했지만, 시간이 지연되거나 시간보다 이른 서비스를 받는 경우, 거래 파트너에게 일정한 가격을 지불하기로 하였지만, 거래대상 기업에서 더 높은 가격을 요구하는 경우 등을 들 수 있다. 기업의 기회주의적 행동은 거래대상 기업의 경제적 가치를 감소시킨다. 기회주의의 위협을 감소시키는 방법은 해당 거래를 기업의 내부 영역으로 끌어들이는 수직통합을 실행하는 것이다. 수직통합을 통해 경영자들은 시장이 해당 거래를 관리하도록 의존하는 대신 기업이 직접 관리하고 통제하도록 할 수 있다. 또한, 거래가 공급자 쪽에 가까운 것이라면 후방수직통합이고 해당 거래가 소비자 쪽에 가깝다면 이를 전방수직통합이라고 하는 것이다. 그렇다면 기회주의에 의해 기업이 처하는 위협의 크기가 기업에 수직적 통합의 원가를 감수할 만큼보다 큰 조건은 무엇인지를 살펴야 한다. 이에 대해 수직적 통합에 관한 연구자는 '거래 특유 투자(transaction-specific investment)'를 할 때 거래 파트너에 의한 기회주의 위협이 증가한다고 말한다. 즉, 거래 특유의 투자는 현행 거래가 다른 용도의 거래로 전환될 경우 해당 투자의 가치가 현저하게 감소하는 성격의 투자를 말한다.

② 수직적 통합과 기업의 능력

수직적 통합의 두 번째 동기는 지속 가능한 경쟁우위를 창출하기 위한 기업의 능력에서 그 이유를 찾는데 이와 같은 관점은 두 가지 특징을 지닌다.

첫째, 기업들은 자신들이 가진 가치 있고 희소하며 모방이 어려운 자원과 능력을 이용할 수 있는 기업 활동을 대상으로 수직적 통합을 해야 한다. 이를 통해 활동들이 창출할 수 있는 이익을 획득할 수 있기 때문이다. 둘째는 기업들은 경쟁우위를 획득하는 데 있어서 자신들이 필요한 자원의 획득을 할 수 없는 활동에 대해서는 수직적 통합을 하지 말아야 한다. 이런 활동은 기업에 이익을 창출할 수 없기 때문이다. 즉, 어느 활동에 필요한 가치 있고 희소하며 모방에 어려움이 있는 자원을 가지기 위한 활동은 궁극적으로 기업에게는 오직 경쟁열위만을 가져오기 때문이다.

이처럼 수직적 통합의 이유를 기업 능력에 기반을 두고 있는 접근법들은 기업이 어떤 활동을 위해 가치 있고 희소하고 모방이 어려운 자원을 소유하고 있다면 해당 활동을 수직 통합해야 하지만 그것이 아니라면 수직적 통합은 피해야 한다고 주장한다.

③ 수직적 통합과 유연성

수직적 통합의 세 번째 동기는 기업의 유연성(flexibility)에 초점을 맞춘 것이다. 먼저, 기업의 유연성이란 기업이 그 전략이나 조직 차원의 결정을 얼마나 쉽게 변경할 수 있는가를 의미하고, 전략 변경의 원가가 낮을 경우에는 유연성의 정도가 높고, 전략 변경의 원가가 높을 경우에는 유연성 정도가 낮다.

기업의 유연성 측면에서는 수직적 통합은 기업의 유연성이 낮다고 정의한다. 왜냐하면, 기업이 수직적 통합을 시행하게 되면 효율적인 운영을 위해 조직구조와 경영통제, 보상정책 등의 측면에서 수직적으로 통합된 어느 정도 고정된 형태를 지녀야 하기 때문이다. 수직적 통합을 하지 않는다면 이러한 조직적 특성의 변경이 용이하기 때문이다.

3 수직적 통합과 지속적인 경쟁우위 그리고 조직구조

수직적 통합이 기업에 지속적인 경쟁우위의 원천이 되기 위해서는 전략이 가치가 있고, 희소하며, 모방에 어려움이 있어야 하기에 기업에게는 수직적 통합 전략을 실행하기 위해 적절하게 조직되어야 한다.

(1) 수직적 통합전략의 희소성과 모방 가능성

① 수직적 통합전략의 희소성

어느 기업의 수직적 통합전략은 소수의 경쟁기업만이 수직적 통합을 통한 가치 창출을 할 수 있을 때 희소성을 갖는다. 기업의 수직적 통합전략을 통해 희소성을 갖는 경우는 다음과 같은 두 가지 상황에서이다. 희소성을 갖는 경우는 다른 기업들이 모두 수직적 통합을 실행하지 못한 상황에서 소수의 기업만이 효율적인 수직적 통합전략을 실행할 때 희소성을 가질 수 있고, 다른 기업들이 모두 수직적 통합을 하고 있고 소수의 기업만이 수직적으로 통합하지 않을 때 수직적 통합전략을 실행하지 않은 기업들은 희소성을 가질 수 있다. 일단 다른 기업들이 수직적 통합을 통한 가치 창출을 하지 못할 때 어떤 기업은 가치를 창출하는 이유는 크게 세 가지가 있다.

㉠ 기업은 거래 상대 기업이 상당한 거래 특유 투자를 할 것을 요구하는 새로운 기술과 경영방식을 개발할 수 있다. 이와 같은 경우 기업들은 기술이나 경영방식에 대한 수직적 통합을 통해 자신들의 이익을 추구할 수 있다. 이런 기술이나 경영방식은 희소하고 모방이 어려운 것이라면 기업에게는 수직적 통합을 통한 기업의 경쟁우위 원천이 될 수 있는 것이다.

㉡ 기업이 가진 능력이 만약 가치 있고 희소하다면 이런 능력을 이용할 수 있는 기업 활동을 수직적으로 통합하는 것은 기업에 일시적이지만 경쟁우위 창출을 가능하게 할 것이

다. 그러나, 어떤 기업이 스스로 가치 있고 희소한 능력을 지녔다고 믿거나 때로는 해당 산업 내에서 희소한 수직적 통합전략을 실행하는 것이 합리적인 방법일 수 있다.

㉢ 기업은 경쟁기업들보다 먼저 불확실성을 해소함으로써 수직적 통합 우위의 획득이 가능하다.

② 수직적 통합전략의 모방 가능성

가치 있고 희소한 수직적 통합전략이 지속 가능한 경쟁우위의 원천이 되기 위해서는 전략 자체의 모방 가능성이 낮아야 한다. 경쟁기업들이 수직적 통합전략을 모방할 경우 직접 복제를 통한 방법 또는 대체재를 이용한 방법이 있다.

첫 번째 방법인 수직적 통합의 직접 복제의 경우는 산업 내 경쟁자들이 특정 기업이 실행하고 있는 가치 있고 희소한 수직적 통합 전략을 통한 필요한 자원과 능력을 개발하거나 획득할 때 발생한다. 만약 자원이나 능력이 경로 의존적(path dependence)이거나 사회적으로 복잡성을 띠거나 인과적으로 모호성을 지닌다면, 경쟁기업들의 직접 복제로부터 자유로울 수 있고, 기업에게는 지속 가능한 경쟁우위의 원천이 될 수 있다.

두 번째 방법인 수직적 통합의 대체재는 주로 전략적 제휴를 통해 발생하는데 이에 대해서는 추후 전략적 제휴에서 살펴보기로 한다.

(2) 수직적 통합을 실행하기 위한 조직구조

① 조직구조와 수직적 통합의 실행 방법

수직적 통합전략을 실행하는 것은 기업의 영역에 속하게 되는 거래들은 기능적 조직구조에서의 한 기능을 담당한다. 제조 또는 마케팅 기능을 수직적으로 통합할 것인가에 대한 의사결정은 결국 기업의 제조 또는 마케팅의 범위와 책임을 결정짓게 한다. 그렇기에 기업이 내리는 수직적 통합 전략에 대한 의사결정에 따라서 그 기업의 기능적 조직구조가 결정되는 것이다. 수직적으로 통합된 기능 구조들의 최고경영자들은 전략 수립(strategy formulation)과 전략 실행(strategy implementation)의 두 가지 책임을 지닌다. 그러나 수직적 통합 전략에 있어서 전략 수립과 전략 실행의 두 가지 책임을 넘어서는 더욱 넓은 차원의 책임을 의미하며, 최고경영자는 수직적 통합에 포함될 기업 활동을 선별하는 책임을 가짐과 동시에 통합 이후에 자연적으로 발생하는 기능적 활동 간 갈등을 관리해야 한다.

최고경영자는 수직적 통합 전략의 실행에 있어서 기능적 부서 간에 나타날 수 있는 갈등은 빈번하게 나타난다. U-form의 구조 형태에서는 기능적 관리자들 간의 갈등은 항상 존재한다. 사실 U-form 구조에서 아무 갈등이 존재하지 않는다면 이 또한 기능 관리자가 제대로 업무를 수행하고 있지 않다는 반증일 것이다. 최고경영자의 임무는 기능부서 간에 발생하는 갈등이 마치 없는 것처럼 꾸미거나 무시하는 것이 아닌 전략 실행을 추진하는 방향으로 갈등을 관리해야 한다.

② 경영통제와 수직적 통합의 실행

적절한 조직구조가 수직적 통합을 실행하는 데 있어서 중요하며, 조직구조를 지원하는 다양한 경영통제 과정 또한 중요하다. 특히 수직적 통합의 실행에 있어서는 예산 계획 과정과 경영위원회 감시 과정이 중요한데 이러한 과정들은 최고경영자가 기능 간의 갈등을 해소하는 데에 도움을 줄 수 있다.

㉠ 예산 계획 과정의 경우 예산 계획은 최고경영자가 수직적 통합된 U-form 구조에서 가질 수 있는 가장 중요한 통제 시스템 중에 하나이다. 대부분 U-form 기업들은 예산에 필요한 자금을 조성하며 예산집행 성과평가의 일은 중요하기 때문이다.

㉡ 조직은 경영통제의 도구로서 예산 계획과 더불어 다양한 내부적 경영위원회를 가질 수 있다. 두 가지의 대표적인 경영위원회로서는 간부 위원회와 운영위원회를 들 수 있다.

더 알아두기

U-form과 매트릭스 조직

기능별 조직(U-form)은 조직의 목표를 위해서 실행해야 하는 기본적인 기능을 중심으로 나눈 하부조직을 말한다. 가장 기본적이고 간단한 조직 유형으로 비슷한 업무를 수행하는 사람들을 모아 놓고 규모의 경제를 형성하고 조직운영 비용이 줄어든다는 점, 전문화가 발생한다는 점 그리고 신속한 의사결정으로 신속히 이어질 가능성이 높다는 장점이 있다. 다만 부서 상호 간의 의사소통이 감소하고 부서 간 이기주의가 발생하기에 시너지 효과가 줄어든다는 단점이 존재하기도 한다. 이는 주로 원가우위 전략을 펼치는 기업이나 사업부에서 많이 쓰이는 조직구조라 할 수 있다. 아래 그림은 기능별 조직(U-form)의 예이다.

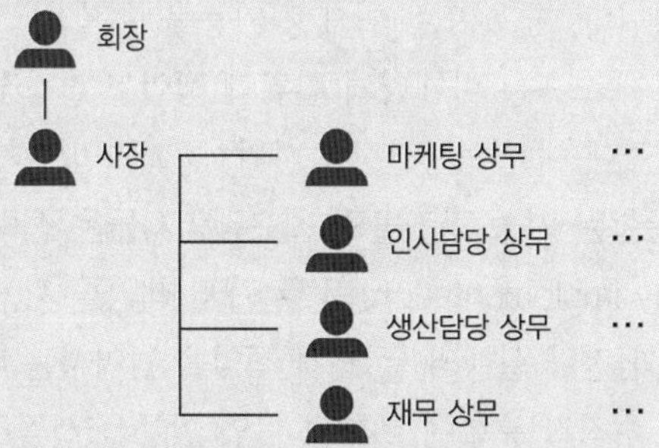

매트릭스 조직은 현대사회의 기업에서 가장 많이 나타나는 기업의 조직 유형으로써 기능별 조직과 부문별 조직이 합쳐진 형태이다. 매트릭스 조직구조에서는 개인이 한 기능 부서에 속함과 동시에 하나의 사업 부문에 속하게 된다. 이와 같은 형태가 등장한 배경은 현대사회에 들어 경영환경에 대한 전문성 확보와 시장의 변화가 기업에게는 빠른 대응의 중요성을 인식했기 때문이다. 매트릭스 조직은 시간과 자원의 제약하에서 고도의 기술적 전문화가 필요하며 제품을 생산하는 조직에 유리하고 환경의 불확실성이 클 때 적합한 구조이다. 다음의 그림은 매트릭스 조직의 예이다.

제 3 절 다각화

1 다각화의 개념 및 유형

(1) 다각화의 특성

기업의 성장 전략 중에서 적극적인 성장 지향 전략은 다각화 전략이다. 그러나 다각화 전략의 개념과 범위에 대해서는 학자들 간 관점에 따라 의견의 일치가 되지 않았다. 앤소프의 경우 다각화 전략은 신제품의 개발과 신시장 개척을 동시에 추구하는 데 비해, 루멜트의 경우 제품 계열의 확장 과정으로써 다각화의 과정을 파악하며, 제품과 시장은 각각 독립된 것으로 보는 광의의 개념으로써 다각화를 정의한다. 두 관점 차이가 본질적으로 큰 차이를 지니지는 않지만, 궁극적으로 새로운 고객이나 시장을 대상으로 신제품을 판매한다는 점에서 새로운 시장으로의 진출을 의미한다고 볼 수 있다. 따라서 다각화의 개념을 규정한다면, 이와 같이 제품 및 시장 중심의 다각화와 더불어 금융 기능과 정보 수집 분석 기능과 같은 서비스 측면의 기능을 다각화시키는 기능 다각화를 포함시키는 것이 올바른 방법일 것이다. 이와 같이 기능 다각화를 광의의 개념으로써 다각화 범주에 포함시키는 것은 다음과 같은 이유로 설명이 가능하다. 만약 다각화를 신제품 개발과 신시장 개척으로만 국한 시킬 경우, 제품을 생산하고 직접 판매하는 제조 기업의 경우는 정책 적용상의 문제가 없고 다양한 수준의 형태와 전략을 분석하는데 용이하지만, 다양한 기능 측면에서 서비스를 제공하는 것을 목적으로 하는 제3차 산업 기업에 대해서는 충분한 설득력을 가지지 못한다. 따라서 다각화를 제품 및 시장 중심의 다각화와 기능 중심의 다각화로 살펴보고자 한다.

다각화(diversification)는 한 기업이 다른 여러 가지 산업에 참여하는 것으로 정의된다. 그러나 다각화된 기업일지라도 모두 동일한 형태로 다각화를 하는 것은 아니다. **제품이나 판매지역 측면의 관련 산업에 집중하는 다각화는 관련 다각화(related diversification)**, 우리나라의 기업과 같이 **관련성이 낮은 산업에 참여하는 비관련 다각화(unrelated diversification)**가 있다. 이와 같이 다각화 전략은 경영전략 측면에서 아주 중요한 요소로서 과거부터 매우 관심도가 높았다. 다각화에 관한 관심은 체계적인 연구로 이어졌으며 알프레드 챈들러(Alfred D. Chandler)가 미국기업의 다각화 전략에 관해서 연구를 시작하였다. 해당 연구에 따르면 미국기업들은 다음과 같은 다각화의 특징을 지닌다.

먼저 미국기업들은 한정된 시장에서 단일품목 제품을 생산하는 기업에서 출발하였다.

다음 단계에서는 통신이나 운송수단이 발전함에 따라서 기업들이 본래의 로컬 시장에서부터 점진적으로 전국시장으로 판매망을 확대해 갔다.

세 번째 단계에서는 기업들이 유통 및 마케팅 부분에서 수직적 통합의 형태로 통합이 발생하였다.

마지막 단계에서는 기업들이 마케팅과 생산 등의 유휴설비를 활용하기 위한 점차 다양한 제품의 생산 품목으로 제품별 다각화를 실행하였다.

기업은 다양한 형태의 다각화 전략을 실행한다. 기업의 다각화 차이를 알기 위한 가장 쉬운 방법은 사업의 관련성에 초점을 두는 것이다. 기업은 제한된 다각화, 관련 다각화, 또는 비관련 다각화를 추구하는데 이에 대해 알아보도록 하자.

A. 제한된 다각화

- 단일 사업: 95% 이상의 수익이 단일 사업에서 창출됨 — A
- 지배적 사업: 70~95%의 수익이 단일 사업에서 창출 — E F

B. 관련 다각화

- 제한된 관련성: 70% 이하의 수익이 단일 사업에서 창출되고, 상이한 사업들은 다양한 연관성과 공통점을 가짐

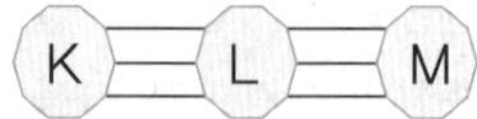

- 연결된 관련성: 70% 이하의 수익이 단일 사업에서 창출되고, 상이한 사업들은 오직 소수 또는 상이한 형태의 연관성과 공통점을 가짐

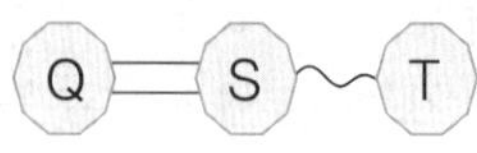

C. 비관련 다각화

- 70% 이하의 수익이 단일 사어에서 창출되고 사업 간에는 연관성과 공통점이 거의 없음

[다각화의 수준과 형태]

① **제한된 다각화(limited diversification)**

기업이 단일산업과 지역에서 기업의 모든 경영활동을 영위할 때 이것을 제한된 다각화라 부른다. **단일사업 기업(single business firms : 하나의 제품시장에서 총 매출의 95% 이상을 가진 기업)과 지배적 사업 기업(dominant business firms : 단일한 제품시장에서 70~95%의 매출을 지닌 기업)이 제한된 다각화의 형태이다.** 단일사업과 지배적 사업 기간의 차이는 그림 A와 같이 단일사업 다각화를 추구하는 기업은 하나인 사업에만 종사한다. 제한된 다각화 전략을 추구하는 기업은 자원이나 능력을 단일 제품 또는 단일 시장 이외에서는 사용하지 않으며, 제한된 다각화 전략을 분석하는 것은 궁극적으로 사업부 수준의 전략 분석과 동일하다 할 수 있다.

② **관련 다각화(related diversification)**

기업이 둘 이상의 제품이나 시장에 해당하는 사업을 영위할 때 해당 기업은 단일 차원의 사업에서 더 나아가 높은 수준의 다각화를 선택한다. 기업 수익의 70% 이하가 단일 제품시장에서 발생하고 다양한 사업들이 관련성을 지니며 연결되어 있으면 그 기업은 관련 다각화의 전략을 실행하고 있다고 볼 수 있다. 다각화된 기업이 추구하는 다수의 사업은 두 가지 측면에서 연관성이 있을 수 있는데, **만약 한 기업에서 관리하는 모든 사업이 투입, 제조, 기술, 유통, 경로, 등에서 공유된다면 이것은 다각화 전략의 '제한적 관련성(related-constrained)'**이다. 제한적이라는 것은 현재 기업이 영위하는 사업과 새로운 사업 간의 자원이나 능력 측면에서 상당한 공통점이 있어야 하기 때문이다.

만약 어느 기업이 추구하는 상이한 사업들이 단 몇 가지 요소로만 연결되어 있거나 기업의 다양한 사업들이 매우 다른 요소로 연결되어 있는 것은 기업 다각화 전략의 '연결된 관련성(related linked)'이라 불린다. 연결된 관련성 다각화 기업의 대표적인 예는 디즈니이다. 디즈니는 단일사업(애니메이션) 기업으로 시작하여 지배적 사업(복합테마파크, 가족영화 등)으로 성장하였다. 최근에는 더욱 다각화의 수준이 높아져서 호텔, 휴양지, 방송사 등 만화 영화 캐릭터 등에 다양하게 진출하였다. 그러나 이런 것들이 디즈니가 비관련 다각화 전략을 추구하고 있다고 의미하는 것은 아니다. 왜냐하면, 결국 대부분의 디즈니 사업들은 넓은 범주에서 오락 산업과 관련이 있기 때문이다.

③ **비관련 다각화(unrelated diversification)**

관련 다각화 전략을 실행하는 기업들은 자신들의 사업 간의 연관성을 지닌다. 그러나 연관성이 없는 많은 사업을 추구할 가능성도 존재한다. **기업 수익의 70% 이하가 단일 제품시장에서 발생될 때, 그리고 기업의 사업이 공통된 부분을 가지고 있지 않을 경우, 그 기업은 비관련 다각화 전략을 추구하고 있다고 볼 수 있다.** 비관련 다각화하면 대표적인 기업이 미국의 GE(General Electric)이다. GE의 경우 항공, 항공 금융, 에너지 관련 제품, 에너지 금융, 유류와 가스, 운송, 자본조달 자문, 건강, 소비재 및 산업재 등에 걸쳐 사업을 영위하고 있다.

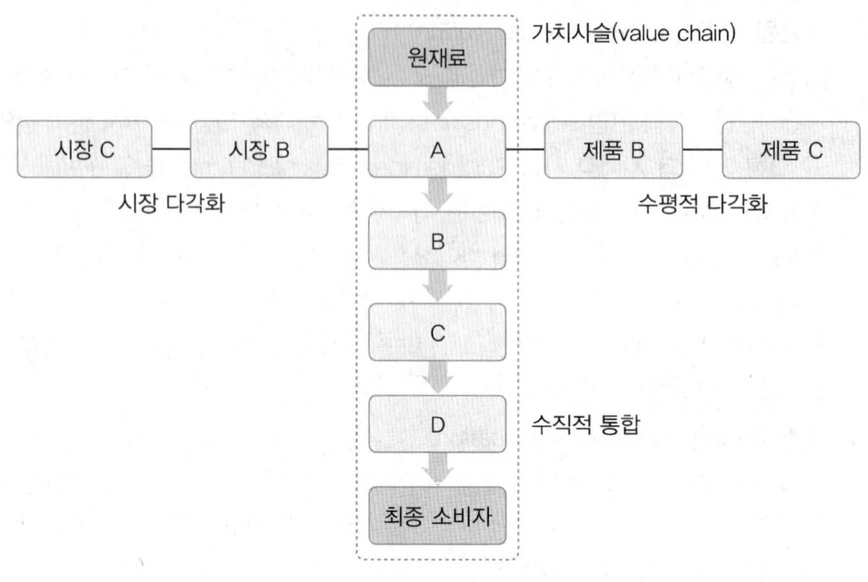

[다각화 전략의 분류]

> 더 알아두기
>
> **관련 다각화 전략을 통한 성공**
>
> 1980년 ㈜유공을 인수한 ㈜선경은 흩어져있던 여러 사업을 그룹 차원에서 수직계열화를 통한 완성을 위해 1983년까지 4년 동안 식품, 기계, 반도체, 목재 등 경영실적이 부실한 11개 자회사를 처분하였다. 처분된 11개의 계열사는 1980년 선경의 전체 22개 계열사 중 절반에 해당하는 숫자였다. 계열사의 정비 이후 1980년 석유제품 판매회사인 ㈜흥국상사를 인수하고 1982년 원유수송을 위해 ㈜유공해운을 설립하였으며, 1985년에는 LPG 공급회사를 설립하는 등 석유화학 관련 산업을 중심으로 사업의 다각화를 실시하였다. 1980년대 설립하거나 인수한 13개 신규 계열사 중 11개 회사가 ㈜유공과 직접 관련성이 있는 기업이었고, 이를 통해 선경은 성공적인 기업으로 거듭났다.

(2) 다각화의 동기

현대 기업들은 한 산업에서 단일 제품만을 생산 및 판매하거나 단일사업 분야에서만 활동하는 것이 아닌, 다품목 혹은 다양한 사업에서 경영활동을 수행한다. 이와 같은 다각화의 동기가 무엇인가에 대해서는 영·미권에서 다각화가 활발하게 추진되었던 1970년대부터 경영전략 분야에서 다양하게 논의되었다. 그 중에서도 중요시된 부분은 **다각화의 동기로서 기업이 다각화를 하는 이유에 대한 답을 찾는 노력이 전개되었으며, 크게 '지속성장 추구', '위험분산', 범위의 경제 추구, 거래비용 절감을 통한 시장지배력 강화 등의 동기들이 있다.**

① **지속적 성장 추구**

기업은 지속적인 성장을 위한 수단으로 다각화를 추진할 수 있는데, 기존 제품이나 사업이 지속적으로 성장률이 떨어지는 때에는 기업의 생존을 위해 새로운 산업에 진출하려는 전략을 선택하게 된다. 또한, 기존 사업의 성장률이나 전망이 나쁘지 않을지라도 새로운 분야에 진출함으로써 선도자의 이점(first mover advantage)을 누리기 위해 다각화를 한다. 기업의 시장 지위가 규모에 의해 결정되거나 경영자의 업적 평가가 수익성보다 매출액에 의해 평가받는 경우 최고경영자가 성장의 극대화를 위해 다각화를 추구하는 동기가 더욱 증대된다.

② **위험분산**

기업들의 위험분산을 위한 노력 또한 다각화의 중요한 동기가 된다. 기업이 한 사업에만 진출해 있을 경우에는 경기순환이나 산업 불경기로 인하여 그 사업의 경기가 하락하는 경우가 있다. 산업의 경기가 하락할 경우 손실이 크게 되며, 이와 같은 위험을 보전하기 위해 다른 산업으로 다각화하는 전략을 택한다는 것이다. 이런 경우에는 특히 관련 다각화보다는 비관련 다각화가 위험분산의 효과가 크다.

이와 같은 위험분산의 동기는 대리인 이론(agency theory)과 관련성이 높은데, 대리인 이론에 의하면 경영자는 자신의 지위의 안정적 유지를 위해 다각화를 추구한다. 기업의 이익 수준이 일시적으로 낮아질 때는 자금조달이나 자신의 지위 유지에 나쁜 영향을 줄 수 있기 때문에 경영자는 다각화를 통한 이와 같은 위험을 회피하려는 동기를 가진다. 또한, 주주나 투자자 또는 종업원 입장에서도 다각화는 위험을 감소하는 효과를 지닌다. 평균수익률이 우상향하지 않더라도 이익의 변동 가능성이 줄어들면 투자의 매력도는 높아지게 된다. 따라서 주가도 향상될 수 있으며, 종업원의 경우 이익의 변동 폭이 감소됨에 따라 고용의 안정성이 증가되는 장점을 가지기 때문이다.

③ **시장지배력의 강화**

다각화는 범위의 경제와 거래비용 절감을 통한 시장지배력 강화를 위한 동기도 존재한다. 기업이 생산, 영업, 판매 활동을 수행하는 과정에서 연구개발 투자나 광고 등의 활동으로 기업의 명성 등의 무형 자산이 축적되며, 이와 같은 자산은 새로운 제품의 생산에 유용하게 활용된다. 즉, 사업을 통한 활동에서 얻어진 노하우를 통해 다른 사업으로의 진출에 경제적인 효율성을 제공하는 범위의 경제로 인해 다각화가 가능해진다.

(3) 다각화의 평가 기준 및 가치 창조 가능성

기업의 목적을 달성하기 위해서 다각화가 도움이 되는지를 평가하는 방법으로 마이클 포터는 매력도 테스트, 진입비용 테스트, 발전성 테스트라는 세 가지 조건을 제시하였다.

① **매력도 테스트**

매력도 테스트(attractiveness test)는 산업이 구조적인 조건에서 매력적이거나 매력적인 가능성이 얼마나 있는지를 판단한다. 매력도 테스트의 경우 마이클 포터의 산업 구조 모형을 적용하여 평가하는 것을 말한다. 일반적으로는 투자 수익률이 높은 매력적인 산업은 진입장벽이 높고 공급자와 구매자의 교섭력(bargaining power)이 낮고, 대체 가능성이 있는 서비스나 제품의 위험이 없으며, 경쟁기업 간 경쟁상태가 안정적인 경우를 말한다.

② 진입비용 테스트

진입비용 테스트(entry cost test)는 새로운 산업에 진입하는데 소요되는 진입비용이 진출한 산업에서 얻게 될 총이익을 초과해서는 안 되는 것을 테스트하는 것이다. 진입비용 테스트는 특정 산업에 대한 매력도 수준이 그 산업에 이미 진입해 있는 기업과 진입 예정인 기업에 서로 다르게 작용한다는 가정을 전제로 하고 있으며, 어떤 산업의 매력도가 높다는 것은 진입을 계획하고 있는 기업에 대한 진입장벽이 높다는 것을 뜻한다. 즉, 산업이 매력적일수록 신규진입 기업들은 진입비용이 높다는 것이다. 그렇기 때문에 특정 산업에 진입하려는 기업이 이들 장벽을 극복하고 지위를 구축하는데 투입되는 비용이 그 산업에서 얻을 수 있는 이익을 초과하는 것이 가능하며 이는 다각화가 주는 장점이 사라지는 것을 뜻한다.

③ 발전성 테스트

발전성 테스트(improvement test)는 새로운 사업단위와 기존의 사업단위와의 연관을 통해 경쟁우위를 확보하거나 기존 사업이 새로운 사업과의 연관을 통해 경쟁우위를 얻을 수 있어야 함을 의미한다. 이와 같은 발전성 테스트는 다각화를 통한 시너지 효과를 영위할 수 있는가를 판단하는 척도이다. 즉, 기업이 새로운 사업단위에 어떤 의미가 있는 경쟁우위를 제공하거나 새로운 사업이 기업의 경쟁우위 창출의 잠재력이 있는가를 판단하는 것이다.

2 기업 다각화가 지니는 가치

기업의 제품이나 서비스의 가치가 기업이 운영하는 사업의 수에 따라 증가할 때 우리는 범위의 경제(economies of scope)가 존재한다고 말한다. 범위의 경제에서 범위란 다각화된 기업들이 영위하는 사업의 범위를 말하며, 이와 같은 관점에서는 오직 다각화된 기업들만이 범위의 경제를 실현할 수 있다. 범위의 경제는 기업의 수입을 증가시키고 원가를 감소시키는 만큼 가치를 지닌다.

(1) 운영적 범위의 경제를 실현하기 위한 다각화

범위의 경제는 기업이 실행하고 있는 사업들 사이의 연관성을 반영하기도 한다. 이와 같이 관련 사업의 운영에서 오는 '운영적 범위의 경제(operational economies of scope)'의 형태는 대개 공유된 활동과 핵심역량의 두 가지 형태로 구분된다.

① 공유된 활동

가치사슬이란 기업의 특정 사업 활동을 보여준다. 가치사슬 분석은 다각화된 기업 내에서 상이한 사업 간에 공유될 수 있는 사업들을 보여주기 위해서도 사용된다. 이와 같이 가치사슬 상 '공유된 활동(shared activities)'은 다각화된 기업이 지닌 잠재적인 운영적 범위의 경제의 원천이다. 예를 들어 다음 그림을 살펴보면 다각화된 기업은 A, B, C의 세 가지 사업을 운영하고 이 세 가지 사업은 가치사슬을 통해 다양한 활동을 공유하게 된다. 이와 같이 공유된 활동은 제한된 관련성과 관련 다각화 기업에서 흔히 찾아볼 수 있는 구조이다. 그림과 같이 공유된 활동들은 다각화된 기업의 원가를 절감하는 데 도움을 준다. 또한, 공유된 활동은 다각화된 기업에게는 두 가지 측면에서 수입을 증가시킨다.

㉠ 공유된 제품개발 또는 판매 활동은 다각화된 기업이 둘 이상의 제품을 번들로 만들어 동일한 구매자에게 제공할 수 있게 한다. 제품 번들(product bundles)의 가치는 각각 분리된 제품이 지니는 가치보다 크다.

㉡ 공유된 활동으로 인해 다른 사업이 가지고 있던 긍정적인 평판을 이용한 수익 향상이 가능하다. 예를 들어 한 사업이 마케팅 사업에 있어서 매우 긍정적인 평판을 가지고 있다면 공유하는 다른 사업들도 이러한 평판의 이점을 얻을 수 있기 때문이다. 궁극적으로 공유된 활동을 통해 다른 사업의 평판 이점을 얻는 사업들도 더 나은 수입 획득이 가능하다.

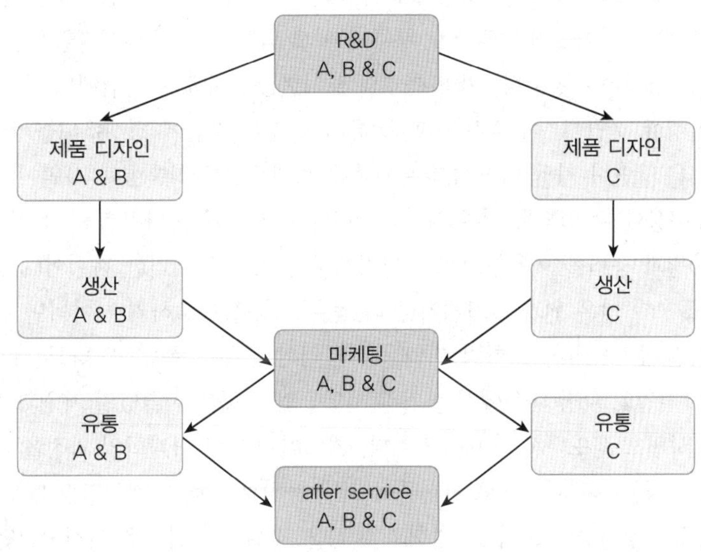

[공유된 활동을 가진 기업의 예]

② 공유된 활동의 한계점

공유된 활동이 다각화 전략의 원천이 될 수도 있지만, 한계점을 지닌다.

㉠ 조직에서의 많은 부분은 다각화된 기업이 사업 간 관계를 얼마나 잘 관리하고 학습할 수 있는가에 따라 수익의 증가가 결정된다. 공유된 활동을 효과적으로 관리하기 매우 어려울 수도 있고 실패 시에는 비효율성 사기 저하 등의 문제가 야기된다.

㉡ 공유된 활동은 어떤 사업이 특정 구매자의 요구에 잘 대응하지 못하게 할 수도 있다. 만약 두 사업의 공유된 활동 시 제조원가의 절감이 가능하겠지만 원가상의 이점을 위해 사업들의 표준화를 진행한다면 각 사업의 구매자들에 대한 요구를 충분히 반영하지 못하게 된다.

ⓒ 만약 다각화된 기업에서 하나의 사업이 좋지 못한 평판을 가지고 있다면 그 사업과 공유된 활동을 가진 다른 사업들 역시 나쁜 평판을 받을 수 있다.

③ **핵심역량**

'운영적 범위의 경제'의 두 번째 개념인 핵심역량 또한 다각화를 통한 시너지 창출의 중요 요인이다. 공유된 활동과는 달리 핵심역량의 연관성은 노하우, 경험, 지식과 같은 무형적 자원을 공유하는 형태를 띤다. 이와 같은 형태의 범위의 경제는 기업의 핵심역량(core competence)에 기반한다. 즉, 기존 사업의 자원과 능력을 이용함으로써 다각화하는 기업은 이와 같은 자원과 능력 없이 동일한 사업에 진출하는 기업보다 낮은 원가를 가지거나 높은 수익을 가지는 두 가지 이점을 동시에 가질 수 있다. 핵심역량이 어떻게 기업의 원가를 감소시키거나 수입을 증가시키는지를 이해하기 위해서는 시간이 지남에 따라 어떻게 핵심역량이 중요하게 되는지를 이해해야 한다. 기업들은 대부분 단일사업으로 시작하며, 단일사업으로 벌어들인 자금으로 재투자 이후 남은 자금인 잉여현금흐름(free cash flow)을 다양한 방법에 사용한다. 만약 기업의 잉여현금을 새로운 사업에 투자할 경우, 다각화 전략을 실행할 것인데, 이 경우 어떤 종류의 사업이 기업에 경쟁우위를 가져다줄지를 고려할 것이다. 당연히 기업 입장에서는 기존에 경쟁우위를 창출했던 자원이나 능력을 다른 사업에도 이용할 수 있도록 기존 사업과 연관된 사업으로의 다각화를 할 것이다. 즉, 기존 사업의 자원과 능력을 이용함으로써 다각화하는 기업은 이러한 자원이나 능력을 지니지 못한 기업들보다 낮은 원가를 가지거나 더 높은 수익을 창출하거나 아니면 두 가지 이점을 동시에 가질 수도 있다. 이처럼 기업들은 사업의 성공을 통해 또 다른 다각화를 실행할 수도 있고, 기업의 확장 과정에서는 기존 사업들의 성공을 이끌었던 자원과 능력을 중심으로 새로운 사업으로 또다시 나아갈 것이다. 기업이 이러한 다각화의 과정을 거치면서, 여러 사업에서의 성공은 결과적으로 자신들이 지닌 자원과 능력의 핵심역량 때문이다. 이와 같은 핵심역량은 경영상의 노하우, 경험과 지식을 새로운 사업으로 이전시키면서 생성된다. 만약 기업이 동일한 핵심역량을 공유하게 된다면 이는 '제한된 관련 다각화(related constrained diversification)'를 실행하는 것이고, 만약 기업들이 상이한 자원이나 능력을 공유한다면 기업들은 '연결된 관련 다각화(related linked diversification)'를 실행하는 것이다. 이러한 핵심역량은 기업들이 다각화 전략에 있어서 더욱 많은 사업을 포함시킬 경우 낮은 원가 또는 더 높은 수익 창출이 가능하다.

④ **핵심역량의 한계점**

범위 경제의 원천으로 공유된 활동의 가치나 핵심역량도 한계점을 지닌다.

우선 조직상의 이슈에서 비롯되어 핵심역량 이용에 있어서 억제될 수도 있다. 또한, 범위의 경제가 지닌 무형적 성질에 기인한다. 공유된 활동은 다각화된 기업에서 유형적인 성격을 띠지만, 핵심역량의 경우 다양한 사업에 공유된 경험, 지식의 무형적 성격만을 반영한다. 공유된 지식이나, 경험 등은 사업 간에 공유되는 지배적인 논리(dominant logic)로 표현되는데 이는 핵심역량의 무형적 성격을 말해준다.

이와 같이 핵심역량의 무형적 성격은 다각화된 사업의 관련성 운영에 있어 문제점을 야기할 수도 있다.

첫째, 무형적 핵심역량은 경영자들로 하여금 관련성이 낮은 사업임에도 불구하고 연관성이 높다는 착각을 일으킬 수 있다.

둘째, 다각화된 기업의 사업들이 핵심역량에 관련이 있더라도 사업의 원가 또는 수익에 미미한 영향을 미칠 수 있다. 만약 어떤 기업이 광고 능력에 있어서 핵심역량을 가졌을지라도 광고가 각각의 사업에 있어서 수익 증대 효과를 가져오지 못하면 광고에 있어서의 핵심역량은 기업의 원가감소나 수익 증대를 가져오지 못한다. 이런 경우 핵심역량은 범위의 경제에 핵심 원천일지라도 그 가치는 미미한 것이다.

(2) 재무적 범위의 경제를 실현하기 위한 다각화

다각화가 지니는 두 번째 가치는 다각화를 통한 재무적 이점으로 다각화와 자본할당, 다각화와 위험감소, 다각화를 통한 세금 혜택이 바로 재무적 이점에 해당한다.

① 다각화와 자본할당

자본은 다음과 같은 특징을 지니는데 우선 독립적인 사업들은 외부자본시장에서 자본을 획득하기 위한 경쟁을 한다. 또한, 사업들은 다각화된 기업들은 외부자본시장에서의 자본 획득을 위해 경쟁하고 내부적으로는 다양한 사업에 자본을 할당한다.

이와 같이 자본에 대한 기업의 관점에서 살펴보면 다각화는 다각화된 기업 내에서 기업 자본에 대한 사업들이 경쟁하는 내부자본시장(internal capital market)을 창출한다. 내부자본시장이 다각화된 기업 내에서 가치를 창출하려면 외부자본시장보다 효율적인 측면이 있어야 한다. 내부자본시장이 외부자본시장보다 효율적이려면 외부 정보보다 더욱 풍부하고 고급 정보가 공급되어야 한다. 또한, 기업이 외부자본시장에서의 자본 획득보다 내부 자본 공급에 있어서 두 가지 장점이 존재한다.

첫째, 독립적인 사업이 자본의 외부 시장에 정보를 제공할 동기를 가지고 있을지라도, 사업에 대한 부정적인 정보의 축소나 은폐의 동기를 가지고 있지만, 내부거래의 경우 더 높은 수준의 정보를 가진 기업은 적절한 자본원가로 합당한 자본을 할당할 수 있다.

둘째, 독립적인 사업은 실제 성과와 전망에 대한 긍정적 정보를 숨길 동기를 지닌다. 그러나 다각화된 기업은 잠재적인 경쟁자들에게는 긍정적 정보를 밝히지 않고도 기업 내부 사업의 추가적인 정보의 접근이 가능한 장점이 있다.

② 다각화와 위험감소

다각화된 기업의 현금 흐름은 비다각화 기업의 현금 흐름의 위험보다 더 낮다. 예를 들어 두 사업을 영위하는 다각화 기업의 위험과 개별적으로 운영되는 두 사업의 위험을 비교해 보면, 만약 두 사업이 각각 매우 위험하고 두 사업 간의 현금 흐름의 상관관계가 높지 않다

면, 단일한 기업 속에서 두 사업을 결합할 때의 위험은 각각 산업의 위험을 더한 것보다 낮을 것이다.

③ **다각화를 통한 세금 혜택**

다각화를 통한 장점 중 한 가지는 세금 혜택이다.

㉠ 다각화 기업은 한 사업에서 손실을 다른 사업에서의 이익으로 상쇄하는 것으로서 이용하면 세금 의무를 감소시킬 수 있다.

㉡ 다각화가 기업의 현금 흐름 위험을 감소시킬 수 있다는 사실은 곧 기업이 파산을 신고할 가능성이 낮다는 것을 의미한다.

④ **내부자본시장의 한계점**

내부자본 할당은 기업에 가져다주는 장점이 있지만, 한계점도 있다..

㉠ 기업이 추구하는 다각화된 수준과 형태는 자본할당 과정의 효율성에 영향을 미친다.

㉡ 내부자본 할당의 효율성 증가는 자본의 외부 공급자가 지니는 정보보다 내부 경영자가 얼마나 더 좋은 정보를 지니느냐에 따라 다르지만, 이런 정보가 무조건 고품질의 정보가 보장되는 것은 아니다.

㉢ 사업부 수준의 경영자들만이 다각화된 기업의 사업성과나 전망에 대한 과장의 동기를 가질 뿐만 아니라, 기업에서 자본할당의 책임을 맡은 기업 수준의 경영자들 사업부의 저조한 성과나 전망에도 불구하고 사업에 대한 투자를 계속할 동기를 지닐 수도 있는 한계점을 지닌다.

(3) 반경쟁적인 범위의 경제를 실현하기 위한 다각화

다각화에 대한 세 번째 동기는 다각화 전략과 기업의 다양한 반경쟁적 활동 사이의 관계에 기초하며, 반경쟁적 활동에는 복수 시장 경쟁과 시장지배력이 있다.

① **복수 시장 경쟁** : 복수 시장에서의 경쟁은 둘 이상의 다각화된 기업이 복수 시장에서 동시에 경쟁하는 것을 말한다. 복수 시장에서의 경쟁은 상호 관용(mutual forbearance)이라는 일종의 암묵적 담합을 증가시킨다. 암묵적 담합은 기업이 완전 경쟁 하에서 가지는 경쟁 강도보다 낮은 수준의 경쟁상황을 만들기 위한 다른 기업들과의 협력을 의미한다. 만약 이익의 현재가치 경쟁으로 인한 손실의 현재가치보다 크지 않다면 기업들은 경쟁적인 활동을 피할 것이다.

② **다각화와 시장지배력** : 다각화된 기업의 사업들 사이에서 야기되는 자본의 내부 할당은 한 사업이 지닌 시장지배력을 다른 사업들도 가질 수 있도록 만든다. 예를 들어 한 기업이 특정 사업에 독점적인 이익을 가지고 있다고 가정해보면, 해당 기업은 또 다른 사업의 운영을 보조하기 위해서 이러한 독점적 이익을 이용할 수 있다. 이와 같은 상호 보조는 약탈 가격 정책(predatory pricing)을 포함한 몇 가지 형태를 취할 수 있다. 이러한 상호 보조의 효과는 보조를 받는 사업 경쟁자들의 시장 퇴출을 가능하게 하고, 보조를 받은 사업이 독점적

이익을 취하도록 하는 것이다. 이와 같은 측면에서는 다각화란 한 기업이 독점적 지배력을 다수의 사업장에게 적용할 수 있도록 하는 다각화의 '풍성한 자금 모델(deep pockets model)'의 실현을 가능하게 한다.

3 제품 – 시장 중심 다각화의 장점과 한계점

(1) 제품 – 시장 중심 다각화의 장점

① 제품 – 시장 중심 다각화의 장점

기업이 참여하고 있는 사업을 다각화시킨다면 그들은 안정적인 성장을 지속하는 것에 유리하다. 각각의 업종 간의 상호 보완적인 성장을 통한 기업의 성과가 안정되고 위험의 분산이 가능하기 때문이다. 구체적으로는 주요 제품의 수명주기 단계에 따른 매출액의 분산이 크고 시기 간의 변동성이 심한 경우나 산업 간의 파행적인 경기변동에 따른 판매액이나 그에 따르는 불안정성이 큰 경우 다각화에 따른 품목의 상호 보완작용으로 이와 같은 어려움 극복이 가능하다. 특히 현대사회와 같이 제품의 수명주기가 짧아지는 상황에서는 소품종 제품에만 주력하기보다는 업종을 다각화시킴으로써 위험 경감 차원에서 기업의 강점으로 승화시킬 수 있다.

다각적이고 광범위한 조사 작업을 통해 시장환경의 정확한 예측이 가능하고 경영자가 가장 합리적인 의사결정이 실행될 수 있다면, 사업 분야를 다각화시켜야 한다는 논리는 의미를 잃게 되었다. 그러나 아무리 방대하고 철저한 정보망을 지니고 있어도 장기적인 관점에서 미래 환경을 항상 정확하게 예측한다는 것은 어려운 일이다. 그렇기에 인간의 제한된 합리성을 극복하기 위해서는 어느 한 제품에만 집중하기보다는 단기적 성과를 노리는 것보다는 유망한 다수를 선별하는 것이 장기적으로 유리하다.

② 제품 – 시장 중심 다각화의 한계점

다른 한편으로 제품 – 시장 중심 다각화는 한계점도 지닌다. 기업이 보유한 인적자원이나 물적자원은 한계를 지니고 이와 같이 유한한 자원을 적절히 배분함을 통해 기업의 경영성과가 나타나는 것이기에 기업 전체의 능력 혹은 기업의 생산 능력을 과도하게 분산시켜 개별 제품이 모두 경쟁력을 잃게 되는 실수를 범해서는 안 된다. 만약 시장에서 독점적으로 우위에 있는 제품을 만들기 위해서는 기업 능력의 집중이 필요하며, 일단 시장에서 우위를 얻었을 경우 이를 유지하기 위한 노력이 지속적으로 필요하다. 그렇기에 무조건 다각화만을 추구하게 되면 기업이 전통적으로 지니고 있던 전문성과 독점성도 유지하기 어렵게 된다. 또한, 새롭게 진출하고자 하는 분야를 계속 늘려갈 때 기업에 마이너스 성장이 발생할 수 있으며 수익성이 떨어지게 마련이다. 이는 결과적으로 기업의 단기적 수익 하락의 원인이 되며, 수익성 하락은 미래의 급격한 수익성 악화를 모면하기 위한 비용이므로 완전한

제거는 어려우나 가능한 이런 비용을 줄이면서 제품 다양화를 통해 소기의 성과를 달성하려면 무차별적인 제품 다양화는 지양되어야 한다.

더 알아두기

다각화의 불경제효과 및 기업성과와의 관계

※ 다각화의 불경제: 사업부 간 자원의 공유가 오히려 비용의 증가를 가져오는 경우

- 관리비용 증가: 기업의 규모가 커질수록 관리부서의 규모가 증가함
- 거래비용 측면: 기업이 다각화를 통해 내부화를 많이 할수록 시장기회를 활용할 수 있는 기회를 놓치게 됨
- 복잡성의 증가: 기업이 다각화를 많이 할수록, 조직의 복잡성이 증가함

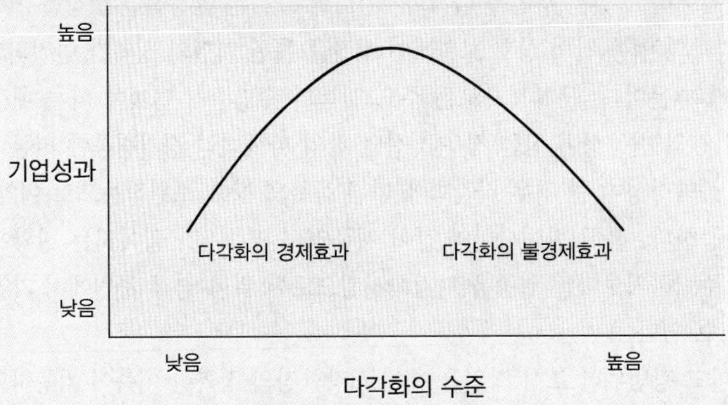

[다각화와 기업성과 간의 관계]

OX로 점검하자

※ 다음 지문의 내용이 맞으면 O, 틀리면 ×를 체크하시오. [1~10]

01 기업은 설립 초기 다양한 사업과 광활한 지역에서 기업을 운영하는 것이 일반적이다. ( )

02 단일사업의 기업들에게는 자신들의 사업 분야에서의 경쟁우위 확보와 지속 가능한 경쟁우위 창출을 위한 노력만을 하면 된다. ( )

03 기업들은 이윤의 지속적인 증대를 위해 매출액의 지속적인 성장을 필수로 한다. ( )

04 기존시장에서 기업이 성장할 수 있는 좋은 방법은 시장점유율의 증대이다. ( )

05 시장개발 전략은 기존 생산되는 제품의 판매지역을 새롭게 개척하거나 고객층에 대한 잠재적 수요시장을 창출하는 것을 말한다. ( )

06 협의의 개념에서 제품개발 전략은 기존 제품을 개량하거나 새로운 용도를 찾는 것을 말한다. ( )

정답과 해설 01 × 02 × 03 O 04 O 05 O 06 ×

01 기업들은 대부분 초기에는 작은 규모, 협소한 지역에서 사업이 시작되며, 제품의 수가 적고 경쟁지위가 낮은 편이다.

02 단일사업 분야에만 초점을 지닌 기업 중에는 사업 확장이나 다각화에 의존하지 않고 자신들의 사업 분야에서만, 경쟁우위를 창출하는 기업들이 존재하지만, 기업의 성장이나 산업의 성장률이 어느 정도 수준에도 잘 할 경우 지속적 성장과 위험감소를 위한 다각화 전략이 고려되어야 한다.

03 기업들은 이윤을 지속적으로 증대시키기 위해서 매출액의 지속적인 성장이 필수이고 경영자들은 일반적인 성장을 통한 이윤 극대화나 시장점유율의 확대라는 성장전략을 채택한다.

04 기업이 기존시장에서 성장할 수 있는 방법은 시장점유율 확대와 기존 고객들의 제품사용률 증가의 두 가지 방법이 있다.

05 신시장을 개발하는 전략은 제품의 판매지역을 새롭게 개척하거나 고객층에 대한 다양화를 통해 잠재적인 수요시장의 창출이며, 더 적극적인 마케팅 활동을 수행하며 새로운 영업 경로나 고객을 확보하고 기존 제품에 대한 새로운 수요를 불러일으켜 성장을 도모하는 것을 말한다.

06 기존 제품의 대체나 신제품의 개발을 통해 기존시장에서의 시장점유율의 확대나 유지를 협의의 개념에서 제품개발 전략이라 하며, 광의의 개념에서는 기존 제품의 계량화와 새로운 용도를 찾는 것 등을 포함한다.

07 수직적 통합은 생산, 유통, 판매 등의 경제적 과정들이 기업 외부에서 의존하는 것을 말한다. ( )

08 다각화 전략은 성장전략 중 가장 대표적인 전략이다. ( )

09 기업의 다각화 동기는 지속적 성장 추구, 위험분산, 시장지배력의 강화 등을 들 수 있다. ( )

10 다각화와 기업성과 또는 경제효과는 언제나 긍정적인 영향을 미친다. ( )

정답과 해설 07 × 08 O 09 O 10 ×

07 수직적 통합은 기술적으로 구분되는 생산 유통 판매 등의 경제적 과정들이 단일기업 내부로 통합되는 것을 말하며, 방향성에 따라 전방 또는 후방 사업의 통합 등이 있다.

08 기업의 성장전략 중에서 가장 적극적인 성장 지향성의 전략은 다각화 전략이다.

09 현대사회에서는 기업들이 한 산업에서 단일 제품만을 생산 및 판매하고나 단일사업 분야에서만 활동하는 것이 아니며 지속 가능한 성장 추구, 위험분산, 시장지배력 강화 등의 동기들이 존재한다.

10 다각화를 통한 사업부 간의 자원 공유가 오히려 비용의 증가를 가져오기도 한다. 관리비용 측면에서 규모가 증가하고, 다각화를 통해 내부거래로 인한 시장거래 기회의 활용이 줄어들고 기업이 다각화를 할수록 복잡성이 증가하기 때문이다.

제 6 장 실전예상문제

01 다음 중 기업의 일반적인 성장 과정에 대한 설명으로 옳지 않은 것은?

① 초기엔 협소한 지역을 배경으로 출발한다.
② 기업 시작 초기 경쟁우위가 높다.
③ 자금의 규모가 작은 편이다.
④ 기업이 생산하는 제품의 종류가 적다.

02 다음 빈칸에 적합한 말로 옳은 것은?

> 기업은 이윤을 지속적으로 증대시키기 위해 (   )의 지속적인 성장이 필수적이다.

① 다각화
② 매출액
③ 최고경영자
④ 브랜드 명성

03 다음 중 단일사업의 장점으로 옳지 않은 것은?

① 해당 사업에 대한 노하우 축적이 더욱 용이하다.
② 경험 축적을 통한 원가절감도 가능하다.
③ 조직 전체의 역량을 하나의 사업에만 집중이 가능하다.
④ 다양한 사업부들의 운영 시너지 창출이 가능하다.

해설 & 정답 checkpoint

01 일반적으로 기업의 초기에는 작은 규모와 협소한 지역, 제품 종류가 다양하지 않고, 자본도 부족하고 시장 내 경쟁지위도 낮은 편에 속한다.

02 기업은 기업의 성장을 위해서는 매출액의 지속적인 성장이 필수적이다. 그렇기에 기업의 최고경영자들은 일반적으로 성장을 통한 이윤 극대화를 위한 매출액이나 시장점유율 증대를 통한 매출액 증대의 목표를 설정한 성장전략을 채택해야 한다.

03 다양한 사업부의 운영은 다각화에 관한 이야기이다. 다각화는 다양한 사업을 영위함으로써 재무적, 운영상의 시너지 창출이 가능하다. 단일사업의 기업 측면에서는 자신들의 위험분산을 위해 다양한 사업의 운영을 고려할 때 다각화 전략을 고려할 수 있다.

정답 01 ② 02 ② 03 ④

checkpoint 해설 & 정답

04 앤소프의 성장전략으로는 시장침투 전략, 시장개발 전략, 제품개발 전략, 다각화 전략이 있다.

05 단일사업의 기업의 경우, 기업이 한 가지 사업에만 집중이 가능하고 높은 수준의 노하우와 경험 축적이 가능하게 된다. 또한, 단기적 성과보다는 장기적 성과의 관점에서 경쟁우위를 위한 노력이 지속적으로 추구하게 된다. 다만, 참여하고 있는 사업이 저성과나 위기에 봉착하면 기업에게는 직접적인 위협으로 다가온다.

06 해당 내용은 단일사업만을 운영하고 있는 기업이 지니고 있는 위험으로 인해 고려되어야 할 다각화 전략에 관한 내용이다.

정답 04 ④ 05 ① 06 ②

04 다음 중 앤소프의 성장전략으로 옳지 않은 것은?

① 시장침투 전략
② 시장개발 전략
③ 제품개발 전략
④ 해외시장 수출전략

05 다음은 단일사업의 장점과 위험에 대한 설명이다. 이 중 옳은 것을 모두 고르시오.

> ㉠ 단일사업은 한 사업에 집중할 수 있는 이점이 있다.
> ㉡ 해당 산업의 침체 시 기업 전체의 위기가 된다.
> ㉢ 노하우를 통한 경쟁우위 창출이 가능하다.
> ㉣ 장기적 경쟁우위를 창출하기 위한 지속적 노력이 추구된다.

① ㉠, ㉡, ㉢, ㉣
② ㉠, ㉡, ㉣
③ ㉡, ㉢, ㉣
④ ㉠, ㉡, ㉢

06 다음 빈칸에 들어갈 말로 옳은 것은?

> 단일사업을 운영하는 기업에게는 참여하고 있는 산업의 침체나 위기가 기업의 존재 자체를 위협한다. 그렇기에 기업들은 성장이 어느 정도 수준에 도달할 때 지속적인 성장과 위험감소를 위해 (　　　)이 고려되어야 한다.

① 제품개발
② 다각화 전략
③ 시장 개척
④ 원가절감

해설 & 정답 checkpoint

07 **다음 중 시장개발 전략으로 옳은 것은?**

① 시장점유율의 확대가 한 방안이다.
② 기존 고객들의 제품 사용을 증가시키는 방법이 이에 속한다.
③ 신규 제품의 개발이 적합한 방안이다.
④ 시장을 개발하고 제품 판매지역을 새로이 개척하는 전략이다.

07 시장점유율의 확대나 기존 고객들의 제품 사용을 증가시키는 방법은 시장침투 전략이다. 또한, 신규 제품개발은 제품개발 전략에 속한다. 시장을 개발하고 제품의 판매지역을 새롭게 개척하는 것이 시장개발 전략의 한 가지 방안이다.

08 **다음은 수직적 통합의 필요성 요인이다. 이 중 옳은 것을 모두 고르시오.**

> ㉠ 자산의 특성
> ㉡ 거래빈도
> ㉢ 최고경영자의 평판
> ㉣ 시장지배력 유지 및 강화

① ㉠, ㉡, ㉢
② ㉡, ㉢, ㉣
③ ㉠, ㉡, ㉣
④ ㉠, ㉢, ㉣

08 기업에 수직적 통합의 필요성은 크게 시장실패의 극복, 시장지배력 행사에 대한 대응, 시장지배력의 유지 및 강화, 새로운 시장의 창조 등에 의해 이루어진다. 최고경영자의 평판을 위한 수직적 동기는 경영자의 사적 이익 추구에 해당한다.

09 **다음 중 수직적 통합의 동기로 옳지 <u>않은</u> 것은?**

① 기회주의의 위협
② 기업의 유연성
③ 기업의 능력
④ 최고경영자의 재량

09 기업이 수직적 통합을 하는 동기로는 시장거래에서 존재하는 기회주의의 위협, 지속 가능한 경쟁우위를 창출하기 위한 기업의 능력, 마지막으로 기업이 전략이나 조직 차원의 결정을 얼마나 쉽게 변경할 수 있는지의 유연성에 따라 다르다. 최고경영자의 재량은 수직적 통합의 동기로 옳지 않다.

정답 07 ④ 08 ③ 09 ④

안심Touch

checkpoint 해설 & 정답

10 제한된 다각화의 경우 95% 이상의 수익이 단일 사업에서 창출되는 것을 말한다.

11 다각화의 주된 동기는 기업의 지속적인 성장 추구와 단일기업이 지니는 산업에 대한 기업 위험(리스크) 분산효과 그리고 시장지배력 강화이다. 기업 평판의 경우 다각화를 통한 평판 관리보다는 사업의 성공 자체에서 오는 원인이기에 다각화 동기로 보기 어렵다.

12 해당 배용은 다각화의 동기 중 기업이 단일사업에만 사업을 영위할 경우 오는 위험의 분산을 위한 내용이다.

정답 10 ② 11 ② 12 ③

10 다음 중 다각화 유형과 설명이 옳은 것은?

> ㉠ 제한된 다각화 : 95% 이하의 수익이 단일사업에서 창출됨
> ㉡ 관련 다각화 : 기업 수익의 70% 이하가 단일 제품 시장에서 발생하고 다양한 사업들이 관련성을 지님
> ㉢ 비관련 다각화 : 70% 이하의 수익이 단일사업에서 창출되고 사업 간에는 연관성이나 공통점이 거의 없음

① ㉠, ㉢
② ㉡, ㉢
③ ㉡, ㉣
④ ㉠, ㉡, ㉢

11 다음 중 다각화의 동기로 옳지 않은 것은?

① 지속적 성장 추구
② 기업 평판
③ 위험분산 효과
④ 시장지배력 강화

12 다음 빈칸에 들어갈 말로 옳은 것은?

> 기업이 한 사업에만 진출해 있을 경우, 해당 사업의 침체나 산업 불경기로 인해 해당 사업이 하락하는 경우가 있다. 이를 해결하기 위해 기업들은 (   )을 위한 노력으로 다각화를 실행한다.

① 기업규모 확대
② 성장 추구
③ 위험분산
④ 시장지배력

해설 & 정답 checkpoint

13 다음 중 다각화의 불경제효과로 옳은 것은?

① 기업의 규모가 커질수록 관리부서의 규모증가로 관리비용이 증가한다.
② 내부화의 증가는 시장기회의 증가도 가져온다.
③ 다각화를 통해 조직은 복잡성이 감소한다.
④ 사업부 간의 자원 공유는 무조건 비용의 감소를 가져온다.

13 다각화의 불경제효과는 기업 규모가 커질수록 관리부서 규모가 증가하는 관리비용 증가, 내부화를 통해 시장 기회를 활용할 수 없는 거래비용 측면, 조직의 복잡성 증가의 이유이다.

14 다음 중 앤소프의 기업성장에 대한 설명 중 옳지 않은 것은?

① 기업의 기존 제품을 새로운 시장에 판매하는 것은 시장개발 전략이다.
② 새로운 제품과 신규 시장으로의 진입은 다각화 전략이 적절하다.
③ 기존 제품을 통해 시장의 점유율 확대를 위한 전략은 시장침투 전략이다.
④ 기존의 시장에서 기업의 기존 제품을 판매하는 전략은 제품개발 전략이다.

14 기업의 성장전략 중 제품개발 전략은 신제품 개발을 통해 기존시장의 시장점유율을 새로운 제품으로 유지·확대하거나 제품수명주기 상의 성숙기 또는 쇠퇴기에 나타나는 한계 및 극복을 위한 개량 또는 새로운 수요를 창조시키는 것을 말한다.

15 다음 중 수직적 통합의 필요성에 대한 설명으로 옳지 않은 것은?

① 시장의 불확실성이 커지고 시장에서의 거래 자체가 위험하여 예측이 불가한 경우
② 기업 사업의 전방 또는 후방 사업 분야에서 거래하는 기업의 교섭력이 클 경우
③ 조직의 관리비용 증가로 인해 불경제효과가 나타날 경우
④ 기존시장이 도입기 혹은 쇠퇴기에 있어 새로운 시장의 개척이 필요할 경우

15 수직적 통합 및 다각화로 인해 기업의 규모가 커지는 경우, 기업들은 관리비용이 증가하게 되고 불경제효과가 나타난다. 이와 같은 경우는 오히려 비용 증가를 불러오는 산업에 대해서 철수 또는 처분이 선행되어야 한다.

정답 13 ① 14 ④ 15 ③

checkpoint 해설 & 정답

16 기업의 유연성은 기업이 수직적 통합을 하는 동기이지만, 기업이 다른 대상과의 거래에서 오는 기회주의의 해결 방안은 아니다.

16 다음 중 수직적 통합과 기회주의에 대한 설명으로 옳지 않은 것은?

① 수직적 통합은 시장거래에서 오는 위협을 감소시킨다.
② 기업에 닥치는 기회주의는 다른 대상과의 거래에서 오는 불공정거래를 말한다.
③ 기회주의의 위협을 감소시키는 방법은 해당 거래를 기업의 내부 영역으로 끌어들이는 수직적 통합을 실행하는 것이다.
④ 기업의 효율적인 운영을 위해 조직구조나 통제 등에서 유연성을 지녀야 한다.

17 환경의 불확실성이 매우 클 경우 적합한 조직구조는 매트릭스 조직이다.

17 다음 중 기능별 조직(U-form)에 대한 설명으로 옳지 않은 것은?

① 조직 목표를 위한 기본적인 기능을 중심으로 나눈 하부조직을 말한다.
② 조직 운영 비용이 줄어든다는 장점이 있다.
③ 신속한 의사결정이 이뤄진다.
④ 환경의 불확실성이 클 때 적합한 조직구조이다.

18 다각화에는 제품이나 사업의 관련성에 따라 관련 다각화, 비관련 다각화가 있다. 또한, 기업은 다양한 형태의 다각화를 실행하는데, 기업의 차이를 알기 위한 가장 쉬운 방법은 사업의 관련성에 초점을 맞추는 것이다.

18 다음 중 다각화 전략에 대한 설명으로 옳지 않은 것은?

① 기업 성장전략 중 가장 적극적인 전략이다.
② 한 기업이 여러 가지 산업에 참여하는 것을 말한다.
③ 기업들이 실행하는 다각화의 차이를 알기 위한 가장 쉬운 방법은 기업의 규모를 파악하는 것이다.
④ 제품이나 판매지역 측면의 관련도가 높은 다각화를 관련 다각화라 한다.

정답 16 ④ 17 ④ 18 ③

19 가치사슬의 마지막 단계인 최종 구매자 쪽으로의 활동영역 통합의 용어로 옳은 것은?

① 조인트벤처
② 인수합병
③ 후방수직통합
④ 전방수직통합

20 다음은 다각화의 평가 기준의 조건과 내용이다. 이 중 옳은 것은 모두 고르시오.

> ㉠ 매력도 – 진입장벽이 높고 공급자와 구매자의 교섭력이 낮고, 대체재의 위협이 없을 때 다각화하려는 산업은 매력적이다.
> ㉡ 진입비용 – 새로운 산업에 진입하는 데 투입되는 비용이 진출할 산업에서 얻게 될 총이익보다 낮을 때 매력적이다.
> ㉢ 발전성 – 새로운 사업이 기존 사업과의 연계를 통해 경쟁우위를 확보할 수 있을 때 매력적이다.

① ㉠, ㉡, ㉢
② ㉡, ㉢
③ ㉠, ㉡
④ ㉠, ㉢

해설 & 정답 checkpoint

19 가치사슬 상에서 원재료 쪽으로의 활동들을 기업이 통합한다면 후방수직통합, 최종 소비자(구매자) 쪽으로 통합한다면 전방수직통합이라고 한다.

20 기업의 목적을 달성하기 위해 다각화가 도움이 되는지를 평가하는 방법에는 마이클 포터가 제시한 매력도, 진입비용, 발전성의 세 가지 조건이 부합하는지를 통해 매력도를 판단한다.

정답 19 ④ 20 ①

checkpoint 해설 & 정답

01
정답 시장개발 전략, 다각화 전략, 시장침투 전략, 제품개발 전략
해설 앤소프의 기업 성장전략은 시장과 제품의 측면에서 시장개발 전략, 시장침투 전략, 제품개발 전략 그리고 다각화 전략의 네 가지로 구분한다.

02
정답 ㉠ 후방수직통합, ㉡ 전방수직통합
해설 수직적 통합 수준은 가치사슬 상에서 기업의 활동 중 기업의 영역 안에서 실행되는 활동의 수를 뜻하고 원재료 방향 또는 최종 소비자 방향에 따라 후방수직통합 및 전방수직통합으로 나뉜다.

03
정답 기회주의의 위협, 기업의 능력, 유연성
해설 시장에서의 거래가 효율적일 경우 기업은 또 다른 경제적 거래조정의 수단이 필요하지 않는다. 하지만 어떤 경우 경제적 거래를 관리하기 위한 시장을 이용하는 데 투입되는 비용이 경제적 거래를 기업 내부 영역으로 끌어들여서 수직적 통합을 하는 원가보다 더 높기에 수직적 통합을 실행한다.

주관식 문제

01 기업의 성장전략 네 가지를 쓰시오.

02 다음 빈칸에 들어갈 적합한 말을 쓰시오.

> 기업의 가치사슬 활동에서 원재료 쪽의 방향 활동을 기업이 통합한다면 (㉠), 반면 기업이 최종 소비자 쪽으로 활동을 통합하는 것은 (㉡)이라고 한다.

03 수직적 통합의 동기 세 가지를 쓰시오.

04 다음 빈칸에 들어갈 적합한 말을 쓰시오.

대부분 기업은 초기 작은 규모와 협소한 지역에서 사업을 시작하고 사업 초기에는 기업이 생산하는 제품의 종류나 자본이 적기에 시장에서의 (㉠)도 낮다. 기업들은 자신들의 약점이나 열세를 극복하고자 (㉡) 증대나 (㉢)을 높이고자 노력한다.

해설 & 정답

04

정답 ㉠ 경쟁지위
㉡ 매출액
㉢ 시장점유율

해설 대부분 기업은 사업 초기 시장 내에서 낮은 경쟁지위를 지닌다. 그렇기에 약점이나 열세를 극복하고자 매출액 증대나 시장점유율을 높이고자 노력한다.

05 다각화의 동기 요인을 쓰시오.

05

정답 지속적 성장 추구, 위험분산, 시장지배력 강화

해설 현대 기업들은 한 산업에서 단일 제품만을 생산 및 판매하거나 단일사업분야에서 활동하는 것이 아닌 다양한 사업에서 경영활동을 한다. 그 중에서 기업이 다각화 활동을 하는 동기는 크게 지속적 성장을 추구하고 기업의 위험을 분산하고, 시장지배력을 강화시키는 데 목적이 있다.

06 기업 성장전략 중 시장개발 전략의 개념을 기술하시오.

06

정답 시장을 개발하는 전략은 기존 제품의 판매지역을 새롭게 개척하거나 소비자층의 다양화를 통해 수요시장을 창출하는 것을 말한다.

checkpoint 해설 & 정답

07
정답 수직적 통합이랑 가치사슬 상에 존재하는 생산, 유통, 판매 등의 경제적 행위들을 단일기업 내부로의 통합을 의미하며, 기업의 전방 또는 후방 사업을 통합함으로써 시장에서의 거래보다 내부거래를 통한 자체적인 경제적 목적을 달성하는 기업의 의사결정을 말한다.

08
정답 기업 수익의 70% 이하가 단일 제품시장에서 발생하고 다양한 사업들이 관련성을 지니며 연결되어 있는 경우 관련 다각화(related diversification)라 한다.

09
정답 다각화의 불경제효과는 사업부 간의 자원이나 능력의 공유가 오히려 비용증가를 불러오는 것을 말한다. 기업 규모가 커짐으로 인한 관리비용 증가, 내부화로 인한 시장기회 활용을 놓치는 경우, 기업 다각화가 많을수록 조직의 복잡성이 증가하는 문제로 다각화의 불경제효과가 나타난다.

07 수직적 통합의 개념을 간략히 기술하시오.

08 관련 다각화의 특징을 간략히 기술하시오.

09 다각화의 불경제효과를 설명하시오.

해설 & 정답 checkpoint

10 다각화로 인한 범위의 경제 원천인 공유된 활동의 한계점을 쓰시오.

10
정답 공유된 활동을 효과적으로 관리하기가 매우 어려울 수 있으며, 사업의 실패 시에는 비효율, 사기 저하의 문제가 야기된다. 또한, 사업의 특정 구매자의 요구에 잘 대응하지 못하는 문제도 발생한다. 마지막으로 하나의 사업이 좋지 못한 평판을 가지거나 이미지에 타격을 입을 경우 공유된 활동을 가진 다른 사업들도 나쁜 평판을 받을 수 있다.

11 제한된 다각화(limited diversification)의 특징을 쓰시오.

11
정답 기업이 단일산업 지역에서 기업의 모든 경영활동을 영위할 때 이것을 제한된 다각화라 부르며, 하나의 제품시장에서 총 매출의 95% 이상을 가진 기업(단일사업 기업)이나 단일 제품시장에서 70~95%(지배적 사업 기업)의 매출을 지닌 기업을 제한된 다각화 기업이라 부른다.

12 다음 중 기존 고객들을 대상으로 신제품의 개발 및 출시를 통한 기업 성장전략이 무엇인지를 쓰고 설명하시오.

12
정답 제품개발 전략 : 기존 제품을 대체할 만한 신제품의 개발을 통해 기존시장에서의 시장점유율을 유지 또는 확대하며, 더욱 광의의 개념으로는 제품수명주기 상의 성수기 또는 쇠퇴기에 나타나는 한계를 극복하기 위한 기존 제품의 개량이나 제품의 새로운 용도를 찾는 것까지 포함하는 전략이다.

checkpoint 해설 & 정답

13

정답 소수의 공급자와 구매자 간에 빈번히 발생하는 거래는 비용에 영향을 미친다. 공급자와 수요자 간의 거래빈도가 적을 경우는 수직적 통합의 필요성이 낮지만, 거래빈도가 높을 경우 거래비용과 거래 위험이 증가함으로 수직적 통합의 가능성이 대두된다.

14

정답 기업의 수익 중 70% 이하가 단일 제품시장에서 발생될 경우, 그리고 기업의 사업이 공통된 부분을 가지고 있지 않을 경우를 비관련 다각화라 한다.

15

정답 공유된 활동, 핵심역량

해설 공유된 활동은 가치사슬 상에서 다각화된 기업이 지닌 잠재적인 운영적 범위의 경제 원천이며, 기업이 지닌 핵심역량 또한, 기업의 시너지 창출의 원천이다.

13 기업이 지닌 거래빈도가 수직적 통합에 미치는 영향을 기술하시오.

14 비관련 다각화의 특징을 간략히 기술하시오.

15 운영적 범위의 경제를 통한 다각화를 가능하게 하는 원천 두 가지를 쓰시오.

다각화된 기업의 관리

제 7 장 다각화된 기업의 관리

제 1 절 사업 포트폴리오 분석의 의의

1 사업 포트폴리오 분석

(1) 사업 포트폴리오 분석의 개념

지금까지 단일사업으로 출발한 기업들이 수직 계열화나 다각화를 통해 성장하는 경로를 따라 각각의 개념들이 지니는 의미를 살폈다. 일단 다각화가 시행되면 기업들은 여러 개의 사업부 혹은 사업단위, 자회사 및 계열사를 거느리게 되는데 그때부터 단일사업일 때와는 다른 일들이 생기게 된다. 즉, 더 매력적이지 못한 사업들에서는 철수나 매각을 하는 등 **한정된 기업자원을 어떠한 사업에 투자할 것인지를 결정하는 우선순위를 결정해야 하는데 기업의 포트폴리오 분석을 통해 이와 같은 의사결정이 용이하다.**

(2) 사업 포트폴리오 분석의 장점

다음은 포트폴리오 분석으로 얻을 수 있는 대표적인 장점들이다.

① **자원의 배분**

포트폴리오 분석을 통해 일반적으로 각 사업에 대한 수익성에 원천이 되는 두 가지 요인인 산업의 환경과 호의성 정도와 해당 산업에서의 기업의 경쟁적인 위상 등에 대한 분석을 통해 여러 가지 사업 간의 우선순위 결정이 가능하다.

② **사업부의 전략 수립**

산업 매력도와 기업의 경쟁위상이라는 두 가지 측면에서 각 사업의 현 위치를 평가함으로써 전략 대안, 즉, 지속적인 투자를 통한 성장 가능한 사업이 무엇인지 또는 철수해야 하는 사업이 무엇인지를 도출할 수 있다.

③ **성과목표의 수립**

각 사업에 대한 객관적인 평가를 토대로 사업별로 실현 가능한 성과목표를 설정할 수 있고 사업부 간의 성과에 대한 상호비교가 가능하다는 장점이 있다.

④ **사업균형의 평가**

기업 내 여러 사업부를 하나의 도표에 구조화함으로써 기업 전체의 사업구조가 지닌 강점이나 약점의 파악이 용이하다. 전체 포트폴리오의 균형은 현금 흐름성, 산업수명주기의 상호보완성 등의 측면에서 분석할 수 있다.

제 2 절 포트폴리오 분석 기법

1 포트폴리오 분석

(1) BCG 매트릭스

사업 포트폴리오 분석 모델은 기업의 사업단위를 평가하고 선택하는 데 사용된다. 1979년에 미국의 Fortune 500대 기업 중 약 45% 그리고 1,000대 기업 중에는 약 36%가 포트폴리오 분석 모델을 사용하고 있는 것으로 나타났다. 포트폴리오 분석 모델은 구체적으로 다음의 세 가지 문제에 대한 방안을 찾는 데 매우 유용하다.

첫째, 기업의 전략적 사업단위(SBU) 중에서 육성해야 할 것과 유지해야 할 것 그리고 제거해야 할 것은 어떤 것인가?

둘째, 기업 전체 목표를 달성하기 위해 각 사업단위에 부여되어야 할 목표들은 무엇인가?

셋째, 기업 전체와 각 사업단위의 목표를 생각할 때 한정된 자원을 각 사업단위에 어떻게 배분해야 할 것인가?

사업 포트폴리오 분석 모델은 크게 시장 매력도(market attractiveness)와 경쟁력(competitive position)의 두 가지 차원으로 구성된다.

기업은 두 가지 척도를 통해 사업단위를 평가할 수 있다. 사업단위Ⅰ나 사업단위Ⅱ에 해당하는 사업단위는 유지하고, 사업단위Ⅳ에 해당하는 사업단위는 제거하는 전략을 수립할 수 있다. 사업단위Ⅲ에 해당하는 사업단위는 경쟁력을 갖추어 사업단위Ⅰ로 전환하는 시도가 행해질 수도 있고 경쟁력의 확보가 어렵다고 판단된다면 사업의 제거를 결정할 수도 있다. 지금까지 개발된 사업 포트폴리오 분석 모델 중 가장 대표적인 모형은 보스턴 컨설팅 그룹(BCG : Boston Consulting Group)의 성장-점유 매트릭스(growth-share matrix)와 제너럴 일렉트릭(General Electric)사와 맥킨지(McKinsey)사가 공동으로 개발한 시장매력도-사업경쟁력 모형(market attractiveness-business strength model)이 대표적이다.

[시장매력도와 경쟁력]

구분	시장매력도	경쟁력
사업단위 Ⅰ	높음	높음
사업단위 Ⅱ	낮음	높음
사업단위 Ⅲ	높음	낮음
사업단위 Ⅳ	낮음	낮음

① BCG 매트릭스의 개념

BCG 매트릭스의 경우 시장 매력도는 시장성장률로, 경쟁력은 상대적 시장점유율로 각각 반영된다. 그렇기에 각각의 사업단위와 같이 나타내는 BCG 매트릭스(성장-점유 모형)는 네 부분으로 나누어지게 된다. BCG 매트릭스는 네 가지 주요한 가정을 기초로 한다.

㉠ 상대적 시장점유율이 클수록, 해당 사업단위는 자금(cash)을 더 많이 유입시킨다. 그 이유는 경험곡선효과(experience curve effect) 때문이다.

㉡ 침체 또는 저성장의 시장보다 고성장시장에서 시장점유율을 늘리고자 할 때 자금은 더 많이 사용된다. 이는 시장점유율이 높을수록 점유율의 향상을 위해서 시설 투자, 연구개발 투자 및 개선, 촉진 및 유통 등의 노력이 필요로 하기 때문이다.

㉢ 상대적 시장점유율과 고성장할 때 시장점유율을 늘리고자 자금이 더욱 많이 투입되는 결과로 한 사업단위가 거두어들이는 순 자금(net cash)의 수준은 시장성장률, 시장점유율 그리고 시장점유율에 대한 기업의 전략에 달려있다.

㉣ 시장성장 정도는 기업의 마케팅 활동에는 별다른 영향을 받지 않는다.

② BCG 매트릭스의 기준

BCG 매트릭스에서 저성장과 고성장을 구분하는 것은 매우 자의적 기준에 의해서다. 저성장과 고성장의 구분기준은 기업의 경쟁 전략적 지향성이나 시장에 따라서 달라질 수 있다. 일반적으로 10%나 15% 이상의 성장률을 보이는 시장은 고성장의 시장이라 하며, 그 이하의 경우 저성장시장이라 한다. 한편, 제품수명주기(product life cycle)와 관련된 위치를 보면 고성장의 시장은 성장기 혹은 도입기에 해당하고 저성장의 시장은 성숙기 혹은 쇠퇴기에 해당한다. BCG 매트릭스에서는 시장점유율은 일반적으로 상대적 시장점유율로써 표시되는데, 상대적 시장점유율은 자사의 시장점유율을 시장점유율이 가장 큰 경쟁자의 시장점유율로 나눈 값을 말한다. 따라서 시장점유율이 1등인 기업의 상대적 시장점유율은 시장점유율 2등 기업의 시장점유율로 나눈 값을 말한다. 그리고 2위 이하의 기업들의 상대적 시장점유율은 해당 기업의 시장점유율을 1위 기업의 시장점유율로 나눈 값이다. 상대적으로 시장점유율이 낮고 높음을 판단하는 기준도 저성장/고성장의 기준과 같이 자의적인 판단에 의해서 결정된다. 통상적으로 1.0이 높고 낮음의 기준이 되는 것이다. 그러나 이와 같은 기준도 기업의 경쟁 전략적 관점에서 시장의 환경에 따라 달라질 수 있다. 다음에 나오는 표는 상대적 시장점유율의 계산 예시를 보여준다.

[시장점유율과 상대적 시장점유율]

기업	시장점유율	상대적 시장점유율
A	50%	1.67
B	30%	0.6
C	20%	0.4

(2) 사업부의 평가 및 전략적 선택

① 물음표(question mark)

고성장시장에 있으면서 시장점유율이 상대적으로 낮은 사업단위의 상태를 말한다. 일반적으로 다른 기업이 창조한 제품시장이 확대되게 되면 다수 기업이 해당 시장에 진입하게 된다. 따라서 많은 기업의 사업단위들인 'question mark'에서 시작한다. 만약 기업들이 투자를 위한 여력들이 있을 때는 가격 인하, 생산시설의 확충 등의 계속적인 지원에 의해 시장점유율 육성전략(build)을 실행할 수 있다. 시장점유율 증대에 따라서 'star'가 되거나 star의 위치에 근접할 수 있다. 예를 들어 삼성전자는 컴퓨터 회사인 삼보 컴퓨터보다 개인용 PC 사업에서 후발 주자였지만 시장점유율 1위의 기업이 되었다. 물음표(question mark)를 지원하기 위해 자금의 cash cow에서 지원될 수 있지만 이와 같은 여력이 없을 때는 제거할 수 있다. 이런 경우 기업은 수확전략(harvest)에 따라서 물음표(question mark)에 투자를 중단하고 결과적으로 물음표(question mark)는 시장에서 경쟁력을 잃게 된다. 때때로 경우에 따라서는 'question mark'를 신속하게 제거하는 것이 좋다고 판단하면 철수전략을 택할 수도 있다.

② 별(star)

별(star)은 고성장시장에 있으면서 시장점유율은 1위인 사업단위로서 시장성장의 기회가 매우 좋고 경쟁우위를 지니기에 지속적인 지원이 바람직하다. 시장점유율이 매우 큰 별(star)에서는 유지전략이 적절하나, 시장점유율이 매우 크지 않은 때는 육성전략이 사용되기도 한다. 별(star)은 높은 시장점유율로 인하여 경험곡선효과에 의하여 마진(margin)이 증대되는데 이 결과 많은 자금의 유입이 가능한 구간이다. 그러나 성장의 과정에 있는 시장에서 시장점유율을 유지하거나 늘린다면 많은 자금이 필요로 한다. 이와 같은 자금은 예를 들어 R&D(연구개발투자), 새로운 시설 투자, 기업의 촉진 활동, 유통경로 개척 등에 투자된다. 그렇기에 별(star)에 유입되는 자금 중 상당 부분은 자체적으로 재투자를 위해 소모되게 된다. 특히 시장성장률이 매우 높고 경쟁력이 강하지 못한 별(star)의 경우에는 자금 유입보다 자금 소모가 더욱 많을 수도 있다. 더 경쟁력이 강한 별(star)일수록 많은 자금을 유입하므로 자금 유입의 주요 원천이 된다. 또한, 시장성장률이 둔화되거나 자금 젖소(cash cow)가 되면 자금 유입의 주요 원천으로서 공헌하게 된다.

③ **자금 젖소(cash cow)**

자금 젖소(cash cow)는 저성장시장에서 높은 시장점유율을 가진 사업단위로써 유지전략이 적용된다. 저성장 시장이기에 자금 젖소(cash cow)에 대한 적극적인 육성전략이 바람직하지는 않다. 그러나 경쟁자의 시장점유율 잠식에는 적절한 대응이 필요로 한다. 그렇기에 높은 시장점유율로부터 얻어지는 이익의 향유가 가능해진다. 투자의 필요성은 상대적으로 작지만, 이익은 크기에 자금 젖소(cash cow)는 기업에 자금을 가져다주는 역할을 한다(cash inflow). 자금 젖소(cash cow)에 의해 유입되는 자금은 물음표(question mark) 혹은 별(star)이나 새로운 사업단위를 개발 혹은 인수하는 데 이용된다.

④ **개(dog)**

개(dog)는 저성장시장에서 약한 경쟁력을 지닌 사업단위로써 이에 대한 기업이 기본적으로 선택하는 전략은 장기적 혹은 단기적으로 제거하는 것이 적절하다. 개(dog)는 저성장시장에 있기에 대개 기존 시장점유율의 유지 노력이 크게 의미가 없으며, 따라서 투자지원을 더 하지 않게 된다. 그렇기에 장기적인 제거의 전략으로써 수확전략(harvest)을 취하거나 사업단위의 보유 자체가 기업에 자금압박을 초래한다면 단기적으로는 철수전략(divest)을 선택한다. 철수전략을 취할 때에는 한 번에 유입되는 자금을 다른 사업단위에 지원하거나 새로운 사업단위의 개발 인수에 사용할 수 있다. 예를 들어 대우통신은 개인용 PC를 생산하는 미국 현지 회사인 Leading Edge를 매각하여 PC 관련 R&D를 위한 법인을 설립하였다. 또한, LG전자는 수익성이 없다고 판단된 카메라 사업부를 철수하고 미국의 전자제품 생산 업체인 Zenith를 인수하였다. 그러나 개(dog)의 단계에서는 다른 사업단위와 보완관계나 그 밖의 여러 가지 이유에 의해 유지될 수 있다. 예를 들어 반도체 사업단위의 경우 사업부 자체의 경쟁력이 약할지라도 기업의 다른 사업 단위(컴퓨터 사업단위의 자체적 사용을 위해)에 의해 유지될 수도 있다.

[BCG 매트릭스에 따른 전략적 활용]

사업단위의 유형	주요전략의 유형
question mark	육성전략(build), 수확전략(harvest), 철수전략(divest)
star	유지전략(hold), 육성전략(build)
cash cow	유지전략(hold)
dog	수확전략(harvest), 철수전략(divest)

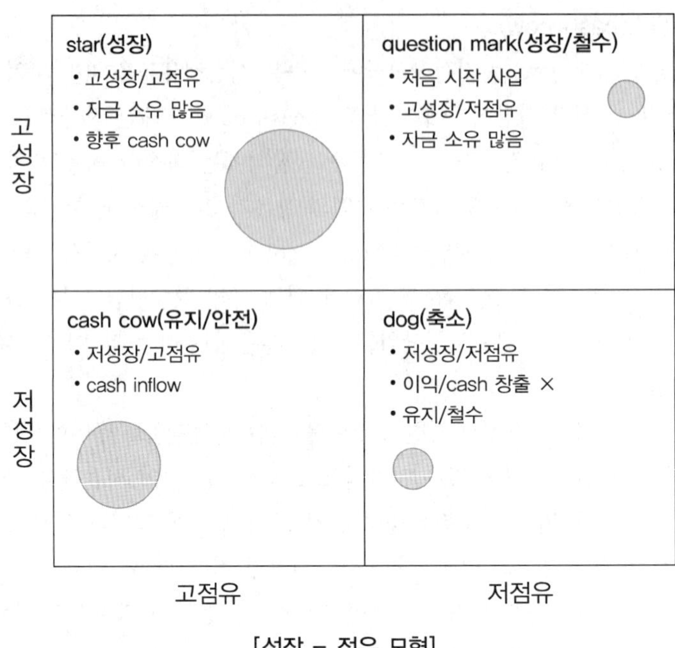

[성장 – 점유 모형]

(3) BCG 매트릭스(포트폴리오)의 장점 및 단점

① BCG 포트폴리오의 장점

기업의 모든 사업단위를 BCG 매트릭스에 표기하고 평가한다면 해당 기업의 전반적인 건강 상태와 자금조달능력을 한눈에 알 수 있다는 특징을 지닌다. 예를 들어 대부분 사업이 cash cow에 위치한다면 기업은 자금 동원능력 부분에서 매우 좋은 상태라는 것을 알 수 있고, 대부분 사업이 dog에 위치하고 있다면 기업의 유동자금이 부족하고 기업 전체가 상당히 어려운 국면에 있다는 것을 말해준다. 기업의 가장 이상적인 상태는 cash cow에 큰 사업이 몇 개 있고 별에 다수의 사업이 존재하는 경우일 것이다. BCG 매트릭스는 기업의 최고경영자에게 각 사업단위의 자원 배분에 대한 지침을 제공하고, 존속시킬 사업과 처분해야 할 사업 그리고 기업의 목표를 달성하게 할 수 있는 사업이 무엇인지 궁극적으로는 기업의 이상적인 균형을 알 수 있게 해주는 유용한 분석방법이라 할 수 있다.

㉠ 산업에 대한 단순화와 유형화를 통해 상대비교에 의한 포지셔닝이 가능하다.
㉡ 동일한 조건에서 상대적 우선순위에 의한 비교가 가능하다.
㉢ 4분면의 구분을 통해 라이프 사이클과 연계가 가능하고 산업에 대한 신속하고 간단한 미래예측이 가능하다.

② BCG 포트폴리오의 단점

㉠ 시장점유율의 개념을 어떻게 정립하는가에 따른 사업의 위상이 달라질 수 있다. 예를 들어 시장이 좁거나 혹은 넓게 정의될 수 있고, 점유율 또한 물량 단위 혹은 금액에 의해

달리 계산될 수 있기 때문에 사업단위의 현재 위치에 대한 분석이 다소 유동적일 가능성이 크다는 단점이 있다.

㉡ 시장점유율과 현금 가치 창출과의 관계가 항상 기대했던 대로 나타나지 않는다는 것으로 높은 시장점유율이 반드시 높은 수익을 보장하지 않는 경우가 있기 때문이다.

㉢ 현금흐름에 대한 인식(내부적 균형)이 기업에서는 가장 중대한 사항이 아닐 수 있다.

㉣ BCG 매트릭스가 사업단위들과의 관계나 상호의존성을 무시하기에 사업부 간에 창출되는 시너지 효과에 대한 고려를 하지 못하고 있다.

㉤ BCG 매트릭스에서 추천되는 전략들은 외부에 의해 야기될 수 있는 제약 요인들 때문에 항상 타당성을 지니지 못한다.

2 GE/맥킨지(Mckinsey) 매트릭스

(1) GE/맥킨지(Mckinsey) 매트릭스의 개념 및 구성

① GE/맥킨지(Mckinsey) 매트릭스의 개념

GE와 맥킨지가 공동으로 특정 사업 부문이 왜 다른 사업 부문들보다 우수한 성과를 창출하는지를 규명하기 위해 공동으로 작업한 결과, 전략사업단위(SBU)라는 개념이 만들어졌으며, GE는 이 SBU라는 개념들을 즉각적으로 자신들의 사업 부문에 적용하며, 이를 바탕으로 각 사업 부문이 외부환경에 대한 경쟁 분석으로 대체하는 공식적 전략기획을 구축하기로 결정하여, BCG 매트릭스를 채택하려 시도했다. 하지만, BCG 매트릭스의 한계점인 단순한 변수들 때문에 더욱 포괄적인 분석 도구의 개발을 맥킨지사에 요청하여 만들어진 것이 바로 맥킨지 매트릭스이다. 앞서 말한 바와 같이 맥킨지 매트릭스는 특정 사업 부문이 왜 다른 사업 부문들보다 우수한 성과를 지니는지를 살피며, 전략사업단위라는 개념을 만들었다. 또한, BCG 매트릭스의 취약점을 보완하고자 만들어진 것으로서 맥킨지 매트릭스는 더욱 세분화된 산업 매력도와 사업의 강점을 축으로 하고 있으며, 이를 상중하로 구분하여 총 9개의 매트릭스로 구성된다.

② GE/맥킨지(Mckinsey) 매트릭스의 구성

BCG 매트릭스가 단순하고 포괄적인 개념으로 인해 이를 보완하고자 개발된 맥킨지 매트릭스는 산업 매력도와 사업경쟁력이라는 두 가지 기준을 사용하여 전략사업단위를 평가하고 있다. 또한, 아주 다양한 변수들을 고려하는 것이 특징이다. 구체적으로 산업 매력도에는 시장성장률, 시장의 규모, 규모의 경제, 산업 수익률, 경쟁 강도, 자본 집약도, 기술 수준, 주기성 등 환경적 기회 및 위협요소들을 포함한다. 그리고 사업경쟁력에도 수익률, 경영, 생산성, 가격 및 품질경쟁력, 시장 지식, 기술력 등의 경쟁력에 대한 강점 또는 약점들로 구성되어 있다.

[맥킨지 매트릭스의 평가기준]

산업매력도	사업경쟁력
• 시장규모 • 시장성장률 • 산업수익률 • 규모의 경제 • 경쟁강도 • 주기성 • 자본집약도 수준 • 기술수준 • 환경적 기회 및 위험요소 • 진입장벽 및 철수장벽	• 시장점유율 • 수익률 • 생산성 • 가격 및 품질경쟁력 • 시장지식 • 기술력 및 핵심성공 요인의 보유 유무 • 경영능력 • 경쟁적 강점 및 약점 • 상대적 원가지위 • 고객과 시장에 대한 지식

③ 아래의 그림은 일반적으로 분석에 사용되는 변수들의 예시들이며, 산업에 따라서는 수익성을 결정하는 주요한 변수가 무엇인지를 잘 알려주는 경우도 있고 어떤 산업에서는 여기에 대한 논란이 존재하기도 한다.

산업매력도
① 시장규모
② 시장성장률
③ 산업수익률
④ 규모의 경제
⑤ 경쟁강도

사업경쟁력
① 시장점유율
② 수익률
③ 생산성
④ 품질경쟁력
⑤ 시장지식

산업매력도 \ 사업경쟁력	강	중	약
고	투자/성장 전략	투자/성장 전략	선택/집중 전략
중	투자/성장 전략	선택/집중 전략	수확/철수 전략
저	선택/집중 전략	수확/철수 전략	수확/철수 전략

[맥킨지 매트릭스]

(2) GE/맥킨지(Mckinsey) 매트릭스의 전략적 활용 및 한계점

① GE/맥킨지(Mckinsey) 매트릭스의 전략적 활용

아래의 표는 매트릭스의 부분별로 제시되는 전략 대안이다. 이와 같은 표준적 전략은 전략의 전반적인 방향성과 의사결정에 있어서 경영자들의 상반되는 의견이 도출될 때 의견수렴에 도움을 준다.

[산업매력도 및 사업경쟁력의 전략대안]

구분		산업매력도 고	산업매력도 중	산업매력도 저
사업경쟁력	강	• 성장 • 시장지배 추구 • 투자의 극대화	• 성장시장 파악 • 많은 투자 • 현재 지위 고수	• 현재 지위고수 • 현금흐름 확보 • 현상 유지 투자
사업경쟁력	중	• 세분화를 통한 선두 확보 • 약점 파악 • 강점구축	• 성장시장 파악 • 특화 • 선택적 투자	• 제품계열 축소 • 투자 최소화 • 투자회수 준비
사업경쟁력	약	• 특화 • 틈새시장 추구 • 기업 인수 고려	• 특화 • 틈새시장 추구 • 시장 철수 고려	• 선두기업에 의존 • 경쟁기업 현금 창출 • 사업 공격 • 시장 철수 및 투자 회수

더 알아두기

맥킨지 매트릭스의 사용법

- 매트릭스의 두 축은 기업의 외부 요인인 산업매력도와 기업의 내부요인인 사업경쟁력이다.
- 산업매력도와 사업경쟁력의 평가요인들을 통해 기업의 의사결정들이 경험과 판단을 통해 가중치를 부여한다.
- 산업매력도와 경쟁적 위치의 평가요인은 특정 산업에 진출해 있는 자사의 사업단위별로 평가한다.
- 매트릭스 상에서 사업단위별로 산업매력도와 사업경쟁력의 평가 점수를 타원형으로 배치한다. 타원의 의미는 각 사업단위가 속한 시장이나 산업 내에서의 크기를 나타내고 타원 속에 색칠된 부분은 해당 산업 내에서 자사 사업단위를 의미한다.
- 매트릭스에는 9개의 별(star)이 만들어지는데 각 셀의 가지는 의미는 상이하다. 좌측 상단에 있는 3개의 셀의 경우 전반적인 산업매력도가 높아 기업이 투자 또는 성장의 전략을 펼쳐야 한다. 반면 우측 하단의 3가지 셀은 전반적으로 산업매력도가 낮기에 수확 또는 철수전략을 고려해야 한다. 그렇기에 각 사업단위의 평가가 어느 셀에 위치하고 있는지를 주의 깊게 살펴야 한다.

② GE/맥킨지(Mckinsey) 매트릭스의 한계점

BCG 매트릭스의 보완과 더불어 구체성을 지닌 포트폴리오 분석 도구인 맥킨지 매트릭스이지만 분석상의 한계점을 지닌다. 맥킨지 매트릭스가 지니는 한계점은 크게 두 가지인데 분석 도구가 지닌 가정과 분석 도구의 잘못된 적용의 위험성 그것이다.

㉠ 분석 도구가 지니는 모호성에 기반한 문제점

첫째, 전략사업단위(SBU)의 정의로 BCG 매트릭스와 마찬가지로 독립적 전략사업단위의 아이디어는 잘못된 명칭일 수 있다. 만약 분석 대상이 되는 다양한 전략사업단위(SBU)들이 서로 연관(예 결합비용, 서로 협력하는 전략 옵션)되어 있을 때 분석결과에 오류를 야기할 수 있다.

둘째, 변수의 선택이다. 비즈니스 스크린을 통해 사업강점과 산업매력도를 정의하기 위해 선택된 변수들이 정확하게 포괄적이라고 가정을 하고 있기에 각 변수에 부과된 가중치는 편향되고 오류를 내포할 가능성이 존재한다.

셋째, 위험(risk)을 무시한 측면이 있다. 오직 기업의 수익만을 기준으로 하기에 기업의 자원 획득을 위해 경쟁하는 전략사업단위(SBU)와 관련된 수익의 가변성을 정확히 제시하지 못할 가능성이 존재한다.

㉡ 분석 도구의 잘못된 적용

첫째, 맥킨지 매트릭스는 기본적으로 전략사업단위(SBU)의 경쟁상황을 어느 특정 시점에서 정태적으로 분석하는 것에 불과하기에 변수들의 변화에 대한 지속적인 모니터링을 위해서 동태적인 분석이 필요하다.

둘째, 전략분석을 뒷받침하기 위한 서술적 모델이 지니는 한계점이 있다. 즉, 맥킨지 매트릭스 또한 규범적인 전략의 측면의 성격을 지니기에 의사결정을 도와주는 지침 정도의 기능만을 한다.

셋째, 전략사업단위 또는 산업의 경계에 관한 정의를 하는 데 있어서 9개의 매트릭스 상에 전략사업단위의 위치를 부정확하게 정할 수 있다. 즉, 이들 변수에 대한 정의를 찾기 어렵고 이로 인해 잘못된 분석의 결과나 전략이 도출될 수 있다.

넷째, 매트릭스 상의 사업의 위치를 통해 제공되는 3개의 일반적인 전략이 너무나 단순하다는 문제점을 지닌다.

(3) 시장수명주기 매트릭스

① 시장수명주기 매트릭스의 특징

컨설팅 자문회사인 리틀(A. D. Little)사가 개발한 시장수명주기 매트릭스는 사업단위의 경쟁지위를 두 개의 축으로 크게 세 부분으로 구분지어 각각의 적절한 투자 전략을 제시하였다. 따라서 수명주기의 전반부에 속하고 경쟁지위를 가지고 있을 때 적극적인 투자 전략이 바람직하다. 반면에 수명주기의 후반부에 속하고 낮은 경쟁지위를 가지고 있을 때는 수확하는 전략을 택하는 것이 좋다. 그러나 양 극단의 중간지점에 해당하는 수명주기는 전반부에 낮은 경쟁지위와 후반부의 높은 경쟁지위에 따라 투자 전략의 선택이 달라지기도 한다.

② **시장수명주기 매트릭스의 구성**

[시장수명주기 매트릭스]

		제품 수명주기			
		도입기	성장기	성숙기	쇠퇴기
경쟁지위	지배적	시장점유율 확보	투자, 시장지위 확장	지위유지, 최소한 업계성장률과 같은 성장	지위유지
	강함	시장확장을 위한 집중적 노력, 시장투자	시장점유율 유지, 시장지위 확장, 투자	지위유지, 업계성장률과 같은 성장유지	지위유지, 수확
	유리함	시장점유율의 선택적 확보	점진적 지위 향상	지위유지만을 위한 최소한의 투자	수확, 투자축소, 잠재력 소진
	보통	시장점유율의 선택적 확보	틈새시장 탐색	틈새시장탐색, 투자축소	투자회수, 비즈니스 청산
	약함	상태를 호전시키거나 아니면 비즈니스 포기	지위의 지속적 개선 또는 포기	투자회수, 비즈니스 청산	투자회수, 비즈니스 청산

제 3 절 포트폴리오 분석의 장·단점 및 활용방안

1 포트폴리오 분석의 장·단점

(1) 포트폴리오 분석의 장점

사업 포트폴리오 분석 도구는 다각화된 기업의 사업구조를 평가하고 기업의 자원 배분과 전략적 의사결정에 지침이 된다. 또한, 개별사업부의 전략 방향성 제시 등의 의사결정에 도움을 준다. 포트폴리오 분석의 장점은 다음과 같다.

① 두 개 이상의 사업을 운영하는 다각화 기업의 전체적인 사업구조를 간결하게 도식화함으로 기업의 사업구조가 지니는 강점이나 약점의 파악이 용이하다.

② 각 사업부의 상황과 특성을 명확하게 차별화함으로써 각 사업부의 전략적 방향에 유용한 정보를 제공할 수 있다.

③ 각 사업부 활동은 전사적인 관점에서 조정 관리할 수 있으며, 포트폴리오 분석은 사업부 간의 재무자원 분배, 인적자원의 재배치 등에서 여러 가지 시사점을 제공하기에 전사적인 관점에서 자원 배분의 효과를 높일 수 있다.

④ 전체 사업구조를 객관적인 기준에 따라 평가할 수 있으며, 최고경영자의 주관적 판단이나 위기의식을 부여하는 역할을 한다. 또한, 다른 다각화 기업에 대해서 포트폴리오 분석을 적용함으로써 다각화된 기업 간에 사업구조의 장·단점의 비교가 가능하다.

⑤ 모든 사업의 동시적 평가를 통해 신규 사업부문 또는 인수대상과 철수해야 할 사업의 파악이 가능하다.

⑥ 각 사업부가 직면해 있는 전략적 상황에 따라 사업부별로 타당한 성과지표와 합리적인 성과기준의 차별적인 설정이 가능하다. 이를 통한 다각화된 기업은 사업부에 대한 합리적인 통제의 방법을 마련할 수 있게 한다.

(2) 포트폴리오 분석의 단점

① 사업 포트폴리오 분석의 무분별한 적용으로 인해 전략적 사고에 제약이 가해질 수 있기에, 최고경영자가 지닌 사업에 대한 통찰력이나 깊이 있는 사고를 제한시킬 수 있는 단점이 있다.

② 각 사업부의 전략적 상황을 단순히 두 가지 측면으로만 압축하여 모형의 단순성으로 인해 사업부들에 대한 평가에 오류를 발생시킬 수 있다. BCG 매트릭스의 정확성에 관한 분석 연구에 따르면, BCG 매트릭스를 통해 분석에서 자금사용자로 나타나는 사업부의 절반 이상이 실질적으로 자금창출자로 나타났고, 자금 창출의 사업부 중 25%가 자금사용자로 나타나는 오류가 발생하기도 한다.

③ 포트폴리오 분석의 가장 큰 단점은 기업 내 사업부 간의 상호관련성에 대한 파악을 전혀 할 수 없다는 점이다. 특히 사업 간의 연관성이 높은 기업인 관련 다각화와 수직적 통합으로 된 기업은 일반적으로 사업부 간의 시너지를 추구하지만, 포트폴리오 분석에서는 사업부를 독립적으로 취하기에 이와 같은 사업부 간 발생하는 시너지를 전혀 파악하지 못한다.

④ 분석의 사업 분야 또는 사업부를 명확하게 구분하는데 어려움을 지닌다. 실제 모든 개별 제품과 모든 개별 시장을 독립된 사업부로 구분하는 것은 매우 어렵다. 그렇기에 한 사업부에 여러 가지 제품과 여러 시장과 산업을 포함하는 것이 일반적이다. 결과적으로 기업의 사업부에 대한 명확한 구분이 어려우면 포트폴리오 분석은 의미가 없어진다.

⑤ 기업성과의 영향요인으로써 시장점유율에 지나치게 의존한다. 하지만 실제 시장에서 시장 지배적인 기업들보다 오히려 틈새시장(niche market)을 대상으로 하는 기업들이 수익성이 더욱 높은 경우가 있으며, 또한 각 사업이 지닌 위험은 거의 평가되지 않는 점도 포트폴리오 분석의 한계점이다.

2 포트폴리오 분석의 활용방안

(1) 포트폴리오 분석의 바람직한 활용방안

① 포트폴리오 분석의 유용성

포트폴리오 분석은 한계점이나 단점에도 불구하고 활용의 적절성에 따라 전략분석의 유용한 도구로 작용할 수 있다. 그렇기에 장·단점에 대한 인식이 효율적인 활용과 연관이 된다. 포트폴리오 분석을 위해 가정 먼저 고려되어야 할 점은 분석 도구가 전략적 의사결정을 지원하는 수단이나 도구일 뿐이지 전략분석의 완벽한 최종결과물이 아니라는 점이다. 그렇기에 포트폴리오 분석은 다른 분석방법과 함께 상호보완적인 측면에서 활용되어야 하며, 전략적 의사결정의 절대적 방침이 되어서는 안 된다. 전략 수립 및 실행과 관련된 의사결정을 결과적으로 최고 의사결정자인 최고경영자의 몫인 것이다.

② 포트폴리오 분석의 한계

포트폴리오 분석은 기업이 처한 상황이나 복잡한 현상을 지나치게 단순화하는 것이고, 성장, 유지, 철수와 같은 전략의 방향성도 단순하고 추상적이다. 따라서 포트폴리오 분석을 각 사업부의 전략 수립이나 투자 결정에 직접 활용하는 것은 바람직하지 못하며, 대신 기업의 사업구조에 대한 장·단점을 파악하고 방향성이나 개략적인 자원 배분의 기준에 활용하는 것이 더욱 바람직하다.

(2) 포트폴리오 기법의 효용요건

① 포트폴리오 기법의 고려사항

포트폴리오 분석은 사업단위의 전략적인 위치를 살피고 전략적 방향성을 고려하는 데 사용되기에 분석과정이나 분석결과에 대한 해석에 신중함이 요구된다. 포트폴리오 분석을 효과적으로 활용하기 위해서는 사업단위의 시장에 대한 정확한 정의와 경쟁력과 시장전망에 대한 정확한 평가가 선행되어야 한다. 따라서 분석단위와 평가 요소를 정확히 설정하고 사업단위의 경쟁적 위치와 사업전망에 대한 전략분석 스태프뿐만 아니라 사업단위의 실무관리자들도 함께 참여함으로써 더욱 정확한 분석 평가가 필요하다.

② 우리나라에서 포트폴리오 기법의 적용

포트폴리오 분석기법은 우리나라 기업체에서도 활용도가 점점 높아지고 있으나 포트폴리오 기법은 사업단위 중심의 조직구조 체계는 물론 사업단위의 성과를 정확하게 측정 가능한 원가 및 정보체계가 필요로 하기에 우리나라 기업체에서는 효율적인 활용이 다소 제한적이다. 우리나라의 기업들은 사업단위 중심의 경영체계를 확고하게 구축해 나감에 따라 포트폴리오 분석의 활용도가 증가하고 전략경영에 많은 도움을 줄 것이다.

제 4 절 사업구조 관리와 본사의 역할

1 조직구조의 구조 및 기능

기업이 다각화 전략을 수행하기 위해서 가장 보편적으로 나타나는 조직 형태는 M-form 혹은 다부서(multi divisional) 구조이다. 일반적으로 기업의 사업보고서에서 볼 수 있는 전형적인 M-form 구조는 다음 아래에 나온 그림과 같다. 다 부서구조에서 기업이 영위하고 있는 개별 사업들은 각각 부서들을 통해 관리된다. 기업은 전략사업단위(SBU), 사업 그룹(business group), 계열사(companies) 등 다양한 이름으로 부서(division)를 부른다. 부서에 대한 이름이 무엇이든 M-form 조직 내에서 부서들은 손익 단위(profit and loss center)이며, 손익은 이런 부서에서 계산이 된다. M-form 구조는 다각화된 기업이 주주의 이익을 위한 경영이 되기 위하여 견제와 균형을 창출하도록 설계된다. 이와 같은 목표를 달성하기 위한 M-form 구조의 각 주요 요소들의 역할이 매우 중요하다.

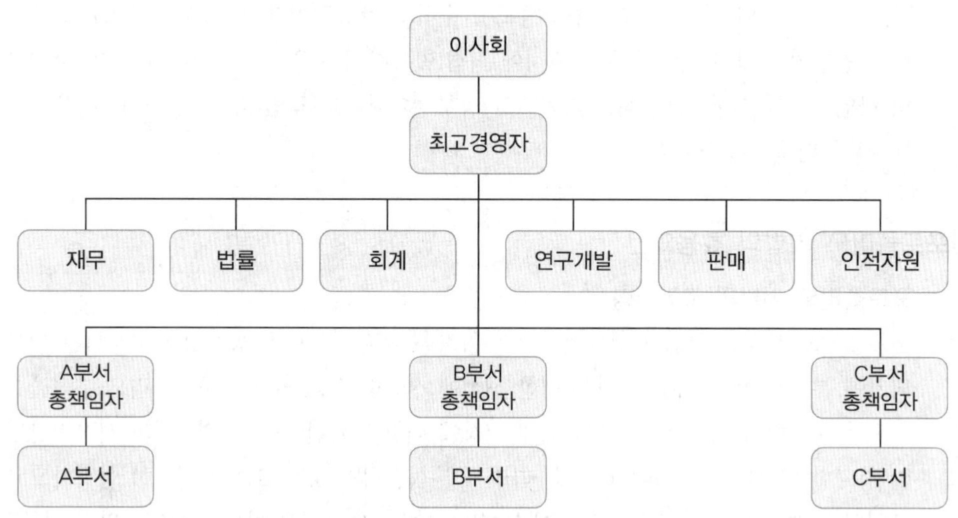

[기업의 사업보고서에 나타나는 M-form 조직의 구조]

(1) 주요 의사결정 행위자

① 이사회

M-form 조직의 주요 구성요소 중 하나는 이사회(BOD : Board Of Directors)이다. 이론적으로는 기업의 고위 경영자들은 모두 위원회에 보고되며, 이사회의 주요 책임은 기업에서 의사결정을 감독하고 그 의사결정이 외부 주주들의 이익과 부합하는지를 확인한다. 일반적으로 기업의 이사회는 최고경영진(top management team)과 사외이사 등이 10~15명으로 구성된다. 기업의 최고경영자, 최고 재무담당자(CFO), 그리고 고위 경영진들이 이사회에

포함되는데 대개 외부 인사의 수보다 적다. 기업의 최고경영자는 이사회 의장(chairman of the board)을 겸직하기도 하고 그렇지 않기도 한다. 이사회 의장을 비롯한 내부이사의 역할은 기업이 내리는 주요한 의사결정이 주주들에게 미칠 영향과 이사들에게 정보를 제공하고 그 의미를 설명하는 데 목적을 지닌다. 사외이사의 경우, 기업의 과거 현재 미래의 성과와 고위 경영자들의 성과 평가 및 기업의 행동이 주주와 일치하는지를 살피고 감시하는 데 목적을 둔다.

일반적으로 이사회에는 소위원회가 존재한다. 회계와 재무제표의 정확성을 관장하는 회계감사위원회(audit committee), 기업의 외부자본시장 사이의 관계를 유지하는 재정위원회(finance committee), 기업의 최고경영자와 다른 고위 경영자들의 성과를 평가하고 보상하는 인사보상위원회(personnel and compensation committee)가 대표적인 이사회 내의 소위원회이다. 궁극적으로 이사회는 기업의 경영자가 주주의 이익과 일치하는 방향으로 의사결정을 하는 데 있어 감시와 통제의 역할을 하며, 또한 기업의 전략적 방향이나 아이디어 제시에도 중요한 역할을 한다.

② **기관 투자자**

다각화된 기업들은 일반적으로 다수의 개인투자자에 의해 소유권의 분산이 있으며, 이들 중 가족집단이 소유하고나 지배주주가 소유한 소유권이 예외적인 케이스이다. 기업의 소유권을 다수의 소액 투자자들이 소유함으로써 분산도가 높을 경우, 기업의 의사결정에 직접 영향을 미칠 수 있는 대량의 지분을 갖는 것은 투자자들에게도 어려움이 존재한다. 기업의 의사결정에 동의하지 않는 경우 소액 투자자들이 할 수 있는 유일한 행동은 주식을 판매하는 것이다. 그러나 최근에는 주식시장에서 기관 투자자들의 성장은 많은 다각화된 대기업들의 소유구조에 영향을 주었으며, 대표적인 기관 투자자(institutional owner)는 연금, 보험, 상호기금 등을 관리하는 기업이나 개인들의 사설 투자그룹이 있다.

기관 투자자들은 투자 영향력을 기업이 주주의 이익과 합치하는 방향으로 경영 행동을 강요하는데 사용할 수 있으나, 기관 투자자는 자신들이 속한 포트폴리오의 기업들의 장기적 성과보다는 단기성과 극대화에 있다고 믿기에 단기적 성향만을 강조할 것이라 우려한다.

③ **최고경영자**

M-form 조직에서 최고경영자는 전략 수립이나 실행의 중요한 임무를 지닌다. 전략 수립은 다각화 기업이 운영할 사업의 내용 결정을 말하고, 전략 실행은 이러한 전략과 일치하는 기업 내의 행동 촉구를 추구하는 것을 말한다. 다음은 최고경영자의 중요한 역할들이다.

㉠ 전략 수립

광범위한 수준에서 다각화된 기업이 운영하고자 하는 사업을 결정하는 것은 기업의 현재와 잠재적 사업들 사이의 가치 있는 범위의 경제와 시너지를 발견하고 발전시킨다는 의미이다. 이와 같이 다각화를 통해 범위의 경제와 시너지 창출이 가능하고 희소성이 극대화되며 경쟁기업들의 모방이 어렵다면 기업의 경쟁우위의 원천이 될 것이다. 기업

내 부서에 존재하는 경영자들은 부서 수준에서만 관점을 지니거나 기능적 분야의 전문가이지만, 기업의 전체를 읽고 파악하는 최고경영자만이 진정한 기업 수준의 전략을 판단하고 실행할 수 있다.

㉡ 전략 실행

M-form의 구조에서도 전략 실행은 거의 항상 경영자들 그룹 사이에서 발생하는 갈등 해결을 포함한다. 그러나 M-form 조직에서 최고경영자는 주요 경영요소(기업 스태프, 부서 총괄책임자, 공유된 활동 책임자)들의 내부적 상호 갈등을 해결해야 한다. 다양한 기업 스태프들은 참모 기능의 경제적 타당성에 관해 동의하지 않을 수 있으며, 기업 스태프들 간은 다양한 활동으로 인해 마찰이나 갈등 그리고 자원의 할당 부분에서 동의되지 않는 부분이 존재할 수 있다. 이러한 갈등은 전략 실행 결정 이후에도 범위의 경제 실현이나 시너지 창출에 어려움을 줄 수 있기에 이와 같은 관리 통제는 최고경영자에게 중요한 과업이다.

M-form 조직에서 최고경영자의 역할이나 책임은 개인의 능력을 넘어설 때가 있다. 기업이 다수의 복잡한 제품과 시장으로 광범위하게 다각화된 경우는 최고경영자의 직무를 분담하는 것이 흔한 일이다. 이사회 의장, 최고경영자, 최고 운영 경영자 등이 업무를 분담하게 된다. 회장실의 주요 역할은 다음과 같다.

[회장실의 세 가지 역할과 책임]

이사회 의장 → 감독 및 통제 역할과 이사회 총괄
최고경영자 → 전략 수립
최고 운영 경영자 → 전략 실행

(2) 실무적 행위자

① 기업 스태프

기업 스태프들의 주요한 책임은 기업의 외부환경과 내부 환경에 대한 정보를 기업의 최고경영자들에게 전달하는 것이다. 이와 같은 정보는 최고경영자들의 전략을 수행하고 수립하는 데 필수적인 것들로써, 재정정보, 투자자 관계, 법적 규제 변화, 규정의 변화, 기업의 광고 등을 포함한 기업 외부환경에 대한 정보들이 있다. 또한, 기업 스태프들은 기업 회계와 기업 인적 자원관리를 포함한 기업의 내부 환경에 관한 정보를 제공하는 기능을 하게 되고 이와 같은 기업 스태프들은 기업의 최고 경영자에게 직접 보고하는 정보의 통로로 작용한다.

② **부서별 총괄책임자**

M-form 조직에서 부서의 총(괄)책임자는 일상적으로 기업의 사업을 관리하고 중요한 책임을 지는 위치이다. 부서 총 책임자는 손익 계산에 대한 모든 책임을 지고 기능적 관리자들을 지휘하게 된다. 부서 총 책임자는 부서의 전략 수립과 실행의 책임을 지고, 전략 수립 면에서 부서 총 책임자들은 기업의 최고경영자들에 의해 설립된 폭넓은 전략 배경 안에 부서를 위한 전략을 선택하게 된다. 전략의 실행 면에서 M-form 조직에서의 부서 총책임자들은 부서의 전략을 실행하기 위해 기능적 관리자들의 상호 대립적인 활동을 조정할 수 있어야 한다.

M-form 조직의 부서 총 책임자들은 두 가지 추가적인 책임이 있는데, 그것은 기업 자본을 할당받기 위한 경쟁과 기업 차원의 범위의 경제를 실현하기 위해 다른 부서들과 협력해야 하는 책임이다. 부서 총 책임자들은 기업으로부터 투자된 자본에 대해 높은 수익률을 약속함으로써 기업 자본 할당을 받기 위해 경쟁한다. 대부분 기업에 있어서 과거의 자본투자에서 높은 수익률을 기록한 부서는 그렇지 못한 부서보다 더 많은 또는 저원가의 자본을 얻는다.

③ **공유된 활동의 경영자**

M-form의 조직 부서들은 가치사슬 내에서 하나 이상의 활동이 공동으로 경영될 때 범위의 경제가 실현된다. 다 부서 기업에서 둘 이상의 부서에 걸쳐 공유된 활동의 전형적인 예로는 공동판매조직, 공동 유통 시스템, 공동의 제조 설비, 공동의 연구개발이 포함된다. 공유된 활동을 관리하는 개인의 주된 책임은 활동을 공유하는 부서들의 운영을 지원하는 것이다. M-form 구조가 기업의 사업보고서에 표현될 때 공유된 활동의 역할은 불분명해지기도 한다. 이러한 형태의 M-form 조직도에서 기업 스태프의 기능과 공유된 활동의 기능 사이에 뚜렷한 구분을 찾기 힘들 때도 있다. 또한, 공유된 활동의 경영자가 마치 기업의 스태프처럼 기업의 최고 경영자에게 직접 보고하는 것처럼 보이기도 한다. 이처럼 모호한 M-form 내에서 독립적인 단위의 역할과 책임을 강조하기 위해 실제로 어떻게 기능을 하는지 기능에 대한 상세한 기술이 필요하다. 또한, 공유된 활동의 경영자들은 둘 이상의 부서 총괄책임자들에게 보고를 통한 업무를 진행해야 한다.

제7장

OX로 점검하자

※ 다음 지문의 내용이 맞으면 O, 틀리면 ×를 체크하시오. [1~10]

01 사업 포트폴리오 분석은 기업이 현재 수행하는 경영활동만을 살피는 것이다. ( )

02 사업 포트폴리오 분석은 크게 요인의 선정, 매트릭스 구성, 맵핑, 전략 방향 제시의 과정을 통해 분석의 절차가 진행된다. ( )

03 BCG 매트릭스의 시장 매력도는 시장성장률로 경쟁력은 상대적 시장점유율로 평가한다. ( )

04 사업 포트폴리오 분석의 결과는 객관적이고 정확하기에 절대적으로 옳은 결과이다. ( )

05 사업 포트폴리오 분석은 무분별한 적용으로 인해 전략적 사고에 제약이 될 수도 있다. ( )

06 사업 포트폴리오 분석은 자원 배분과 전략적 의사결정에 지침으로 작용한다. ( )

정답과 해설 01 × 02 O 03 O 04 × 05 O 06 O

01 기업이 현재 수행하거나 미래에 수행하고자 할 경영활동들이 전체적으로 어떠한 분포를 지니는지를 살피는 것을 사업 포트폴리오 분석이라 한다.

02 기업이 생산하고 보유하고 있는 제품라인이나 사업내용이 얼마나 균형적인가를 파악하고 현재 사업 포트폴리오 개선 또는 조정을 할 수 있는 전략적 방향에 관한 결정을 위해 요인의 선정, 매트릭스 구성, 맵핑, 전략 방향 순서의 분석과정을 거친다.

03 기업의 사업 포트폴리오 분석의 대표적인 도구인 BCG 매트릭스는 시장성장률과 상대적 시장점유율을 통해 시장의 성장성, 자금 유입 등의 가능성을 평가한다.

04 사업 포트폴리오 분석은 자원 배분이나 전략적 위치 판단 및 전략 방향성 설정에 매우 유용하지만, 분석이나 결과에 대한 신중한 사용이 요구된다. 궁극적으로 분석결과는 무조건 맹신보다는 적절한 판단과 다양한 변수들을 함께 고려한 최고경영자의 의사결정이 필요하다.

05 사업 포트폴리오 분석의 무분별한 적용으로 인해 전략적 사고에 제약이 가해질 가능성이 존재한다. 그렇기에 최고경영자가 실제 의사결정에 있어 사업에 대한 통찰력이나 깊이 있는 사고를 제한시킬 수 있는 단점을 지닌다.

06 사업 포트폴리오 분석 도구는 다각화된 기업의 사업구조를 평가하고 기업의 자원 배분과 전략적 의사결정에 지침이 되기도 하며, 개별사업부의 전략 방향성 제시 등의 의사결정에 도움을 준다.

07 맥킨지 매트릭스의 한계점 중에는 경쟁상황의 동태적 파악이 불가하다는 것이 포함된다. ( )

08 BCG 매트릭스에서 별(star)에 위치한 사업단위는 유지전략과 육성전략이 적절하다. ( )

09 사업 포트폴리오 분석을 통해서 자원 배분, 사업부 전략 수립, 성과목표 수립, 사업의 균형 평가가 가능하다. ( )

10 기업전략의 실행 시 주요한 의사결정 행위자로는 최고경영자가 유일하다. ( )

정답과 해설 07 O 08 O 09 O 10 ×

07 맥킨지 매트릭스의 잘못된 적용 중 기본적으로 전략사업단위(SBU)의 경쟁상황을 어느 특정 시점에서 정태적으로 분석하는 것에 불과하기에 변수들의 변화에 대한 지속적인 모니터링을 위해서 동태적인 분석이 필요로 한다는 한계점이 있다.

08
- question mark : 육성전략(build), 수확전략(harvest), 철수전략(divest)
- star : 유지전략(hold), 육성전략(build)
- cash cow : 유지전략(hold)
- dog : 수확전략(harvest), 철수전략(divest)

09 사업 포트폴리오 분석은 여러 개의 사업부 혹은 사업단위, 자회사 및 계열사를 거느린 기업에 자원 배분, 사업부 전략 수립, 성과목표 수립, 사업의 균형 평가에 용이함을 준다.

10 조직의 전략을 실행하는데 있어서 특히 기업의 주요 의사결정 행위자들의 의사결정은 매우 중요하다. 현대 조직에서는 대표적으로 이사회(Board of Directors), 기관투자자(institutional owner), 최고경영자(CEO)를 기업의 주요 의사결정 행위자라 한다.

제 7 장

실전예상문제

checkpoint 해설 & 정답

01 맥킨지 평가 기준은 크게 산업매력도와 사업경쟁력의 두 가지로 구분된다. 산업매력도에는 시장규모, 시장성장률, 산업 수익률, 규모의 경제, 경쟁 강도, 주기성, 자본 집약도 수준, 기술 수준, 환경적 기회 및 위험요소, 진입장벽 및 철수 방법이 있고, 사업경쟁력은 수익률, 생산성, 가격 및 품질경쟁력, 경영능력 등이 있다.

02 BCG 매트릭스의 단점으로 현금흐름에 대한 인식은 사업부별로 각기 다르게 인식될 수도 있지만, BCG 매트릭스에서는 모든 사업부가 동일하게 인식한다는 가정은 분석의 단점이다.

03 사업 포트폴리오 분석은 대표적으로 기업의 자원 배분, 사업부의 전략 수립, 사업의 객관적 평가를 통한 성과목표 수립, 여러 사업의 구조화를 통해 사업의 균형 평가가 가능하다. 자원이 희소한지는 사업 포트폴리오 분석의 취지로 적합하지 않다.

정답 01 ④ 02 ③ 03 ④

01 다음 중 맥킨지 매트릭스의 평가 기준과 요소의 연결로 옳지 않은 것은?

① 산업매력도 – 시장점유율
② 사업경쟁력 – 수익률
③ 산업매력도 – 규모의 경제
④ 사업경쟁력 – 기술 수준

02 다음 중 BCG 매트릭스의 장점으로 옳지 않은 것은?

① 산업에 대한 단순화와 유형화를 통한 포지셔닝이 가능하다.
② 동일한 조건에서 상대적 우선순위에 대한 비교가 가능하다.
③ 현금흐름에 대한 인식은 "모든 사업부가 동일하다."가 고려된다.
④ 산업에 대한 신속하고 간단한 미래예측이 가능하다.

03 다음 중 사업 포트폴리오의 장점으로 옳지 않은 것은?

① 자원의 배분
② 사업부의 전략 수립
③ 성과목표 수립
④ 자원의 희소성

04 다음 빈칸에 들어갈 말로 옳은 것은?

> GE와 (　　　)이/가 공동으로 특정 사업부문이 왜 다른 사업부문들보다 우수한 성과를 창출하는지를 규명하고, BCG 매트릭스의 취약점을 보완하고자 만들어진 것을 (　　　) 매트릭스라 한다.

① 7S
② 맥킨지
③ 보스턴 컨설팅 그룹
④ PEST

05 다음은 BCG 매트릭스 장·단점에 대한 설명이다. 이 중 옳은 것을 모두 고르시오.

> ㉠ 기업의 전반적이 상태나 자금조달능력을 알 수 있다.
> ㉡ 사업에 대한 단순화와 유형화를 통해 상대비교에 의한 포지셔닝이 가능하다.
> ㉢ 시장점유율의 개념을 어떻게 정립하는가에 따라 사업 위상이 달라질 수 있다.
> ㉣ 기업의 현금 흐름에 대한 인식이 기업에서는 가장 중요한 사항이 아닐 수 있다.

① ㉠, ㉡, ㉢, ㉣
② ㉠, ㉡, ㉣
③ ㉡, ㉢, ㉣
④ ㉠, ㉡, ㉢

해설 & 정답 checkpoint

04 해당 내용은 GE와 맥킨지가 공동으로 도출해낸 맥킨지 매트릭스에 대한 설명이다. GE/맥킨지 매트릭스는 경쟁적 강점은 각각의 전략적 사업단위의 경쟁적 포지션이 평가함으로써 시장점유율을 대체한다. 경쟁적 강점은 전략적 사업단위의 경쟁적 강점을 결정할 수 있는 시장점유율만이 아닌 더 넓은 범위의 요인들을 포함하는 특징이 있다.

05 기업의 전반적인 건강상태와 자금조달능력을 한눈에 알 수 있는 BCG 매트릭스는 장·단점을 동시에 지닌다. 대표적인 장점은 산업에 대한 단순화와 유형화를 통해 상대비교에 의한 포지셔닝이 가능하지만, BCG 매트릭스의 평가 축인 시장점유율에 대한 개념 정립의 문제나 현금흐름에 대한 기업의 인식 정도가 일반화 가능한가의 단점을 지닌다.

정답 04 ② 05 ①

checkpoint 해설 & 정답

06 BCG 매트릭스는 사업 포트폴리오 분석의 대표적인 평가 모델로써, 기업 전체 목표를 달성하기 위해 각 사업단위에 부여되어야 할 목표 설정에 도움을 준다.

07 사업 포트폴리오 전략은 자원의 배분, 사업부의 전략 수립, 성과목표의 수립, 사업균형의 평가가 가능하다. 기업 내 여러 사업부를 하나의 도표에 구조화함으로써 기업 전체 사업 구조가 지닌 강점과 약점의 파악이 가능하다. 한 가지 사업만의 구조화만을 위한 것은 사업 포트폴리오 분석과 맞지 않는다.

08 맥킨지 매트릭스에서는 산업매력도(고/중/저)와 사업경쟁력(강/중/약)에 따라서 9개 셀로 구분되고 투자/성장 전략, 선택/집중 전략, 수확/철수 전략으로 구분된다. 이중 산업매력도(중)/사업경쟁력(중)의 경우는 선택/집중 전략이 알맞다.

정답 06 ④ 07 ② 08 ②

06 다음 중 BCG 매트릭스에 대한 설명으로 옳지 않은 것은?

① 기업의 사업단위를 평가하고 선택하는 데 사용된다.
② 1979년 당시 미국의 Fortune 500대 기업 중 45%가 사용했다.
③ 전략사업단위(SBU) 중 육성 및 유지에 대한 방향성을 준다.
④ 한 가지 사업에 대한 목표달성 설정에 용이하다.

07 다음 중 사업 포트폴리오 분석에 대한 설명으로 옳지 않은 것은?

① 자원 배분의 우선순위 결정이 가능하다.
② 한 가지 사업의 구조화만 가능하다.
③ 사업부의 전략 수립 도출이 가능하다.
④ 성과목표의 수립에 도움을 준다.

08 다음 중 맥킨지 매트릭스의 분석과 전략의 연결로 옳은 것은?

㉠ 산업매력도(중)/사업경쟁력(중) – 투자/성장 전략
㉡ 산업매력도(고)/사업경쟁력(강) – 투자/성장 전략
㉢ 산업매력도(저)/사업경쟁력(약) – 수확/철수 전략

① ㉠, ㉢
② ㉡, ㉢
③ ㉡, ㉣
④ ㉠, ㉡, ㉢

09 다음 빈칸에 적합한 말로 옳은 것은?

> 더 매력적이지 못한 사업들에서는 철수나 매각을 하는 등 한정된 기업자원을 어떠한 사업에 투자할 것인지를 결정하는 등 우선순위를 결정해야 할 경우, (   )을 통해 이와 같은 의사결정이 용이하다.

① VRIO 분석
② 사업 포트폴리오 분석
③ 전략적 의사결정
④ 7S 분석

10 다음은 맥킨지 매트릭스의 산업매력도 요인이다. 이 중 옳은 것을 모두 고르시오.

> ㉠ 시장규모
> ㉡ 시장성장률
> ㉢ 수익률
> ㉣ 기술 수준

① ㉠, ㉡, ㉢
② ㉡, ㉢, ㉣
③ ㉠, ㉡, ㉣
④ ㉠, ㉢, ㉣

11 다음 중 다각화의 동기로 옳지 않은 것은?

① 지속적 성장 추구
② 기업 평판
③ 위험 분산 효과
④ 시장지배력 강화

해설 & 정답 checkpoint

09 해당 내용은 사업 포트폴리오 분석에 관한 내용이다. VRIO와 7S는 기업 경영자원을 진단하고 평가하는 데 사용된다. 전략적 의사결정은 기업이 어떠한 사업을 진행하고 있는가를 정의하고 어떻게 진출할 것인지를 고민하는 의사결정 방법이다.

10 수익률은 사업경쟁력에 대한 요인이다. 대표적인 사업경쟁력의 요인으로는 생산성, 가격 및 품질경쟁력, 시장지식, 기술 및 핵심 성공 요인의 보유 유무, 경영능력, 경쟁력 강점 및 약점, 상대적 원가지위, 고객과 시장에 대한 지식 등의 요인이 있다.

11 다각화의 주된 동기는 기업의 지속적인 성장 추구와 단일기업이 지니는 산업에 대한 기업 위험(리스크) 분산효과 그리고 시장지배력 강화를 위한 동기가 있다. 기업 평판의 경우 다각화를 통한 평판 관리보다는 사업의 성공 자체에서 오는 원인이기에 다각화 동기로 보기 어렵다.

정답 09 ② 10 ③ 11 ②

checkpoint 해설 & 정답

12 전략적 사고에 제약이 가해질 수 있는 점은 사업 포트폴리오 분석이 지니는 단점이다. 사업 포트폴리오의 무분별한 적용으로 인해 전략적 사고에 제약이 가해질 수 있기에 최고경영자가 지닌 사업에 대한 통찰력이나 깊이 있는 사고를 제한할 수 있는 단점이 있다는 것을 명심해야 한다.

13 맥킨지 매트릭스에 의한 전략적 대안은 산업 매력도와 사업경쟁력의 두 축을 통해 9가지의 전략적 대안이 도출된다.
② 산업매력도(저)/사업경쟁력(약)일 경우는 선두기업에 의존, 경쟁기업 현금 창출, 사업 공격, 시장 철수 및 투자회수의 전략이 효과적이다.
③ 산업매력도(중)/사업경쟁력(약)의 경우는 특화, 틈새시장 추구, 시장 철수 고려의 전략이 도출된다.
④ 산업매력도(저)/사업경쟁력(강)의 경우는 현재지위 고수, 현금흐름 확보, 현상유지 투자의 전략이 효과적이다.

14 포트폴리오 분석은 기업 내 사업부 간의 상호관련성을 파악할 수 없다는 단점이 있긴 하지만, 사업 간의 관련성에 대한 모호성의 영향보다는 사업 포트폴리오 분석 평가에 고려되지 않는 점이 올바른 설명이다.

정답 12 ③ 13 ① 14 ③

12 다음 중 사업 포트폴리오 분석의 장점에 대한 설명으로 옳지 않은 것은?

① 두 개 이상의 사업을 도식화함으로써 사업구조의 강점과 약점 파악이 가능하다.
② 각 사업부의 상황과 특성을 명확화 함으로써 전략적 방향에 유용한 정보를 제공할 수 있다.
③ 전략적 사고에 제약이 가해질 수 있다.
④ 전체 사업구조를 객관적인 기준에 따라 평가할 수 있다.

13 다음 중 맥킨지 매트릭스의 전략적 활용 대안으로 옳은 것은?

① 산업매력도(고)/사업경쟁력(강) – 성장, 시장지배 축구, 투자 극대화
② 산업매력도(저)/사업경쟁력(약) – 성장시장파악, 많은 투자, 현재지위 고수
③ 산업매력도(중)/사업경쟁력(약) – 제품계열 축소, 투자 최소화, 투자회수 준비
④ 산업매력도(저)/사업경쟁력(강) – 선두기업에 의존, 경쟁기업 현금창출 사업 공격, 시장철수 및 투자회수

14 다음 중 사업 포트폴리오 분석의 단점으로 옳지 않은 것은?

① 전략적 사고에 제약이 가해질 수 있다.
② 전략적 상황에 대한 단순한 판단으로 인해 평가의 오류 가능성이 있다.
③ 기업 내 사업부 간의 상호관련성의 모호성으로 인해 평가에 누락되는 한계점이 있다.
④ 기업성과에 대한 영향요인을 판단하는 데 있어 시장점유율에 대한 지나친 의존이 단점이다.

해설 & 정답 checkpoint

15 다음 빈칸에 들어갈 말로 옳은 것은?

BCG 매트릭스가 단순하고 포괄적인 개념만으로 구성된 점을 보완하고자 개발된 맥킨지 매트릭스는 (㉠)와 (㉡)이라는 두 가지 기준을 사용하여 전략사업단위를 평가하고 있다.

	㉠	㉡
①	경쟁분석	전략기획
②	산업매력도	사업경쟁력
③	전략집단	사업경쟁력
④	시장점유율	산업매력도

15 맥킨지 매트릭스는 산업매력도와 사업경쟁력을 두 가지 축으로 하여 왜 다른 사업 부문들보다 우수한 성과를 창출하는지를 규명하는 분석 도구이다.

16 다음 중 M-form에서 회장실의 기능에 대한 연결로 옳은 것은?

㉠ 이사회 의장 → 감독 및 통제 역할 이사회 총괄
㉡ 최고경영자 → 전략 수립
㉢ 최고 운영 경영자 → 기업 평가

① ㉠, ㉢ ② ㉡, ㉢
③ ㉡, ㉣ ④ ㉠, ㉡

16 M-form 조직에서 최고경영자의 역할이나 책임은 개인의 능력을 넘어설 때가 있으며, 기업이 다수의 복잡한 제품과 시장으로 광범위하게 다각화된 경우는 최고경영자의 직무를 분담하는 것이 일반적인 경우가 된다. 이사회 의장, 최고경영자, 최고 운영 경영자 등이 업무를 분담하게 된다. 최고 운영 경영자의 경우 전략 실행의 역할과 책임이 있다.

17 다음 중 M-form에서 부서별 총괄책임자에 대한 설명으로 옳지 않은 것은?

① 부서 총괄책임자는 일상적으로 기업의 사업을 관리하고 중요한 책임을 지는 위치이다.
② 부서 총괄책임자는 손익에 대한 계산의 책임을 진다.
③ 부서 총괄책임자는 부서의 전략을 실행하기 위해 기능적 관리자들의 상호 대립적인 활동을 조정할 수 있어야 한다.
④ 부서 총괄책임자는 부서에 대한 몰입만이 최고의 성과를 낼 수 있는 방법이다.

17 M-form 조직의 부서 총괄책임자는 추가적인 책임이 있다. 그것은 바로 기업 자본을 할당받기 위한 경쟁과 기업 차원의 범위의 경제를 실현하기 위해 다른 부서들과 협력해야 하는 책임이다.

정답 15 ② 16 ④ 17 ④

checkpoint 해설 & 정답

18 포트폴리오 분석은 의사결정할 때 참고의 수단이지 절대적인 의사결정의 기준이 되어서는 안 된다.

18 다음 중 맥킨지 매트릭스에 대한 설명으로 옳지 않은 것은?

① 특정 사업이 다른 사업 부문들보다 우수한 성과를 지니는지 파악할 수 있다.
② 세분화된 산업매력도와 사업경쟁력의 두 축을 기준으로 상중하의 구분을 통해 9개의 매트릭스로 구성된다.
③ 경영자들의 상반되는 의견이 도출될 때 의견수렴에 도움을 준다.
④ 맥킨지 매트릭스의 결과는 절대적이므로 의사결정에 적극 반영한다.

19 해당 내용은 기관 투자자들에 관한 내용이다. 기관 투자자라 하면 연금, 보험, 상호기금 등을 관리하는 기업이나 개인들의 사설 투자그룹을 말하고 기관 투자자는 주주와의 이해일치의 성향도 보이지만, 단기적 성과에 대한 지향성이 크다는 양면성이 있다.

19 다음은 기관 투자자들에 대한 설명이다. 이 중 옳은 것은 모두 고르시오.

㉠ 기관 투자자들은 투자 영향에 있어 주주와 이익을 합치하는 방향의 경영활동을 강요할 수도 있다.
㉡ 장기적인 성과보다는 단기적 성과에 대한 지향성이 크다.
㉢ 기관 투자자는 연금, 보험, 상호기금 등을 관리하는 기업이나 개인들의 사설 투자그룹들을 말한다.

① ㉠, ㉡, ㉢ ② ㉡, ㉢
③ ㉠, ㉡ ④ ㉠, ㉢

20 일반적으로 기업의 이사회에는 소위원회들이 존재하고, 재무·회계를 관장하는 감사위원회, 외부자본시장과의 관계를 유지하는 재정위원회, 기업의 최고경영자와 다른 고위 경영자들의 성과 평가를 하는 인사보상위원회, 기업의 이해관계자들에 대한 고려를 하고 사회적 책임 활동을 관리하는 지속 가능 경영위원회 등이 있다.

20 다음 중 이사회에 존재하는 소위원회로써 최고경영진들의 성과 평가가 이루어지는 위원회로 옳은 것은?

① 감사위원회
② 재정위원회
③ 지속 가능 경영위원회
④ 인사보상위원회

정답 18 ④ 19 ① 20 ④

주관식 문제

01 사업 포트폴리오 분석이 지니는 의의를 네 가지로 쓰시오.

02 다음 빈칸에 들어갈 적합한 말을 쓰시오.

> 더 매력적이지 못한 사업들에서는 (㉠)나 매각을 하고 한정된 자원을 어떠한 사업에 투자할지의 (㉡)를 결정하는 데 사업 포트폴리오 분석이 의사결정에 용이하다.

해설&정답 checkpoint

01

정답 자원 배분, 사업부의 전략 수립, 성과목표 수립, 사업균형 평가

해설 사업 포트폴리오 분석은 어떤 사업에 먼저 투자할 것인지를 결정하는 우선순위의 의사결정이 필요할 경우 매우 효과적이다. 이와 같은 의사결정 시에 자원의 배분, 사업부의 전략 수립, 성과목표의 수립, 사업균형의 평가에 대한 분석에 장점이 사업 포트폴리오 분석의 의의라 할 수 있다.

02

정답 ㉠ 철수 ㉡ 우선순위

해설 여러 개의 사업부 혹은 사업단위, 계열사를 거느리는 데 있어서 매각이나, 철수를 결정하거나, 한정적인 자원의 배분을 위한 우선순위 결정할 때 포트폴리오 분석은 매우 용이하다.

안심Touch

03 BCG 매트릭스에서 사업부 평가의 네 가지 구분을 쓰시오.

04 다음 빈칸에 들어갈 적합한 말을 쓰시오.

BCG 매트릭스의 대표적인 한계점으로는 (㉠)의 개념을 어떻게 정의하는가에 따라 사업의 위상이 달라질 수 있다는 문제점이 있다. 또한, 반드시 높은 시장점유율이 높은 (㉡)을 보장하지 않는다는 단점을 지닌다.

checkpoint 해설 & 정답

03

정답 물음표(question mark), 자금 젖소(cash cow), 별(star), 개(dog)

해설 BCG 매트릭스는 시장 매력도를 시장성장률로, 경쟁력은 상대적 시장점유율로 구분하여, 총 4가지 매트릭스로 표기한다. 그 기준에 따라 물음표(question mark), 자금 젖소(cash cow), 별(star), 개(dog)로 나눠지며, 이에 맞는 전략 수립과 실행의 의사결정이 필요하다.

04

정답 ㉠ 시장점유율 ㉡ 수익

해설 BCG 매트릭스의 한계로는 시장점유율의 개념 정립, 시장점유율과 현금가치 창출의 관계, 현금 흐름에 대한 인식 차이, 사업 간의 상호의존성을 고려하지 못하는 점 등이 한계점이라 할 수 있다.

05 BCG 매트릭스 중 물음표(question mark)의 주요한 전략을 쓰시오.

06 사업 포트폴리오 분석 중 BCG 매트릭스의 개념을 기술하시오.

07 맥킨지 매트릭스의 개념을 간략히 기술하시오.

해설 & 정답 checkpoint

05

정답 육성전략(build), 수확전략(harvest), 철수전략(divest)

해설 BCG 매트릭스 중 물음표(question mark)는 육성전략(build), 수확전략(harvest), 철수전략(divest)을 쓴다. 별(star)은 유지전략(hold), 육성전략(build), 자금 젖소(cash cow)는 유지전략(hold), 개(dog)는 수확전략(harvest), 철수전략(divest)의 주요전략 유형을 적용한다.

06

정답 BCG 매트릭스의 경우 시장매력도는 시장성장률로 경쟁력은 상대적 시장점유율로 각각 반영된다. 그렇기에 각 사업단위는 성장률과 시장점유율에 따라 네 가지(물음표, 자금 젖소, 별, 개)로 구분된다.

07

정답 BCG 매트릭스가 지니는 한계점인 단순한 변수들만의 고려에서 더 나아가 특정 사업 부문이 왜 다른 사업 부문들보다 우수한지를 살피며, 전략사업단위(SBU)라는 개념을 만들고, 더욱 세분화된 산업매력도와 사업의 강점을 축으로 하는 분석 도구이다.

checkpoint 해설 & 정답

08
정답 ㉠ 투자/성장 전략
㉡ 수확/철수 전략
해설 투자/성장 전략의 경우, 시장지배의 촉구와 투자의 극대화 및 성장의 전략적 대안의 적극적인 활용이 알맞다. 반면 산업매력도가 낮고 사업경쟁력이 높은 경우에는 제거의 전략인 수확/철수 전략이 적절하다.

09
정답 수명주기에 따라 전반부에 속하고 경쟁지위를 가지고 있을 때 적극적인 투자 전략이 바람직한 전략이라 주장한다. 반면에 수명주기의 후반부에 속하고 낮은 경쟁지위를 가지고 있을 때는 수확하는 전략을 택하는 것이 좋으나, 양 극단의 중간지점에 해당하는 수명주기는 전반부에 낮은 경쟁지위와 후반부의 높은 경쟁지위에 따라 투자 전략의 선택이 달라지는 분석 도구이다.

10
정답 다각화된 기업이 운영하고자 하는 사업을 결정하는 것은 기업의 현재와 잠재적 사업들 사이의 가치 있는 범위의 경제와 시너지를 발견하고 발전시킨다는 의미로써 다각화 전략을 수립할 때는 범위의 경제와 시너지 창출이 가능하고 희소성이 극대화되며 모방이 어려운 전략의 수립이 필요하다.

08 맥킨지 매트릭스 상에서 ㉠ 산업 매력도가 높고 사업경쟁력이 높은 경우와 ㉡ 산업매력도는 낮지만 사업경쟁력이 높은 경우에 알맞은 전략은 무엇인지 쓰시오.

09 시장수명주기 매트릭스의 수명주기별 전략의 특징을 쓰시오.

10 다각화된 기업에서 전략 수립을 위한 기준에 관해 쓰시오.

11 사업 포트폴리오 분석의 장점을 간략히 쓰시오.

12 BCG 매트릭스에서 자금 젖소(cash cow)에 대한 설명하시오.

13 사업 포트폴리오 분석의 바람직한 활용방안을 기술하시오.

해설 & 정답 checkpoint

11

정답 다각화 기업의 사업구조의 간결한 도식화를 통해 강점과 약점의 파악이 가능하고 각 사업부의 전략적 방향에 유용한 정보를 제공할 수 있다. 또한, 전사적 관리 차원에서 자원의 배분에 용이하다는 장점을 지닌다.

12

정답 자금 젖소(cash cow)는 저성장시장에서 높은 시장점유율을 지닌 사업단위로써 유지전략이 적용되고, 저성장 시장이기에 자금 젖소에 대한 적극적인 육성전략은 바람직하지 않지만, 경쟁자의 시장 잠식에는 적절한 대응이 필요로 한다.

13

정답 포트폴리오 분석은 기업이 처한 상황이나 복잡한 현상을 지나치게 단순화하는 것이고, 성장, 유지, 철수와 같은 전략 방향성도 추상적이기에 투자 결정이나 전략 수립에 있어서 직접 활용되는 것은 바람직하지 못하나, 강점과 약점을 파악하고 개략적인 차원의 기준으로 활용하는 것이 바람직하다.

14 기업 스태프의 역할을 간략히 기술하시오.

15 M-form에서 ㉠ 이사회를 총괄하며 감독 및 통제의 역할을 담당하는 지위와 ㉡ 전략 수립의 역할을 담당하는 자를 각각 쓰시오.

checkpoint 해설 & 정답

14

정답 기업 스태프들의 주요한 역할은 기업의 외부환경과 기업 내부자원에 대한 정보를 기업의 최고경영자들에게 전달하는 것이다.

15

정답 ㉠ 이사회 의장, ㉡ 최고경영자

해설 M-form의 조직에서는 다수의 복잡한 제품과 시장으로 광범위하게 다각화된 경우는 최고경영자의 직무를 분담하는 것이 흔한 일이다. 이사회 의장, 최고경영자, 최고 운영 경영자 등이 업무를 분담하게 되는데 이사회 의장의 경우 감독 및 통제 역할과 이사회를 총괄하는 역할을 하며, 최고경영자는 전략 수립의 역할을 수행한다.

고득점으로 대비하는 가장 똑똑한 수험서!

국제화 환경에서의 전략

제8장 국제화 환경에서의 전략

제1절 기업의 국제화

1 국제화 전략의 의의

(1) 국제화 전략의 개념 및 가치

① **국제화 전략의 개념**

기업들은 여러 국가에서 동시에 사업을 운영하면서 국제화 전략(international strategies)을 실행한다. 이 전략은 전사적 수준 전략의 특수한 한 가지 유형이다. **기업들은 국경의 범위를 초월한 다각화, 수직적 통합, 전략적 제휴, 인수합병의 전략을 취한다.** 그렇기에 전사적 차원의 전략을 추구하는 이유는 국제화 전략을 추구하는 이유와 동일하다 볼 수 있다. 국제화 전략은 역사적으로 국가 간의 무역으로써 개인과 기업 그리고 국가 차원의 부에 영향을 미친다. 과거에는 비교적 소수의 기업이나 개인들이 국제화 전략을 펼쳤다. 왜냐하면, 국제화 전략은 위험을 수반하는 전략으로 판단하였기에 상당히 제한적인 형태였다. 그러나 오늘날에는 국경을 넘어서는 국제화 전략이 보편화되었고, 영미권의 기업들뿐만 아니라 개발 도상국 등의 국가에서도 보편화된 전략이다. 대기업이나 소기업을 막론하고 국제화 전략이 널리 사용되는 것을 보면 다수의 지역에서 사업을 영위함으로써 얻을 수 있는 경제적 기회가 매우 크다는 것을 알 수 있다. 그러나 기업이 지속 가능한 경쟁우위를 창출하기 위해서는 국제적 전략이 그 기업의 가치 있고 희소하며 모방이 힘든 자원과 능력을 이용할 수 있는 전략이어야 한다. 또한, 기업은 그러한 자원과 능력을 가진 잠재적인 경쟁력을 충분히 실현하기 위해 이에 알맞게 조직되어야 한다. 본 장에서는 국제화 전략의 경제적 가치와 지속 가능한 경쟁우위가 되기 위한 원천의 조건에 대해 살펴보도록 하겠다.

② **국제화 전략의 가치**

앞서 살펴본 바와 같이 국제화 전략은 기업전략의 한 종류로서 경제적으로 가치를 지녀야 한다. 전략이 궁극적으로 가치가 있기 위해서는 두 가지 조건을 충족해야 한다. 즉, **진정한 범위의 경제를 실현해야 하고, 외부 투자자들이 제각기 범위의 경제를 실현하는 것보다 비용이 적어야 한다.** 다각화 전략, 수직적 통합, 전략적 제휴, 인수합병 전략을 통해서 실현되는 범위의 경제가 다수의 사업 부분에서 창출되듯이, 이와 같은 맥락에서 범위의 경제가 다수의 지역 시장에서 운영되고 창출된다고 볼 수 있다. 기업이 국제화 전략을 통해 환경에서 새로운 기회를 이용하거나 위협을 중화시킬 수 있어야만 가치가 있는 전략이라 할 수 있다. 국제화 전략이 기업으로 하여금 새로운 환경에 잘 대응하고 그 기업으로 하여금 원가를 절감하거나 구매자가 지불할 의도를 높여 줄 수 있다. 이와 같이 국제화 전략을 통해 기업들이 획득할 수 있는 범위의 경제를 통한 가치를 획득하는 방법은 다음과 같다.

국제화 전략을 추구하는 기업들이 획득 가능한 범위의 경제

- 기존 제품이나 서비스를 구매하는 새로운 고객 접근
- 제조상 저원가 요소로의 접근
- 새로운 핵심역량 개발
- 기존의 역량을 새로운 방법으로 이용
- 기업 위험의 관리

(2) 기존의 제품이나 서비스를 구매하는 신규 고객에 대한 접근

기업들이 국제화 전략을 추구하는 가장 큰 이유는 기존 제품이나 서비스를 판매할 수 있는 새로운 고객을 확보하기 위함이다. 해외시장으로의 진출을 통해 기존의 제품이나 서비스가 판매될 가능성이 높을수록 기업은 국제화 전략을 통한 수익 창출을 직접 증가시킬 수 있기 때문이다.

① 국제화와 기업의 수익 창출을 위한 방안(구매 의도 및 구매 가능성)

해외시장의 고객들이 기꺼이 기업의 제품이나 서비스를 구매할 의도를 지니고 또한 실제로 구매가 가능할 때 기업은 수익 증대를 가져올 수 있다. 하지만 국내시장에서 판매된 제품이나 서비스가 해외시장에서도 판매될 수 있는지를 알아보는 것은 쉬운 것이 아니다. 왜냐하면, 해외시장과 국내시장의 구매자들은 제품이나 서비스에 대한 선호가 다를 수 있고 이와 같은 상이성 때문에 해외시장의 구매자를 유인하기 위해서는 제품이나 서비스의 특징을 크게 변화시킬 필요성이 있기 때문이다.

예를 들어 미국의 가전 제조 기업들은 유럽이나 아시아에 진출 시에 이러한 도전에 직면한다. 유럽이나 아시아의 경우 가전제품의 규격이 미국보다 소형이기에 해당 지역에서 판매하기 위해서는 제조공정을 재조정하지 않으면 안 되는 것이기 때문이다. 이처럼 상이한 물리적 기준은 해외시장 진출 시 기업들이 해당 제품이나 서비스에 대한 변화를 요구하게 된다. 기업들은 해외시장에서 경쟁을 위해 현지 구매자의 요구와 필요 그리고 선호에 대한 고민을 파악해야 하고 경쟁기업들보다 적어도 비슷한 수준에서 대응해야 한다. 이를 위해 앞서 학습했던 저원가 전략과 차별화 전략을 해당 지역의 특수성을 고려하여 수정해야 한다. 이러한 일련의 과정을 거쳐야만 기업이 제공하는 제품이나 서비스에 대해 소비자들이 구매 의도를 가질 수 있기 때문이다.

해외시장에서 구매자들이 구매할 의도를 가지고 있다 할지라도 어떤 경우에는 구매가 불가능한 경우도 발생한다. 이에 대해 적어도 세 가지 이유가 존재할 수 있다. 그것은 부적절한 유통경로, 무역장벽 그리고 구매력의 부족 때문이다.

부적절한 유통경로의 경우는 기업이 해외시장에서 제품이나 서비스를 판매하는 것을 불가능하게 하거나 매우 어렵게 할 수 있기 때문이다. 만약, 진출한 해외시장에서 유통경로가 존재는 하지만 현지 기업들의 강한 결속이나 연합에 의해 어려움을 겪을 수 있는 경우이다. 이런 경우에는 현지 기업의 도움을 받거나 매우 어렵지만, 현재 유통경로를 독자적으로 개척해야만 한다. 하지만, 현지에 유통경로가 따로 존재하지 않거나 국내에서의 경험과는 상이한 매우 다른 형태의 유통경로가 존재하는 경우 기업은 어려움에 직면할 수 있다. 특히, 개발 도상국들에 존재하는 부적절한 운송수단, 부족한 저장 공간과 소매시설 등은 현지 진출을 어렵게 만든다.

비록 현지 시장에서 유통경로가 존재할지라도 관세 및 비관세 무역장벽이 존재한다면 현지 시장의 진입 자체에 어려움을 겪고 현지 구매자들은 외국 기업의 제품이나 서비스를 구매하기 어렵게 되는 데 이를 무역장벽이라 한다. 무역장벽은 아래의 내용과 같다.

[무역장벽]

관세 : 수입제품에 부과되는 세금	쿼터 : 제품과 서비스가 수입되는 양에 대한 제한	비관세 장벽 : 제품 또는 서비스 수입 비용을 증가시키는 규제, 정책
• 수입관세 • 추가관세 • 가변부과금 • 보조금 • 국경세 • 상쇄관세	• 자발적 쿼터 • 비자발적 쿼터 • 제한적 수입허가 • 최소수입 제한 • 엠바고	• 정부 정책 • 정부조달 정책 • 정부의 수출 지원책 • 국내 산업지원 프로그램 • 통관정책 – 가치평가시스템 – 관세분류 – 구비서류 – 수수료 • 품질기준 – 포장기준 – 제품표시 기준

형태가 어떻든 간에 무역장벽은 기업의 제품이나 서비스를 현지에 판매하는 원가상승을 가져오고 국제화 전략을 추구하는 데 있어 범위의 경제 획득에 어려움으로 작용한다. 세계적인 자유무역과 무역장벽의 축소에도 불구하고 무역장벽은 국제화 전략을 추구하는 기업들에게는 매우 중요한 사항이다. 자동차 쿼터제 및 비관세 장벽, 제품에 대한 관세 등은 여전히 기업들에게는 무역장벽으로 존재한다. 뿐만 아니라 해당 국가의 정부는 다양한 이유로 정부가 수입을 얻거나 국내 고용 보호를 위해, 국내 생산을 장려하여 수입을 대체하기 위해

신생 사업을 보호하고자, 수출 장려를 위해 무역장벽을 세운다. 이러한 무역장벽들은 이유를 막론하고 국제화 전략을 추구하는 기업들에게는 비용 증가의 측면으로 진입장벽으로 존재하는 것이다. 결과적으로 무역장벽이 존재하지 않는다면 실행 가능한 전략이 무역장벽으로 인해 경제적 가치를 상실할 수도 있다.

마지막으로 구매자들은 외국 기업이 제공하는 제품이나 서비스를 구매할 충분한 능력이 없을 때도 무역장벽이 될 수도 있다. 이와 같은 현상은 여러 국가에서 살펴볼 수 있다. 1인당 국민소득이 아주 낮은 방글라데시, 콩고 등은 부유한 서방 국가들에서 판매되는 제품이나 서비스의 구매가 어려울 것이다. 반면 현지 시장의 경제적인 수준이 충분히 높다 할지라도 교환화폐가 부족하면 국제화 전략에 어려움이 되기도 한다. 기업이 국제화 전략을 통해 교환가능 통화가 통용되는 국가에서 사업을 할 때 이익을 본국으로 송금하는 것은 어렵지 않다. 또한, 통화 가치가 국제적 상황에 따라 변동할 경우 다양한 헤징을 통해 위험관리가 가능하다. 반면, 국제적 교환통화를 사용하지 않는 현지 통화가 통용되는 경우 아무런 가치가 없을 수 있기에 가치 창출에는 어려움이 있고 해당 시장에 대한 진출 동기를 크게 감소시킬 수 있다.

② **국제화와 제품수명주기**

새로운 시장의 구매자들에게 접근하는 것은 직접 기업의 수익을 증가시킬 뿐만 아니라 제품과 서비스의 수명주기를 관리하게 한다. 아래 그래프는 제품수명주기(product life cycle)를 보여준다. 단계별 제품 수요의 증가는 차이를 보인다.

도입기(introduction)에는 상대적으로 적은 수의 기업들이 해당 제품을 생산하며 구매자들의 숫자도 적고 수요에 대한 증가율도 낮은 시기이다. 다음 단계인 성장기(growth)에는 수요측면에서 급속한 증가를 보이고 많은 신규 진입 기업들이 존재하게 된다. 세 번째 단계인 성숙기(maturity)에는 제품이나 서비스를 생산하는 기업 수의 변화가 적으며 수요의 성장이 정지하며 기업들은 새로운 제품 개발보다는 기존 제품과 서비스 생산공정 개선에 더욱 몰입하게 된다. 마지막 단계인 쇠퇴기(decline)에서는 제품에 대한 수요가 감소하고 새로운 기술을 통한 제품이나 서비스가 등장하는 시기이다.

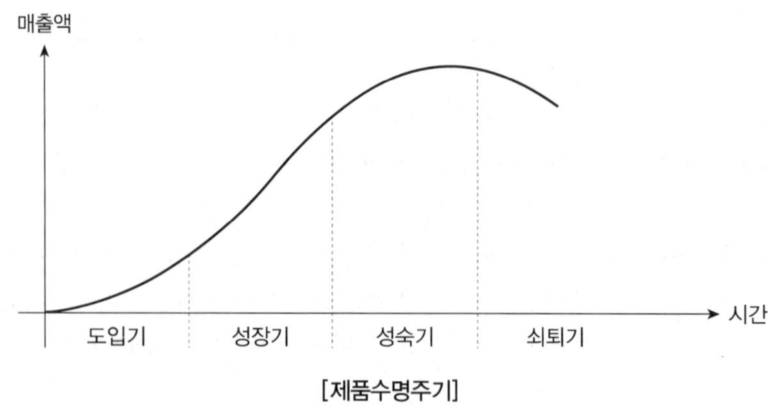

[제품수명주기]

국제화 전략의 관점에서 동일한 제품이나 서비스는 국가별로 상이한 단계에 놓일 수 있다는 중요한 사실이 존재한다. 그렇기에 기업은 국내에서 개발한 제품이나 서비스를 시간차이를 두고 해외시장에서 동일한 단계의 제품수명주기를 이용할 수 있는 것이다. 이와 같은 전략은 기업에게는 경제적 성과를 크게 높일 수 있다는 장점이 있다.

③ **국제화와 원가 절감**

기존의 제품이나 서비스를 기반으로 새로운 시장과 구매자에게 접근하는 것은 기업의 매출 증가를 가져온다. 그렇기에 기업의 제조공정이 규모의 경제에 민감한 특징을 지닌다면 매출의 증가는 국내와 해외에서 기업의 원가를 낮추어 원가우위를 획득하게 할 수 있다. 예를 들어 자동차 제조 산업의 경우 기업들은 범세계적인 생산을 통해 규모의 경제를 실현하고자 노력한다. 소형 자동차의 최소효율규모는 연간 40만대인데, 이 수량은 이탈리아나 영국 또는 프랑스에서 한 해에 판매되는 모든 자동차의 20% 수준에 달한다. 물론 이 최소효율규모의 생산량을 실현하기 위해 유럽의 자동차 제조 기업은 다수의 국가에 자동차를 판매해야 한다. 그렇기에 국제화 전략은 기업들로 하여금 중요한 규모의 경제를 실현하도록 해야 한다.

2 국제화 전략을 통한 저원가 요소의 접근

국제화 전략을 통해 기업들은 새로운 구매자에게 접근이 가능하고 범위의 경제를 실현할 수 있듯이 기업들은 원재료, 노동력, 기술 등의 생산에 투입되는 요소들을 저원가에 접근함으로써 중요한 범위의 경제를 실현시킬 수 있다.

(1) 범위의 경제 실현을 위한 요소

① **원재료**

기업이 국제화를 하는 가장 전통적인 이유는 값싼 원재료를 이용하기 위해서이다. 예를 들어 과거 유럽국가들은 인도 등에 회사를 설립하고 향신료, 비단, 커피, 초석 등의 물품을 구매하여 판매를 통해 높은 수익률을 올렸고, 비슷한 사례로 아메리카 대륙에서의 거래를 통해 높은 수익을 거두어들였다. 기업들은 해외에 존재하는 값싼 원재료와 제품을 구매하기 위해 해외시장으로의 진출을 모색하기도 한다.

② **노동력**

저원가의 원재료를 획득할 수 있는 것 이외에도 값싼 노동력은 기업의 해외시장 진출에서 중요한 요인이다. 예를 들어 2차 세계대전 이후 일본은 저렴한 노동력과 높은 노동 생산성을 지녔으나, 일본의 경제가 발전하고 엔화의 가치가 상승하기 시작하면서 일본의 임금수준이 상승하기에 저비용 고생산의 입지는 한국, 대만, 싱가폴, 말레이시아로 이동하였고,

현재는 중국, 멕시코, 베트남으로 이동하게 되었다. 이로 인해 기업들은 값싼 노동력을 찾아 공장을 이동하게 되었다. 해외에 존재하는 저원가 노동력은 국제화 전략에서 중요한 결정요인이다. 하지만 그 자체가 특정 국가에 진출하려는 절대적인 이유가 되지는 못한다. 왜냐하면, 저렴한 노동력은 시간이 지남에 따라 옮겨 가기 때문이다.

③ **기술**

기업이 해외시장에서 접근할 수 있는 또 다른 저원가의 생산요소가 기술이다. 역사적으로 일본기업들은 외국 기업과의 협력을 통해 새로운 기술을 습득 및 배양하는 과정을 거쳤지만, 일본에 진출하는 기업들은 일본 시장에 대한 접근을 위해 일본 기업과 협력관계를 맺는 경향을 지녔다.

(2) 새로운 핵심역량 개발

기업이 해외시장에서 활동하는 가장 중요한 이유 중 하나는 현재 핵심역량을 수정해서 새로운 핵심역량을 개발하기 위함이다. 해외에서의 활동을 통해 기업은 스스로의 강점이나 약점을 더욱 잘 이해하고 파악할 수 있다. 새로운 경쟁 환경에 스스로를 노출시킴으로써 기존의 역량이 수정되어 더욱 새로운 역량이 개발될 수 있기 때문이다. 물론 새로운 핵심역량이 개발되기 위해서 기업은 학습 과정을 거쳐야 하고 또한 하나의 사업 분야에서 새로운 역량이 개발된 이후에는 그 경제적 가치를 충분히 실현하기 위해 타 사업 분야에서도 그 역량을 이용해야 한다. 국제화 활동을 통한 학습은 진출했다고 해서 자동으로 이루어지는 것이 아니다. 다수의 기업은 해외시장 진입 시 활동에 어려움을 경험하고 국제화 전략을 포기하기도 한다. 또한, 기업들은 지속적으로 국제적 활동을 영위하기는 하나 필요한 학습을 병행하지 못하고 핵심역량을 개발하지 못하기도 한다. 기업이 국제화 진출을 통해 학습하고, 새로운 핵심역량을 개발했는지는 사업 성공에 중요한 기준이고, 아래의 내용과 같이 학습하려는 의지, 사업 파트너 기업의 투명도, 학습을 받아들이는 수용성에 따라서 기업의 학습능력을 결정짓는다.

국제적 활동으로부터 학습할 수 있는 능력의 결정요소

1. 학습하려는 의지
2. 사업 파트너의 투명도
3. 학습 수용성

① **학습하려는 의지**

국제적 사업에서 학습 의지가 높은 기업은 그렇지 않은 기업보다 학습할 수 있는 가능성이 크다. 또한, 학습 의지는 국제화 활동에 관련된 기업의 모든 관계자에게 전달되어야 하는 사항이다. 파트너 기업과의 협력 속에서 학습이 발생한다면 해당 기업에게는 긍정적인 효과를 가져온다. 이러한 노력은 국제화 전략을 통해 사업을 영위하면서 더 많은 것을 학습할 수 있으며, 기존 핵심역량을 개선해서 새로운 역량을 개발하는 데 있어서도 훨씬 우월한 지위를 차지하게 해준다. 왜냐하면, 국제적 사업을 펼치는 과정에서 사업을 통한 학습은 의도적으로 이루어지는 것이지 자동으로 학습 가능한 것은 아니기 때문이다.

② **사업 파트너의 투명도**

해외시장에 진출하고자 하는 기업은 '투명한 사업 파트너(transparent business partners)' 일 때 국제적 활동을 통해 학습할 가능성이 더욱 높아진다. 어떤 국제적 사업 파트너들은 다른 파트너들에 비해 더 개방적이고 접근 가능성이 높다. 이와 같은 차이점은 상이한 조직, 철학, 관습, 절차 그리고 기업이 속한 국가의 문화를 반영하기도 한다. 대부분의 서구 문화의 관점에서는 지식은 상황에 좌우되지 않고 사회적인 가치에도 크게 좌우되지 않는다. 서구적 관념에서의 지식이란 문자로 옮겨질 수 있고, 전달 가능성이 있지만, 동양 문화권의 지식은 상황에 따라 다르게 해석될 수 있으며 사회적 가치의 영향 또한 많이 받는다. 이와 같이 서구 경영자들은 동양 문화권에서의 사업 관습과 문화를 이해하는 데 어려움을 겪을 수 있다. 이와 같이 문화나 관습적 차이가 존재하는 상황에서 해외시장의 상이점이나 파트너에 대한 학습에 제한적인 측면이 있을 수 있다.

③ **학습 수용성**

기업들은 학습 수용성(receptiveness)에 있어서 상이한 모습을 보인다. 학습 수용성이란 기업이 학습을 받아들이는 정도를 말하며, 기업의 문화와 사업절차 그리고 기업 역사에서 영향을 받는다. 기업들은 국제화 사업으로부터 학습을 하기 위해서는 과거 경험에 대한 '망각'을 준비해야 한다고 주장한다. 즉, 망각(unlearning)이란 어느 기업이 기존에 사업을 수행했던 방식을 개선하거나 포기하는 것을 말하는데, 이와 같은 망각의 절차는 기업들에게는 어려움으로 다가올 수 있다. 왜냐하면, 기업들은 과거 오랫동안 자신들 특유의 경영 패턴으로 성공을 거둔 역사가 있거나, 그 과거의 경영 패턴이 조직구조나 형식 또는 비형식적 경영통제 그리고 보상 정책에 기반을 둔 것일수록 더욱 그렇기 때문이다. 기업들에게 망각이 실행된다고 할지라도 기업들이 학습하기 위한 자원이 결여될 수도 있다. 만약 기업 내에서 이용 가능한 모든 시간, 재능, 자본, 기술 등이 일상적인 업무를 위해 모두 사용되고 있다면 학습을 위한 추가적인 업무는 이루어지기 힘들다. 즉, 국제적 활동을 통한 학습이 얼마나 중요한 것인지에 대해 경영자가 잘 알고 있다 할지라도 단순히 학습에 대한 노력을 쏟을 여력이 없을 때는 학습이 이루어질 수 없는 것이다.

(3) 기업의 위험관리

기업이 다각화를 통해 위험을 감소시키는 전략은 가치를 지닌다. 기업의 계열사들의 사업 연관성이 높지 않을 경우, 다각화된 기업은 위험을 감소시킬 수 있다 할지라도 투자자들은 각자의 투자 포트폴리오를 구성함으로써 위험을 더욱 효과적으로 관리할 수 있음을 배웠다. 이와 같은 경우 주주는 다각화된 기업의 경영자를 통해 위험을 분산시키려는 동기를 갖지 않을 수 있다. 국제화 전략을 추구하는 기업의 경우에도 다음과 같은 비슷한 위험관리의 결론을 지닌다.

① 어떤 경우에 있어서 특정 시장에 존재하는 주주가 다른 시장의 주식 매입이 어려울 때가 있다. 즉, 개인적으로 외국 기업의 주식을 취득하기 어려운 대신 기업 차원에서는 외국 기업의 지분을 취득할 수 있는 경우 개인은 해외로 다각화된 기업을 통해 직접 위험감소의 이득을 얻을 수 있는 것이다. 일반적으로 국가 간 자본 흐름의 장벽이 존재할 때 개인 투자자들은 국경을 초월하여 주식의 포트폴리오를 최적화할 수 없는데, 이러한 경우 개인은 다각화된 다국적 기업의 주식을 취득하여 간접적으로 포트폴리오 다각화를 이룩할 수 있다.

② 개인 소유 대기업의 소유자들은 개인적인 부의 극대화를 위한 위험감소를 시키는 다각화 전략을 펼칠 수 있다. 이런 기업의 소유자들은 기업을 시장에서 공개 상장함으로써 현금을 마련하고 투자의 포트폴리오를 구성할 수 있지만, 만약 사업의 지분을 유지한 채 다른 방식으로 위험을 분산할 때는 해외에 사업을 다각화하여 위험감소의 이득을 취할 수 있다. 이러한 동기 측면에서 사업 다각화는 특히 국제 환경에서 정당성을 찾을 수 있다.

제 2 절 해외시장 진출전략

1 국제화 전략의 유형과 결정요인

(1) 국제화 전략의 유형

국제화된 기업들의 경쟁우위는 국제화 전략의 유형 측면에 따라 살펴볼 수 있다.

기업의 범세계적 활동의 조정	지역적으로 넓게 퍼짐	지역적으로 집중화됨
높은 강도	고도화된 국제화 전략	단순화된 국제화 전략
낮은 강도	국가별 전략	수출 위주의 마케팅 전략

(가로축: 기업 활동의 범세계적 배치)

[국제화 전략의 유형]

그림과 같이 국제화 전략을 펼치는 기업의 경쟁우위는 기업 활동의 범세계적인 배치와 국제화 전략을 펼치는 기업의 활동을 어떻게 조정할 것인가에 따라 두 가지 측면에서 바라볼 수 있다. 이와 같은 두 가지 측면에서 기업들이 추구하고 있는 국제화 전략 유형을 나누어 볼 수 있다.
앞의 그림은 국제화 전략의 유형을 위에서 살펴본 두 가지 측면에서 도식화한 것이다. 먼저 수평축은 오른쪽으로 갈수록 기업 활동의 배치가 지역적으로 한 곳에 집중된 것을 나타내고 수직축은 기업이 세계에 걸쳐 활동하는 것을 기업이 얼마만큼 조정할 수 있는가를 나타낸다. 즉, 수직축의 경우 위로 올라갈수록 조정의 강도가 높아지는 것을 의미한다.
우측 하단에 위치한 기업은 지역적으로 집중화되어 있으나, 전체적인 기업 활동의 조정이 약한 **수출 위주의 마케팅 전략**을 사용하는 것을 말하고, 이와 같은 전략을 추구하는 기업 형태의 대표적인 예는 과거 우리나라의 수출 지향적인 한국기업이라 할 수 있다. 과거 한국기업은 기업의 대표적인 브랜드가 없이 주문자 상표부착 방식(OEM)으로 수출하는 형태로 국제화 전략을 펼쳤다.
우측 상단에 위치한 기업들은 기업 활동이 지역적으로 집중되어 있기에 기업의 범세계적인 활동에 대해 **본사에서 강하게 통제하는 전략(단순화된 국제화 전략)**을 구사한다. 이는 해외 국가에 소속된 자회사를 설치해 두고 자회사를 본국의 기업이 얼마만큼 통제하고 조정하는 체제를 의미한다.
좌측 하단에 있는 기업은 **국가별 전략**(multi-domestic strategy)을 **추구**하는 것을 말한다. 대표적으로 유럽과 미국의 전통적인 다국적 기업이 이에 해당하며, 이는 기업들이 각국에 자회사를 두고 자회사의 운영을 자회사에 일임함으로써 본사와 자회사 간의 긴밀한 협조 관계가 없는 상태를 말하는데, 다국적 기업화가 일찍부터 시작된 미국과 유럽의 경우 이와 같은 국가별 전략을 추구해 왔다.
좌측 상단의 기업들은 다양한 국가에 자회사를 설립하고 강력한 통제를 통해 하나의 기업으로 묶는 방법을 취하기도 하는데, 이와 같은 방식은 **고도의 글로벌 전략을 추구하고 있는 초국적 기업**(transnational corporate)의 **전략**이라 볼 수 있다.
이와 같이 국제화 전략 유형을 살필 때 주의해야 할 사항은 특정한 전략이 다른 전략보다 더 우월하다는 점이 아니라는 것이다. 기업들이 국제화 전략을 취할 것인지 또는 국가별 전략을 취할 것인지는 기업이 속한 산업환경 및 기업이 지닌 내부역량에 따라 다르기 때문이다. 예를 들어, 자동차용 윤활유 산업의 경우 국가마다 기준, 기후, 법률 상황에 상이한 기준이 있기에 윤활유의 혼합물이 상이하여 국가별 전략(multidomestic strategy)을 추구하는 경우가 많다. 다른 예로 호텔 산업의 경우에는 국가별 소득 수준이 상이하고 문화적 차이가 존재하기에 국가별 전략을 취하기도 하지만, 전 세계적인 특급호텔인 힐튼, 쉐라톤, 인터콘티넨탈 등과 같은 특급호텔은 전 세계적인 예약시스템과 해당 브랜드 호텔들을 이용 시 언제 어디서나 동일한 서비스를 받게 하기 위해 국제화 전략을 취하기도 한다. 하지만, 여러 분야의 사업에서 공동으로 나타나는 현상은 산업이 글로벌화됨에 따라 기업들도 점차 국가별 전략에서 글로벌 전략으로의 변화가 나타나고 있다.

(2) 국제화 전략의 결정요인

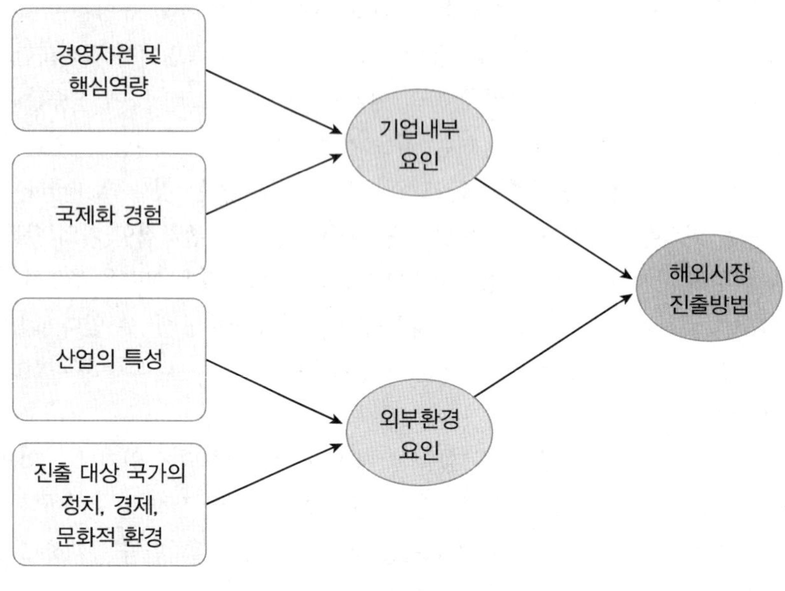

[국제화 전략의 결정요인]

기업들은 전반적인 국제화 전략을 수립한 이후 더 구체적인 해외시장으로의 진출방법을 모색해야 한다. 특히 해외시장에 대한 진출방식을 결정하는 데 있어서는 위의 그림과 같은 요인을 고려하게 되는데 기업 내부의 경영자원과 진출하고자 하는 국가의 환경이다.
기업 내부적인 측면에서 생각해본다면, 기업이 지닌 경영자원과 핵심역량(기술, 브랜드, 국제화 경험 등)은 해외 진출방법에 큰 영향을 미친다. 예를 들어 기술력이 강한 기업이나 유명한 브랜드를 보유한 기업은 합작 투자나 라이센스보다는 100% 지분을 소유한 자회사 선호를 추구하는 경향을 보인다. 또한, 기업은 진출하고자 하는 국가의 투자환경도 고려할 필요가 있다. 이에 해당하는 외부환경요인의 경우 산업의 구조적인 특성과 함께 해당 국가의 정치, 경제, 문화적 환경에 대한 고려가 필요하다. 정치, 경제, 문화적 환경의 요인들은 기업의 해외 진출방법에 큰 영향을 미치는데 이와 같은 특성요인은 기업이 직접 통제가 불가능한 외부요인이기 때문이다.

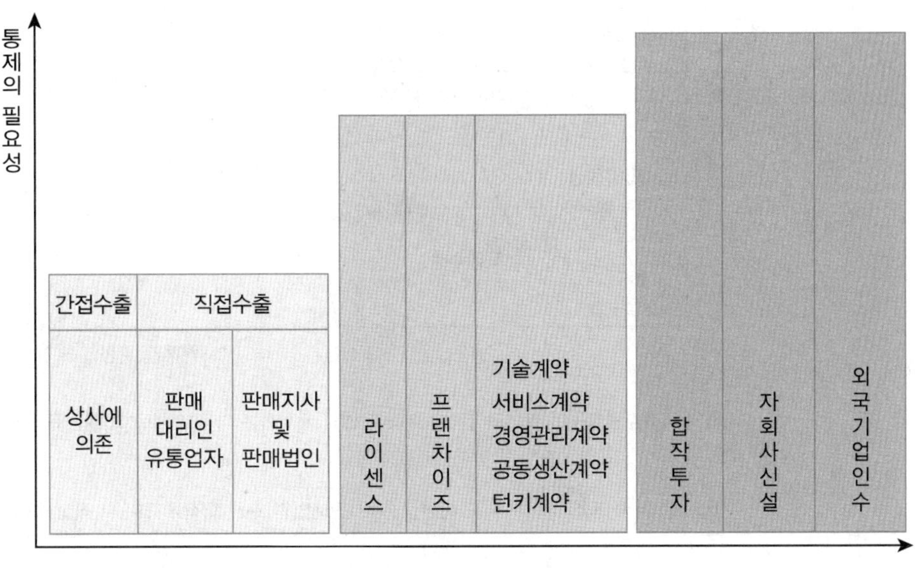

[해외시장 진출방법의 분류]

일반적으로 기업의 해외 진출방식은 수출(입), 계약, 직접투자의 세 가지 유형으로 분류된다. 단순 계약이나 수출보다는 직접투자에 의한 해외시장의 진출은 규모가 큰 투자가 소요되고, 그 결과 해외사업에 대한 통제는 커지나 그에 따른 위험성도 높다는 특성이 있다. 수출입에 의한 해외시장 진출은 일회성의 성격을 지니고, 단기적이고 위험 정도가 가장 낮은 단순한 해외시장 진출형태이다. 계약에 의한 해외시장 진입방식은 주로 현지 기업과의 계약에 의한 해외사업을 운영하는 방식으로 라이센스와 프랜차이즈가 대표적인 형태를 지닌다. 또한, 계약에 의한 방식은 단기적인 관계이기보다는 장기적인 관계이다. 반면, (해외)직접투자는 기업 측면에서 가장 통제의 강도가 큰 형태로서 자금과 인력이 많이 투입되고 그만큼 위험이 높은 진입유형이다. 직접투자는 기업이 특정 해외시장에 그만큼 전력하고 있는 경우에 주로 사용되는 유형이다. 이와 같이 기업들은 해외시장으로의 진출 시 활용할 수 있는 다양한 전략 유형 중 해당 기업에 가장 적절한 진입방식을 선정하기 위해서 기업 내부자원과 역량 그리고 외부환경요인에 대한 철저한 분석을 필요로 한다.

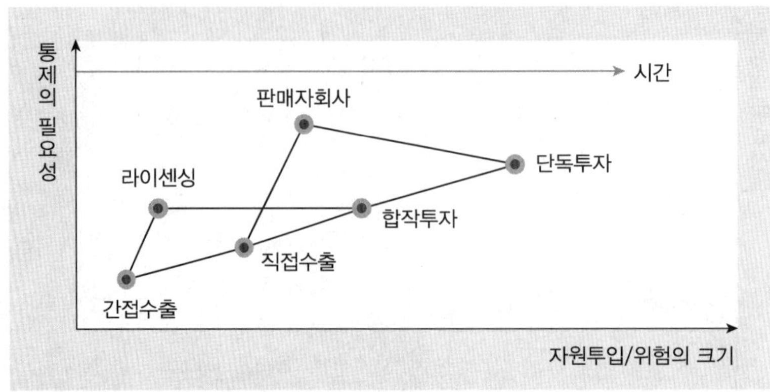

기업의 국제경영활동이 확대되어감에 따라 기업의 국제화는 다음 순서로 그 활동규모와 몰입의 정도가 점진적으로 확대됩니다.

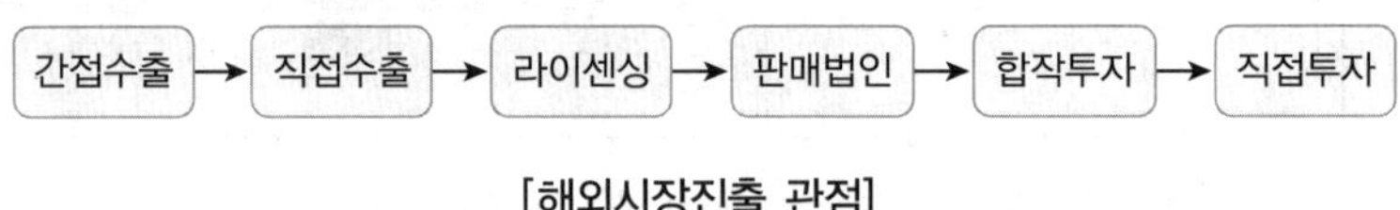

[해외시장진출 관점]

이처럼 기업들은 국제화 전략의 선택에 있어 자신들의 경험 또는 점진적인 학습을 통해 해외시장에 몰입하는 정도가 높은 진입방식으로 계속해서 변화하게 된다. 그러나 기업이 지닌 자원, 국제화에 대한 경험, 산업 특성, 진출대상 등의 환경에 따라서 특정 단계에 머무르거나 단계를 뛰어넘기도 한다. 또한, 기업들은 한 가지 국제화 전략의 사용뿐만 아니라 다양한 진입방식을 병행하기도 하는데 예를 들어 직접투자와 동시에 프랜차이즈를 병행할 수도 있다.

2 해외시장 진출의 유형과 이론

(1) 해외시장 진출의 유형

① 수출

수출방식은 각종 재화의 국가 간 이동을 말하며, 국제화 전략에서 가장 기본적인 해외시장 진출방식이다. 수출방식은 크게 직접수출과 간접수출로 구분된다.

㉠ **직접수출** : 수출전담부서나 판매법인을 통한 해외시장 개척, 현지 판매망 관리, 판촉 행위 등 수출 제반 업무의 기능을 직접 수행하면서 자사 제품에 대한 강한 통제력을 지닌 형태이다. 또한, 직접수출의 경우 해외 지사와 현지 판매법인을 통해 자신의 브랜드나 무형자산을 보호할 수 있으며, 해외시장의 수요변화나 시장변화에 대한 정보를 즉각적이고 지속적으로 본사에 보고할 수 있다는 장점이 있다. 뿐만 아니라 경험적인 측면에서도 해외 주요 고객들과의 직접적인 교류를 통해 수출 경험을 축적할 수 있다. 하지만,

직접수출을 위해서는 수출입 업무에 대한 지식을 필요로 하고 현지에서 마케팅 활동을 수행할 수 있는 능력을 지닌 인력이 필수적이다.

ⓛ **간접수출** : 수출대행업체나 무역상사를 통한 것으로서 기업이 직접 수출입 관련 업무를 수행하지 않으면서 해외시장을 개척하는 데 큰 노력을 필요로 하지 않는다는 특성을 지닌다. 이와 같은 간접수출 방식은 수출입대행업체에서 제품기획, 해외시장개척, 판촉활동 등의 업무를 활용하게 되며, 또한 자본 투입이 적기에 위험성도 상대적으로 낮다. 하지만, 간접수출의 경우 수출대행 업체에게 높은 수수료를 지불해야 한다는 단점을 가진다. 또한, 직접 해외 업무를 수행하지 않기에 국제화 경험이 축적되지 못하고 해외시장 정보 획득의 어려움이 존재하며, 자신의 제품이 어떻게 해외에서 팔리는지를 알 수 없고 자사 제품의 이미지 향상이 어렵다.

② 라이센스와 프랜차이즈

해외시장 진출 시 국제계약을 통한 진입방식은 기업이 자신들의 무형자산인 브랜드, 기술, 특허, 저작권과 같은 지적 소유권, 소프트웨어와 같은 기술적 노하우나 경영, 마케팅과 같은 경영적 노하우 등 자신들의 자산을 하나의 상품으로 취급하여 현지 기업과 일정한 계약관계에 의해 시장에 진출하는 것을 말한다. 이와 같은 대표적인 방법은 라이센스, 프랜차이즈, 생산계약 등이 있다.

㉠ 라이센스

라이센스의 경우 다음과 같은 목적으로 해외시장진출에 사용된다.

진출 예정국의 수출이나 직접투자에 대한 무역장벽이 존재할 경우 라이센스가 그 대안이 된다. 해당 국가의 경제환경에서 라이센스를 통한 정부의 규제나 무역장벽을 해소할 수 있는 운영방식이다. 또한, 제품을 국가 간 이동시 비용이 너무 많이 소요될 때 라이센스는 효율적인 방식이 된다. 대표적으로 코카콜라의 경우 본국에서 코카콜라를 생산하는 것이 아니라 원액의 이송 이후 판매국에서 제조와 생산을 맡아 판매된다. 그리고 기술이나 서비스와 같이 이전 방법이 복잡하거나 이전비용이 많이 소요되는 무형자산의 경우, 라이센스는 효과적인 해외 진출방식이 될 수 있다. 마지막으로 투자국의 정치적 위험이 클 경우, 기업들은 위험부담을 줄이고자 직접투자보다는 라이센스에 의한 진입을 고려한다.

라이센스 진입방식은 다음과 같은 단점을 지닌다.

라이센스는 자사의 기술력이나 브랜드에 대한 보호와 통제가 어렵다. 또한, 라이센스는 기업이 직접 현지에서 운영 및 마케팅 또는 생산 활동을 하는 경우에 비해 이익이 상대적으로 적다. 그리고 라이센스는 경쟁자를 만들 위험이 있다는 단점을 지닌다.

ⓛ 프랜차이즈

라이센스와 비슷한 형태의 해외시장 진출 방식으로는 프랜차이즈가 있다. 프랜차이즈의 경우 라이센스의 형태이긴 하지만 라이센스보다는 훨씬 강한 통제가 가능하다. 라이센

스 계약이 기술이나 브랜드만을 일정기간 동안 공여하는 것에 비해 프랜차이즈의 경우 경영방식, 품질관리, 기업의 조직 및 운영에 대한 지원, 마케팅 지원 등의 직접적 운영이나 통제가 가능하다. 프랜차이즈의 경우 점포의 소유권은 사업주에 있으나, 그 점포에 대한 사용 장비와 실내 장식은 프랜차이즈 기업이 일괄 공급한다. 따라서 소비자들은 점포와 관계없이 똑같은 품질의 상품을 이용할 수 있는 것이다.

이와 같은 프랜차이즈의 장점은 첫째, 기업은 적은 자본을 통해 해외시장 진출이 가능하다. 둘째, 프랜차이즈는 표준화된 마케팅이 가능하다. 그러나 프랜차이즈의 경우 통제가 힘들다는 점과 장기적인 관점에서 경쟁자를 만들 수 있다는 측면에서 라이센스 방식과 유사한 단점이 존재한다.

㉢ 생산계약

이 밖에도 계약에 의한 해외시장 진출의 방식으로는 생산계약이 있다.

생산계약방식은 나이키나 리복과 같은 회사가 우리나라에서 하청업자에게 일정한 품질이나 가격에 상품을 납품하도록 계약을 하고 계약에 의한 경영활동을 수행하는 방식이다. 기업에서는 직접 공장을 운영하지 않으면서도 신속히 시장진입이 가능하며, 시장의 불안전성이 존재할 때는 신속히 철수할 수 있다는 장점이 있다. 하지만, 하청 업체의 생산 품질의 지속적인 관리가 어렵고 경쟁자를 키울 수 있다는 가능성이 존재한다.

이 외에도 국제계약방식으로는 **위탁경영, 서비스계약, 턴키 공사**(turn key operation)가 있다. 항공사의 경우 기내식의 공급이나 비행기 정비를 직접 하지 않고 계약을 통해 서비스를 제공받는 것을 서비스계약이라 하고, 턴키 공사(계약)는 플랜트(plant)를 일괄적으로 건설해주는 위탁생산 방식을 말한다.

③ **직접투자**

(해외) 직접투자의 경우 수출이나 국제계약에 의한 방법에 비해 본국에서 해외사업에 대한 강력한 통제력을 갖는다. 수치적으로는 해외에 있는 법인체나 기업의 주식을 20% 이상 소유하는 것을 해외 직접투자라 정의하는 것이 일반적이다. 만약, 20% 미만의 주식을 소유한 것은 단순히 기관투자자나 포트폴리오 투자로써 간주된다. 이와 같이 직접투자의 정의에 있어서 기업의 소유구조가 들어가는 이유는 직접투자가 단순하게 소유지분에 의한 투자가 아닌 투자 이후 경영에 직접 관여할 수 있기 때문이다.

㉠ 직접투자의 동기

ⓐ **경쟁우위의 활용** : 만약 기업이 기술, 브랜드, 마케팅 등의 능력에서 경쟁우위를 지니고 있을 때 이를 자국 시장뿐만 아니라 더 넓은 해외시장에 활용할 수 있을 때 기업은 더 큰 수익 창출을 받을 수 있다. 즉, 해외시장에 대한 직접투자를 통한 국제화는 기업이 지닌 경쟁우위를 해외시장에서 활용하는 것이다. 그러나 자국 시장에서 경쟁우위를 가지고 있다 해서 반드시 해외시장에서 성공한다는 보장은 없다. 왜냐하면, 국제화의 경험이 부족할 경우 외국의 현지 기업에 비해 불리한 점을 감수해야

하기 때문이다. 해외시장에서의 언어적·문화적, 대 정부 관계 등에 취약할 수 있기 때문이다. 이와 같이 외국 기업이 현지 시장에 진출할 때 불리한 점을 외국인 비용(liabilities of foreignness)이라고 부른다. 그렇기에 직접투자를 통한 해외시장 진출 시 기업은 외국인 비용이라는 불리한 점에도 불구하고 경쟁우위를 창출하기 위해서는 외국인 비용으로 불리한 점을 충분히 상쇄할 만큼의 경쟁우위를 가지고 있어야 한다.

더 알아두기

외국인 비용

① 정의

- 현지국에 존재하는 기업에 비해 해외 국가에 진출하려는 기업은 현지 시장의 특성을 잘 모르기 때문에 부담하는 일종의 유형 및 무형상의 모든 비용을 말한다(현지화 비용).
- 현지 시장에서 다국적 기업이 로컬 기업에 비해 불리한 점으로 인해 부담하는 일체의 비용을 말한다.
- 현지 시장의 특성
  - 소비 특성 : 소비패턴, 구매빈도
  - 고객 특성 : 필요/욕구, 구매결정권
  - 경쟁사 특성 : 강력한 로컬기업, 경쟁 강도

② 외국인 비용의 발생 원천

- 보통 외국인 비용은 문화, 제도, 지역, 경제적 차이에 의해 발생함
- 문화적, 제도적, 지역적, 경제적 차이가 클수록 다국적 기업이 부담할 외국인 비용도 증가함
- 다국적 기업은 문화적, 제도적, 지리적, 경제적 차이를 줄임으로써 외국인 비용을 감소시킬 수 있음

구분	내용
문화적 차이 (cultural distance)	• 국가별 문화적 차이가 높을수록 부담해야 할 외국인 비용도 증가 • 언어, 인종, 종교, 미학, 관습 및 규범의 차이 • 다국적 기업은 동일한 언어, 인종, 종교 및 규범을 가진 국가로 진출할수록 문화적 차이를 줄일 수 있음 예 식음료, 유통, 패스트푸드
제도적 차이 (administrative distance)	• 국가별 제도적 차이가 클수록 외국인 비용 증가 • 독립국가, 통화 통합 or 정치적 연계 미약, 정치적 정의, 정부 정책, 제도적 불확실성 • 다국적 기업은 정부 정책의 변화가능성이 낮은 국가, 즉 정치적 안정성이 높은 선진국으로 진출할수록 제도적 차이를 줄일 수 있음 예 방송, 신문, 통신, 금융서비스, SOC
지리적 차이 (geographical distance)	• 지리적 거리의 차이가 클수록 외국인 비용 증가 • 물리적 거리, 접근성 제약, 시장규모, 교통 및 통신기술 부족, 기후 차이 • 다국적 기업은 지리적으로 멀리 떨어진 국가로 진입하면 수출보다 직접투자 방식이 더 좋음 예 시멘트, 유리, 철강, 중장비

경제적 차이 (economic distance)	• 국가별 경제력 수준의 격차가 클수록 외국인 비용 증가 • 소득 수준 차이, 생산요소(천연자원, 자본, 노동력) 가격의 국가별 차이 • 다국적 기업은 본국과 소득 수준이 비슷한 국가로 진입하거나 철저한 현지화로 극복 가능 예 자동차, 휴대폰, 보험, 내구 소비재

③ 외국인 비용의 대표적인 예
- 현지 커뮤니케이션 비용
- 현지 시장의 정보수집 비용
- 국제적 교통, 통신비
- 현지 국민의 비우호적 정서
- 외국인 기업의 추가적 인건비 상승
- 현지 유통망 개척비용
- 현지 정부와의 관계 구축비용

ⓑ **내부화** : 기업들이 해외시장 진출 시에 직접투자를 하는 또 다른 한 가지 중요한 이유는 기업이 해외경영을 하는데 필요한 지적 자산과 원자재 등을 해외로 이전하는 데 있어서 시장을 통한 거래보다 기업 내부 거래를 통해 수행하는 것이 더욱 효율적이기 때문이다. 내부화는 다국적 기업이 경영자원에 대한 국가 간의 이동에 있어서 효율적으로 수행하는 조직체를 의미한다. 이처럼 경영자원을 효율적으로 이전할 수 있도록 해외직접투자가 일어나는 것은 거래비용 측면에서이다. 즉, 기술이나 브랜드와 같이 경영자원은 시장을 통해 거래하기 힘든 경영자원이며 원자재의 해외구매 또한 가격, 품질 및 납기일 측면에서 많은 불확실성이 존재한다. 직접투자는 시장거래를 통해 기업 내부의 거래로 내부화함으로써 효율성을 높인다. 기업이 내부화를 하고자 하는 대표적인 경영자원은 기술이나 브랜드와 같은 무형자원들이다. 경영자원의 내부화는 기업자신이 지니고 있는 경영자원을 해외시장에 활용할 경우와 투자대상국 특유의 경영자원을 획득하는 경우에 나타난다. 이와 같은 무형자원은 쉽게 전달할 수 없는 지식인 경우가 많고 주로 쉽게 전달이 어려운 지식이나 연구원의 두뇌나 암묵적 지식들이 있다.

ⓒ **환율 및 무역장벽의 위험감소** : 직접투자의 경우 보호무역 장벽에 대한 우회수단으로써 사용된다. 우리나라 기업의 경우 유럽에 현지 생산을 하는 대표적인 이유는 수출에 대한 각종 관세 및 비관세 장벽 때문이다. 특히 실업률이 높은 유럽의 경우 국가들이 직접투자를 유치하기 위해 세금인하와 보조금 지급을 약속하고 있다. 또한, 직접투자를 통한 생산지역의 다변화는 환율변동의 위험으로부터 기업을 보호해주는 역할도 한다.

이상과 같이 해외시장에 대한 직접투자의 동기들은 제품수명주기이론에 기반하여 제품이 시장에 도입되어 사라지는 과정에 있어서 일정한 수명주기를 지니고 이러한 수명주기가 국가 간의 시간 차이를 두고 진행되기에 그 과정에서 해외직접투자가 발생하여 선진국에서 후진국으로 생산기지를 옮긴다는 이론이다. 또 다른 이론은 과점이론으로써 기업들이 경쟁하는 상황에서 특정 기업이 해외 진출을 할 때 경쟁기업들은 경쟁적으로 해외직접투자를 행동한다는 것이 직접투자의 패턴을 설명한다.

ⓛ 직접투자의 유형

해외 직접투자의 구체적인 방법으로는 합작투자, (자회사)신설투자, (외국기업)인수합병으로 크게 세 가지로 구분된다.

ⓐ **합작투자** : 투자자금과 각종 위험을 분담하며, 합작 파트너로부터 현지 상황에 대한 정보를 빨리 파악할 수 있는 점과 현지 네트워크 형성이 용이하다는 장점이 있다. 하지만 합작투자는 합작 파트너와 경영방법 및 전략에 차이를 지닐 경우 이를 조정하고 해결하는 데 어려움을 겪을 수 있다는 단점이 있다. 뿐만 아니라 합작투자는 합작 파트너에게 기업이 지닌 기술이 이전되어 미래에 경쟁기업을 만들게 되는 위험성도 존재한다. 이에 반해 100% 소유를 통한 단독투자는 기업이 완전한 통제력을 갖는다는 장점이 있고, 파트너를 고려할 필요가 없기에 해외 자회사의 경영에 단순한 면이 존재할 수 있지만, 투자기업이 모든 위험을 수반하고 현재 네트워크 형성에 대한 부담이 있다는 단점이 있다. 한편 단독투자의 경우에도 신설투자와 기존 외국기업의 인수합병이라는 두 가지 전략적 방안이 있다.

ⓑ **(자회사)신설투자** : 투자기업이 필요로 하는 현지 인력을 필요한 만큼 유연하게 선택할 수 있다는 장점이 있으나, 투자 결정 이후 조업까지 상당히 오랜 기간의 준비시간이 필요하다.

ⓒ **(외국기업)인수합병** : 신설투자에 비해 빠른 속도의 진입을 가능하게 하는 장점을 지닌다. 이미 운영 중인 브랜드, 유통망, 생산설비를 한꺼번에 인수함으로써 쉽고 빠르게 시장점유율을 높일 수 있지만, 인수합병은 많은 경우 상당한 금액의 인수 프리미엄을 지급해야 하는 단점이 있다. 또한, 사업에 실패한 기업을 인수하였을 때 예상하지 못한 비용을 부담하게 될 수 있다는 부담도 존재한다.

(2) 직접투자의 과정이론

직접투자는 마치 단 한 번의 직접투자를 통해 해외 자회사가 설립되는 것처럼 보이지만, 실제로 일회성의 투자가 아닌 오랜 기간 동안의 계속된 투자의 반복을 보인다. 이와 같이 기업들이 해외 직접투자에 대한 연구들은 직접투자의 순차적인 과정을 강조하는 연구들이 진행되어왔다. 해외 직접 투자는 순차적인 과정에 의해 진행된다고 주장하는 학자들의 경우 기업들은 해외시장 진출 과정에서 수출에서 판매법인으로, 다음 단계에서는 생산법인을 설립하여 순차적

인 진입을 한다고 주장한다. 즉, 해외시장의 중요성이 커짐에 따라 투자가 점차적으로 증대되는 것이다. 또한, 기업은 세계의 여러 국가에 진출 시에 동시다발적인 진출보다는 문화, 언어, 경제적 환경이 비슷한 국가로부터 상이한 국가의 순서로 진입한다고 보는데 이는 다음 그림과 같다. 국제화 경험이 없는 국가는 기업이 속해있는 본국과 가장 유사한 국가에 먼저 진입하여 국제화 경험을 쌓고 점진적으로 이질적인 문화와 환경의 국가로 진출한다는 것이다.

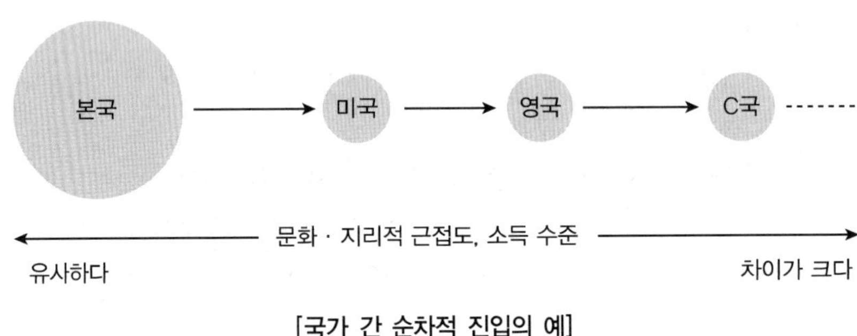

[국가 간 순차적 진입의 예]

한편 직접투자의 유형 또한 시간에 따라 변화하는 양상을 보인다. 과거 소니의 경우 강력한 경쟁우위를 가진 사업 분야에 진출할 때는 신설투자방식을 선호했으나, 현재는 점차적인 기업 인수합병과 합작투자방식을 선호하고 있다. 이와 같은 방식의 투자는 기업 스스로가 강한 경쟁우위를 가진 경우에는 신설투자가 유리하나 외국의 경쟁우위를 흡수할 목적일 경우는 인수합병과 합작투자가 더 효과적일 수 있다는 것을 보여준다. 우리나라의 기업들은 현재 적극적인 직접투자 전략을 펼치고 있다. 일본기업과 한국기업의 국제화 과정을 비교할 때 흥미로운 점은 한국기업이 최근에 경쟁우위가 없는 사업 부문에서 기술을 획득하려는 목적의 직접투자를 실시하고 있다는 점이다.

이와 같은 기업들이 직면하고 있는 어려움은 오랜 기간 동안 경쟁우위의 정도에 따른 직접투자의 경험을 토대로 외국인 비용을 줄여나갔던 소니(Sony)와 달리 기업 스스로의 경쟁우위가 없는 부문에 집중하여 직접투자가 이루어지고 있다는 점이다. 이는 외국인 비용을 크게 지불하면서까지 경쟁우위가 없는 사업 부문에 투자하는 것으로 실패할 확률이 매우 크다. 앞서 살펴본 바와 같이 과거 한국기업의 해외직접투자 성과가 나쁜 사실을 보여주고, 따라서 한국기업이 추진하고 있는 국제화 전략의 성공 여부는 가능한 한 빨리 외국인 비용을 줄이는 것에 달려있다 볼 수 있다.

제 3 절 국제전략

1 다국적 기업의 정의

(1) 다국적 기업의 개념

다국적 기업(multinational entreprise)은 국경을 초월하여 2개 이상의 국가에서 정치적, 경제적, 법률적, 사회문화적 환경하에서 기업 활동을 벌임으로써 다국적 기업은 세계 경제와 각각의 국민경제에도 광범위하게 활동하고 다양한 측면에 영향을 미친다. 또한, **둘 이상의 국가에 현지법인을 가지고 있는 기업으로 정의된다.** 앞서 살펴보았던 해외 직접 투자를 통해 다국적 기업이 탄생하는 것이며, 국제경영 연구자인 펄뮤터(H. Perlmutter)는 다국적 기업의 본사와 자회사 간의 관계와 더 나아가서는 다국적 기업의 구성원 마음가짐에 따라 다국적 기업의 유형을 크게 세 가지로 구분하였다.

(2) 다국적 기업의 경영

① 본국 중심주의(ethnocentrism)

다국적 기업의 출신 국가에 있는 본사가 주요한 의사결정권을 장악하며, 본국의 가치관이나 경영방침 그리고 경영시스템을 해외 자회사에 강요하는 방식이다. 의사결정권은 본사에 집중되어 있으며, 본국의 인사정책과 성과평가 기준이 획일적으로 해외 자회사에 적용된다. 또한, 본국의 본사에서 파견을 나온 직원이 의사결정을 주도하게 되고 이들 직원이 주로 상위직급으로 진급한다. 이러한 본국 중심지향 사업방식은 한국이나 일본기업에서 강하게 나타나는 현상으로 자회사의 자율성을 박탈함으로써 해외 자회사의 핵심역량 창출과 유지가 불가능하다는 단점이 있다.

② 현지국 중심주의(polycentrism)

세계 각국의 문화와 경제환경이 서로 다르기에 현지를 가장 잘 아는 현지인이 현지에 맞는 방법으로 자회사를 운영해야 한다는 가정에서 시작한다. 다국적 기업의 본사는 대부분의 의사결정을 현지의 경영자에게 위임하고 금융적인 통제만을 가한다. 그 결과 본사는 큰 권한이 없어지고 본사와 자회사 간 또는 자회사끼리 의사소통이나 정보교환은 거의 발생하지 않게 된다. 따라서 현지국 중심주의의 단점은 자회사가 서로 독립적으로 운영되기에 전 세계적인 제품전략의 실행이 어렵다는 것이다. 또한, 자회사별 제품기획, 생산, 판매를 달리하기에 규모의 경제를 활용하기가 어렵고 궁극적으로 비용이 높아지는 단점이 있다. 이와 같은 현지국 중심주의는 일찍부터 국제화된 유럽이나 미국의 다국적 기업들에서 자주 나타난다.

[펄뮤터의 다국적 기업 유형]

구분	본국 중심주의	현지국 중심주의	세계 중심주의
조직구조	본국의 조직은 복잡하게 분화되어있으나, 자회사는 단순한 구조임	다양하고 서로 독립적인 조직임	상호연관성이 높고 복잡하게 연결되어 있음
의사결정권	본국의 본사로 집중	본사의 권한이 적음	본사와 자회사 간의 긴밀한 협조체제
경영성과의 평가와 통제	본국의 평가 기준이 외국인과 자회사에게 적용됨	현지의 기준이 적용됨	전세계적으로 적용 가능하고 현지 사정에도 맞는 기준을 선택함
포상과 징계와 같은 인센티브	본사에 집중되며 자회사에는 없음	자회사에 따라 다름	다국적 기업 전체의 성과와 개별 자회사의 목표에 맞는 인센티브를 개발하고 적용함
정보전달과 의사소통	본사에서 자회사로의 일방적인 명령과 지시	본사와 자회사 간 또한 자회사끼리 정보전달이 적음	쌍방향으로 활발한 정보전달이 이루어짐
국가에 대한 개념	본국과 동일시	개별 자회사는 현지국과 동일시	국경을 초월함
인사정책	본국 출신의 직원을 주로 승진시킴	현지인이 각 자회사를 운영함	국적을 초월하여 개별업무의 최적임자를 선발하여 임무를 부여하고 승진시킴

③ 세계 중심주의(geocentric)

펄뮤터가 생각한 이상적인 다국적 기업은 본국 중심주의도, 현지국 중심주의도 아니었다. 펄뮤터는 세계 중심주의에 따라서 운영되는 기업이 진정한 의미의 다국적 기업이라고 정의했다. 세계 중심주의는 본사와 자회사 간 쌍방의 정보교환과 협력적인 의사결정이 빈번하고 상호의존적인 구조를 갖는다. 세계 중심주의의 다국적 기업에는 본사와 자회사라는 개념이 없어지고 특정 업무를 가장 잘 수행할 수 있는 사람은 국적을 불문하고 채용된다. 이러한 다국적 기업 세계를 하나의 단위로써 정의하고 수립된 전략은 각 국가에서 수행하기 위해 각 국가의 환경에 알맞게 현지화 전략을 수립한다. 최근에는 이와 같은 세계 중심주의적 사고나 행동의 다국적 기업을 초국적 기업(transnational enterprise)이라 부른다.

더 알아두기

다국적 기업(MNC/MNE)

• 다국적 기업에 대한 정의

일반적 정의	• 해외시장 중심의 국제적 관점을 취함 • 가치사슬 중 본원적 활동(생산 및 마케팅)을 여러 국가/지역에서 수행하는 기업 • 현지 생산·현지 판매 체제를 구축한 기업
서구 학자들 기준	• 기업의 전체 매출액 중 해외 매출 비중이 25% 이상을 차지 • 최소 6개 국가 이상에서 생산 활동을 수행하는 자회사 또는 법인을 소유하고 있는 기업 • 다국적 기업은 직접투자(FDI)를 활용하여 본국 중심의 활동들을 여러 국가/지역으로 수행할 필요가 있음

• 다국적 기업의 개념

다국적 기업은 구조, 성과 및 행태적 관점에서 다양한 개념으로 불릴 정도로 복잡한 성격을 내포하고 학자들에 따라 구분의 형태에 차이가 있다.

관점	기준	명칭	학자
구조	경영활동이 일어나는 국가 수 ≥ 2	multinational firm	Fayerweather
	기업 소유자의 국적 수 ≥ 2	multinational firm	J. Behrman
	최고경영진의 국적 수 ≥ 2	transnational enterprise	D. Kircher
	대기업 + 6개국 이상에서 제조업 투자	multinational enterprise	R. Vernon
성과	해외 매출액, 투자, 생산, 고용 ≥ 25%	inernational corporaion	S. Rolfe
	해외 매출액, 이익, 자산, 종업원 수 ≥ 일정 비율	multinational corporation	J. Bruck & F. Lee
행태	경영의 관점이 국제적	world enterprise	G. Clee, A. Discipio
	세계적인 관점에서 자원 배분	supernational corporation	R. Robinson
	• 본국 중심적 사고 • 현지 중심적 사고 • 세계 중심적 사고	• ethnocentric • polycentric • geocentric	H. Perlmutter
	세계시장을 하나로 보고 각국의 경영을 유기적 조정	global corporation	M. E. Porter

제 4 절 범세계화와 기업의 대응

1 세계화와 기업

(1) 기업의 국제화

① 국제화에 따른 기업의 대응

기업의 국제화는 기업이 사업에 필요한 자원을 얻기 위하여 또는 해외시장을 개척하기 위해 해외로 진출하는 과정을 말한다. 기업은 국내시장에서 얻을 수 있는 이윤만으로 만족하지 않고 국제 시장으로 진출하여 더 많은 이윤을 얻으려고 시장 확보 차원에서 다양한 노력을 필사적으로 한다.

② 오늘날 기업의 국제화 양상

오늘날 국제화에 따른 기업들의 양상은 특히 국내시장에 비해 해외시장을 중시하던 단계를 벗어나 국경이 없는(borderless), 초국가적인(transnational) 기업이 많이 등장하고 이러한 기업들이 크게 발전하고 있다는 점이다. 이와 같은 시대 흐름을 가져다준 요인으로는 교통수단과 통신수단의 발달과 대중매체의 발달, 무역장벽과 외환규제의 완화, 기업 간 경쟁의 국제화 등을 들 수 있다. 이와 같은 요인에 의해 넓은 지구가 무서운 속도로 급속하게 지구촌화하고 있다는 것은 국가라는 개념 자체는 단지 정치에만 국한되고 경제, 문화, 사회면에서 국경이 없는 하나가 되고 있다는 것을 의미한다. 이와 같은 기업환경요인으로써 국제환경조건의 변화는 기업으로 하여금 그 경영활동이나 실체를 바꾸지 않으면 안 되게 되었다.

(2) 기업의 국제화와 순차적 과정이론

① 점진적 국제화 과정이론

국제화의 중심을 제조업에 초점을 두고 제조업의 국제화는 일반적으로 수출로부터 출발하여 그 다음 단계로 진행된다고 본다. 기업들은 국내시장에서 최초로 사업 활동을 시작하여 국제화 경험이 축적되고 그 경험을 바탕으로 점진적으로 국제화 몰입의 수준을 높여 해외생산 단계로 성장해 나간다고 보는 관점이다. 따라서 국제화는 기업이 경험으로 축적된 시장 지식과 자원을 바탕으로 점진적으로 이루어지는 전략적 성장으로 이해된다. 그렇기에 시장에 대한 경험과 정보 그리고 지식이 증가될수록 국제화에 기업의 자원을 추가로 투입한다고 보는 것이다. 이와 같은 관점에서는 기업의 국제화 과정을 하나의 점진적 발전과정으로 보고 심리적 거리를 중요하게 여겼다. 여기서 심리적 거리란 문화, 정치, 교육, 산업의 발전 정도, 사회적 구조 등 자국과 투자대상 간의 차이라고 정의된다. 즉, 해외투자의 정도는 이러한 심리적 격차로 다르며, 시간의 경과에 따라 달라진다고 주장하였다.

② **변형된 국제화 과정이론**

변형된 국제화 과정이론은 태생적 글로벌(born globals) 기업이 있다. 태생적 글로벌 기업은 짧은 역사와 경험을 가진 벤처기업과 같이 단기간에 성공적으로 해외에 진출하는 기업을 칭한다. 예를 들어 호주 제조업체에 대한 컨설팅 과정에서 1993년 컨설팅 회사인 맥킨지는 태생 단계부터 해외시장에서 사업 활동을 시작하며, 국내시장은 해외시장의 보조적인 역할로 인식하고 있는 기업들을 태생적 글로벌 기업이라고 정의하였다. 이러한 기업은 설립 이후 2년 이내에 총 제품의 75% 가량을 해외에 수출하고 첨단 기술 위주의 제품으로 해외의 주요 틈새시장을 공략하는 기술주도형 기업 형태를 보인다.

이와 같은 태생적 글로벌 기업은 초창기 수출 성과와 관련이 있다. 태생적 글로벌 기업들 중에는 수출이라는 형태를 거치지 않고 다른 형태로 해외에 진출한 기업들도 존재하지만, 선행연구자들의 주요 초점은 이들 기업이 수출을 시작한 시점과 성과가 어느 정도에 대한 것이며, 이러한 기업들은 기술집약적 특징을 가지고 있다. 태생적 글로벌 기업들의 특징은 다음과 같다.

㉠ 기업이 해외시장에 대한 관심은 이미 창업 직후부터 지닌다.
㉡ 최고경영자의 해외 경험이 풍부하다.
㉢ 글로벌 창업가의 경우 국제적으로 강력한 네트워크를 가지고 있다.
㉣ 선도적인 기술을 지니고 있다.
㉤ 독특한 무형자산을 가지고 있다.
㉥ 제품이나 서비스의 확장이 밀접하게 연관되어 있다.
㉦ 조직이 전 세계적으로 협력적인 체계를 갖추고 있다.

2 우리나라의 기업문화적 특성과 과제

(1) 문화적 요인

① **가족 중심적인 성향**

우리나라의 경우 대표적인 성향 중 하나가 가족주의이다. 가족 중심적 성향은 기업이 어려운 상황에서는 서로의 힘을 합쳐 단결심이라는 장점이 있지만, 부정적인 측면에서는 가족 집단의 사적 이익 추구라는 이기주의가 발생하기도 한다. 이러한 성향은 기업에게도 그대로 적용되어 기업의 후계자는 전문경영인이 아닌 대물림의 현상이 발생하고 가족 내에서의 서열을 통해 협력하고 공존하기보다는 반목과 질시를 하며 갈등의 문제가 되기도 한다.

② **체면 중시의 성향**

유교 문화에서 비롯된 법도와 예절을 중시하는 전통에서 기인한 것이 체면 중시문화이다. 명분을 중요하게 여기는 것도 바로 이와 같은 체면 문화에서 비롯되었다 볼 수 있다. 이와

같은 체면 중시문화는 재벌그룹들이 회사의 수익을 따져 보지 않고 문어발식 다각화의 확장을 하거나 경영을 통해 몸집을 불리는 데에도 그대로 적용되었다. 이는 국제환경변화에 능동적으로 대처하기 위한 기업의 유연성이나 내실 경영면에서 문제가 될 수 있다.

③ **학벌주의**

세계에서 가장 교육열이 높다는 것은 지식 측면에서 장점이 될 수 있지만, 교육열의 과열로 인해 자원의 효율성 측면에서 심각한 부정적인 병폐의 요인이 되기도 한다. 전 국민을 학벌주위로 만들어 대학이 새로운 학문을 익히는 장소가 아닌 좋은 직장을 얻는 발판으로 이용된다는 것은 기업의 장기적 입장에서는 인적자원의 개발이 어렵고 창의적 사고가 어렵다는 한계를 가져온다.

④ **지연·혈연 주의**

우리나라의 기업경영에서는 출신의 중요성이 매우 중요하다. 어느 가문이냐, 어느 학교 출신이냐 또는 어느 지역 출신이냐에 따라 매우 민감하기 때문이다. 여기에서는 개인의 역량이나 능력이 중요하기보다는 학교가 어디인지, 고향이 어디인지가 중요하기에 우리나라 사회에서 자기를 드러내는데 중요한 요인이고 기업의 인적자원 채용에 중요한 기준이 되기도 한다. 이와 같은 요인들은 국제화라는 전략을 펼치는데 효율성을 저하시키거나 기업에게 현명하지 못한 의사결정을 불러일으킨다.

(2) 경제적 요인

① **기업과 경제의 높은 해외 의존도**

우리나라 기업과 경제의 해외 의존도(foreign dependency)는 2016년도 기준으로 약 75%로 세계적으로 매우 높다. 이는 미국의 16%, 일본의 25%와 대조적이다. 신흥공업국 가운데 한국보다 해외 의존도가 높은 국가는 홍콩, 싱가폴, 대만 등에 불과한 실정이다.

따라서, 국내시장이 협소한 한국 기업들로서는 국제화를 통해 모든 형태의 국제경영전략으로 막대한 해외시장을 적극적·이익적으로 활용할 수 있어야만 비로소 기업의 생존·이익·성장 등의 목적을 달성할 수 있다. 또한, 한국기업은 국제경영확대를 통해 해외시장에서 외화획득 및 이익 창출 등을 실현할 수 있어야만, 내수용 제품과 해외시장용 제품을 생산하는데 필요한 원자재·중간재·에너지원·기계·시설 등을 수입하고 더 나아가서 자본·기술·경영 노하우 등도 도입할 수가 있다.

② **기업과 경제의 성장 추진력 변화**

우리나라 기업과 경제의 성장 주체가 변화하고 있다. 1970년대에 한국이 고도성장을 실현할 수 있었던 것은 정부의 계획력과 민간의 의지 등이었으나, 1990년대 들어서면서 이러한 것들은 성장의 원동력이 될 수 없는 실정이다. 따라서 우리나라가 지속적 성장을 할 수 있으려면 다음과 같은 방향의 변화가 있어야 한다고 할 수 있다.

㉠ 외자의존체제의 경제를 국제 수지의 흑자화 및 국내투자를 능가하는 국내 저축의 증대에 바탕을 둔 자본 동원으로 국내 산업투자 및 해외 직접투자의 증대가 필요하다.

㉡ 수요 구조는 해외시장만 강조하는 수출 의존에서 국내시장과 해외시장을 동시에 서브하면 사양 시장의 환경 변화에 즉시 적응할 수 있는 유연성 있는 시장 전략의 구축이 필요하다.

㉢ 생산 구조는 노동 비용의 비교 우위에서 기술 주도적 생산 구조로의 개선으로 국제 경쟁력 제고가 필요하다.

㉣ 대외 경제 협력 체제는 자본수입국에서 해외 직접투자, 차관 공여 등을 확대하여 자본공여국으로 발전이다.

㉤ 국제협력체제를 강화하고 구공산권 국가들의 산업개발·자원개발·사업 간접시설의 건설 등 해외사업에 적극 참여하는 신흥공업국가로서의 역할 증대가 필요하다.

㉥ 경제활동의 주체를 정부에서 민간기업주도형으로 전환하고 정부는 기업을 지원하고 조정하는 역할만 담당하는 방향으로 변화가 필요하다.

제 5 절 전략적 제휴

1 전략적 제휴의 이론적 배경

(1) 전략적 제휴의 정의 및 범위

① 전략적 제휴의 정의

전략적 제휴(strategic alliance)는 기업의 전략이라는 측면에서 볼 때 새로운 개념이 아니다. 경영전략 분야에서는 제휴 네트워크(alliance network), 결합(coalition), 협력(collaboration), 동맹(partnership) 또는 협력 등과 같은 여러 가지 용어로 사용되어 왔다. 1980년대 후반부터 빈번하게 사용된 전략적 제휴와 관련된 용어들이 다양하게 사용되고 있는 이유는 그만큼 전략적 제휴의 사용 영역이 광범위하기 때문이다. 이와 같은 맥락에서 전략적 제휴는 급변화하는 환경 속에서 기업들이 일반적인 협력의 의미보다는 장기적이며 전략적인 측면에서 접근할 필요성이 있음을 강조한 개념이라 할 수 있다. 협력의 의미를 교환 거래에 있는 당사자들 간의 교섭력 관점에서 보면 일방적인 힘에 의존하는 지배, 종속적인 관계보다는 쌍방의 합의에 의존하는 호혜적인 관계에 기본적인 바탕을 두고 있다고 할 수 있다. 협력의 의미를 기업의 경계와 관련하여 살펴보면 과거와 같은 특정한 사업 분야 내에서 이루어지는 기업 간의 수직적인 관계라기보다는 다양한 사업 영역과 심지어는 경쟁 기업 간에

도 이루어질 수 있는 수평적인 관계에 바탕을 두고 있다고 볼 수 있다. 전략적 제휴에 대한 정의는 연구자들 또는 사용자마다 조금씩 차이를 보이지만 궁극적으로는 '둘 이상의 기업이 경쟁력을 제고하고자 하는 목표로 서로의 경영자원을 공유하거나 일시적으로 협력하는 일정 기간 동안의 지속적인 관계'라고 정의된다.

② 전략적 제휴의 범위

여러 가지 기업 간의 협력 형태 중에서 어디서 어디까지를 전략적 제휴로 보아야 하는가에 대한 많은 논의가 있었다. 이러한 전략적 제휴의 범위에 대한 학계의 관점은 크게 포괄적인 관점과 제한적인 관점에서의 접근으로 구분된다. 포괄적인 관점에서의 전략적 제휴는 자신들이 원하는 자원을 효율적으로 시장에서 획득 가능한 경우 시장 교환을 하지만 그렇지 않은 경우에는 수직적 통합을 하게 되고 이러한 두 가지 대안 이외에도 다양한 중간적 형태가 가능한데 이 모두의 형태를 전략적 제휴의 범위로 본다. 즉, 조인트 벤처, 주식 지분 투자, 라이센스, 연구개발 투자 협정, 기술 교환, 구매자 공급자의 관계 등 모두를 전략적 제휴로 보는 관점이다.

포괄적인 관점에서는 전략적 제휴를 모기업과 수직적 통합의 관점과 제휴 기업의 상호 의존도의 관점에서 전략적 제휴의 형태를 규명하였으며, 이들의 견해는 이후 많은 전략적 제휴에 관한 연구들에서 인용되었다. 시장거래에서 내부화로 갈수록 수직적 통합의 정도가 높게 되며, 따라서 상호 의존성도 증가한다고 보고 양극단을 제외한 영역을 모두 전략적 제휴의 범위에 포함시키는 것은 포괄적인 관점의 전략적 제휴의 범위라 볼 수 있다.

(2) 전략적 제휴의 유형

① 제휴의 성격을 기준으로 한 분류

제휴의 성격을 기준으로 하여 기업들 간의 통합 관점에서 제휴 참여 기업의 상호 의존성의 관점을 기준으로 제휴 유형을 분류하는 것을 말한다. 먼저 제휴를 모기업과의 수직통합의 관점에서 보면 한 극단을 자유시장에서의 거래인 시장거래로 보고 또 다른 한 극단을 완전 내부화인 조직 내부로의 위치로 두어 연속적인 양극단 사이의 특정 영역을 전략적 제휴로 보는 관점을 그림으로 나타내면 다음과 같다.

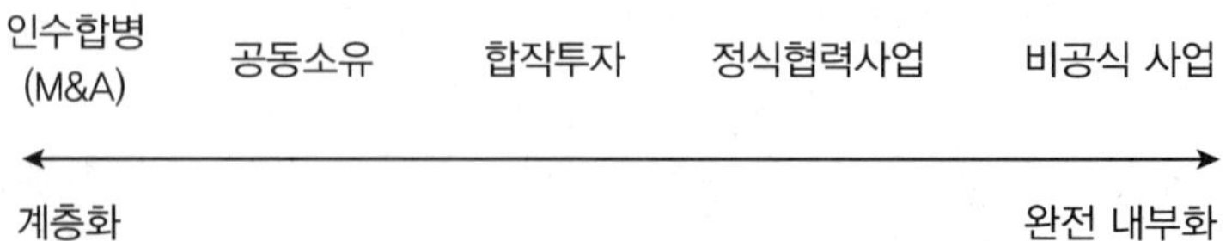

[모기업과 수직적 통합의 관점에서 본 전략적 제휴]

협력 제휴를 파트너 기업 간의 상호 의존성의 관점에서 보는 시각은 한 극단을 파트너 기업 간의 상호 의존성 정보가 매우 높은 경우 또는 다른 한 극단을 이들 간의 상호 의존성 정도가 매우 낮은 경우로 구분하여 양극단 사이의 특정 영역에서 여러 형태의 협력 제휴가 발생할 수 있다는 관점으로써 이를 그림으로 나타내면 다음과 같다.

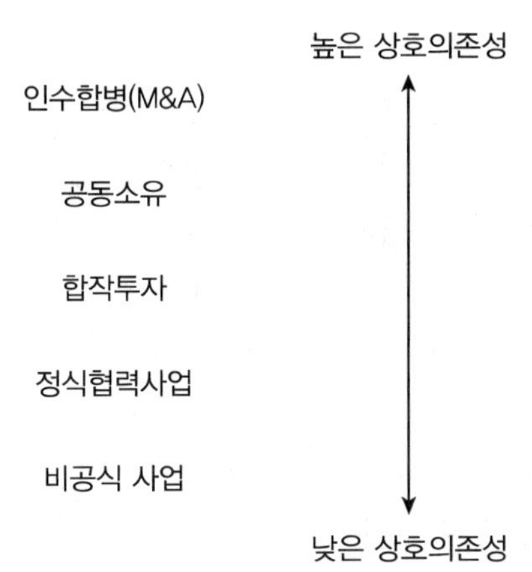

[상호 의존성 정도의 관점에서 본 전략적 제휴]

② **제휴의 내용을 기준으로 한 분류**

제휴의 내용에 따른 분류는 기업 간 제휴의 형식보다는 실질적인 협력의 내용에 초점을 맞추는 것을 말하며 기술, 생산, 조달, 판매, 마케팅, 자본 등의 제휴 유형이 있다. 이러한 제휴 중 내용에 따라 분류하는 유형 중에서 가장 일반적인 형태는 기술 제휴와 시장 제휴로 분류하는 방식이다.

기술 제휴는 연구 및 개발, 엔지니어링, 제조 등과 같은 가치사슬 반대 방향으로 활동들을 포함하며, 시장 제휴는 판매, 유통, 고객 서비스와 같은 가치사슬 방향의 활동들을 포함한다. 참여 기업 간의 취약 기술을 파트너 기업의 기술, 특허, 노하우를 도입하여 상호 보완함으로써 기술력의 격차를 해소하고 기술 개발로 인한 위험과 비용을 절감시키는 협력 형태라고 볼 수 있다. 이러한 기술 제휴의 대표적인 유형에는 신제품 공동 개발, 기술 라이센싱, 제조 기술과 노하우의 공유 등을 들 수 있다. 시장 제휴의 대표적인 유형으로는 상대방의 산매(散賣)능력을 활용하는 위탁 판매, 공동브랜드의 사용, 제품 공유에 의한 상호 공동 판매 등을 들 수 있다.

(3) 전략적 제휴의 목적

① **자원과 위험의 공유**

자신이 참여하는 모든 시장에서 경쟁기업들보다 높은 경쟁우위를 가질 수 있을 만큼 충분한 경영자원을 가진 기업은 존재하지 않는다. 자원과 위험을 공유함으로써 상호의 강점을

극대화하고 약점을 보완하고자 하는 동기에서 전략적 제휴가 이루어진다. 특히 연구개발 투자비용과 생산비용이 큰 산업에서의 전략적 제휴는 높은 고정 비용에 대한 투자와 그에 따른 위험을 낮추는 효과를 가지고 있다.

② **신제품 개발시장 진입의 속도 단축**

신제품 개발에 소요되는 시간을 단축하고 시장진입 속도를 높이려는 동기에는 전략적 제휴가 이루어진다. 경쟁기업에 비해서 더 빠르게 제품을 내어놓는 기업일수록 이로 인한 높은 수익을 보장받을 수 있고 여러 가지 초기 진입자의 다양한 우위를 누릴 수 있게 된다. 이와 같은 시간에 의한 경쟁우위가 중요해짐에 따라 기업들은 경쟁자보다 빨리 신제품을 개발하여 시장에 먼저 내놓을 수 있는지와 경쟁기업이 진입하기 전 새로운 시장에 먼저 진입하는 것이 문제이다. 그러나 기업들은 시장진입 단축에 필요한 모든 경영자원을 보유하고 있지 못하기 때문에 전략적 제휴를 선택하는 것이다.

③ **산업 표준의 선택**

다양한 산업에서 전략적 제휴를 시도하는 목적 중 하나는 기술의 표준화 때문이다. 예를 들어 VCR 산업에서 선두 기업인 소니가 자사의 베타 방식을 산업 표준으로 채택시키지 못함으로 인해 후발 기업인 마츠시타(Matsushita)의 자회사인 JVC와 VHS 방식에 밀려난 사실은 산업의 표준이 자사에 유리하게 결정되도록 하는 것이 중요하다는 것을 보여주는 예이다. 이와 같은 전략적 제휴를 통한 산업 표준을 결정하는 것은 기술 개발 속도가 빠르며 산업 표준이 아주 중요한 역할을 하는 산업에서 아주 중요한 동기가 된다.

④ **기업의 유연성 확보**

기업 활동의 유연성을 확보하기 위한 동기에서 전략적 제휴를 활용한다. 이런 경우 신제품 개발과 신시장 진출뿐만 아니라 사양 산업에서 탈퇴를 용이하게 하기 위한 수단으로 전략적 제휴가 이용된다는 것이다. 즉, 전략적 제휴를 통하여 사양화된 사업을 합작 투자로 전환하고 사업의 전망이 다시 좋아지면 합작 투자를 기반으로 하여 언제든지 확장을 할 수 있는 콜 옵션을 갖는 것과 마찬가지이다. 이는 전망이 나빠지면 합작 투자 파트너의 지분을 팔아 쉽게 철수할 수 있는 풋옵션을 갖는 것도 마찬가지다. 결과적으로 기업이 탈퇴할 때에도 전략적 제휴는 기업에게 옵션을 갖고 있는 것과 같은 유연성을 준다.

2 전략적 제휴에 관한 일반적인 접근법

(1) 거래비용이론(transaction cost theory)

조직 경제학 관점은 조직은 경제적 행위와 방법에 대해 설명할 수 있는 수단이다. 이와 같은 조직 경제학적 관점은 조직 행위에서 발생하는 비용을 최소화하기 위해서 기업들은 협력한다고 주장한다. 조직 경제학은 독특한 교환 조건에서 비용의 최소화를 이루려고 하는 것을 설명

하는데 이를 거래비용이론이라고 한다. 거래비용 관점은 기업의 생산량과 거래비용의 최소화라는 기준에 의해 거래 방법을 선택한다고 주장한다. 거래비용이란 계약서의 작성과 거래의 추진 협상의 과정이 상황적 문제에 의해 발생하는 비용과 거래 상대와의 관계를 안정시키고 거래를 관리하는데 드는 모든 비용을 말한다. 경제적 분석의 단위를 거래로 한정하고 거래에 따르는 비용, 즉 거래비용을 최소화하는 데 주요한 관심을 지닌 관점을 말한다.

(2) 자원준거이론(resource-based theory)

자원준거이론은 기업의 경쟁우위 원천이 시장에서 지위나 산업의 구조적 조건보다는 기업 내부의 자원에 있다고 보는 관점이다. 기본적으로 기업은 필요 자원을 요소 시장에서 구입하는 것이 거의 불가능하며, 개발에도 많은 시간이 소요된다고 보는 것으로 가치 있는 자원의 축적이 필요한 시간과 비용을 강조하는 관점이다. 여기서 자원은 기업이 가지고 있는 유무형의 자산과 능력 또는 강점을 의미한다. 자원준거이론에서는 기업을 여러 가지 자원들의 집합으로 보며, 기업이 희소하고 가치 있고 완전한 이동이 불가능하며 대체성이 없는 자원을 계속 확보, 유지, 활용함으로써 경제적 성장과 지속적인 경쟁우위를 달성할 수 있다고 본다. 자원은 관련 다각화 또는 유사 시장으로의 접근 등과 같은 성장의 방향에 영향을 줄 수 있으며, 새로운 자원 개발에 시간이 소요되기 때문에 성장률에도 영향을 줄 수 있다. 이와 같은 이유로 자원준거이론에 의하면 기업 간 협력을 추진하는 것은 파트너의 자원을 받음으로써 성장하기 위한 것이라고 할 수 있다.

(3) 전략적 위치이론(strategic positioning theory)

전략적 위치이론은 산업 조직 경제학적 관점에 바탕을 두고 있으며, 제휴의 동기를 기업 외부, 즉 경쟁에서 찾는다. 글로벌화에 따른 세계 경제 환경 변화에 대응하기 위해 전략적 제휴가 갖는 효과성을 설명하는 산업 조직론적 시각은 국제 전략적 제휴가 기업의 경쟁우위 획득을 위한 전략적 대안 중 하나로써 가치사슬의 일부를 파트너와 공유하거나 위임하는 것으로 본다. 즉, 기업이 시장에서 경쟁력 확보를 위하여 전략적 제휴라는 전략을 강구한다는 것이다. 기업은 제휴라는 전략을 통해 자신의 경쟁력을 높이는 공격적인 전략과 경쟁기업의 전략적 위치를 약화시키는 방어적인 전략을 구사할 수 있다. 기업 간 협력 전략의 목적이 협력 자체에 있는 것이 아니라 더 큰 경쟁력을 확보하기 위한 전략 대안인 것이고, 경쟁 원리가 제휴 의사결정의 주요 요인이 되는 것이다.

기업이 전략적 제휴를 왜 맺는가에 대한 이유를 설명하려는 이론들은 이 밖에도 학습효과이론, 네트워크이론들이 있다. 궁극적으로 이와 같은 이론들은 전략적 제휴의 결정요인을 설명하고자 하는 이론들이라 볼 수 있다.

OX로 점검하자

※ 다음 지문의 내용이 맞으면 O, 틀리면 ×를 체크하시오. [1~10]

01 사업부 수준의 대표적인 전략은 국제화 전략이다. (   )

02 국제화 전략은 국경의 범위를 초월한 다각화, 수직적 통합, 전략적 제휴, 인수합병 전략을 말한다. (   )

03 국제화 전략은 범위의 경제를 실현하고 외부 투자자들이 제작기 범위의 경제를 실현하는 것보다 비용이 적을 때 가치를 지닌다. (   )

04 기업이 국제화 전략을 통해 획득 가능한 범위의 경제로는 제조상 저원가 요소로의 접근이 있다. (   )

05 기업의 국제화에서 수익 창출은 기업의 제품이나 서비스를 구매할 의도를 지니고, 구매 가능성이 존재할 때 기업에 수익을 가져다 준다. (   )

06 해외시장에서 구매자들의 구매 가능성을 낮추는 이유는 부적절한 유통경로, 무역장벽 그리고 구매력의 부족 때문이다. (   )

정답과 해설 01 × 02 O 03 O 04 O 05 O 06 O

01 사업부 수준의 전략은 본원적 전략으로 원가우위전략, 차별화 전략, 집중화 전략을 말하며, 국제화 전략은 전사적 전략 중 하나이다.

02 기업들은 여러 국가에서 동시에 사업을 운영하면서 국제화 전략(international strategies)을 실행하는데, 전사적 수준의 전략의 특수한 한 가지 유형이 바로 국제화 전략이다. 국제화 전략은 국경의 범위를 초월한 다각화, 수직적 통합, 전략적 제휴, 인수합병의 형태를 지닌다.

03 국제화 전략은 경제적으로 가치를 지녀야 한다. 전략이 궁극적으로 가치가 있기 위해서는 두 가지 조건인, 즉, 진정한 범위의 경제를 실현해야 하고, 외부 투자자들이 제각기 범위의 경제를 실현하는 것보다 비용이 적어야 한다.

04 국제화 전략을 통해 기업들이 획득 가능한 범위의 경에는 기존 제품이나 서비스를 구매하는 새로운 고객 접근, 제조상 저원가 요소로의 접근, 새로운 핵심역량 개발, 기존의 역량을 새로운 방법으로 이용 등이 있다.

05 기업들이 국제화 전략을 추구하는 가장 큰 이유는 새로운 시장의 확보이다. 국제화 전략을 통해 기업에 수익 창출을 가능하게 하는 요인은 현지 시장의 구매 의도와 구매 가능성 존재 여부이다.

06 해외시장에서 구매자들이 구매할 의도를 가지고 있다 할지라도 어떤 경우에는 구매가 불가능한 경우도 발생하는데 그 이유는 부적절한 유통경로, 무역장벽 그리고 구매력의 부족 때문이다.

07 국제화 전략을 통해 획득하는 핵심역량의 개발은 모든 기업이 동일하게 역량개발이 가능하다. ( )

08 기업이 해외시장으로 진입 시 현지 시장의 특성을 잘 모르기 때문에 드는 모든 비용을 외국인 비용이라 한다. ( )

09 해외 직접투자의 유형으로는 합작투자, 신설투자, 인수합병의 세 가지로 구분된다. ( )

10 직접투자의 과정이론에서는 기업은 세계의 여러 국가에 진출 시에 동시다발적인 진출의 과정을 거친다고 주장한다. ( )

정답과 해설 07 × 08 O 09 O 10 ×

07 기업의 국제화 진출 시 자신들의 핵심역량을 개발이 결정되는 것은 학습하려는 의지, 사업 파트너의 투명도, 학습 수용성이 따라 달라지며, 누구나 국제화 전략을 펼친다고 동일하게 역량개발에 도움을 되는 것은 아니다.

08 현지국에 존재하는 기업에 비해 해외 국가에 진출하려는 기업은 현시 시장의 특성을 잘 모르기 때문에 부담하는 일종의 유무형의 모든 비용을 말하고, 현지 시장에서 다국적 기업이 로컬 기업에 비해 불리한 점으로 인해 부담하는 일체의 비용을 외국인 비용(liability of foreignness)이라 한다.

09 기업이 기술, 브랜드, 마케팅 등의 능력에서 경쟁우위를 지니고 있을 때 이를 자국 시장뿐만 아니라 더 넓은 해외시장에 활용할 수 있을 때 기업은 더 큰 수익 창출을 받을 수 있기에 해외직접투자를 통한 국제화 전략을 펼친다. 직접투자의 대표적인 유형은 합작투자, 신설투자, 인수합병이 있다.

10 기업은 세계의 여러 국가에 진출 시에 동시다발적인 진출보다는 문화, 언어, 경제적 환경이 비슷한 국가로부터 상이한 국가의 순서로 진입한다고 보는 관점이 직접투자의 과정이론이다.

제8장 실전예상문제

checkpoint 해설 & 정답

01 기업이 국제화 전략을 통해 획득 가능한 범위의 경제로는 다음과 같다.
- 기존 제품이나 서비스를 구매하는 새로운 고객 접근
- 제조상 저원가 요소로의 접근
- 새로운 핵심역량 개발
- 기존의 역량을 새로운 방법으로 이용

02 국제화 전략은 전사적 수준의 전략으로써 국경의 범위를 초월한 다각화 전략, 수직적 통합, 전략적 제휴, 인수합병 전략을 취한다.

03 기업이 해외시장에 진입 시 진입 자체에 어려움을 겪거나 현지 구매자들이 제품이나 서비스 구매에 어려움을 겪게 하는 것을 무역장벽이라 한다. 무역장벽에는 관세(수입 관세, 추가 관세, 보조금, 국경세), 쿼터(자발적 쿼터, 제한적 수입허가, 엠바고), 비관세 장벽(정부정책, 통관정책) 등이 있다.

정답 01 ④ 02 ③ 03 ①

01 다음 중 국제화 전략을 통한 범위의 경제로 옳지 않은 것은?

① 기존 제품이나 서비스를 구매하는 새로운 고객 접근
② 새로운 핵심역량의 개발
③ 제조상 저원가 요소로의 접근
④ 새로운 역량을 기존 방법으로 이용

02 다음 중 국제화 전략에 대한 설명으로 옳지 않은 것은?

① 여러 국가에서 동시에 사업을 운영하는 것을 말한다.
② 국경을 초월한 전략이다.
③ 국제화 전략은 사업부 수준의 전략이다.
④ 과거에는 소수의 기업이나 개인만이 국제화 전략을 펼쳤다.

03 다음 중 국제화 전략에서 기업의 무역장벽의 종류와 예시의 연결로 옳지 않은 것은?

① 관세 – 엠바고
② 쿼터 – 제한적 수입허가
③ 비관세 장벽– 통관정책
④ 쿼터 – 자발적 쿼터

04 다음 빈칸에 들어갈 말로 옳은 것은?

> 해외시장에서 구매자들이 구매할 의도를 가지고 있다 할지라도 어떤 경우에는 구매가 불가능한 경우도 발생한다. 이에 대해 적어도 세 가지 이유가 존재할 수 있다. 그것은 부적절한 유통경로, (   ) 그리고 구매력의 부족 때문이다.

① 진입장벽
② 무역장벽
③ 저원가 전략
④ 국가 정책

05 다음은 국제화 전략을 통해 학습할 수 있는 능력의 결정요소에 대한 설명이다. 이 중 옳은 것을 모두 고르시오.

> ㉠ 학습하려는 의지
> ㉡ 사업 파트너의 투명도
> ㉢ 학습 수용성

① ㉠, ㉡, ㉢
② ㉠, ㉡
③ ㉡, ㉣
④ ㉠, ㉢

06 다음은 국제화 전략의 유형에 대한 설명이다. 이 설명이 말하는 전략 유형으로 옳은 것은?

> 기업의 범세계적 활동의 조정 강도가 낮으며, 기업은 지역적으로 집중화되어 있는 전략 유형이다. 과거 우리나라 기업들이 대표적인 형태를 띠었다.

① 고도화된 국제화 전략
② 단순화된 국제화
③ 국가별 전략
④ 수출 위주의 마케팅 전략

해설 & 정답 checkpoint

04 해외시장에서 구매자의 구매 가능성에 영향을 미치는 요인은 부적절한 유통경로, 무역장벽 그리고 구매력 부족의 요인이 있다.

05 기업이 해외시장으로 진출하려는 이유 중 하나는 현재 자신들의 핵심역량을 수정하여 새로운 핵심역량을 개발하기 위함이다. 그 중에서도 기업이 지닌 학습 의지, 사업 파트너의 투명도, 학습 수용성에 따라 학습할 수 있는 능력이 달라진다.

06 국제화 전략은 기업의 범세계적 활동의 조정 수준과 기업 활동의 범세계적 배치 두 가지 수준에 따라 고도화된 국제화 전략, 단순화된 국제화, 국가별 전략, 수출 위주의 마케팅 전략으로 구분된다. 제시문의 내용은 수출 위주의 마케팅 전략을 설명한 내용이다.

정답 04 ② 05 ① 06 ④

checkpoint 해설 & 정답

07 국제화 전략을 통한 저원가 요소 중 노동력은 기업의 해외시장 진출의 중요한 요인이다. 하지만 저렴한 노동력은 시간이 지남에 따라 옮겨 가기 때문에 그 자체가 특정 국가에 진출하려는 절대적인 이유가 되지는 못한다.

08 단순화된 국제화 전략의 경우 기업의 범세계적 활동 조정 수준이 높고, 기업 활동의 범세계적 배치는 지역적으로 집중화된 것을 말한다.

09 해외시장 진출은 기업들의 중요한 성장전략 중 하나이다. 기업들의 해외시장 진출방식의 결정요인은 자신들이 가진 핵심역량, 국제화 경험이라는 기업 내부 요인과 산업의 특성, 진출대상 국가에 대한 정치, 경제, 문화적 특성이라는 기업 외부 요인에 따라 결정된다. 이와 같은 해외시장 진출방법의 결정요인에 의해 해외진출 방식은 크게 수출, 계약, 직접투자 세 가지 형태로 진행된다.

정답 07 ② 08 ③ 09 ②

07 다음 중 국제화 전략을 통한 저원가 요소의 접근에 대한 설명으로 옳지 않은 것은?

① 저원가에 대한 접근을 통해 범위의 경제 실현이 가능하다.
② 저렴한 노동력은 변하지 않는 절대적인 가치이다.
③ 기업들은 값싼 원재료와 제품의 구매를 위해 해외시장 진출을 모색한다.
④ 기술에 대한 접근을 위해 협력관계를 맺기도 한다.

08 다음 중 국제화 전략 유형의 연결로 옳은 것은?

㉠ 국가별 전략 – 기업의 범세계적 활동의 조정이 낮으며, 기업 활동의 범세계적 배치가 지역적으로 넓게 퍼짐
㉡ 수출 위주의 마케팅 전략 – 기업의 범세계적 조정이 낮으며, 기업 활동의 범세계적 배치가 지역적으로 집중화됨
㉢ 단순화된 국제화 전략 – 기업의 범세계적 조정이 낮으며, 기업 활동의 범세계적 배치가 지역적으로 넓게 퍼짐

① ㉠, ㉢ ② ㉡, ㉢
③ ㉠, ㉡ ④ ㉠, ㉡, ㉢

09 다음 빈칸에 적합한 말로 옳은 것은?

일반적으로 기업의 해외진출 방식은 (   ), 계약, 직접투자의 세 가지 유형으로 분류된다.

① 대행업무
② 수출
③ 인수합병
④ 다각화 전략

해설 & 정답 checkpoint

10 **다음 중 다국적 기업에 대한 정의로 옳지 않은 것은?**

① 해외시장 중심의 국제적 관점을 취한다.
② 가치사슬 중 본원적 활동을 여러 국가에서 수행하는 기업을 말한다.
③ 기업의 전체 매출액 중 해외 매출액이 50% 이상을 차지하는 기업을 말한다.
④ 현지 생산 및 현지 판매 체제를 구축한 기업을 말한다.

10 다국적 기업의 일반적인 정의는 기업의 전체 매출액 비중에서 해외 매출액 비중이 25% 이상을 차지하는 기업을 다국적 기업으로 정의한다.

11 **다음 중 국제화 전략 중 라이센스에 대한 설명으로 옳지 않은 것은?**

① 현지 기업과 일정한 계약관계에 의해 시장에 진출하는 것을 말한다.
② 라이센스는 기술력이나 브랜드에 대한 보호와 통제가 쉽다.
③ 이전비용이 많이 드는 경우 라이센스는 효과적이다.
④ 무역장벽이 존재 시 효과적인 진출방법이다.

11 라이센스의 경우 자사의 기술력이나 브랜드에 대한 보호와 통제가 어렵다는 단점이 있다.

12 **다음 해외진출 방식 중 프랜차이즈 대한 설명으로 옳지 않은 것은?**

① 해외진출 방식 중 라이센스 방식과 비슷한 형태이다.
② 라이센스 방식과 유사하지만, 더욱 강한 통제가 가능하다.
③ 마케팅, 경영방식 및 품질관리 측면에서 직접통제가 어렵다.
④ 적은 자본을 통해서도 해외시장 진출이 가능하다.

12 프랜차이즈의 경우 경영방식, 품질관리, 기업의 조직 및 운영에 대한 지원 마케팅 등의 직접적 운영이나 통제가 가능하다는 장점을 지닌다.

정답 10 ③ 11 ② 12 ③

checkpoint 해설 & 정답

13 본국 중심주의의 다국적 기업의 경우 본사가 주요한 의사결정을 하며, 현지국 중심주의의 다국적 기업의 경우 현지의 특징에 맞는 방법으로 자회사를 운영한다. 마지막으로 세계 중심주의의 다국적 기업의 경우, 본사와 자회사 간의 쌍방의 정보교환과 의사결정이 발생한다.

13 다음 중 다국적 기업에 대한 설명으로 옳은 것은?

① 2개국 이상에서 정치적, 경제적, 법률적, 사회문화적 환경하에서 기업 활동을 영위하는 것을 말한다.
② 본국 중심주의의 경우 자회사에서 주요 의사결정을 한다.
③ 현지국 중심주의의 경우, 본국을 고려한 자회사 운영을 추구한다.
④ 세계 중심주의의 경우, 본사에서 자회사로의 일방적인 정보 흐름이 특징이다.

14 해외시장 진출방법은 크게 수출, 계약, 직접투자의 방식이 존재한다. 이 중 계약에 의한 진출방법은 라이센스, 프랜차이즈, 기술계약, 서비스계약, 경영관리계약, 턴키 계약을 들 수 있다. 자회사 신설의 경우 직접투자에 해당한다.

14 다음은 해외시장 진출방법의 분류 중 계약에 의한 진출이다. 이 중 옳은 것을 모두 고르시오.

㉠ 라이센스	㉡ 프랜차이즈
㉢ 턴키 계약	㉣ 자회사 신설

① ㉠, ㉡, ㉢　　② ㉡, ㉢, ㉣
③ ㉠, ㉡, ㉣　　④ ㉠, ㉢, ㉣

15 턴키 공사(계약)는 플랜트 시공 시 주로 사용되는 계약방식으로써 해외시장 진출방식에서 계약의 형태이다. 대부분 건설업체가 어려운 복합공사에 대한 설계와 시공까지 도맡아 하는 계약을 말한다.

15 다음 빈칸에 들어갈 말로 옳은 것은?

건설사가 제출한 기본설계서에 대한 평가와 입찰금액을 점수로 환산하여 실시설계 적격자를 선정하는 방식으로써 최저가 입찰과 달리 주요 공정에 고부가가치 기술이 적용되거나 건축 이후 유지·보수 등에 상당한 비용이 들어가는 경우 주로 채택된다. 주로 플랜트 시공에서 사용되는 계약방식으로 (　　)(이)라고 한다.

① 최저낙찰제
② 턴키 공사(계약)
③ 적격심사제
④ 대안입찰

정답 13 ① 14 ① 15 ②

해설 & 정답 checkpoint

16 다음 중 해외시장 진출방법의 방법과 예시가 올바르게 연결된 것을 모두 고르시오.

> ㉠ 계약 – 라이센스
> ㉡ 수출 – 판매법인
> ㉢ 직접투자 – 합작투자

① ㉠, ㉢
② ㉠, ㉡, ㉢
③ ㉡, ㉣
④ ㉠, ㉡

16
- 수출 : 상사에 의존, 판매 대리인, 유통업자 및 판매법인
- 계약 : 라이센스, 프랜차이즈, 기술계약, 서비스계약 등
- 직접투자 : 합작투자, 자회사 신설, 외국기업인수

17 다음 중 외국인 비용의 발생 원천인 문화적 차이에 대한 설명으로 옳지 않은 것은?

① 국가별 문화적 차이가 높을수록 외국인 비용도 증가한다.
② 언어, 인종, 종교, 관습의 차이를 문화적 차이라 한다.
③ 다국적 기업은 동일한 언어, 인종, 종교 및 규범을 가진 국가로 진출할수록 문화적 차이를 줄일 수 있다.
④ 정책 및 제도의 불확실성이 이에 해당한다.

17 정부 정책 및 제도의 경우 제도적 차이(administrative distance)로써 정치적, 제도적, 정부 등의 요인들이 이에 해당한다.

18 다음 중 외국인 비용의 발생 원천으로 옳지 않은 것은?

① 문화적 차이
② 제도적 차이
③ 지리적 차이
④ 경쟁적 차이

18 해외시장에 진출하는 기업에서 외국인 비용이 발생하는 원천은 다음과 같다.
- 문화적 차이(cultural distance)
- 제도적 차이 (administrative distance)
- 지리적 차이 (geographical distance)
- 경제적 차이(economic distance)

정답 16 ② 17 ④ 18 ④

안심Touch

checkpoint 해설 & 정답

19 해당 내용은 외국인 비용(liability of foreignness)에 대한 설명에 해당한다. 외국인 비용은 현지국의 경제, 사회, 문화적 차이 등으로 발생하는 정보습득 비용, 현지국에서 차별대우로 발생하는 비용, 현지국 제도에 체화되지 않아 발생하는 비용 등을 말한다.

20 판매법인의 경우 해외시장 진출방법 중 수출의 방식에 해당한다. 수출의 경우 간접수출과 직접수출로 나누어지며, 간접수출에는 상사에 의한 수출이 대표적이며 직접수출은 판매대리인, 유통업자, 판매법인의 형태가 있다.

01
정답 구매 의도, 구매 가능성
해설 국제화를 통해 기업이 수익 창출이 가능한 이유는 기업의 제품이나 서비스를 구매할 의도를 지니고 실제 구매가 가능할 때 기업의 수익 증대를 가져올 수 있다.

정답 19 ① 20 ④

19 다음 내용이 설명하는 것으로 옳은 것은?

현지국에 존재하는 기업에 비해 해외 국가에 진출하려는 기업은 현지 시장의 특성을 잘 모르기 때문에 부담하는 일종의 유형 및 무형상의 모든 비용을 말하며, 현지 시장에서 다국적 기업이 로컬 기업에 비해 불리한 점으로 인해 부담하는 일체의 비용을 말한다.

① 외국인 비용
② 탐색비용
③ 전환비용
④ 범위의 경제

20 다음 해외시장 진출방법 중 직접투자로 옳지 않은 것은?

① 합작투자
② 자회사 설립
③ 외국기업인수
④ 판매법인

주관식 문제

01 국제화 기업의 제품이나 서비스 판매를 통한 수익 증대를 가져올 수 있는 기본적 가정을 쓰시오.

해설 & 정답 checkpoint

02 다음 빈칸에 들어갈 적합한 말을 쓰시오.

해외시장에서 구매자들이 구매할 의도를 가지고 있다 할지라도 어떤 경우에는 구매가 불가능한 경우도 발생한다. 이에 대해 적어도 세 가지 이유가 존재할 수 있다. 그것은 (㉠), (㉡), (㉢) 때문이다.

02

정답 ㉠ 부적절한 유통경로
㉡ 무역장벽
㉢ 구매력 부족

해설 해외시장에서 구매자들이 구매 의도를 가지고 있다 할지라도 구매가 불가한 상황에 놓이면 기업은 수익 창출이 어려워진다. 구매가 불가능한 상황의 원인은 부적절한 유통경로, 무역장벽, 구매력 부족이다.

03 해외시장 진출 시 기업의 제품이나 서비스를 구매하기 어렵게 하는 무역장벽 세 가지를 쓰시오.

03

정답 관세, 쿼터, 비관세 장벽

해설 현지 시장에 대한 진입 자체의 어려움을 겪고 현지 구매자들은 외국 기업의 제품이나 서비스를 구매하기 어렵게 되는 것은 무역장벽이 존재하기 때문이다. 무역장벽으로는 수입제품에 부과되는 세금인 관세, 제품과 서비스가 수입되는 양에 대한 제한인 쿼터 그리고 제품 또는 서비스 수입 비용을 증가시키는 규제 및 정책인 비관세 장벽이 있다.

04 다음 빈칸에 들어갈 적합한 말을 쓰시오.

국제화 전략을 통해 기업들은 새로운 구매자들에게 접근 가능하고 범위의 경제를 실현할 수 있는데 기업들이 (㉠), (㉡), (㉢) 등의 생산에 투입되는 요소들을 저원가에 접근함으로써 중요한 범위의 경제 실현이 가능하다.

05 외국인 비용의 발생 원천 네 가지를 쓰시오.

06 국제화 전략이 지니는 가치 두 가지를 기술하시오.

checkpoint 해설 & 정답

04

정답 ㉠ 원재료, ㉡ 노동력, ㉢ 기술

해설 기업들은 국제화 전략을 통해 새로운 구매자나 시장에 접근하며 궁극적으로는 범위의 경제를 실현할 수 있다. 특히 원재료, 노동력, 기술 등의 생산에 투입되는 요소들을 저원가에 접근함으로써 범위의 경제를 실현할 수 있다.

05

정답 문화적 차이, 제도적 차이, 지리적 차이, 경제적 차이

해설 현지국에 존재하는 기업에 비해 해외 국가에 진출하려는 기업은 현지 시장의 특성을 잘 모르기 때문에 부담하는 일종의 유형 및 무형상의 모든 비용을 말하는 외국인 비용이 발생한다. 이 비용의 원천 네 가지는 문화적 차이, 제도적 차이, 지리적 차이, 경제적 차이 네 가지가 있다.

06

정답 진정한 범위의 경제를 실현해야 하고, 외부 투자자들이 제각기 범위의 경제를 실현하는 것보다 비용이 적어야 한다.

해설 & 정답 checkpoint

07 다국적 기업의 경영형태 세 가지를 쓰시오.

07

정답 다국적 기업의 본사와 자회사 간의 관계 더 나아가는 다국적 기업의 구성원 마음가짐에 따라 다국적 기업의 유형을 크게 세 가지로 구분되며, 본국 중심주의(ethnocentrism), 현지국 중심주의(polycentrism), 세계 중심주의(geocentric)로 분류된다.

08 다국적 기업의 정의를 간략히 쓰시오.

08

정답 다국적 기업은 국경을 초월하여 2개 이상의 국가에서 정치적, 경제적, 법률적, 사회문화적 환경하에서 기업 활동을 벌이며, 2개의 국가에서 둘 이상의 현지법인을 가지고 있는 기업으로 정의된다.

09 기업의 해외시장 진출 시 진출방식 중 수출의 개념과 종류를 기술하시오.

09

정답 수출방식은 각종 재화의 국가 간 이동을 말하며, 국제화 전략에서 가장 기본적인 해외시장 진출방식이다. 수출방식은 크게 직접수출과 간접수출로 구분된다. 직접수출의 경우 수출에 관한 제반 업무들을 직접 수행하는 것을 말하고, 간접수출은 수출 대행업체나 무역상사를 통한 해외시장 개척을 하는 것을 말한다.

checkpoint 해설 & 정답

10 기업이 해외시장 진출방식을 결정하는 요인에 대해 쓰시오.

10
정답 기업이 해외시장에 대한 진출방식을 결정하는 데에는 기업 내부의 경영자원(기술, 브랜드, 국제화 경험 등)과 진출하고자 하는 국가의 환경(국가의 정치, 경제, 문화적 환경)을 고려해야 한다.

11 본국 중심주의인 다국적 기업의 인사정책에 대해 간략히 쓰시오.

11
정답 본국 중심주의 다국적 기업의 인사정책은 주로 본국 출신의 직원들을 주로 승진대상자로 하며, 파견을 나온 직원이 의사결정을 주도한다.

12 외국인 비용의 정의를 쓰시오.

12
정답 기업이 해외 국가에 진출하려고 할 때 현지 시장의 특성을 잘 모르기에 부담되는 일정의 유무형의 모든 비용으로써, 로컬 기업에 비해 불리한 점으로 인해 부담하는 일체의 모든 비용을 말한다.

13 국제화 전략에서 라이센스를 통한 진출의 단점을 기술하시오.

14 국제화 전략의 유형에서 국가별 전략(multi-domestic strategy)에 대해 간략히 기술하시오.

15 국제화 전략에서 라이센스 계약에 의한 해외시장 진출이 무엇인지 쓰시오.

해설 & 정답 checkpoint

13

정답 라이센스는 자사의 기술력이나 브랜드에 대한 보호와 통제가 어려우며, 기업이 직접 현지에서 운영 및 마케팅 또는 생산 활동을 하는 경우에 비해 이익이 상대적으로 적다는 단점이 있다. 마지막으로 라이센스는 경쟁자를 만들 위험이 있다는 단점을 지닌다.

14

정답 기업들이 각국에 자회사를 두고 자회사의 운영을 자회사에 일임함으로써 본사와 자회사 간의 긴밀한 협조관계가 없는 상태를 말한다.

15

정답 해외시장 진출 시 국제계약을 통한 진입방식은 기업이 자신들의 무형자산인 브랜드, 기술, 특허, 저작권과 같은 지적 소유권, 소프트웨어와 같은 기술적 노하우나 경영과 마케팅과 같은 경영적 노하우 등 자신들의 자산을 하나의 상품으로 취급하여 현지 기업과 일정한 계약관계에 의해 시장에 진출하는 것을 말한다.

여기서 멈출 거예요? 고지가 바로 눈앞에 있어요.
마지막 한 걸음까지 시대에듀가 함께할게요!

고득점으로 대비하는 가장 똑똑한 수험서!

전략의 실행

제 9 장 전략의 실행

제 1 절 전략 실행의 틀

1 전략 실행의 구성요소

(1) 전략 실행 구성요소의 함의

① 전략 실행 요소들의 구성

전략 수립에 있어서 활용 가능한 분석 도구는 다양하지만, 전략 실행의 단계별 점검표나 입증된 방법, 효과적 시행을 위한 구체적인 지침 등은 존재하지 않는다. 그렇기에 전략 실행은 전략경영과정에서 가장 명확하지 못한 영역이다. 기업이 실행하는 전략이 좋고 나쁨을 판단하는 기준은 대체로 개인의 경험이나 타사의 여러 사례가 참고 기준이 될 뿐이며, 이런 사례 또한 기업에 따라 서로 일치되지 않는 경우가 많다. 어떤 경우에는 효과적으로 실행되었던 전략이 다른 경우에 수행할 때는 실패하는 경우가 발생한다. 이는 관리자들의 역량 차이뿐만 아니라 전략 실행이 이루어지는 조직의 특성이 다르기 때문이다.

② 맥킨지의 7-S 모형

상이한 업무 관행이나 경쟁상황, 상이한 작업환경과 조직문화, 상이한 기업의 역사와 인적자원과 같은 요인으로 인해 전략의 실행은 해당 기업에 가장 적합한 방법을 선택해야 한다. 기업별로 가장 적합한 방법이란 기업의 환경이나 여건, 전략실행자의 판단과 상황에 따라 여러 가지 수단을 활용할 수 있는 전략 의사결정자의 능력에 따라 달라진다.

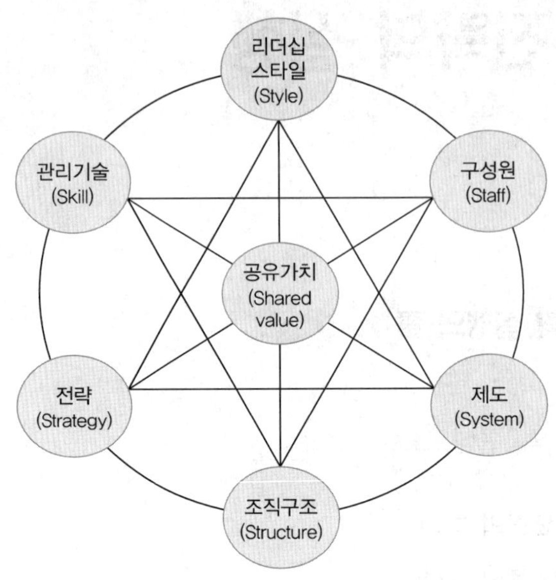

[맥킨지의 7-S와 주요분석 포인트]

구분	주요 분석 포인트
공유가치 (Shared value)	• 조직구성원들이 공유하고 있는 가치나 이념(미션)은 무엇인가? • 조직 내에 암묵적으로 혹은 특별히 강조되고 있는 가치관은 무엇인가? • 조직 내 가치관은 구성원들에게 충분히 공유되고 업무 중에 표현되고 있는가?
리더십 스타일 (Style)	• 조직 내 리더들의 전반적인 리더십 수준이나 스타일은 어떠한가? • 조직 내 리더십 혹은 경영 스타일의 강점과 약점은 무엇인가? • 현재 사업 환경 속에서 조직의 전략을 효과적으로 수행하기 위한 리더십 혹은 경영 스타일은 무엇인가?
구성원 (Staff)	• 조직의 비전과 전략을 실행하는 데 있어 현재 조직구성원들의 강점과 약점은 무엇인가? • 조직구성원들은 현재 보유하고 있는 능력을 충분히 발휘하고 있는가?
관리기술 (Skill)	• 조직의 사업운영 및 관리와 관련한 강점은 무엇인가? • 현재 영위하고 있는 사업을 운영하는 데 있어 필요한 필요능력이나 스킬은 무엇인가? • 조직 내 다양한 사업 부문 간 시너지를 창출하기 위한 스킬은 무엇인가?
전략 (Strategy)	• 조직의 중장기 비전 및 전략은 무엇인가? • 조직의 비전 및 전략을 수행하기 위한 예산, 인력, 조직 등의 자원할당은 어떻게 되어 있는가? • 변하는 사업환경을 맞추어 조직의 전략들은 어떻게 수립되고 실행되고 있는가?
조직구조 (Structure)	• 환경 변화에 능동적으로 대처하는 구체적인 조직운영 방향이나 전략은 무엇인가? • 조직의 비전 및 전략을 실행하기 위해 조직은 어느 정도나 유연한가? • 조직의 비전 및 전략을 실행하기 위한 조직 및 구성원의 역할분담 및 협업체계는 어떠한가?
제도 (System)	• 조직의 주요 의사결정을 위한 시스템 혹은 프로세스는 어떠한가? • 조직을 효과적으로 관리하기 위한 특별한 시스템이나 방안은 무엇인가? • 조직관리를 위한 분야별 시스템이나 제도상의 강점 및 약점은 무엇인가?

③ 경영전략 컨설팅 회사인 맥킨지(McKinsey)는 기업성과를 가장 잘 설명하는 7가지 요인을 규명하였고 이를 맥킨지의 7-S 모형이라 한다. 앞의 모형은 전략 실행 과정에 있어서 최고 의사결정권자인 경영자들이 고려해야 할 중요한 요인을 나타낸다. 맥킨지의 7-S 모형에 따르면 공유가치, (리더십)스타일, 구성원, 스킬, 전략, 구조, 제도의 요소를 고려해야 한다. 이 요인들의 전략과 적합성을 지닐 때 기업의 전략은 성공적으로 실행될 수 있는 것이다.

(2) 전략 실행의 단계

① 전략 실행의 계획 및 설계

전략의 수립과 실행을 또 다른 요소로 구분하면 계획의 측면과 설계의 측면으로 구분할 수 있다. 계획적인 측면은 조직이 이루고자 하는 크고 작은 목표들에 대한 설정이고 설계적인 측면은 목표를 수행하기 위한 구조적인 방안을 고려하는 것이다. 전략의 실행 역시 점점 세분화되는 많은 계획으로 구성되어 있다. 또한, 성공적인 전략의 실행을 위해서는 조직 전체의 설계에서부터 세부적인 설계에 이르기까지 크고 작은 규모의 설계도 필수적이다. 계획 부분과 설계 부분은 상호의존적인 관계이다. 계획이 세워지면 그것을 실행하기 위한 설계를 하게 되고 그 설계에 따라 하부조직은 영향을 받기에 따라서 전략 실행을 할 때는 계획의 요소와 설계의 요소가 모두 고려되어야만 한다.

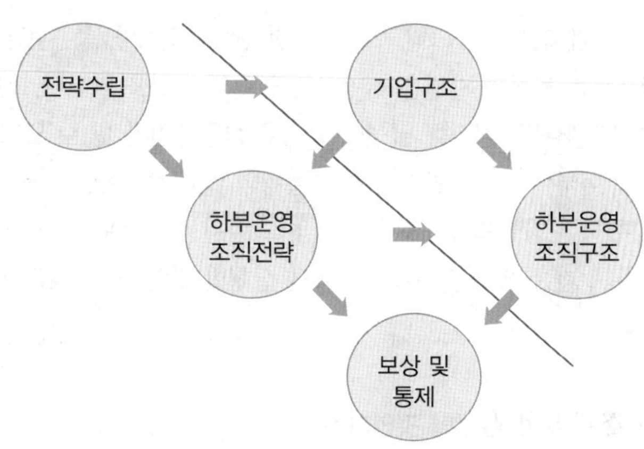

[전략 실행의 단계]

② 전략 실행의 목표 수립

최상위의 전략이 수립된 이후 전략을 실행하기 위한 조직 전체의 구조를 결정하고 조직 전체의 전략을 동시에 주요 하부조직 또는 부서의 전략적인 목표를 수립하는 데 영향을 미친다. 이와 같은 주요 조직단위의 목표는 조직전략에 영향을 받을 뿐만 아니라 조직구조의 형태에도 영향을 받게 된다. 왜냐하면, 조직구조가 어떤 것이냐에 따라 어떠한 정보가 유입되고 유용해지느냐 하는 정보의 범위가 정해지기 때문이다. 주요 조직단위에서 전략적 목

표가 정해지면 더욱 구체적이고 단기적인 성과의 측정기준이 도출되고, 이를 통해 각 주요 조직단위 간의 관계에 영향을 미쳐 하부 조직단위들의 구조에 영향을 미친다. 하부 조직단위는 구조 전체에 의해서도 영향을 받는데 주요 조직단위 간에 조정을 어떠한 방식으로 할지가 결정되기 때문이다. 이를 통해 통합과 협력 그리고 집중화에 의한 의사결정을 중시하는 구조가 될 수도 있고, 차별화와 독립성에 중심을 두는 구조가 될 수도 있다.

하지만 기업의 대규모 전략, 세부적인 전략 목표, 세부적인 구조들이 결정되었다 할지라도 실제 과업을 실행하는 개인들의 계획에 대한 열의나 몰입도가 부족하거나 참여도가 부족하다면 아무 소용이 없다. 개인 수준에서 특히 중간 관리자 수준의 동기부여는 조직 전체의 전략 실행과 성과에 대한 중요한 영향을 미치게 되는데 각 조직단위의 목적과 관련하여 조직단위와 개인들의 성과를 통제할 수 있는 도구나 시스템이 필요로 하게 된다. 이를 위해 개인들이 자신의 목표와 조직의 목표가 일치한다는 생각이 들 수 있도록 금전적, 심리적인 자극 요인을 필요로 한다. 이러한 금전적, 문화적 또는 리더십을 통한 동기부여나 인센티브, 성과 측정과 통제시스템이 마련되면 전략의 실행을 가속화할 수 있다.

2 전략 실행의 주요 요소

전략의 실행은 전략적 계획을 행동 그리고 결과로 전환하는 것이다. 즉, 수립된 조직의 목표를 효율적으로 달성하기 위해서는 조직의 자원을 배치하는 일련의 과정을 말한다. **전략의 실행은 한 기업이 전략적 목표와 의도한 재무적 성과를 달성했을 경우 성공적이라 할 수 있다.** 전략 실행은 주로 조직의 설계 작업을 통해 이루어지고 성공적인 전략 실행의 열쇠는 전략을 축으로 전체 조직을 하나로 묶고, 전략 실행에 부합하는 방향으로 관련된 조직의 모든 활동과 업무가 수행되도록 하는 것이며, 전략 실행의 요소는 크게 '누가 실행할 것인가', '무엇을 실행할 것인가', 그리고 '어떻게 실행할 것인가'하는 요소로 구분된다.

(1) 전략 실행의 주체(누가 실행할 것인가?)

전략을 실행하는 사람들은 전략을 수립하는 사람들보다 훨씬 더 다양한 집단이라 할 수 있다. 대부분의 다각화된 기업에서는 모든 사람이 전략의 실행에 관여한다고 볼 수 있다. 사업부, 기능부서 또는 전략적 사업단위를 책임지는 관리자는 부하직원과 함께 또한 기업에서 수립된 전략을 위해 규모가 큰 실행계획을 마련한다. 공자의 관리자, 프로젝트 책임자, 부서장들은 자신들의 공장이나 부서가 해야 할 구체적인 실행계획을 마련한다. 따라서 기업 내 모든 사람은 조직의 전략 실행(기업전략, 사업전략, 기능전략)에 어떤 식으로든 관여를 하게 된다. 성공적인 전략의 실행에 결정적인 역할을 하는 사람들은 대부분 상위전략 수립과는 별로 관계가 없는 사람들이다. 이는 전략 실행에 있어서 최고경영자 등이 관여를 하지 않는다는 것이 아니라, 전략이 수립된 대로 자원이 분배되게 할 수 있는 권한은 결국 상위층에 있기 때문에 실행 역시 최고경영층이 책임을 진다는 것이다. 따라서 전략을 실행하는 사람들은 기업 차원의 상위전략 수립과정에서 소요된 정보나 일에 대해 전혀 모를 수도 있다. 그렇기에 기업의 비전, 목표, 전략, 정책 등을 변화시킬 때에 모든 직원이 명확하게 이해되지 않는다면, 전략의 진행에 지연이 발생할 수도 있다.

특히 전략의 수립과 실행과정에서 중간관리자를 관여시키지 않으면 여러 가지 경로를 통해 최고경영층에 영향을 주어 새로운 계획을 포기하고 예전의 방식으로 회귀하도록 만들 수도 있다. 즉, 최고경영자를 비롯한 상위 관리자들에 의해서 전략이 수립되고 그 실행에 대한 지휘가 이루어지지만, 과업이 실제로 성공으로 이어지기 위해서는 하위수준 관리자들의 능동적인 참여와 협력이 필요로 한다. 최고경영자의 리더십도 분명 중요한 요소지만, 실행과정에서 신속하고 성공적인 관리를 위해서는 실행을 맡은 중간, 하위 관리자들의 리더십이 매우 중요하다. 어떤 전략의 실행이 매끄럽게 진행될 것인가는 사실상 전략 수립과정에서 어느 정도 결정된다. 전략 수립과정에서 최고경영자가 전체 조직 임직원들에게 전략과 비전을 분명히 이해시키고 여러 사람의 의견을 수렴하지 않는다면 실행과정에서 진행되어야 하는 과업의 성과에 영향을 미치는 몰입(commitment)에 영향을 미치기 때문이다. 여기서 몰입이란 회사의 일을 마치 자신의 일처럼 여기고 열정과 열의를 가지고 최선을 다하게 일하게 하는 것을 말한다. 조직구성원들의 몰입이 중요한 이유는 임직원들이 그리고 조직구성원 누구나 기업 전체가 최고경영자의 관점에서 보고 이해할 수 있도록 하는 것이며, 이를 위해 최고경영자가 비전을 분명하게 설정해주는 것이 중요하다.

(2) 전략 실행의 목적(무엇을 실행할 것인가)

기업이 '무엇을 실행할 것인가'에 대해서는 기본적으로 전략 실행을 구체화하는 프로그램, 예산, 절차라는 세 가지를 생각해 볼 수 있다.

① 프로그램(program)

수직계열화나 다각화 등 기업전략은 그 자체만으로는 상당히 추상적일 수밖에 없다. 실행을 담당하는 하위 관리자들에게는 다각화라는 전략이 자신에게 어떤 의미를 가지는지를 알 수 없다. 전략의 실행을 위해서는 누가 실행할 것인지를 결정한 후에 구체적으로 무엇을 해야 할지를 결정해야 한다. 즉, 전략을 조직 하부에 이르기까지 연계적으로 실행할 수 있는 구체적인 프로그램을 만들어 주어야 한다. 프로그램의 목적은 전략을 실제로 실행할 수 있는 단위로 쪼개기 위한 것을 말한다. 예를 들어 A라는 회사가 성장을 위한 최적의 전략으로 수직계열화를 선택하고 그 결과 B라는 기존의 소매점 체인회사를 인수하기로 했다면 그 자체는 특히 하부 사람들에게 상당히 추상적일 것이다. 수직계열화라는 전략이 효력을 가지도록 하기 위해서는 A와 B 회사가 하나로서 통합된 성과를 내기 시작할 수 있도록 조치를 취해야 한다. 이러한 조치들을 프로그램이라 부를 수 있다. 프로그램의 예는 다음과 같다.

- A 회사가 B 회사의 마케팅 부문의 일부가 되도록 보고와 명령체계를 통합하는 조직 개편 프로그램으로 과거 A 회사였던 각 소매점 및 영업점 관리자들이 지역 관리자에게 보고하고 지역 관리자들은 다시 본사의 마케팅 담당 이사 등 중역에게 보고하는 체계
- "이제 B 회사는 A 회사의 일부분으로 가격은 더욱 낮으며 제품의 종류는 더욱 다양해졌다." 라는 식의 새로운 광고 프로그램
- 인수 이후 조직 개편의 결과 남아 있기로 결정된 B 회사의 예전 직원들과 새롭게 배치된 직원들을 위한 일관된 훈련 프로그램
- B 회사와 C 회사의 회계 시스템을 통합하기 위한 새로운 보고 절차 프로그램

② 예산(budget)

예산을 짜는 일은 선택된 전략이 과연 실행 가능한지를 가늠해 보는 마지막 단계로 볼 수 있다. 구체적으로는 실행 프로그램들의 비용과 소요시간을 평가해 봄으로써 이상적으로 생각되던 전략이 잘못되었거나 현실성이 없는 것으로도 판명될 수 있다. 전략실행에 있어서 예산을 전략에 어떻게 연계시키느냐에 따라 실행과정을 촉진 또는 저해시킬 수도 있다. 너무 적은 예산의 경우 전략 실행을 효율성을 떨어뜨리고 너무 많은 예산은 자원 낭비와 재무적 성과의 감소를 초래하기도 한다. 전략의 실행을 담당한 사람은 전략이 변할 때 그에 맞게 자원을 적절히 동원할 수 있어야 한다.

③ 절차(procedures)

프로그램과 예산 등이 완성되면 이제는 구체적인 절차를 마련해야 한다. 즉, 절차는 실행 프로그램들을 완성하기 위해 필요한 더욱 자세한 세부사항들을 말하며, 만약 A 회사가 B 회사의 소매점 체인을 인수하는 수직계열화 전략이 발생할 경우, 새로운 운영절차를 마련해야 하는 것은 당연한 일이다. 상점 마다의 판촉, 재고 주문 절차, 물품선택 절차, 대고객 서비스에 관한 절차, 유통 및 분배 절차, 가격결정 절차, 고충처리 절차, 급여 인상과 승진에 대한 절차 등 매일매일 상점 운영이 일관성 있고 각 상점 사이에도 일관성이 있도록 절차를 마련해야 한다.

(3) 전략 실행의 방법(어떻게 실행할 것인가)

기업이 전략 실행을 위해서 어떻게 실행할 것인가에 대한 고민은 매우 중요하다. 전략을 어떻게 실행할 것인지는 전략이 원활하게 실행될 수 있도록 해주는 환경의 일부인 "조직구조를 어떻게 구축할 것인가? 사람들을 기업이 원하는 방향으로 일하도록 어떻게 이끌 것인가? 어떤 문화적인 환경이 실행을 용이하게 할 것인가?"로 구분된다. 이에 전략 실행을 위한 조직구조를 살펴보기로 한다.

제 2 절 전략 실행을 위한 주요활동

1 단기운영목표와 행동계획의 설정

(1) 단기운영목표의 의미

① **단기운영목표**

단기운영목표는 기업의 전체목표와 전략의 실행을 위해 조직단위 또는 기능부문에 요구되는 활동과 그 결과를 구체화한 것이다. 시장점유율, 투자수익률, 새로운 시장이나 제품의 개발과 같은 전략적 목표는 전략 수립의 지침이 되며, 동시에 전략의 효과를 평가하는 데에도 활용된다. 그러나 이러한 전략적인 목표는 장기적인 성격과 광의의 개념으로써 전략 실행의 일상적인 운영 활동에서는 구체적인 지침으로 반영되기는 어렵다. 그렇기에 전략의 효과적인 실행을 위해서는 구체적인 행동계획이 필요하고 단기운영목표가 이러한 역할을 하게 된다. 대체로 1년이나 그 이하의 기간을 대상을 설정되는 단기운영목표는 바로 기업의 장기적 목표와 전략을 달성하는 방향으로 기업 활동이 이루어질 수 있도록 구체적인 기준을 제시하는 역할을 하게 된다.

② **전반적 계획수립체계**

아래는 미국 기업인 포드의 전반적 계획수립체계를 보여준다. 이와 같은 계획과정의 초점은 저원가 생산과 최고의 품질, 고객가치의 극대화라는 포드의 3가지 핵심전략에 대한 내용이다. 포드는 기업 내부에서 발생하는 핵심활동을 이와 같이 3가지 핵심전략과 일관성을 통한 계획수립과정에 반영하고 있다.

운영계획(2년)	• 2년 단위 부문 예측 • 1년 단위 부문 활동 • 예산, 통제 및 보상의 기초가 됨
부문계획(5년)	부문 재무 예측 — • 운영조직별로 보수적 예측 • 기업 본사의 계획 및 자금관리
장기계획(7년)	장기적 사명, 목적과 목표, 전략, 자원, 가능한 결과

[미국기업의 전반적 계획수립체계]

(2) 단기운영목표의 조건

① **장기적 목표와의 연계성**

단기적 운영목표는 기업의 장기적 목표 및 전략과 밀접하게 연관되어 있어야 한다. 그렇기에 단기적 목표는 장기적 목표의 달성을 위해 지금 무엇을 해야 하는지를 기업의 주요 영역별로 구체화한 것이다.

② **부문별 목표와 활동의 조정 및 통합**

단기적 운영목표는 이해관계가 상충되는 부문 관리자들 간의 토의와 협상을 통해 도출되어야 하는데 운영목표가 조정 및 통합되지 않을 때 특정 부문의 활동이 타 부문의 효과적 운영에 장애가 되거나 장기적 목표나 전략과 부합하지 않는 방향으로 이루어질 수 있다. 그렇기에 운영목표 설정은 전략적 성과에 악영향을 끼치거나 각 부문 간의 갈등을 조정 및 해결하는 역할을 해야 한다. 이를 통해 기업의 활동은 일관성을 확보할 수 있다.

③ **구체적이며 측정 가능한 목표**

행동계획으로써 단기운영목표가 지니는 구체성은 전략의 실행에 있어서 핵심적인 요소이다. 단기운영목표가 구체적이지 못하다면 관리자나 구성원들은 전략 실행을 위해 무엇을 해야 하는지 충분히 이해하지 못하거나 잘못 이해할 수도 있기 때문이다. 또한, 단기운영목표는 대상 기간이 명확해야 하는데 이는 행동계획의 일정 수립과 소요자원의 할당에 중요한 역할을 한다. 구체적이고 측정 가능한 목표는 각 운영부문의 성과와 기업 내부의 장기적 목표 달성을 위한 활동으로 전개하고 있는가를 단계별로 점검하고 평가할 수 있게 한다.

④ **도전적이면서도 달성 가능한 목표**

장기적 목표에도 적용될 수 있지만, 특히 단기적 운영목표는 매우 구체적이기에 조직구성원들이 이를 직접 느낄 수 있기에 도전적이면서도 달성 가능한 단기운영목표는 조직구성원들의 동기와 의욕을 유발하는 역할을 한다.

제 3 절 조직구조의 설계

1 조직구조의 전략 실행과 환경

기업이 어떤 일을 수행하기 위해서 필요한 활동과 인적자원을 조직화(organizing)하는 것이 바로 조직구조이다. 조직구조의 선택은 조직이 업무를 수행하는 방식으로 결정되며, 조직구조는 전략의 실행을 원활하게 하고 원하는 성과에 도달하도록 돕는 경영상의 장치라고 할 수 있다. 올바른 조직 설계 내지 구조는 전략 실행을 쉽게 만들어 줄 수 있는데 그것은 복잡하고 광범위한 전략적인 업무를 쪼개어 그 부분들을 현실적으로 잘 관리할 수 있는 하부 단위에 나눠줄 수 있기 때문이다. 즉 조직구조는 조직의 자원(인적자원, 돈, 권력)을 어디로 배분시킬지를 결정하는 역할을 한다. 또한, 조직디자인은 직무를 결정하고 업무 프로세스를 결정하고, 사람들이 성과를 내도록 동기부여를 하고 정보의 흐름을 결정하는 중요한 역할을 한다. 따라서 아무리 뛰어난 전략일지라도 적절한 조직구조가 존재하지 않을 경우에는 실효성을 창출하기 어렵다는 측면에서 조직구조란 전략을 현실로 바꾸는 도구인 것이다. 결과적으로 말하면 기업환경, 전략 그리고 조직구조 사이에는 밀접한 일관성이 있어야 한다. 환경의 변화는 기업전략이나 사업전략에 영향을 미치고 전략의 변화는 다시 조직구조에 영향으로 미치게 되는 것이다. 환경 – 전략 – 구조가 유의미한 연결성을 가지지 않게 되면 기업의 성과 역시 타격을 받게 되는 것이다. 좋은 전략을 가지고도 부적절한 조직구조 때문에 실행이 되지 않아 실패할 수도 있는 것이다.

(1) 기계적 구조와 유기적 구조

① 기계적 구조

기계적(mechanistic) 조직구조는 의사결정이 대부분 상부에 집중되어 있으며, 분업화와 전문화를 강조하고 관료적인 규칙과 절차를 강조하는 조직구조를 말한다. 따라서 관리자의 계층 수가 많은 조직의 길이가 긴(tall) 수직적 피라미드 형태를 띠는 구조이다.

② 유기적 조직구조

유기적(organic) 조직구조는 분권화된 의사결정과 유연한 절차를 가지고, 수직적인 의사소통과 명령 통제보다는 수평적인 연결을 중시하는 형태이므로 관리자층이 적은 특징의 평면형(flat) 구조를 띤다.

이와 같은 두 가지 조직구조는 어떤 것이 더 우월하다고 할 수는 없지만, 기계적 구조는 변화가 적고 예측성이 있는 안정적인 환경(stable environment)에서 유기적 구조는 변화가 끊임없이 발생하는 유동적인 환경에 적절하다.

(2) 조직구조와 전략

① 조직구조와 전략의 결합

기업이 처한 환경에 맞는 조직구조의 중요성은 앞서 언급한 바와 같이 환경, 전략, 구조의 세 가지 요소 중 다른 하나인 (조직)구조와 결합이 중요하다. 조직구조가 환경에 맞게 설계되어야 한다는 점과는 달리 조직구조와 전략의 관계는 그렇게 단순하지 않다. 어떤 학자의 경우 조직구조가 전략에 따라 변한다고 하며, 어떤 이는 전략이 조직구조에 의해 영향을 받는다고 한다. 결론적으로 말한다면 마치 닭과 달걀과의 관계이며, 전략과 조직구조는 서로 영향을 미치고 그 순환과정의 시작에는 전략의 변화로부터 시작된다는 것이 주요 관점이다. 전략 수립과정에서 기업 내부환경 분석에서 중요한 요소 중 하나가 조직구조였던 것을 생각해본다면 전략의 수립에도 조직구조가 중요한 영향을 미친다는 것을 알 수 있고,

따라서 조직구조가 전략에 영향을 미친다는 주장에도 무게가 실린다. 전략 실행에도 조직구조가 영향을 미친다는 것은 전략이 조직구조에 일방적으로 영향을 주지만은 않는다는 것을 의미한다. 이와 같은 관점에서 전략과 구조의 관계를 살펴보면, 조직구조가 변하는 과정은 다음과 같다.

㉠ 환경의 변화에 따른 새로운 전략의 수립
㉡ (전략이 새롭기에 생기는) 관리상의 새로운 문제 출현
㉢ (혼란 때문에 오는) 기업성과의 약화
㉣ 더 적절한 조직구조로 이동
㉤ 이익 수준의 회복

② **조직구조와 경쟁우위 창출**

전략이 변화할 때 적절한 조직구조로 신속하게 변화할 수 있는 기업은 시장에서 상당한 경쟁우위를 창출할 수 있다. 예를 들어, 다각화나 수직계열화를 하는 기업이 기능식 구조에서 사업부 구조로의 전환이 된다면 기업의 재무적 성과에 긍정적인 영향을 미친다는 연구들이 존재한다. 또한, 사업전략과 각 사업부에 주어진 재량권 정도가 적절한지 아닌지에 따라 사업부의 성과에도 영향을 미칠 수 있다. 대표적으로 차별화 전략을 따르는 사업단위의 경우 원가우위전략을 쓰는 사업부들보다 본사에서 재량권을 더 많이 줄 때 성공의 가능성이 더 높다. 결과적으로 아무리 효과적이고 매력적인 전략을 수립한다고 할지라도 전략 수립을 위해 적절하지 못한 조직구조는 전략 실행과정에서 발목을 잡는 부정적인 방향으로 작용할 것이다. 따라서 전략을 담당한 경영자에게 갖가지 조직구조의 특성과 장·단점에 대한 이해가 필수적이다.

2 조직구조의 유형

(1) 조직구조 유형의 결정요인

조직구조의 특징을 결정짓는 두 가지 요인은 통합(integration)과 분화(differentiation)가 있다. 분화란 조직이 개인이나 자원을 업무에 따라 분할시키는 것을 말하고 통합이란 조직의 업무를 수행하기 위해 개인과 각각의 기능들을 한데 묶어주는 것을 말한다. 일반적으로 작은 규모의 사업이 시작될 때에는 한 명의 사장과 소수의 종업원으로 구성되어 출발하지만, 증가하는 수요를 충족시키기 위해서는 규모의 확장을 필요로 한다. 이와 같이 조직의 성장 과정에서 조직구조는 수직적 분화와 수평적 분화를 어떻게 형성해야 할 것인가를 결정하는 두 가지 방안으로 확장하게 된다.

① **수직적 성장(vertical growth)**

조직의 수직적 성장은 조직 계층(hierarchy)의 수를 늘리는 것을 말한다. 관리자와 직원들 사이의 권한(authority)은 조직의 상부에서 하부로 흐르고 책임(accountability)은 하부에서 상부로 흐른다. 각 단계의 임직원들은 담당하는 업무 영역을 책임지고 있는 관리자들에게 보고되고, 한 사람의 관리자들에게 보고하는 직원들의 수를 관리자의 '통제범위(span of control)'라고 부른다. 이와 같은 통제범위를 고려하면 상대적으로 길쭉한 형태(tall)와 평면 형태(flat)의 조직으로 구분되며 다음 아래의 그림과 같다. 키 큰 형태의 tall 조직은 통제범위가 좁고 계층 수가 많은 형태로서, 관리자들이 감독과 통제를 더 많이 한다. 반면 평평한 형태의 flat 조직은 업무가 좁게 나눠져서 전문성이 높다는 특징이 있다. 이런 경우 권한이 항상 조직의 상부로 집중되고, 따라서 조직의 가장 위에 있는 사람들만이 조직운영의 전반적 상황을 이해하고 처리할 수 있는 특징을 지닌다. 반면, 평면 형태는 관리자가 하급자들에게 더 많은 권한을 넘기기 때문에 권한이 분산된다. 즉 의사결정은 현장에 있거나 가장 익숙한 직원에 의해 다루어진다. 그렇기에 평면 구조의 직원들은 길쭉한 형태의 조직보다 덜 전문화 되어있지만, 처리할 수 있는 업무의 폭은 넓은 것이 특징이다.

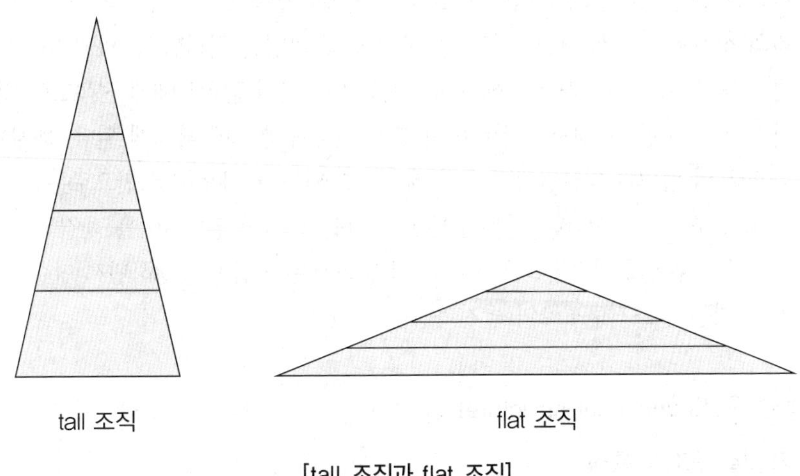

[tall 조직과 flat 조직]

② **수평적 성장(horizontal growth)**

수직적인 성장이 조직의 권한과 관계된 것일 경우 수평 성장은 기능, 제품 그리고 사업 영역과 같은 조직구조의 폭이 넓어지는 것을 말한다. 조직은 성장함에 따라서 마케팅, 재무, 회계, 인사 등 더 전문화된 기능들의 개발에 적합한 구조를 만들기 위해 확장될 수밖에 없다. 이와 같이 전문화 기능들이 확장되기 위해서 나타나는 조직의 형태가 기능별 구조이다. 이러한 기능별 구조는 작은 규모의 사업들이 성장을 경험함에 따라 나타나는 전형적인 형태이다. 뿐만 아니라, 기업이 다루는 제품의 수가 많아지거나 지역적으로 확장할 때에도 조직의 폭은 넓어진다. 모든 경우 조직의 성장은 수직적 또는 수평적 두 가지 형태 모두를

포함하게 된다. 시간이 흐르고 환경이 변화하게 되면 기업은 전략 실행에 적합한 조직구조로 변화하여야 한다. 그렇기에 조직구조의 형태에 따른 장점 및 단점을 파악해보도록 한다.

3 조직성장 단계에 따른 조직구조 유형

(1) 단순구조(simple structure)

① 단순구조의 특징

단순구조는 **조직의 초기에 나타나는 형태로서 주로 소규모의 기업이나 창업기 기업들에 해당하는 구조**이다. 단순구조는 수평적, 수직적 분화의 정도가 매우 낮으며 조직의 공식적인 구조가 존재하지 않는 상태를 말한다. 기업의 창업자가 중요한 의사결정을 직접하고 운영에 개입한다. 공식적인 구조가 없기 때문에 경영자는 모든 직원의 활동을 직접 감독하고 전형적인 관리자의 임무인 계획, 조직, 감독, 인력관리, 통제 등의 기능을 수행하게 된다.

② 단순구조의 장·단점

이러한 단순구조의 **최대 강점은 조직 유연성과 활력**이다. 경영자의 능력과 성향에 따라 조직의 성장을 위해서 빠른 속도로 의사결정 및 과업을 처리할 수 있기 때문이다. 반면 **가장 큰 약점**은 모든 전략과 하부에서 발생하는 영역까지 **경영자에게 전적으로 의존**해야 한다는 사실이다. 또한, 경영자가 실수하면 조직 전체가 혼란에 빠지게 된다. 회사가 성장함에 따라 직무의 범위와 의사결정의 수가 계속 증가되어 한 개인의 힘만으로는 다 처리할 수 없게 되므로 조직은 늘어나는 직무에 대한 부담을 느끼게 된다. 이를 해결하기 위해 공식적인 체계를 갖추면서 비슷한 직무끼리 묶어 분화하는 작업이 발생하면서 단순구조에서 다음 단계인 기능별 조직구조로의 발전과정을 거친다.

(2) 기능별 구조(functional structure)

① 기능별 구조의 특징

조직성장의 2단계라고 할 수 있는 기능별 구조는 기능 전문가들로 구성된 전문 관리자들이 창업가들을 대체하게 된다. 기능별 조직은 **유사한 활동들을 하나로 모으고 기능별로 다른 활동들을 분리시키는 것**이 특징이다. 이와 같은 경우 일반적으로 기업전략은 하나의 산업에 집중되어 수직적, 수평적 통합을 통한 성장을 추구하는 형태를 띤다.

② 기능별 구조의 장·단점

기능별 구조가 정착되고 발달할수록 각각의 기능이 특화됨으로 인해 기능을 뛰어넘거나 협력적인 의사소통이 점점 힘들어진다는 특징을 지닌다. 기능부서 간의 목표 지향성의 차이와 상호 간의 개념, 용어, 관점의 차이로 인해 의사소통의 문제는 더욱 심각해지는 문제가 야기된다. 따라서 조직이 성장하고 분화됨에 따라 다음 단계인 사업부 구조 형태를 취하게 된다.

장점	단점
• 결과에 대한 중앙 집중화된 통제가 가능함 • 단일 사업에 적합함 • 주요활동들을 기능부서에 위임함으로써 전문성을 기할 수 있음 • 기능의 전문화와 관련된 학습효과를 극대화할 수 있음 • 같은 기능을 가진 사람들끼리 모여 있으므로 높은 직무 만족도, 낮은 이직률을 기대할 수 있음 • 인사 계획, 조직, 동기부여, 통제가 용이함 • 업무가 단순 반복적일 때 기능상의 효율성을 제고할 수 있음	• 기능 간의 의사소통과 조정이 어려움 • 기능 부서들 간 협력보다는 경쟁의식과 갈등의 여지가 많음 • 전문화가 과도해질 경우 사람들의 시간을 좁게 만들 우려가 있음 • 폭넓은 기능에 대한 경험을 보유한 관리자의 개발이 어려움 • 조직성과에 대한 책임이 최고경영층에 집중되어 각 기능의 책임 소재를 밝히기 힘듦 • 회사 전체에 이익이 되는 것보다 자신이 속한 기능부서의 이익에 집착할 가능성이 존재함

(3) 사업부 구조(divisional structure)

① 사업부 구조의 특징

기능별 구조의 문제를 해결하기 위해 나타나는 사업부 구조의 경우 제품구조(product structure)와 지역구조(geographical structure)로 구분하기도 한다. 즉, **비슷한 제품이나 지역을 단위로 구분하여 묶어 놓은 구조**이다. 이는 제품 라인이나 지역으로 구분되어 있기에 기능별 구조보다는 분화된 형태를 나타낸다. 회계부서나 판매부서 연구소 등 특수한 부서들은 조직의 상위구조에서 관리되고 나머지 부분은 제품이나 지역에 따라 독립된 부서를 지닌다. 이와 같은 조직형태는 기능들 사이에 발생하는 갈등이나 의사소통 문제를 비교적 쉽게 해결할 수 있다.

② 사업부 구조의 장·단점

사업부 구조의 경우 기업 성장의 3단계라고 할 수 있는데, 다양한 산업에 걸쳐 많은 제품 라인을 가진 조직에 대한 의사결정 권한을 분산함으로써 관리하는 방식이다. 각 사업부는 하나 혹은 다수의 제품 라인을 책임지고, 그 결과 조직은 더욱 수평적으로 차별화되어 가게 된다. 조직의 상위에는 사업부를 총괄하는 본사가 있고, 사업부 간의 이견을 조정하며, 인적자원, 재무적 자원의 분배와 통제를 하게 된다. 이러한 특징을 지닌 사업부 구조의 장·단점은 다음과 같다.

장점	단점
• 각각의 사업단위들이 전략에 따라 스스로 조직화할 수 있음 • 사업부별 최고경영진을 보유하고 있기 때문에 최고경영자의 부담을 덜어 줌 • 최고경영자 등 최고경영진 기업 전체의 전략적 문제에 전념이 가능함 • 각 사업부의 이익과 손실에 대한 책임소재가 명확해짐 • 각 사업부는 이윤을 책임지는 단위로 활동하기에 수익성과 장래성을 근거로 자원을 할당하기가 용이해짐 • 내부적인 효율성이 높아짐 • 성장이 수월해짐	• 본사와 사업단위 간에 중복된 기능이 있기에 간접비가 증가함 • 간접비 분배가 어렵고 주관적인 측면이 있음 • 분권화해야 할 부분과 집중화해야 할 요소의 결정에 어려움이 있음 • 본사의 자원과 관심을 끌기 위해 각 사업부 사이의 과도한 경쟁이 발생할 수 있음 • 기업경영을 사업단위의 관리자들에게 많이 의존하게 됨 • 최고경영층은 각 사업단위의 운영에 직접 관여하지 않음으로써 문제가 발생하고 나서야 문제의 원인을 알거나 문제 해결의 실마리를 찾지 못할 경우도 발생함 • 사업부의 수가 많아진다면, 내부거래가 증가하고 각 사업부는 자신들의 이익추구를 위해 높은 가격을 측정할 것이기에 이로 인해 비용이 증가할 것 • 사업부와 본사와의 위계가 모호해짐 • 정보의 왜곡 가능성이 있음

(4) 전략사업단위(SBU : Strategic Business Unit)

① 전략사업단위의 특징

기업의 규모가 사업부 규모를 넘어 거대해 짐으로써 또 다른 조직구조를 필요로 하는데 바로 전략사업단위인 SBU이다. 사업부 수가 너무 많아지게 되면 기업 본사가 이를 전부 관리하는 것은 어려워지게 되고 각각의 사업부를 유사한 전략적 사업단위로 묶어서 관리하게 된다. 이를 통해 관련된 제품 라인을 사업부로 묶고 이 사업부들을 묶어 전략적 사업단위로 만드는 것이다.

② 전략사업단위의 장·단점

전략사업단위(SBU)는 기업 본사가 해야 할 일을 분담하여 본사의 통제범위 부담을 경감시켜주고 전략적 사업단위로 묶게 됨에 따라 효과적인 사업단위 내의 조정과 통합이 가능해지고 각 사업단위는 관련된 사업부의 요구에 더욱 신속히 대응할 수 있게 해준다. 반면 기업 본사와 사업단위의 영향력이 멀어짐으로 인해 전사적 차원의 조정과 통제의 수단을 상실하게 되고 각 사업단위의 문제 해결이 어려워질 수 있다는 단점이 있다. 또한, 재무적인 성과를 중심으로 한 자원의 배분에 대해 사업단위 간의 대립양상이 심화될 수도 있다. 이와 같은 맥락에서 본사가 사업단위로부터 받는 정보전달이 더욱 힘들어지고 조직 전체의 의사소통에 유연성이 떨어질 수 있다. 전략사업단위 조직이 지닌 장점 및 단점은 다음과 같다.

장점	단점
• 다각화된 기업들이 '사업단위 포트폴리오(business unit portfolio)'를 조직화할 수 있는 구조 • 하나의 전략사업단위(SBU) 내에 관련 있는 활동들을 통합할 수 있음 • 유사한 비전, 제품, 시장, 기술을 가진 사업부 간의 상호 조정을 용이하게 함 • 최고경영자들에게 객관적이고 효과적인 전략적 시각을 제공함 • 전략적 계획은 관련성이 가장 높은 조직수준에서 이루어지도록 함 • 기업 수준의 통제범위가 줄어들고 정보 과다의 위험이 줄어듦	• 본사와 사업부 간의 영향력의 거리가 큼 • 전략사업단위를 만드는 것이 자의적이게 되고, 행정상의 편의 외에 다른 이점을 가지지 못할 수도 있음 • 전략사업단위가 자신의 미래 방향을 설정하는데 여전히 근시안적일 수도 있음 • 최고경영진 내에서 또 하나의 계층이 생김 • 최고경영자와 각 사업부 관리자들 사이에 있는 SBU 책임자의 역할과 권한이 모호해질 우려가 있음 • 전략사업단위의 책임자 이해와 의지가 없이는 사업단위 간에 전략적 조화와 시너지가 발생하기 어려움

(5) 컨글로메리트 구조(conglomerate structure)

전략사업단위가 사업 간의 유사성을 중심으로 전략사업단위를 구성하는 측면이라면 컨글로메리트 구조의 경우 재무적 포트폴리오를 바탕으로 한 사업단위를 구성하는 것을 의미한다. 즉, **사업단위들은 서로 연관성이 없는 독립적으로 자율성을 지니는 조직구조**를 말한다. 또한, 사업단위 간의 의사소통 자체가 불필요한 상황에서 철저한 재무적인 관점을 기반으로 사업단위를 운영하게 된다.

(6) 매트릭스 구조(matrix structure)

① 매트릭스 구조의 특징

행렬조직이라고도 불리는 매트릭스 구조는 사업부제와 기능별 구조의 장점을 조화하려고 시도한 조직형태로서 프로젝트 매니저(project manager), 기능부서 매니저(functional manager)와 이중 명령 구조(dual chain of command)의 특징을 지닌다. 매트릭스의 한쪽 축은 기능 조직이 맞는 것이 일반적이고 다른 축은 프로젝트나 제품 단위로 구성된다. 이와 같은 두 개의 축은 프로젝트와 기능구조 간의 네트워크를 구성하게 되며 이에 의해 조직이 만들어진다. 그렇기에 매트릭스 구조 안의 구성원들은 기능직의 수장과 프로젝트의 수장을 동시에 가지게 된다. 프로젝트에 관련되는 일은 프로젝트 장에게 보고하며, 일상적인 업무 기능에 관계된 사안은 기능부서의 장에게 보고하게 된다. 일반적으로 매트릭스 구조는 기능별 구조의 틀 안에서 기능 간 연결을 강화할 목적으로 사업부적인 요소를 추가하는 특징을 가지게 된다.

② 매트릭스 구조의 장·단점

매트릭스 구조가 복잡한 것처럼 보이기에 조직 전체가 매트릭스로 얽히는 것으로 생각할 수도 있지만, 사실과 다른 측면이 존재한다. 매트릭스 구조는 조금 더 구체적으로 그리면 다음에 나오는 두 번째 그림인 [매트릭스 구조2]와 같다. 이 조직은 각 기능 인력들을 팀으로

거느리고 책임을 지는 매트릭스 매니저 내지 프로그램 매니저들이 존재한다. 이들은 기능부서의 장과 프로젝트 매니저에게 동시에 보고 관계를 가지는 사람들이다. 아래의 그림에는 두 개의 지휘계통을 지닌 전통적인 매트릭스 구조를 보이며 그림의 오른편에 위치한 기능부서(생산, 영업, R&D 등)들이 배열되어 있다. 즉 전문성과 기능 내에서 의사소통이 원활한 것과 같은 기능 조직의 장점들을 누릴 수 있다. 그림의 왼쪽 부분에는 또 다른 지휘계통이 위치하고 있는데 주요 제품군을 책임지는 제품 혹은 프로젝트 매니저가 각 기능부서에서 파견된 사람들을 조정하고 관리하는 역할을 하게 된다. 따라서 제품 관련 활동들을 감독하는 프로젝트 관리자들은 기능부서의 장과 제품부서의 장이라는 두 명의 보스를 접하게 된다.

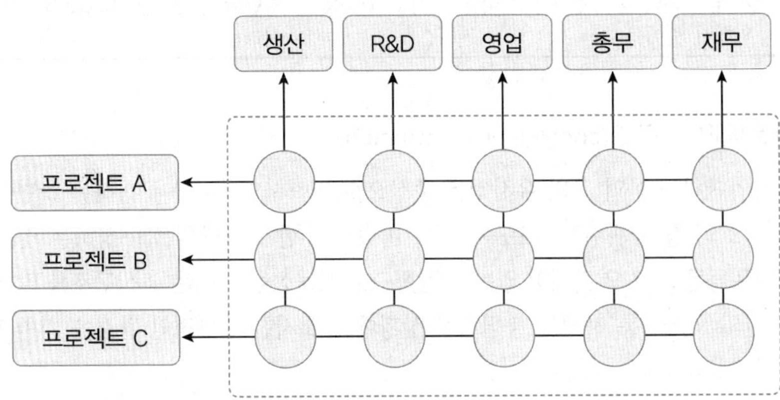

[매트릭스 구조1]

장점	단점
• 불안정한 환경에 놓여 있는 경우 근본적으로 다른 제품을 만들어 내는 데 유리함 • 평소 수행해 왔던 전략과는 근본적으로 다른 전략을 수행해야 하는 경우, 기존의 조직이 경직되어 새로운 전략을 실행할 수 없을 때 유리함 • 기능 구조와 프로젝트 구조를 조합시킴으로써 두 가지 형태의 장점을 누릴 수 있음 • 자원의 중복이 발생하는 사업부 구조보다 비용 측면에서 효율적임 • 사업부적인 성격이 있기에 프로젝트나 제품 영역에서 생기는 변화에 신속히 대응할 수 있는 유연성을 가질 수 있음 • 다각화된 기업에서 기능별 구조의 이점을 살릴 수 있음 • 대부분은 하나의 프로젝트 안에서도 처음 필요한 전문분야와 나중에 필요한 전문분야가 다른 경우가 있는데, 매트릭스 구조에서는 하나의 임무가 끝난 전문가가 바로 다른 프로젝트로 옮겨 과업을 실행할 수 있음 • 비교적 하위단계의 기능직 종업원들을 프로젝트에 참여시킴으로써 의사결정의 책임을 부여하고 동기부여와 직무 만족도를 높일 수 있음 • 상충하는 기능들 사이에 견제와 균형을 이룰 수 있음	• 관리하기에 너무 복잡함. 두 가지 형태의 구조를 운영하는 데에 따른 심각한 충돌을 일으킬 수 있음 • 두 명의 관리자에게 보고해야 하는 데에 따른 일반 근로자들의 스트레스, 자신의 소속에 대한 모호성과 갈등이 야기될 수 있음 • 권한을 가진 두 명령체계에서 힘과 균형을 유지하기 어려움 • 두 명의 상급자가 존재하기에 의사소통에서 시간이 많이 소요됨

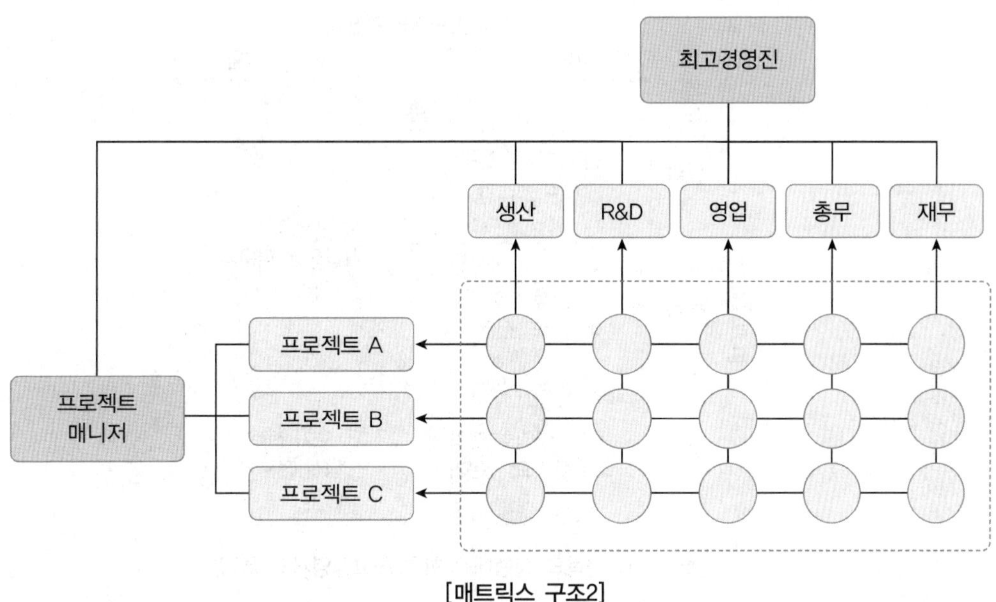

[매트릭스 구조2]

제 4 절 조직문화와 리더십

1 전략과 경영자의 적합성

(1) 최고경영자의 역량 및 유형

① 최고경영자의 역량

능력이 있는 경영자는 조직의 성격, 규모, 성장단계에 상관없이 조직을 잘 관리할 수 있다고 믿는다. 하지만 새로운 전략을 효과적으로 실행할 수 있는 최선의 경영자 또는 적절한 경영자는 회사 또는 사업단위의 전략적 방향에 따라 결정된다. 즉, 기업이 실행하고자 하는 전략과 경영자 사이에는 적합성이 있어야 한다는 것이다. 이와 같은 맥락에서 기업이 성공하느냐 실패하느냐의 문제는 경영자가 능력이 있고 없고 만큼이나 경영자가 조직의 특성과 조직이 처한 상황에 얼마나 적합한가에 따라 달렸다고 볼 수 있다.

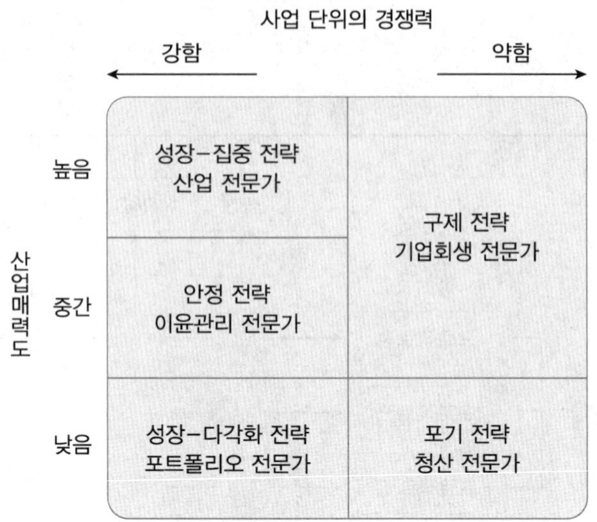

[특정 기업전략의 실행에 적합한 최고경영자의 특징]

② **최고경영자의 유형**

산업환경이 매력적이며 현재 기업이나 사업단위의 경쟁력이 높을 경우, 기업전략은 산업을 중심으로 한 성장전략을 쓸 가능성이 크다. 이럴 때 적합한 최고경영자는 해당 산업에서 오랜 경험을 지니고 공격적인 성향을 지닌 '**산업 전문가**' 유형이라 할 수 있다.

다음으로 현재 기업이 경쟁력은 있으나 해당 산업이 더 성장 가능성이 없거나 매력이 없으면 기존 사업의 경쟁력을 바탕으로 새로운 산업으로 진출함으로써 성장을 도모하는 다각화 전략이 필수적이다. 이와 같은 경우에 필요한 경영자는 복수의 사업단위를 관리할 수 있는 능력과 경험이 있는 '**포트폴리오 전문가**' 유형이다.

세 번째 최고경영자의 유형으로는 '**이윤관리 전문가**' 유형이 있는데 안정적인 전략을 추구하거나 보수적인 스타일의 생산 또는 엔지니어링 배경을 지닌 경우에는 예산, 자본지출, 재고 등을 통제하는 데 오랜 경험을 지닌 이윤관리 전문가 유형의 경영자가 적합하다.

상대적으로 매력적인 산업에 속했지만, 사업단위의 경쟁력이 약한 기업의 경우에는 아직 환경의 잠재력이 남아 있기 때문에 기업을 살릴 수 있는 '**기업회생 전문가**' 유형이 적합하다.

마지막으로 도저히 회생이 불가능한 기업이라고 판단될 경우 필요한 사람은 법정 관리의 경험이 있거나 자산을 처분할 '**청산 전문가**' 유형이 적합하다. 기업 영속성(ongoing firm)을 전제로 한 조직으로써 기업 청산의 준비는 일반적으로 준비가 되어 있지 않지만, 기업의 청산이라는 의사결정이 필요한 경우 청산의 기술 또한 필요하다.

(2) 리더십의 역량과 유형

앞서 살펴본 기업에 맞는 경영자의 유형은 기업이 성장하는 관점에서 살펴보게 되면 기업에는 한 가지 유형의 경영자만으로는 부족하다는 결론에 이르게 된다. 기업 성장의 과정별 리더 유형은 다음 아래의 그림과 같다.

기업 초기 단계에는 공격적이고, 시장점유율의 확보 전략이 필요하다. 이럴 때 기업에 필요한 경영자는 시장 위치를 확보하고 기업을 시장의 리더로 만들기 위한 **위험부담형**(risktaker)이다. 만약 기업이 초기의 성공을 경험하고 조금은 덜 공격적인 기업에게는 위험부담형 리더는 부적절하다. 기업이 체계적인 성장을 이루기 위한 리더는 지속적인 성장을 위해 시스템의 구축과 하부구조를 들여와서 체계화할 수 있는 **관리형**(caretaker)이 기업의 발전을 관리할 수 있다.

기업이 성장단계를 넘어서 성숙한 단계로 접어들었다면, 기업들은 많은 문제에 봉착하게 된다. 성숙기에 접어들면 성장 속도도 많이 느려지기에 이런 경우 필요한 리더는 포괄적이고 객관적이며 계산적인 평가를 하고 제품의 수나 사업의 수를 과감하게 감소시킬 수 있는 결단력이 있는 리더이어야 한다. 기업의 생존뿐만 아니라 더욱 집중되고 활력 있는 기업으로 만들 수 있는 이러한 리더는 **외과의사형**(surgeon)이라고 할 수 있다. 마지막 리더 유형인 **장의사형**(undertaker)의 경우 기업 회생이 실패할 경우 기업을 신속하게 청산하고 관리하는 청산전문가 리더 유형이다. 이와 같이 다양한 리더 유형들이 존재하는데 기업의 전략을 실행하는 데 있어서 새로운 리더를 선택하거나 리더를 선택하여 새로운 전략을 개발하게 하는 두 가지 경우 중 가장 중요한 것은 전략 자체의 창의성은 물론 전략과 리더가 부합하는지를 판단하는 것이다.

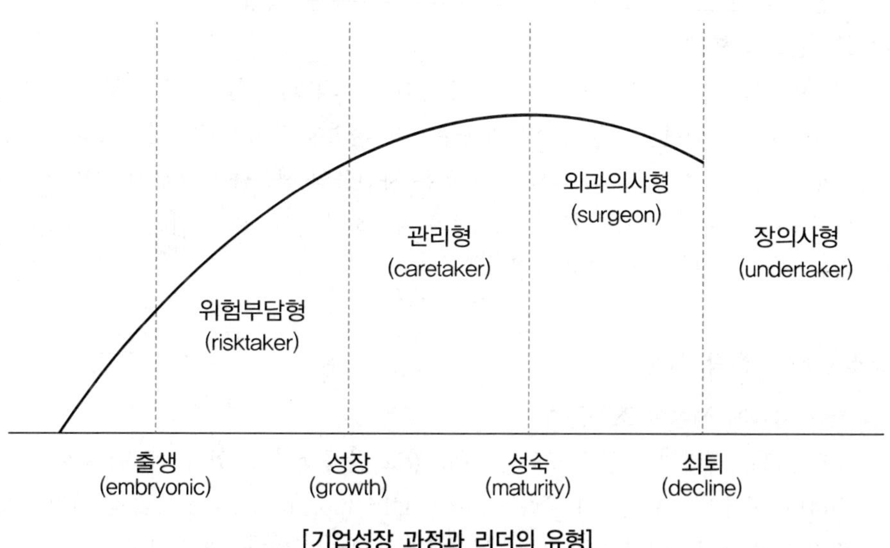

[기업성장 과정과 리더의 유형]

2 조직문화

조직문화란 특정 조직구성원들이 받아들이고 함께 공유하는 신념과 행동의 유형들과 가치를 말한다. 최선의 문화란 따로 존재하는 것이 아닌 기업의 비전이나 전략에 가장 잘 조화되는 문화라 할 수 있다. 전략과 문화 사이에 거리와 부조화가 있어 전략을 바꾼다는 것 역시 문화를 변화시켜야 한다는 것을 의미하며 기업문화의 변화를 가져올 수 없는 것은 아니지만 많은 시간과 노력을 필요로 하게 된다.

(1) 조직문화의 진화

① 조직문화의 중요성

문화가 중요한 이유는 외부환경의 변화에 기업을 쉽게 적응시키게 하고 기업 내부의 여러 가지 활동의 조정 및 통합을 용이하게 하기 때문이다. 일반적으로 조직문화의 기초는 창업자(founder)의 신념과 가치를 반영한다. 예를 들어 맥도날드의 창업자인 크록은 자신의 경영 철학인 맥도날드가 패스트푸드 영역 밖으로 다각화를 하지 않으며, 미리 만들어 놓은 햄버거를 취급하지 않고, 어디서든 동일한 제품을 고객들이 저렴한 비용에 경험할 수 있도록 하는 생각이 맥도날드 기업문화의 사상적 토대가 되었다. 또한, 문화의 가장 중요한 요소 중 하나인 조직의 핵심역량에 대한 가치체계인데, 이러한 가치체계는 조직의 전략과 운영에 직접적인 영향을 미치게 된다. 예를 들어 혁신적인 제품을 개발함으로써 성공한 기업은 매출이 감소할 경우 신제품으로 대응할 확률이 많으며, 일반적인 제품을 낮은 가격에 내놓은 기업은 같은 상황에서 비용 절감으로 대응할 확률이 높다.

② 조직문화의 변화

시간이 지나고 환경이 변화함에 따라서 문화도 변화한다. 환경의 변화로 인해 처음에는 성공요소로 작용했던 기업문화 일부가 변화하는 환경에 조직이 적응하지 못하게 하는 방해요소로써 작용하기 때문이다. 따라서 기업은 자신들의 성공을 지속하기 위해 과거의 문화는 일부 버리거나 수정하고 새로운 요소들을 가미해야 한다. 이로 인해 주로 창업자보다는 변혁적 리더의 영향력이 있어야 한다.

(2) 조직문화와 전략 실행

① 전략 실행에 적절한 조직문화

조직문화는 전략의 실행을 도와줄 수도 있고 방해할 수도 있다. 조직문화에 대한 연구에 의하면 '전략적으로 적절한 문화(strategically appropriate culture)'를 가진 기업들이 그렇지 못한 기업들보다 더 높은 성과를 낸 것으로 나타났다. 이와 같이 성공한 회사들의 공통점은 고객, 주주, 종업원의 세 가지 주요한 이해관계자들을 강조하는 문화를 개발해 왔다는 점이다. 여기서 중요한 것은 성공한 기업들이 강한 문화를 가졌다는 것이 아니라, 성공한 회사들의 문화가 기업의 전략과 적절한 조화를 이룬다는 것이다. 더욱이 문화는 그 가치 중에 기업이 환경 변화에 적응할 수 있도록 하는 요소를 포함하고 있어야 하며, 조직의 문화는 조직 구성원 모두에게 일체감을 줄 수 있도록 하면서 동시에 변화에 대한 수용이 가능해야 한다.

② **변화에 대응하는 조직문화**

문화란 과거를 반영하는 것이므로 환경이 변하면 조직문화도 상당한 부분 변화해야 할 때가 많다. 환경이 변화할 때 조직은 새로운 환경을 맞는 재무, 제품 그리고 마케팅 관점에서 합리적인 전략 수립을 하게 된다. 그러나 새로운 전략의 실행이 실행되지 않을 수도 있는 이유는 기존의 조직문화와 다른 가정(assumption), 가치(value) 그리고 과업 방식(ways of working)을 필요로 하기 때문이다. 결과적으로 조직이 조직구조를 변화시킬지라도 문화가 바뀌지 않는다면 임직원들은 여전히 과거 방식으로 일을 수행하기 때문에 제대로 된 전략의 실행이 어렵다.

③ **조직문화의 형성과정**

전략 수립과 성공의 최종적임 책임이 있는 최고경영자들은 어떻게 기업문화를 변화시킬 수 있는가에 대해 많은 관심을 가져야 한다. 이를 위해 문화를 바꾸기 위한 5가지 원칙은 다음과 같다.

㉠ **리더가 특정 사업 영역에서 체계적인 관심을 쏟는 것은 공식적인 성과 측정과 통제를 통하거나 비공식적인 발표나 회의를 통해서만 가능**하다. 예를 들어, 비용 절감이나, 고객 서비스 개선 등 리더가 관심을 쏟는 부분은 곧 부하들에게는 중요한 것으로 받아들여지겠지만, 리더가 관심을 두지 않는 부분은 덜 중요하게 인식될 것이다.

㉡ **중요 사건이나 기업의 위기상황에 대한 리더의 반응 역시 중요**하다. 정부규제, 매출감소, 기술의 정체로 인한 위기와 같은 현상은 리더가 어떻게 대응하는가에 따라 특정한 가치, 규범 혹은 업무처리 방법을 강조할 수 있으며, 더 나아가서는 새로운 문화적인 요소들을 창출해 낼 수도 있다.

㉢ **리더가 사려 깊은 행동을 통한 역할 모범(role model)의 역할을 수행할 경우**이다. 리더의 가시적인 행동은 구성원들에게는 리더의 가치와 신념 등 더 많은 것들을 전달해 준다.

㉣ **보상과 지위에 대한 처우나 분배 방식은 기업문화에 영향을 미칠 수 있다**. 리더들은 급여나 승진을 바람직한 행동과 일관성 있게 연결시킴으로써 자신들이 생각하는 우선순위를 직원들에게 전달시킬 수 있다. 예를 들어 전통적으로 비용과 이윤만을 강조해 오던 기업이 우선순위를 다각화와 매출 성장 기업규모 확대로 바꾸기 위해서는 이윤이 아닌 매출액에 연동된 보상 설계의 초점을 맞추고 신제품 개발과 보너스를 연결시키는 경우가 있다.

㉤ 마지막으로 **직원의 선발, 모집, 승진 그리고 해고에 따르는 절차 역시 중요**하다. 조직이 강조하는 가치나 유사한 가치를 가진 사람들의 고용 또는 승진을 시키는 방법 또한 조직문화를 강화시키는 방법이다. 반면 문화를 변화시키려는 조직은 변해가는 가치체계에 대한 믿음을 가지거나 실행에 옮기는 사람을 합류시킴으로써 그 변화의 속도를 더할 수 있다.

제9장

OX로 점검하자

※ 다음 지문의 내용이 맞으면 O, 틀리면 ×를 체크하시오. [1~10]

01 전략 실행에서 단기적 운영목표는 장기적 운영목표와 연계될 필요가 없다. ( )

02 전략 실행은 전략경영과정에서 가장 명확한 영역이다. ( )

03 기업에 가장 적합한 전량 실행은 성공적 기업의 전략을 동일하게 적용하는 것이 최선의 방법이다. ( )

04 경영 컨설팅 회사인 맥킨지는 기업성과를 가장 잘 설명하는 7가지 요인을 통해 7-S 분석 모형을 도출했다. ( )

05 전략의 실행은 전략적 계획을 행동과 결과로 전환하는 것을 말한다. ( )

06 전략 실행의 목적, 즉 기업은 무엇을 실행할 것인가에 대한 구체화는 프로그램, 예산 그리고 절차 측면에서 생각해 볼 수 있다. ( )

정답과 해설 01 × 02 × 03 × 04 O 05 O 06 O

01 단기운영목표의 요건으로는 기업의 장기적 목표 및 전략과 밀접한 관계를 지녀야 한다.

02 전략 수립에 있어서 활용 가능한 분석 도구는 다양하나, 전략 실행의 단계별, 입증된 방법 그리고 효과적 시행을 위한 구체적인 지침 등은 존재하지 않기에 전략 실행은 전략경영과정에서 가장 명확하지 못한 영역 중 하나이다.

03 상이한 업무관행이나 경쟁상황, 상이한 작업환경과 조직문화, 상이한 기업의 역사와 인적자원과 같은 요인이 존재하기 때문에 전략의 실행은 해당 기업에 가장 적합한 방법을 선택해야 한다. 즉, 무조건적인 모방이 최선책은 아니다.

04 경영전략 컨설팅 회사인 맥킨지(McKinsey)는 기업성과를 가장 잘 설명하는 7가지 요인을 규명했으며, 해당 모형은 전략 실행 과정에 있어서 경영자들이 고려해야 할 중요한 요인을 제시했다.

05 전략의 실행은 전략적 계획을 행동과 결과로 전환하는 것을 의미하며, 즉, 조직의 목표를 효율적으로 달성하기 위해서는 조직의 자원을 배치하는 일련의 과정을 말한다.

06 기업의 전략 실행은 기업이 무엇을 할 것인지에 대한 구체화가 프로그램(전략을 실제로 실행할 수 있는 단위로 구분), 예산(비용 및 소요시간), 절차(실행 프로그램을 완성하기 위한 자세한 세부사항)의 측면에서 생각해 볼 수 있다.

07 단기운영목표는 기업의 전체목표와 전략 실행을 위해 조직단위 또는 기능부문에서 요구되는 활동의 구체화를 말한다. (   )

08 기계적 조직구조는 의사결정이 대부분 하부에 집중되어 있는 것을 말한다. (   )

09 매트릭스 구조는 사업부와 기능별 구조의 장점을 조화하려고 시도한 조직형태이다. (   )

10 최고경영자의 유형에는 산업 전문가, 포트폴리오 전문가, 이윤관리 전문가, 기업회생 전문가, 청산 전문가가 있으며 이 중 성장-다각화 전략은 산업 전문가에 해당되는 전략이다. (   )

정답과 해설 07 O 08 × 09 O 10 ×

07 단기운영목표는 기업의 전체목표와 전략의 실행을 위해 조직단위 또는 기능부문에 요구되는 활동과 그 결과를 구체화한 것으로서, 시장점유율, 투자수익률, 새로운 시장이나 제품의 개발과 같은 전략적 목표는 전략 수립의 지침이 되며, 동시에 전략의 효과를 평가하는 데에도 유용하게 활용된다.

08 기계적(mechanistic) 조직구조는 의사결정이 대부분 상부에 집중되어 있으며, 분업화와 전문화를 강조하고 관료적인 규칙과 절차를 강조하는 조직구조를 말한다.

09 행렬조직이라고도 불리는 매트릭스 구조는 사업부제와 기능별 구조의 장점을 조화하려고 시도한 조직형태로써, 프로젝트 매니저(project manager)와 기능부서 매니저(functional manager)와 이중 명령 구조(dual chain of command)의 특징을 지닌다.

10 최고경영자는 사업단위의 경쟁력과 산업매력도의 따라 5가지 유형(산업 전문가, 포트폴리오 전문가, 이윤관리 전문가, 기업회생 전문가, 청산 전문가)으로 나뉜다. 그 중 산업 전문가는 성장-집중 전략에 해당되고, 포트폴리오 전문가가 성장-다각화 전략에 해당된다.

제 9 장 실전예상문제

01 다음 중 맥킨지의 7-S의 분석 요소로 옳지 않은 것은?

① 공유가치
② 조직구조
③ 전략
④ 총자산

02 다음 중 전략 실행의 구성요소로 옳지 않은 것은?

① 전략 수립에 있어서 활용 가능한 분석 도구는 다양하다.
② 전략 실행은 전략경영과정에서 가장 명확하지 못한 영역이다.
③ 전략의 좋고 나쁨은 기업들의 사례가 절대적 기준이다.
④ 효과적으로 실행되었던 전략이 다른 기업에게는 실패를 가져다 주기도 한다.

03 다음 중 맥킨지 7-S의 주요 분석 포인트의 연결로 옳지 않은 것은?

① 공유가치 - 조직구성원들이 공유하고 있는 가치나 이념은 무엇인가?
② 관리기술 - 조직의 사업운영 및 관리와 관련된 강점은 무엇인가?
③ 제도 - 조직의 주요한 의사결정을 위한 시스템 혹은 프로세스는 어떠한가?
④ 조직구조 - 조직 내 리더들의 전반적인 리더십 수준이나 스타일은 어떠한가?

해설 & 정답 checkpoint

01 맥킨지의 7-S 모형에는 리더십스타일(Style), 관리기술(Skill), 구성원(Staff), 공유가치(Share Value), 제도(System), 조직구조(Structure), 전략(Strategy)이 포함되어 있다.

02 기업이 실행하는 전략이 좋고 나쁨을 판단하는 기준은 대체로 개인의 경험이나 타사의 여러 사례가 참고기준이 될 뿐이며, 이런 사례 또한 기업에 따라 서로 일치되지 않는 경우가 많다.

03 맥킨지 7-S의 요인 중 조직구조(Structure)에 대한 주요 분석 포인트는 "환경 변화에 능동적으로 대처하는 구체적인 조직운영 방향이나 전략이 있는가?", "조직의 비전 및 전략을 실행하기 위해 조직은 어느 정도나 유연한가?"이다.

정답 01 ④ 02 ③ 03 ④

checkpoint 해설 & 정답

04 전략 실행에 있어서 기업은 자신들에게 가장 적합한 방법을 선택해야 한다. 기업별로 가장 적합한 방법은 자신들의 환경이나 특성을 고려한 후 이러한 여러 가지 수단을 활용할 수 있는 전략 의사결정자의 능력에 따라 달라진다.

05 기업이 '무엇을 실행할 것인가'에 대해서는 기본적으로 전략 실행을 구체화하는 프로그램, 예산, 절차라는 세 가지를 생각해 볼 수 있다.

정답 04 ② 05 ①

04 다음 빈칸에 들어갈 말로 옳은 것은?

상이한 업무관행이나 경쟁상황, 상이한 작업환경과 조직문화, 상이한 기업의 역사와 인적자원과 같은 요인으로 인해 전략의 실행은 해당 기업에 가장 적합한 방법을 선택해야 한다. 기업별로 가장 적합한 방법이란 기업의 환경이나 여건, 전략실행자의 판단과 상황에 따라 여러 가지 수단을 활용할 수 있는 (　　　)의 능력에 따라 달라진다.

① 노동자
② 의사결정자
③ 이해관계자
④ 주주

05 다음 전략 실행의 목적에 대한 내용 중 기업이 전략 실행에 있어서 구체화할 수 있는 것을 모두 고르시오.

㉠ 프로그램(program)
㉡ 예산(budget)
㉢ 절차(procedures)

① ㉠, ㉡, ㉢
② ㉠, ㉡
③ ㉡, ㉣
④ ㉠, ㉢

해설 & 정답 checkpoint

06 **다음에 제시된 단기적 운영목표의 조건에 대한 설명으로 옳은 것은?**

> 단기적 운영목표는 기업의 장기적 목표 및 전략과 밀접하게 연관되어 있어야 한다. 그렇기에 단기적 목표는 장기적 목표의 달성을 위해 지금 무엇을 해야 하는지를 기업의 주요 영역별로 구체화한 것이다.

① 구체적이며 측정 가능한 목표
② 부문별 목표와 활동의 조정 및 통합
③ 도전적이며 달성 가능한 목표
④ 장기적 목표와 연계성

06 단기적 운영목표의 조건은 구체적이며 측정 가능한 목표, 부문별 목표와 활동의 조정 및 통합, 도전적이며 달성 가능한 목표, 장기적 목표와 연계성이 있다. 이 중 제시문의 내용은 장기적 목표와 연계성에 대한 내용이다.

07 **다음 중 단순조직에 대한 설명으로 옳지 <u>않은</u> 것은?**

① 조직 초기에 나타나는 형태이다.
② 조직 규모는 작지만, 분화 정도가 매우 높다.
③ 창업자가 중요한 의사결정을 한다.
④ 공식적인 구조가 없기에 경영자가 운영에 직접 참여한다.

07 단순조직은 조직의 초기에 나타나는 형태로서 주로 소규모의 기업이나 창업기 기업들에 해당하는 구조이다. 이 조직은 수평적, 수직적 분화의 정도가 매우 낮으며 조직의 공식적인 구조가 존재하지 않는 상태이며, 경영자의 의사결정 및 운영에 직접 참여한다.

08 **다음 중 기능별 구조(functional structure)의 장점으로 옳은 것은?**

> ㉠ 다각화된 사업에 적합하다.
> ㉡ 인사 계획, 조직, 동기부여, 통제가 용이하다.
> ㉢ 결과에 대한 중앙 집중화된 통제가 가능하다.

① ㉠, ㉢
② ㉡, ㉢
③ ㉠, ㉡
④ ㉠, ㉡, ㉢

08 기능별 구조의 경우, 유사한 활동들을 하나로 모으고 기능별로 다른 활동들을 분리시키는 것이 특징이며, 일반적으로 기업전략은 하나의 산업에 집중되어 수직적, 수평적 통합을 통한 성장을 추구하는 형태를 띤다.

정답 06 ④ 07 ② 08 ②

09 다음 빈칸에 적합한 말로 옳은 것은?

(   )는 의사결정이 대부분 상부에 집중되어 있으며, 분업화와 전문화를 강조하고 관료적인 규칙과 절차를 강조하는 조직구조를 말한다.

① 수평적 조직구조
② 기계적 조직구조
③ 안정적 조직구조
④ 관리적 조직구조

10 다음은 전략사업단위 조직(SBU)의 장점에 대한 설명이다. 이 중 옳은 것을 모두 고르시오.

㉠ 다각화된 기업들이 사업단위의 포트폴리오를 조직화할 수 있다.
㉡ 하나의 전략사업단위(SBU) 내에 관련 있는 활동들을 통합할 수 있다.
㉢ 기업 수준의 통제범위가 줄어들고 정보 과다의 위험이 줄어든다.
㉣ 본사와 사업부 간의 영향력의 거리가 크다.

① ㉠, ㉡, ㉢
② ㉡, ㉢, ㉣
③ ㉠, ㉡, ㉣
④ ㉠, ㉢, ㉣

checkpoint 해설 & 정답

09 해당 내용은 기계적 조직구조에 대한 설명이다. 기계적 조직구조는 의사결정이 상부에 집중되어 있으며, 관리자 계층의 수가 많은 긴(tall) 형태의 수직적 피라미드 형태를 띤다.

10 전략사업단위 조직의 경우 포트폴리오의 조직화, 관련 활동의 통합 그리고 통제범위가 줄어들며 정보 과다의 위험이 줄어든다는 장점을 지닌다. 하지만, 본사와 사업부 간의 통제 등의 영향력 행사에 있어서 거리가 커진다는 단점이 있다.

정답 09 ② 10 ①

해설 & 정답 checkpoint

11 다음 중 매트릭스 조직에 대한 설명으로 옳지 않은 것은?

① 사업부와 기능별 구조의 장점을 조화시키려고 한 형태이다.
② 구성원들은 기능직의 수장에게만 보고하면 되는 체계이다.
③ 이중 명령 구조(dual chain of command)의 특징을 지닌다.
④ 기능 간 연결을 강화할 목적으로 사업부적인 요소를 추가하는 특징을 지닌다.

11 매트릭스 조직 안의 구성원들은 기능직의 수장과 프로젝트의 수장을 동시에 가지게 된다. 프로젝트에 관련되는 일은 프로젝트 장에게 보고하며, 일상적인 업무 기능에 관계된 사안은 기능부서의 장에게 보고하게 된다.

12 다음 중 조직성장의 2단계라고 볼 수 있는 조직형태는?

① 단순조직
② 매트릭스 조직
③ 기능별 조직
④ 지역별 조직

12 조직성장의 2단계라고 할 수 있는 기능별 구조는 기능 전문가들로 구성된 전문 관리자들이 창업가들을 대체하게 된다. 이와 같은 기능별 조직은 유사한 활동들을 하나로 모으고 기능별로 다른 활동들을 분리시키는 것을 특징으로 한다.

13 다음 중 전략사업단위 조직의 설명으로 옳은 것은?

① 기업 규모가 사업부 규모를 넘어 거대해 짐으로써 또 다른 조직구조를 필요로 하는 것을 전략사업단위 조직이라고 한다.
② 제품구조와 지역구조로 구분된다.
③ 기업 성장의 세 번째 단계이다.
④ 재무적 포트폴리오를 바탕으로 한 사업단위를 구성한다.

13 제품구조와 지역구조의 구분과 기업성장의 세 번째 단계는 사업부 구조(divisional structure)에 대한 설명이다. 그리고 재무적 포트폴리오를 바탕으로 한 사업단위는 컨글로메리트 구조에 대한 설명이다.

정답 11 ② 12 ③ 13 ①

checkpoint 해설 & 정답

14 능력이 있는 경영자는 조직의 성격, 규모, 성장단계에 상관없이 조직을 잘 관리할 수 있다고 믿는다. 하지만 새로운 전략을 효과적으로 실행할 수 있는 최선의 경영자 또는 적절한 경영자는 회사 또는 사업단위의 전략적 방향에 따라 결정된다. 뿐만 아니라 기업이 처한 상황에 대한 적합성에 따라 기업의 성과가 결정된다.

15 기업이 전략 실행의 목적에 있어, 구체화할 수 있는 부분은 프로그램, 예산, 절차의 세 가지 부분이 있다. 제시문의 내용은 예산에 관한 내용이다.

정답 14 ② 15 ②

14 다음 중 전략과 최고경영자에 대한 설명으로 옳지 않은 것은?

① 새로운 전략을 효과적으로 실행할 수 있는 최선의 경영자 또는 적절한 경영자는 전략적 방향에 따라 결정된다.
② 경영자는 조직의 특성에 상관없이 자신의 능력에 따라 기업의 성과 창출을 가능하게 한다.
③ 최고경영자의 능력만큼이나, 기업의 성공과 실패는 조직의 특성에 대한 적합성에 따라 달라진다.
④ 기업의 성공을 위해서는 기업전략의 실행에 적합한 최고경영자가 필요하다.

15 다음 빈칸에 들어갈 말로 옳은 것은?

(　　　)을 짜는 일은 선택된 전략이 과연 실행 가능한지를 가늠해 보는 마지막 단계로 볼 수 있다. 구체적으로는 실행 프로그램들의 비용과 소요시간을 평가해 봄으로써 이상적으로 생각되던 전략이 잘못되었거나 현실성이 없는 것으로도 판명될 수 있다. 전략 실행에 있어서 (　　　)을 전략에 어떻게 연계시키느냐에 따라 실행과정을 촉진 또는 저해시킬 수도 있다.

① 프로그램
② 예산
③ 절차
④ 정책

해설 & 정답 checkpoint

16 다음 중 기능별 구조(functional structure)의 단점으로 옳은 것을 모두 고르시오.

> ㉠ 기능 간의 의사소통과 조정이 어렵다.
> ㉡ 폭넓은 기능에 대한 경험을 보유한 관리자의 개발이 어렵다.
> ㉢ 전문화가 과도해질 경우 사람들의 시간을 좁게 만들 우려가 있다.

① ㉠, ㉢
② ㉠, ㉡, ㉢
③ ㉡, ㉣
④ ㉠, ㉡

16 기능별 구조의 단점은 다음과 같다.
- 기능 간의 의사소통과 조정이 어렵다.
- 기능 부서들 간 협력보다는 경쟁의식과 갈등의 여지가 존재한다.
- 전문화가 과도해질 경우 사람들의 시간을 좁게 만들 우려가 있다.
- 폭넓은 기능에 대한 경험을 보유한 관리자의 개발이 어렵다.

17 다음 중 사업부 구조(divisional structure)에 대한 설명으로 옳지 않은 것은?

① 사업부 구조의 경우 제품구조(product structure)와 지역구조(geographical structure)로 구분한다.
② 비슷한 제품이나 지역을 단위로 구분하여 묶어 놓은 구조이다.
③ 사업부 구조의 경우 기업 성장의 세 번째 단계라고 할 수 있다.
④ 기능 인력들을 팀으로 거느리고 책임을 지는 매트릭스 매니저 내지 프로그램 매니저들이 존재하는 구조이다.

17 기능 인력들을 팀으로 거느리고 책임을 지는 매트릭스 매니저 내지 프로그램 매니저들이 존재하는 구조는 매트릭스 구조의 특징이다.

정답 16 ② 17 ④

안심Touch

checkpoint 해설 & 정답

18 산업 매력도가 높고 사업단위의 경쟁력이 약할 때는 구제전략의 기업 회생 전문가 유형이 적합하다. 이윤관리 전문가(cautious profit planner) 유형은 안정적인 전략을 추구하거나 보수적인 스타일의 생산 또는 엔지니어링 배경을 지닌 경우로 예산, 자본지출, 재고 등을 통제하는 데 오랜 경험을 지녔다.

19 해당 내용은 회생 전문가(turnaround specialist)에 대한 내용이다. 회생 전문가는 매력적인 산업에 있지만 경쟁력이 약한 기업에 적합하다.

20 제시문의 내용은 기업의 생존뿐만 아니라 더욱 집중하여 활력 있는 기업으로 만들 수 있는 리더로 이러한 리더는 외과의사형(surgeon) 리더 유형이다.

정답 18 ④ 19 ① 20 ④

18 다음 중 기업전략과 적합한 최고경영자의 특징으로 옳지 <u>않은</u> 것은?

① 산업매력도(낮음) / 사업단위의 경쟁력(약함) – 청산전문가
② 산업매력도(낮음) / 사업단위의 경쟁력(강함) – 포트폴리오 전문가
③ 산업매력도(높음) / 사업단위의 경쟁력(강함) – 산업전문가
④ 산업매력도(높음) / 사업단위의 경쟁력(약함) – 이윤관리 전문가

19 다음 내용이 설명하는 것으로 옳은 것은?

> 상대적으로 매력적인 산업에 속했지만, 사업단위의 경쟁력이 약한 기업의 경우에는 아직 환경의 잠재력이 남아 있기 때문에 기업을 살릴 수 있는 (　　)가 적합하다.

① 회생 전문가
② 청산 전문가
③ 이윤관리 전문가
④ 포트폴리오 전문가

20 다음 중 기업 성장과 리더의 유형에 대한 설명으로 옳은 것은?

> 기업이 성장단계를 넘어서 성숙한 단계로 접어들었다면, 기업들은 많은 문제에 봉착하게 된다. 성숙기에 접어들면 성장속도도 많이 느려지기에 이런 경우 필요한 리더는 포괄적이고 객관적이며 계산적인 평가를 하고 제품의 수나 사업의 수를 과감하게 감소시킬 수 있는 결단력이 있는 리더이어야 한다.

① 장의사형(undertaker)
② 위험부담형(risktaker)
③ 관리형(caretaker)
④ 외과의사형(surgeon)

주관식 문제

01 다음 빈칸에 들어갈 적합한 말을 쓰시오.

> 전략수립에 있어서 활용 가능한 (㉠)는 다양하지만, 전략실행의 단계별 점검표나 입증된 방법, 효과적 시행을 위한 구체적인 지침 등은 존재하지 않는다. 이와 같은 어려움을 극복하기 위해 경영전략 컨설팅 회사인 맥킨지(McKinsey)는 기업성과를 가장 잘 설명하는 7가지 요인을 규명하였는데 이것을 맥킨지의 7-S 모형이라 한다. 해당 모형은 (㉡), (리더십) 스타일, 구성원, 관리기술, 전략, 조직구조, 제도(시스템)의 요소를 고려해야 한다. 이 요인들의 전략과 적합성을 지닐 때 기업의 전략은 성공적으로 실행될 수 있는 것이다.

리더십 스타일 (Style)
관리기술 (Skill)
구성원 (Staff)
공유가치 (Shared value)
전략 (Strategy)
제도 (System)
조직구조 (Structure)

[맥킨지의 7-S와 주요분석 포인트]

해설 & 정답 checkpoint

01

정답 ㉠ 분석도구, ㉡ 공유가치

해설 맥킨지의 7-S 모형은 기업성과를 가장 잘 설명하는 7가지 요인을 통해 전략 실행의 성공을 가늠할 수 있게 한다.
[문제 하단의 그림 참고]

02 맥킨지의 7-S의 요인 7가지를 쓰시오.

03 전략 실행에 있어서 단기적 운영목표의 조건 네 가지를 쓰시오.

04 다음 빈칸에 들어갈 적합한 말을 쓰시오.

기업이 어떤 일을 수행하기 위해서 필요한 활동과 인적자원을 (㉠)하는 것이 바로 조직구조이다. (㉡)의 선택은 조직이 업무를 수행하는 방식으로 결정되며, 조직구조는 전략의 실행을 원활하게 하고 원하는 성과에 도달하도록 돕는 경영상의 장치라고 할 수 있다.

checkpoint 해설 & 정답

02

정답 리더십 스타일, 구성원, 관리기술, 공유가치, 전략, 조직구조, 제도

해설 전략실행 과정에 있어서 최고 의사결정권자인 경영자들이 고려해야 할 중요한 요인을 나타내는 맥킨지 7-S는 리더십스타일(Style), 관리기술(Skill), 구성원(Staff), 공유가치(Share Value), 제도(System), 조직구조(Structure), 전략(Strategy)의 요인을 고려한다.

03

정답 장기적 목표와의 연계성, 부문별 목표와 활동의 조정 및 통합, 구체적이며 측정 가능한 목표, 도전적이며 달성 가능한 목표

해설 단기운영목표는 기업의 전체목표와 전략의 실행을 위해 조직단위 또는 기능부문에 요구되는 활동과 그 결과를 구체화한 것을 말한다. 단기적 운영목표의 조건은 장기적 목표와의 연계성, 부문별 목표와 활동의 조정 및 통합, 구체적이며 측정 가능한 목표, 도전적이며 달성 가능한 목표의 네 가지가 있다.

04

정답 ㉠ 조직화, ㉡ 조직구조

해설 제시문은 조직구조와 전략의 실행을 위한 조직화와 조직구조의 기능에 대한 내용이다. 특히 기업은 어떤 일을 수행함에 있어서 자신들이 처한 환경의 일을 수행하기 위해서 필요한 활동과 조직화(organizing)를 통해 전략실행을 원활하게 하고 성과달성의 목표를 이룰 수 있다.

05 전략 실행의 목적에 대한 구체화를 하는 세 가지 방안을 쓰시오.

06 사업부 구조의 두 가지 형태를 기술하시오.

07 전략과 조직구조의 관계에서 조직구조가 변화하는 과정을 쓰시오.

해설 & 정답 checkpoint

05

정답 프로그램, 예산, 절차

해설 기업의 전략 실행은 기업이 무엇을 할 것인지에 대한 구체화가 프로그램(전략을 실제로 실행할 수 있는 단위로 구분), 예산(비용 및 소요시간), 절차(실행 프로그램을 완성하기 위한 자세한 세부사항)의 측면에서 생각해 볼 수 있다.

06

정답 제품구조(product structure), 지역구조(geographical structure)

해설 기능별 구조의 문제를 해결하기 위해 나타나는 사업부 구조의 경우 제품구조(Product Structure)와 지역구조(Geographical Structure)로 구분하기도 한다. 다시 말하면 비슷한 제품이나 지역을 단위로 구분하여 묶어 놓은 구조를 말한다.

07

정답 환경의 변화에 따른 새로운 전략의 수립 → (전략이 새롭기에 생기는) 관리상의 새로운 문제 출현 → (혼란 때문에 오는) 기업성과의 약화 → 더 적절한 조직구조로 이동 → 이익 수준의 회복

08 단기운영목표의 의미를 간략히 쓰시오.

09 조직구조의 특징을 결정짓는 두 가지 요인을 쓰고 설명하시오.

10 조직의 성장 중 수직적 성장에 대해 간략히 쓰시오.

checkpoint 해설 & 정답

08

정답 단기운영목표는 기업의 전체목표와 전략의 실행을 위해 조직단위 또는 기능부문에 요구되는 활동과 그 결과를 구체화한 것이다. 시장점유율, 투자수익률, 새로운 시장이나 제품의 개발과 같은 전략적 목표는 전략 수립의 지침이 되며, 동시에 전략의 효과를 평가하는 데에도 활용된다.

09

정답 조직구조의 특징을 결정짓는 두 가지 요인은 통합(integration)과 분화(differentiation)가 있다. 분화란 조직이 개인이나 자원을 업무에 따라 분할시키는 것을 말하고 통합이란 조직의 업무를 수행하기 위해 개인과 각각의 기능들을 한데 묶어주는 것을 말한다.

10

정답 조직의 수직적 성장(vertical Growth)은 관리자와 직원들 사이의 권한(authority)은 조직의 상부에서 하부로 흐르고 책임(accountability)은 하부에서 상부로 흐르며, 조직 계층(hierarchy)의 수를 늘리는 것을 의미한다.

해설 & 정답 checkpoint

11 단순구조(simple structure)에 대해 간략히 기술하시오.

11

정답 단순구조는 조직의 초기에 나타나는 형태로서 주로 소규모의 기업이나 창업기 기업들에 해당하는 구조이다. 단순구조는 수평적, 수직적 분화의 정도가 매우 낮으며 조직의 공식적인 구조가 존재하지 않는 상태를 말한다. 기업의 창업자가 중요한 의사결정과 운영에 직접 개입하는 형태이다.

12 조직의 성장 중 수평적 성장에 대해 간략히 쓰시오.

12

정답 수평적 성장은 기능, 제품 그리고 사업 영역과 같은 조직구조의 폭이 넓어지는 것을 말한다. 조직이 성장함에 따라 마케팅, 재무, 회계, 인사 등 더 전문화된 기능들의 개발에 적합한 구조를 만들기 위해 확장되는 구조를 말한다.

13 컨글로메리트 구조(conglomerate structure)에 대해 간략히 기술하시오.

13

정답 컨글로메리트 구조는 재무적 포트폴리오를 바탕으로 한 사업단위를 구성하는 것을 의미하고, 사업단위들은 서로 연관성이 없는 독립적으로 자율성을 지니는 조직구조를 말한다. 사업단위들 간의 의사소통 자체가 불필요한 상황에서 철저한 재무적인 관점을 기반으로 사업단위를 운영하게 되는 것이 컨글로메리트 구조이다.

checkpoint 해설 & 정답

14 경영자 유형 중 산업 전문가(dynamic industry expert)의 특징과 어떤 상황에서 유용한지 기술하시오.

15 조직문화의 의미를 간략히 쓰시오.

14
정답 산업환경이 매력적이며 현재 기업이나 사업단위의 경쟁력이 높거나 산업을 중심으로 한 성장전략을 쓸 가능성이 클 경우에 적합한 최고경영자는 해당 산업에서 오랜 경험을 지니고 공격적인 성향을 지닌 산업 전문가 유형이 적합하다.

15
정답 조직문화란 특정 조직구성원들이 받아들이고 함께 공유하는 신념과 행동의 유형들과 가치를 말한다. 최선의 문화란 따로 존재하는 것이 아닌 기업의 비전이나 전략에 가장 잘 조화되는 것이라 할 수 있다.

고득점으로 대비하는 가장 똑똑한 수험서!

경영전략

최종모의고사

경영 전략

제 1 회 독학사 경영학과 3단계 최종모의고사

제한시간 : 50분 | 시작 ___시 ___분 - 종료 ___시 ___분

정답 및 해설 360p

01 다음 중 전략경영에 대한 설명으로 옳은 것은?

① 전략경영은 기업 내부적 요소만을 고려한다.
② 무한한 자원에 대한 계획을 전략이라 한다.
③ 기업의 이해관계자는 주주이다.
④ 경제적 이익과 비경제적 공헌의 극대화를 추구하는 것이다.

02 다음 중 전략의 통합적 관점으로 옳지 않은 것은?

① 사업부 전략은 기업 차원의 미션을 정하고 사업의 연관성을 고려한 자원의 할당에 대한 의사결정이다.
② 전략은 의사결정자가 기업 내에서 차지하는 위치에 따라 전략적 수준을 달리한다.
③ 사업부 내의 마케팅, 생산, 재무, 회계와 같은 특정 기능을 책임지는 의사결정자라면 기능별 전략(functional strategy)을 책임진다.
④ 기업의 외부환경과 내부자원 그리고 다양한 이해관계자 등을 고려함과 동시에 기업의 모든 목적을 추구하고 하는 것이다.

03 다음 중 전략의 형성과정으로 옳지 않은 것은?

① 전략(strategic)의 기원은 군사학 또는 병법에서 시작되었다.
② 1950~60년대에 영미권 기업들이 다양한 사업을 영위하면서 군사학의 전략이 기업경영에 확장되었다.
③ 1970년대부터 기업의 외부환경보다는 기업의 내부자원에만 초점을 둔 전략이 활성화되었다.
④ 불황기 이전에는 장기적 목표와 전략계획을 더욱 추구하였다.

04 다음 빈칸에 들어갈 적합한 말로 옳은 것은?

> 기업의 (　　　)이란, 해당 기업과 다른 기업의 차별성을 지니게 함과 동시에 기업의 활동 영역을 규정함으로써 기업의 근본적인 존재의 이유와 목적을 나타내는 것이다.

① 정책
② 철학
③ 정체성
④ 사명

05 다음 중 기업의 비전과 사명의 차이점에 대한 설명으로 옳은 것은?

> ㉠ 비전이 일단 성취되면 성취 이전에 설립했던 의미를 잃는다. 따라서 기업에 더 많은 방향성을 제시하지 못하면 기업행동의 기준이 되지 못한다.
> ㉡ 기업 비전이 너무 야망적이거나 달성의 가능성을 의심받게 된다면 조직구성원의 동기부여에 어려움을 가진다.
> ㉢ 기업 사명은 기업의 경영철학과 목적 그리고 이에 따라 요구되는 행동 양식을 의미하는 것으로서 시간의 구애를 받지 않고 기업의 동기와 방향성을 제공하는 원천이다.

① ㉠, ㉡
② ㉠, ㉢
③ ㉡, ㉢
④ ㉠, ㉡, ㉢

06 다음은 기업 목표에 대한 설명으로 옳지 않은 것은?

① 기업 활동과 관련된 활동의 방향성을 설정해주며, 외부로부터 기업 활동에 대한 정당성(legitimacy)을 확보하기 위한 가치체계이다.
② 기업의 목표는 주주의 이윤 극대화(profit maximization)이다. 기업의 이윤 극대화는 기업의 가치창조 극대화를 의미한다.
③ 기업은 설립 시 자본금을 투자했던 주주의 불확실성을 보상하기 위해 최선을 다해야 한다.
④ 기업은 오직 주요주주만을 위한 기업 목표를 설정해야 한다.

07 기업의 외부환경에 대한 설명으로 옳지 않은 것은?

① 기업의 외부환경은 끊임없는 변화를 한다.
② 환경이란 기업을 둘러싸고 있거나 기업에 영향을 미치는 일련의 영향력 및 조건을 말한다.
③ 거시환경은 경제적 환경, 기술적 환경, 정치·법적 환경, 사회·문화적 환경을 말한다.
④ 기업의 외부환경은 기업의 흥망성쇠에 영향을 미치지 않으며, 기업의 통제가 용이한 특징이 있다.

08 다음은 기업의 거시환경 대한 설명이다. 이 중 옳은 것은 모두 고르시오.

> ㉠ 거시환경은 경제적 환경, 기술적 환경, 정치·법적 환경, 사회·문화적 환경이 있다.
> ㉡ 정치적·법적 환경은 정부가 경제에 간섭하는 정도를 말하며, 정부는 기업에 지원 또는 규제의 영향을 동시에 미치기에 기회 또는 위협요인으로 작용한다.
> ㉢ 거시환경 분석의 대표적인 분석법으로는 PEST 분석이 있다.
> ㉣ 사회·문화적 환경의 변화 하에서 기업은 새로운 신제품 출시만을 통한 성공과 번영을 도모할 수 있다.

① ㉠, ㉡, ㉢
② ㉠, ㉡, ㉣
③ ㉡, ㉢, ㉣
④ ㉠, ㉡, ㉣

09 다음 중 산업 집중도에 대한 설명으로 옳은 것은?

① 산업 집중도는 한 산업 내의 시장성장률로 주도적인 기업들을 가늠할 수 있다.
② 산업 집중도가 높다는 것은 시장의 규모가 크다는 것을 의미한다.
③ 산업구조 내에서 기업의 수와 규모로 설명하는 것이 산업 집중도이다.
④ 산업 집중도가 높은 산업에서는 과점 기업 간의 협조, 치열한 경쟁을 통한 시장 점유율은 단일 기업이 갖는 효과보다는 강하게 나타난다.

10 다음 중 기업자원에 대한 설명으로 옳지 않은 것은?

① 유형자원, 무형자원, 인적자원의 세 가지 구분으로 분류할 수 있다.
② 기업문화는 기업의 자원으로 보기 힘들다.
③ 대표적인 관점으로는 자원준거관점이 있다.
④ 기업 경쟁우위 창출의 근원은 기업의 자원에서 창출된다.

11 다음 중 빈칸에 들어갈 말로 옳은 것은?

> 자원준거관점은 과거 연구들이 상대적으로 간과하던 핵심역량, 조직능력, 기업문화, 경영자의 의사결정 능력 등과 같은 (　　)을 기업의 주요한 요인으로 다룬다.

① 무형자산
② 유형자산
③ 인적자산
④ 금융자산

12 다음은 기업이 보유한 내부자원 분석방법인 VRIO의 관점에서 개별 요소에 대한 질문이다. 이 중 옳은 것을 모두 고르시오.

> ㉠ 가치(Value) : "어느 기업의 특정한 자원과 능력이 그 기업으로 하여금 외부로부터 기회를 이용하고 위협을 중화할 수 있는가?"
> ㉡ 희소성(Rare) : "얼마나 많은 경쟁자가 특정한 자원과 능력을 이미 보유하고 있는가?"
> ㉢ 모방 가능성(Imitable) : "어떤 자원이나 능력을 소유하지 못한 기업들이 해당 자원이나 능력을 획득하거나 개발하려고 할 때 그 자원을 이미 소유한 기업들에 비해 원가열위를 가지는가?"
> ㉣ 조직(Organization) : "기업은 자원과 능력이 가진 경쟁 잠재력을 충분히 이용하기 위해 조직되어 있는가?"

① ㉠, ㉡, ㉢
② ㉠, ㉡, ㉣
③ ㉡, ㉢, ㉣
④ ㉠, ㉡, ㉢, ㉣

13 다음 빈칸에 들어갈 말로 옳은 것은?

> (　　)란 시장 내 경쟁기업보다 비용을 낮게 책정하거나 편의시설을 더욱 좋게 구축하거나 높은 가격을 정당화하는 제품이나 서비스 제공 등과 같은 최고의 가치를 제안해서 경쟁기업들을 넘어 유리한 경쟁적 지위를 확보하는 것을 말한다.

① 경쟁우위
② 원가우위
③ 차별화우위
④ 경쟁전략

14 **다음 중 전략적 사업단위의 개념으로 옳지 않은 것은?**

① 기업의 사업부란 전략사업단위(strategic business unit)를 의미한다.
② 전략사업단위의 경영자는 기술, 생산, 마케팅, 자금 등의 수단을 사용하여 전략과 성과에 책임을 지니며 해당 사업단위의 이익에 영향을 미칠 요인에 대한 통제력을 지녀야 한다.
③ 전략사업단위 간에는 구별되는 독자적 사업과 분명한 목표가 존재할 필요는 없다.
④ 전략사업단위는 특정 사업에 대한 전략적 의사결정을 일관성 있게 수립 및 실행할 수 있는 사업단위를 말한다.

15 **SWOT 분석에서 기업에 호의적인 상황으로써 환경의 기회를 활용하고 기업 내부의 강점이 많은 경우에 사용 가능한 전략으로 옳은 것은?**

① SO 전략
② ST 전략
③ WO 전략
④ WT 전략

16 **다음 중 기업의 성장단계에 대한 설명으로 옳지 않은 것은?**

① 일반적으로 기업은 단일지역에서 단일사업분야에서 시작한다.
② 사업 초기에는 기업이 생산하는 제품의 종류가 적고 자본도 부족하기에 시장에서의 경쟁지위도 낮은 편이다.
③ 성장의 단계에서 기업성과나 경쟁력에 중요한 영향을 미칠 수 있는 경우에 수직적 통합을 통해 기능적 구조들을 내부화하게 된다.
④ 기존 산업에서의 성장의 둔화는 자신들이 그 동안 축적한 자원 및 능력을 포기하고 철수전략을 펼친다.

17 **다음 앤소프의 기업 성장 매트릭스에서 빈칸에 들어갈 말로 옳은 것은?**

	기존 제품	신제품
신시장/고객	시장 개발 전략	(________)
기존 시장/고객	시장 침투 전략	제품 개발 전략

① 다각화 전략
② 인수합병 전략
③ 수출전략
④ 국제화 전략

18 **다음 중 수직적 통합에 대한 설명으로 옳지 않은 것은?**

① 수직적 통합이란 기술적으로 구분되는 생산, 유통, 판매 등의 경제적 과정들을 단일 기업 내부에서의 통합을 의미한다.
② 기업의 전방 또는 후방 사업을 통합함으로써 시장에서의 거래보다 내부거래를 통한 자체적인 경제적 목적을 달성하고자 하는 기업의 의사결정을 말한다.
③ 시장에서 발생되는 판매, 계약, 협상 등의 비용을 절감시켜주는 긍정적인 역할이 가능하다.
④ 수직적 통합의 수준은 가치사슬 상에서 기업의 활동 중 기업의 영역 안에서 실행되는 활동의 가격 수준을 뜻한다.

19 **다음 중 사업 포트폴리오 분석의 장점으로 옳은 것은?**

> ㉠ 자원의 배분
> ㉡ 사업부 전략 수립
> ㉢ 성과목표의 수립
> ㉣ 사업균형의 평가

① ㉠, ㉡, ㉢
② ㉠, ㉡, ㉣
③ ㉡, ㉢, ㉣
④ ㉠, ㉡, ㉢, ㉣

20 **다음 중 BCG 매트릭스의 가정에 대한 설명으로 옳지 않은 것은?**

① 상대적 시장점유율이 클수록, 해당 사업단위는 자금(cash)을 더 많이 유입시킨다.
② 시장성장 정도는 기업의 마케팅 활동에는 영향을 받는다.
③ 침체 또는 저성장의 시장보다 고성장시장에서 시장점유율을 늘리고자 할 때 자금은 더 많이 사용된다.
④ 한 사업단위가 거두어들이는 순 자금(net cash)의 수준은 시장성장률, 시장점유율 그리고 시장점유율에 대한 기업의 전략에 달려있다.

21 **국제화 전략을 통한 저원가에 접근함으로써 범위의 경제 실현에 도움이 되는 요소로 옳지 않은 것은?**

① 원재료
② 교통
③ 노동력
④ 기술

22 **다음 빈칸에 들어갈 말로 옳은 것은?**

> 해외시장 진출 시 국제계약을 통한 진입방식은 기업이 자신들의 무형자산인 브랜드, 기술, 특허, 저작권과 같은 지적 소유권, 소프트웨어와 같은 기술적 노하우나 경영과 마케팅과 같은 경영적 노하우 등 자신들의 자산을 하나의 상품으로 취급하여 현지 기업과 일정한 계약관계에 의해 시장에 진출하는 것을 말한다.

① 수출
② 직접투자
③ 간접투자
④ 라이센스

23 다음 중 빈칸에 들어갈 단어로 옳은 것은?

( )는 기업의 전체목표와 전략의 실행을 위해 조직단위 또는 기능부문에 요구되는 활동과 그 결과를 구체화한 것이다. 시장점유율, 투자수익률, 새로운 시장이나 제품의 개발과 같은 전략적 목표는 전략 수립의 지침이 되며, 동시에 전략의 효과를 평가하는 데에도 활용된다.

① 단기운영목표
② 조직구조
③ 장기운영목표
④ 계획수립체계

24 의사결정이 대부분 상부에 집중되어 있으며, 분업화와 전문화를 강조하고 관료적인 규칙과 절차를 강조하는 조직구조를 말하는 것으로 옳은 것은?

① 안정적 조직구조
② 기계적 조직구조
③ 수평적 조직구조
④ 관리적 조직구조

주관식 문제

01 기업이 속한 산업에 대한 경쟁 정도를 분석하는 분석방법과 산업경쟁을 결정하는 다섯 가지 요인을 쓰시오.

02 다음은 경영전략의 발전과정의 순서이다. 빈칸에 들어갈 말을 쓰시오.

경영전략의 발전과정은 생산관리 시대 → (㉠) → 마케팅관리 시대 → 기회관리 시대 → (㉡)

03 기업이 추구하는 수직적 통합의 의미를 간략히 기술하시오.

04 국제화 전략의 유형에서 초국적 기업(transnational corporate) 전략에 대해 간략히 기술하시오.

경영 전략

제 2 회 독학사 경영학과 3단계 최종모의고사

제한시간 : 50분 | 시작 ___시 ___분 - 종료 ___시 ___분

정답 및 해설 363p

01 다음은 경영전략의 분석수준에 대한 내용이다. 이 중 옳은 것은 모두 고르시오.

> ㉠ 기업 수준의 전략 중 전사적 차원의 기업전략은 기업의 미션을 설정하는 것이다.
> ㉡ 사업부 수준의 전략은 개별 사업단위 목표를 성공적으로 달성하기 위한 경쟁우위를 어떻게 구축할 것인가를 다룬다.
> ㉢ 기능별 수준 전략은 사업부 수준에서 경쟁우위를 유지하는데 필요한 기능적인 능력을 개발하는 것을 말한다.

① ㉠, ㉢
② ㉠, ㉡
③ ㉡, ㉢,
④ ㉠, ㉡, ㉢

02 다음에 제시된 의사결정 분권화의 원인에 대한 설명에서 옳은 것은?

> 오늘날에는 정보의 양과 복잡성이 크게 증가하여 중앙집권적으로 정보를 수집하고 처리하는 활동이 어려워졌다. 과거 기획실에서 중요한 정보들을 독점적으로 수집하고 처리를 하는 의사결정을 했지만, 정보의 양과 복잡성이 증대되는 상황에서는 기획실과 같은 조직의 기능의 규모가 점점 커지게 된다.

① 정보의 폭증 현상
② 정보화 증가의 메커니즘
③ 기업 환경변화
④ 기업조직의 세분화와 조직화

03 다음 중 의사결정자의 역할과 임무로 옳지 <u>않은</u> 것은?

① 의사결정의 주체로서 기업전략, 사업전략 그리고 기능별 전략 등을 결정하는 역할을 한다.
② 의사결정자가 겸비해야 하는 지식의 양이 많을수록 좋다.
③ 새로운 지식의 추구와 함께 현실 적용을 위해 기술(skills)과 자세(attributes) 등을 함께 겸비해야 한다.
④ 전략계획, 관리통제 그리고 운영통제 등을 담당한다.

04 다음 중 기업의 사회적 책임과 이해관계자의 만족으로 옳지 않은 것은?

① 이해관계자 모델에서는 기업과 관련된 이해관계자(임직원, 소비자, 협력업체, 정부, 지역사회 등)의 만족을 이끌어야 한다는 주장을 한다.
② 기업이 직면할 수 있는 위험(risk)을 줄이고 기회를 포착함으로써 장기적인 기업가치 제고를 위한 '이해관계자 기반 기업 경영활동'이라 할 수 있다.
③ 오늘날 기업들은 기업의 사회활동을 통해 주주 모델(shareholder model)을 넘어 이해관계자 모델(stakeholder model)로 이동하고 있다.
④ 기업 활동을 통한 이해관계자들의 만족(welfare)은 기업의 재무적 가치 증대만을 가져오며, 기업은 성장과 번영을 가능하게 한다는 것이다.

05 다음 중 기업의 사명과 전략 수립과정의 순서를 나열한 것으로 옳은 것은?

㉠ 사명　　㉡ 비전
㉢ 목표　　㉣ 전략

① ㉠ - ㉡ - ㉢ - ㉣
② ㉠ - ㉡ - ㉣ - ㉢
③ ㉠ - ㉢ - ㉡ - ㉣
④ ㉠ - ㉣ - ㉡ - ㉢

06 다음 중 기업 사명의 기능적 효과에 대한 설명으로 옳지 않은 것은?

① 기업의 정체성을 제공한다.
② 기업 목표의 일관성을 평가하는 기준이 된다.
③ 기업의 전략수립과정의 기준이 된다.
④ 동일한 산업의 기업들은 유사한 기업 사명을 지닌다.

07 다음은 기술수명주기와 경쟁우위의 정리 내용이다. 빈칸에 들어갈 단어로 옳은 것은?

기술 수명주기 단계	기술적 경쟁우위의 중요성
초기단계	경쟁을 기반으로 변화시킬 수 있는 잠재력이 없음
(　　)	경쟁을 기반으로 변화할 수 있는 잠재력을 지니며, 제품에 사용됨
핵심단계	가치 창출에 주요한 영향을 미치며, 독점적 우위를 창출함
표준화 단계	가치 창출에 영향력이 작아지며, 다른 경쟁자들에게 공통적인 기술이 됨

① 계획단계
② 실험단계
③ 발전단계
④ 실행단계

08 **다음 중 산업조직론에 대한 설명으로 옳지 않은 것은?**

① 산업구조 내에서 기업의 수와 규모로 설명하는 것이 산업 집중도이다.
② 산업 집중도가 높다는 것은 과점 기업 간의 상호 의존성이 낮다는 의미이다.
③ 산업 내에서 새로운 기업들이 진입하는 것을 어렵게 하는 것은 진입장벽(barriers to entry)의 존재 때문이다.
④ 진입장벽은 다양한 경제적 요인에 의해서 결정되는데, 가장 우선으로 고려할 수 있는 것은 바로 절대비용 우위(absolute cost advantage)이다.

09 **다음 중 구매자들이 공급자들보다 더 높은 교섭력을 지니는 상황으로 옳은 것은?**

> ㉠ 소수의 구매자가 존재할 경우
> ㉡ 타 공급업체로 전환 시 전환비용이 적을 경우
> ㉢ 구매자가 후방 통합을 실행할 경우
> ㉣ 구매자는 많지만, 공급자는 소수일 경우

① ㉠, ㉡, ㉢　　② ㉠, ㉡, ㉣
③ ㉠, ㉢, ㉣　　④ ㉠, ㉡, ㉢, ㉣

10 **개별 기업들이 보유한 자원이 생산성과 효율성에 있어서 차이점을 야기시킨다는 것을 의미하는 단어로 옳은 것은?**

① 자원의 비이동성
② 관성
③ 자원의 이질성
④ 모방 가능성

11 **다음 중 인적자원에 대한 설명으로 옳지 않은 것은?**

① 인적자원이 무형자원 또는 유형자원에 속하는지 판단하는 것은 쉽다.
② 경제학 관점에서는 인간이 지닌 생산능력을 유형자원이나 무형자원에 대비한 인적자원이라고 말한다.
③ 인적자원에 대한 성과는 평가가 어렵다는 특성이 있다.
④ 기업들이 개개인의 능력을 평가할 때는 지금까지 어떤 일을 했고 그 성과는 어땠는지 등에 있어서 정확한 평가가 어렵다.

12 **다음 중 핵심역량에 대한 설명으로 옳은 것은?**

> ㉠ 기업의 핵심역량은 기업이 지닌 특정한 기술이 아닌 여러 기술의 집합체를 말한다.
> ㉡ 기업의 핵심역량은 영구적으로 변화하지 않으며, 경쟁상황에 따라 더욱 견고해진다.
> ㉢ 핵심역량은 본질적으로 기업이 생산하는 최종제품이나 서비스에서 사업의 단위인 시장전략에 구애받는 것보다는 근본적인 조직의 능력이라 할 수 있고, 조직능력까지 포함하는 광의의 개념이다.
> ㉣ 핵심역량(core capability)이란 가치사슬상의 특정 부분에 대한 기술 및 생산능력에만 주목하는 핵심능력(core competence)과는 달리 가치사슬의 전체를 포괄하는 개념이다.

① ㉠, ㉡, ㉢
② ㉠, ㉢, ㉣
③ ㉡, ㉢, ㉣
④ ㉠, ㉡, ㉢, ㉣

13 다음 중 차별화 전략에 대한 설명으로 옳지 않은 것은?

① 제품이나 서비스를 차별화함으로써 산업 전반에 걸쳐 소비자나 시장에서 독특함으로 인식될 수 있는 가치를 창출하는 것이다.
② 차별화 전략의 실행에 있어서 가장 중요한 요인은 제품이나 서비스에 투입되는 원가를 무시해도 된다는 것이다.
③ 차별화 전략을 채택하여 고객의 충성도를 높이는 기업의 제품이나 서비스는 경쟁기업의 대체품보다 더 높은 지위를 지니게 한다.
④ 차별화 전략은 기업에게는 높은 시장점유율을 가져오지는 못한다.

14 다음 빈칸에 들어가 말로 옳은 것은?

> (   ) 전략이 효과적인 경우
> • 산업 내 이질적인 세분화된 시장이 상당히 존재하는 경우
> • 세분시장이 산업 내 선도기업들의 성공에 중요하지 않을 경우
> • 세분시장의 성장잠재력이 크거나 수익성이 높은 경우

① 원가우위
② 차별화
③ 유연화
④ 집중화

15 다음 중 본원적 전략에 대한 설명으로 옳지 않은 것은?

① 본원적(Generic) 전략은 본원적 경쟁전략이라 불린다.
② 경쟁우위와 경쟁영역이라는 두 가지 축을 통해 본원적 경쟁전략을 구분한다.
③ 기업이 경쟁우위(competitive advantage)를 획득하기 위한 경쟁전략을 결정 짓는 요소로는 저원가(low cost)와 차별화 우위/독특성(uniqueness)이 있다.
④ 원가우위 전략은 좁은 경쟁 시장에서 원가우위를 추구하는 전략이다.

16 다음은 수직적 통합에 대한 설명이다. 아래 설명이 뜻하는 것으로 옳은 것은?

> 시장에 참여하고 있는 공급자와 구매자 수가 시장 실패의 결정요인이다. 즉, 구매자나 공급자가 하나일 경우에는 독점적 지위를 활용하고 서로 유리한 위치를 점하려고 시도하게 되지만, 소수일 경우에도 복잡한 조정 과정을 거침으로써 시장 실패가 발생하게 된다.

① 구매자와 공급자의 수
② 자산의 특성
③ 거래빈도
④ 시장실패

17 **다음 중 다각화에 대한 설명으로 옳지 않은 것은?**

① 기업의 성장전략 중에서 적극적으로 성장 지향적인 전략은 다각화 전략이다.
② 다각화(diversification)는 한 기업이 다른 여러 가지 산업에 참여하는 것으로 정의된다.
③ 제품이나 판매지역 측면의 관련 산업에 집중하는 다각화를 관련 다각화(related diversification)라 한다.
④ 다각화란 제품 계열의 확장만을 뜻한다.

18 **다음은 다각화와 기업의 불경제 효과를 그림으로 나타낸 것이다. 그림에 대한 원인으로 옳지 않은 것은?**

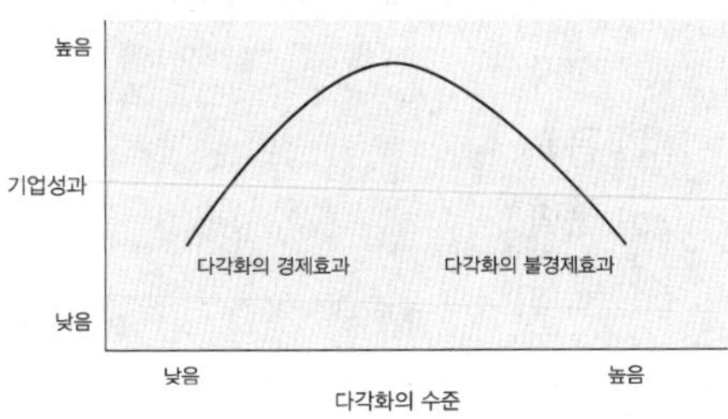

① 기업이 다각화를 많이 할수록, 조직의 복잡성이 증가한다.
② 기업이 다각화를 통해 내부화를 많이 할수록 시장기회를 활용할 수 있는 기회를 놓치게 된다.
③ 상호보완적인 관계는 안정적인 성장이 지속 가능하다.
④ 기업의 규모가 커질수록 관리부서의 규모가 증가한다.

19 **다음은 BCG 매트릭스에 따른 전략적 활용의 내용이다. 빈칸에 적합한 전략으로 옳은 것은?**

사업단위의 유형	주요전략의 유형
question mark	육성전략(build), 수확전략(harvest), 철수전략(divest)
star	( )
cash cow	유지전략(hold)
dog	수확전략(harvest), 철수전략(divest)

① 철수전략(divest)
② 육성전략(build)
③ 유지전략(hold)
④ 유지전략(hold), 육성전략(build)

20 **다음 중 GE/맥캔지(Mckinsey) 매트릭스의 한계점에 대한 설명으로 옳지 않은 것은?**

① 분석 도구가 지닌 가정과 분석 도구의 잘못된 적용의 위험성이다.
② 특정 시점의 정태적 분석으로 동태적 관점의 분석이 어렵다.
③ 전략사업단위에 대한 분류의 과정이 복잡하여 분석 시 시간이 오래 소요된다.
④ 매트릭스 상의 사업의 위치를 통해 제공되는 일반적인 전략이 너무 단순하다.

21 **다음 중 포트폴리오 분석의 장점으로 옳은 것은?**

> ㉠ 두 개 이상의 사업을 운영하는 다각화 기업의 전체적인 사업구조를 간결하게 도식화함으로 기업의 사업구조가 지니는 강점이나 약점의 파악이 용이하다.
> ㉡ 각 사업부의 상황과 특성을 명확하게 차별화함으로써 각 사업부의 전략적 방향에 유용한 정보를 제공할 수 있다.
> ㉢ 모든 사업의 동시적 평가를 통해 신규 사업부문 또는 인수대상과 철수해야 할 사업의 파악이 가능하다.

① ㉠, ㉡
② ㉠, ㉢
③ ㉡, ㉢
④ ㉠, ㉡, ㉢

22 **다음 중 전략적 제휴에 대한 정의로 옳지 않은 것은?**

① 전략적 제휴는 기업의 전략이라는 측면에서 볼 때 새로운 개념이다.
② 둘 이상의 기업이 경쟁력을 제고하고자 하는 목표로 서로의 경영자원을 공유하거나 일시적으로 협력하는 일정 기간 동안의 지속적인 관계라 할 수 있다.
③ 급변화하는 환경 속에서 기업들이 일반적인 협력의 의미보다는 장기적이며 전략적인 측면에서 접근할 필요성이 있음을 강조한 개념이라 할 수 있다
④ 둘 이상의 기업이 경쟁력을 제고하고자 하는 목표로 서로의 경영자원을 공유하거나 일시적으로 협력하는 일정 기간 동안의 지속적인 관계이다.

23 **다음 중 전략적 제휴의 목적으로 옳지 않은 것은?**

① 자원과 위험의 공유
② 신제품 개발 시장 진입의 속도 단축
③ 기업의 유연성 확보
④ 비표준화된 기술 확보

24 **다음은 조직구조 유형의 결정요인에 대한 설명이다. 빈칸에 들어갈 말로 옳은 것은?**

> 조직구조의 특징을 결정짓는 두 가지 요인은 통합(integration)과 (　　)가 있다. (　　)란 조직이 개인이나 자원을 업무에 따라 분할시키는 것을 말하고 통합이란 조직의 업무를 수행하기 위해 개인과 각각의 기능들을 한데 묶어주는 것을 말한다.

① 성장
② 목표
③ 분화
④ 분사

주관식 문제

01 기업의 전략에 있어서 의사결정자인 경영자에게 필요한 능력을 쓰시오.

02 다음 빈칸에 들어갈 적합한 말을 쓰시오.

> 산업 내에서 새로운 기업들이 진입하는 것을 어렵게 하는 것은 (㉠)의 존재 때문이다. 이와 같은 진입장벽은 산업 구조적 성격을 크게 좌우하며, 기존 기업들은 진입장벽을 높임에 따라 일정한 범위 내에서 시장 내에서 (㉡)을 행사하는 경우가 많다.

03 기업 경쟁우위의 개념을 쓰시오.

04 포트폴리오 분석의 바람직한 활용방안 방법을 서술하시오.

최종 모의고사 정답 및 해설

제1회

01	02	03	04	05	06	07	08	09	10	11	12
④	①	③	④	④	④	④	①	③	②	①	④
13	14	15	16	17	18	19	20	21	22	23	24
①	③	①	④	①	④	④	②	②	④	①	②

*주관식 문제는 정답 별도 표시

01 정답 ④

전략경영은 기업을 둘러싼 외부환경과 기업의 내부 자원을 고려하며, 희소한 자원에 대한 의사결정을 말한다. 이와 같은 의사결정은 기업의 주요 이해관계자인 주주, 공급자, 임직원, 지역사회 등을 고려한 행동이다.

02 정답 ①

기업전략은 전체 기업 차원의 미션을 정의하고 사업 수준과 기능별 수준에서 나오는 제안 검토를 통해 관련된 사업의 연관성을 고려하여, 자원할당에 대한 의사결정을 기업전략이라 한다. 사업부 전략은 각 사업 내에서 해당 사업이 경쟁우위를 획득 및 유지하는데 필요한 활동들을 말한다.

03 정답 ③

1970년대 후반 경기침체와 경제성장의 불확실성이 증대되기 시작하면서 시시각각 달라지는 기업환경을 민첩하게 대응할 수 없다는 것을 기업들이 인식하였다. 기업 외부 환경분석을 위한 전략 방법론이 주류를 이루던 시대였다.

04 정답 ④

기업은 사업은 운영함에 있어서 기존 사업을 유지 및 강화하거나 새로운 사업에 신규 진입할 때 기업의 목표나 철학에 기반한 전략적 지향점을 지녀야 한다. 그렇기에 기업은 기업 존재의 이유와 목적을 나타내는 사명을 지닌다.

05 정답 ④

기업의 사명이 의미를 지니는 한 지속적으로 유지될 수 있으며, 기업의 동기와 방향성의 원천이다. 반면, 기업 비전은 기업 내의 모든 구성원의 꿈과 의지가 포함된 미래의 모습을 이미지화한 것으로 정량적으로 측정이 불가능한 정성적인 개념을 말한다.

06 정답 ④

기업의 또 다른 목표는 이해관계자(stakeholder)의 만족이다. 기업의 목표는 주주, 종업원, 지역사회, 정부 등의 만족을 증대시키는 것이다. 이해관계자들에 대한 고려는 기업과 이해관계자 사이의 상호호혜성(reciprocity)을 형성하게 되며, 최고경영자와 종업원, 고객 및 협력사 그리고 정부와 지역사회 등 서로 다른 이해관계자들의 목표를 조화시킨다.

07 정답 ④

기업의 외부환경은 끊임없는 변화를 하며 이에 따라 기업은 외부환경에 적응하며, 이익 창출을 위한 전략을 펼쳐야 한다. 기업에 영향을 미치는 외부환경은 기업의 흥망성쇠에 영향을 미치며, 기업이 통제하기 힘든 영역이다.

08 정답 ①

사회·문화적 환경의 변화 하에서 기업들은 기존의 제품을 응용 또는 변형을 통해 성공과 번영을 이룩할 수 있다. 결과적으로 기업에게는 사회문화적 변화에서 오는 위협을 위협으로 인식하기보다는 기회로 전환시킬 수 있는 의사결정과 자세가 필요하다.

09 정답 ③

한 산업 내에 기업들이 공동으로 지배하는 시장점유율로 나타내도 주도적인 기업들을 가늠할 수 있다. 산업 집중도가 높다는 것은 과점 기업 간의 상호 의존성이 높다는 의미이다. 또한, 산업 집중도가 높은 산업에서는 과점 기업 간의 협조, 치열한 경쟁을 통한 시장점유율은 단일 기업이 갖는 효과보다는 약하게 나타난다.

10 정답 ②

기업의 자원은 유형자원(tangible resource), 무형자원(intangible resource), 인적자원(human resource)으로 구분된다. 무형자원의 경우 기술, 명성, 기업문화, 기업평판 등이 이에 속한다고 볼 수 있다.

11 정답 ①

무형자산은 대부분 무형적이고, 암묵적(tacit)이기에 경쟁기업이 쉽게 구매하거나 모방 가능성이 낮다는 특징을 지니고 기업의 경쟁우위 창출은 이와 같은 특징을 지닌 자원과 능력의 뒷받침을 통해서만 지속 가능하다고 바라본다.

12 정답 ④

VRIO 모델은 기업이 보유하고 있는 모든 자원과 능력을 분석하고 보유자원과 능력이 경쟁우위를 창출할 수 있는지에 대한 잠재력이 존재하는가를 판단하는 분석 기법이다. VRIO 분석은 기업 보유자원에 대한 강점과 약점의 파악이 직접 가능한 장점이 있다.

13 정답 ①

해당 내용은 경쟁우위에 대한 설명이다. 기업의 경쟁우위는 기업의 효율성 추구나 차별화 전략으로 획득되기도 하지만 실질적인 경쟁우위는 유일한 경쟁지위를 확보하는 것이 방법이다.

14 정답 ③

전략사업단위는 다음과 같은 조건을 지닌다. 전략사업단위는 다른 전략사업단위와 구별되는 독자적 사업과 분명한 목표가 존재해야 한다. 또한, 경쟁자에 대한 설정과 해당 사업단위의 이익에 영향을 미칠 요인에 대한 통제력을 지녀야 한다.

15 정답 ①

SWOT 분석을 통해 기업의 전략을 도출할 수 있다. 기업에 호의적인 상황으로써 환경의 기회를 활용하고 기업 내부의 강점이 많은 경우에 기업은 공격적이고 성장 지향적인 전략인 SO 전략의 실행이 적절하다.

16 정답 ④

기존 산업에서의 성장의 둔화는 자신들이 그동안 축적한 자원 및 능력을 활용하여 관련 다각화나 비관련 다각화를 통해 기업 규모와 성장을 진행한다.

17 정답 ①

앤소프의 기업 성장전략 중 가장 적극적이고 성장 지향성이 높은 전략은 다각화 전략이다. 기본적으로는 다각화의 개념을 제품-시장 중심으로 다각화와 금융 기능 그리고 정보 수집 및 분석 기능과 같은 서비스 측면의 기능을 다각화시키는 기능 다각화를 포함하기도 한다.

18 정답 ④

수직적 통합의 수준은 가치사슬 상에서 기업의 활동 중 기업의 영역 안에서 실행되는 활동의 수를 뜻한다. 높은 수준의 수직 통합된 기업은 더 많은 활동을 기업 내에서 실행할 수 있다.

19 정답 ④

다각화된 기업들은 한정된 기업자원을 어떠한 사업에 투자할 것인지를 결정하는 우선순위를 결정해야 하는데 기업의 포트폴리오 분석을 통해 이와 같은 의사결정이 용이하다. 특히, 자원의 배분, 전략 수립, 성과목표 수립, 사업균형의 평가에 장점이 있다.

20 정답 ②

BCG 매트릭스의 경우 시장 매력도는 시장성장률로 경쟁력은 상대적 시장점유율로 각각 반영된다. BCG 매트릭스(성장-점유 모형)는 네 부분(물음표, 별, 자금 젖소, 개)으로 나누어지게 되고 이와 같은 가정에는 시장성장 정도는 기업의 마케팅 활동에 별다른 영향을 받지 않는다 가정한다.

21 정답 ②

국제화 전략을 통해 기업들은 새로운 구매자에게 접근이 가능하고 범위의 경제를 실현할 수 있듯이 기업들은 원재료, 노동력, 기술 등의 생산에 투입되는 요소들을 저원가에 접근함으로써 중요한 범위의 경제를 실현시킬 수 있다. 교통수단의 발전은 국제화의 속도를 용이하게 하였으나 저원가를 통한 범위의 경제에 해당하지 않는다.

22 정답 ④

무역장벽이 존재하거나, 제품의 이동 시 너무 많은 비용이 소모될 때, 기술이나 서비스의 이전 방법이 복잡하거나, 기업의 위험부담을 줄이고자 할 때 직접 투자보다 라이센스를 선호한다.

23 정답 ①

단기운영목표는 조직단위 또는 기능 부분에서 요구되는 활동과 그 결과를 구체화한 것으로서 시장점유율, 투자수익률, 시장 개척과 같은 전략적 목표와 수립의 지침이 있어야 하며 효과적 평가에 있어서도 활용 가치가 높다.

24 정답 ②

해당 내용은 기계적 조직구조에 대한 설명이다. 기계적 조직구조는 의사결정이 상부에 집중되어 있으며, 관리자 계층의 수가 많은 긴(tall) 형태의 수직적 피라미드 형태를 띠는 특징을 지닌다.

주관식 문제

01 정답 five forces model(기존기업과의 경쟁, 신규 진입자의 위협, 대체재의 위협, 구매자의 교섭력, 공급자의 교섭력)

해설 마이클 포터의 five forces model은 산업구조를 기업전략관점에서 바라본 분석으로써 다섯 가지 요인을 통해 산업의 경쟁 정도를 파악하는 분석방법으로써, 기존기업과의 경쟁, 신규 진입자의 위협, 대체재의 위협, 구매자의 교섭력, 공급자의 교섭력을 통해 산업의 경쟁 정도를 파악한다.

02 정답 ㉠ 인사관리·조직관리 시대, ㉡ 전략경영 시대

해설 경영전략의 발전과정은 생산관리 시대 → 인사관리·조직관리 시대 → 마케팅관리 시대 → 기회관리 시대 → 전략경영 시대의 순서의 발전과정을 지닌다. 인사관리·조직관리의 시대에는 인사관리의 필요성과 중요성이 증대되면서 인간관계에 대한 다양한 실험과 논의들이 증가하였다. 전략경영 시대에는 산업조직론에 기반한 외부 환경분석과 자원준거관점에서 기업의 내부 자원과 역량이 기업의 경쟁우위 창출과 어떠한 관련이 있는지에 대한 논의가 시작된 단계이다.

03 정답 수직적 통합이란 가치사슬 상에 존재하는 생산, 유통, 판매 등의 경제적 행위들을 단일 기업 내부로의 통합을 의미하며, 기업의 전방 또는 후방 사업을 통합함으로써 시장에서의 거래보다 내부거래를 통한 자체적인 경제적 목적을 달성하는 기업의 의사결정을 말한다.

04 정답 다양한 국가에 자회사를 설립하고 강력한 통제를 통해 하나의 기업으로 묶는 방법을 취하는 것을 초국적 기업(transnational corporate)의 전략이라 볼 수 있다.

제2회

01	02	03	04	05	06	07	08	09	10	11	12
④	①	②	④	①	②	③	②	①	③	①	②
13	14	15	16	17	18	19	20	21	22	23	24
②	④	④	①	④	③	④	③	④	①	④	③

*주관식 문제는 정답 별도 표시

01 정답 ④

기업의 전사적 차원에서 참여할 사업 영역을 결정하는 기업전략(corporate strategy)과 개별사업부 내에서의 경쟁전략을 다루는 사업부 전략(business strategy), 사업부 안에서 R&D, 마케팅, 인사, 재무, 회계 등을 다루는 기능별 전략(functional strategy)이 있다.

02 정답 ①

의사결정 분권화의 원인은 크게 다섯 가지로써 정보의 폭증 현상, 정보화 증가의 메커니즘, 인터넷의 보급으로 인해 바뀐 오늘날의 정보문화, 기업의 환경, 기업조직의 세분화와 조직화를 들 수 있다. 그중 제시문은 정보의 폭증 현상으로 인한 의사결정의 분권화에 대해 설명한다.

03 정답 ②

지식의 양이 무조건 많다고 좋은 것이 아니라 경영자 자신의 기업이 처해 있는 특수한 환경이나 보유자원에 대한 고려 등의 여러 가지 조건을 감안한 지식 및 전략이 가장 훌륭한 성과를 가져올 수 있다.

04 정답 ④

기업은 경제적, 법적, 윤리적, 자선적 책임을 감당함으로써 기업이 직면할 수 있는 위험을 줄이고, 기회를 포착하고, 이해관계자들의 만족(welfare)은 기업의 재무적·비재무적 가치 증대를 가져오며, 기업은 성장과 번영을 가능하게 한다는 것이다.

05 정답 ①
기업의 사명과 전략 수립의 단계는 '사명(기업의 존재 목적) – 비전(기업이 추구하는 바람직한 미래상) – 목표(비전을 구체화한 것으로 기업이 바라는 미래상의 주요결과) – 전략(비전과 목표를 달성하기 위한 최적의 계획과 방법)' 순이다.

06 정답 ②
기업 사명은 기업이 지니고 있는 특수성 가치관을 반영하며, 해당 기업과 타 기업의 차별성을 지니게 한다. 동일한 산업에 속한 기업일지라도 차별적인 기업 사명을 지닌다.

07 정답 ③
기술수명주기는 초기단계 – 발전단계 – 핵심단계 – 표준화 단계의 순서를 거친다. 발전단계에는 경쟁력을 기반으로 변화할 수 있는 잠재력을 지니고, 이와 같은 기술은 제품에 사용되어 시장에 출시되는 단계이다.

08 정답 ②
한 산업 내에 기업들이 공동으로 지배하는 시장점유율로 나타내도 주도적인 기업들을 가늠할 수 있다. 즉, 산업 집중도는 과점(oligopoly) 정도를 나타내는 것으로서, 산업 집중도가 높다는 것은 과점 기업 간의 상호 의존성이 높다는 의미이다.

09 정답 ①
구매자들이 공급자들보다 더욱 높은 교섭력을 지니는 상황은 다음과 같다.
소수의 구매자가 존재할 경우, 타 공급업체로 전환 시 전환비용이 적을 경우, 구매자가 후방 통합을 실행할 경우, 많은 대체재가 존재할 경우, 구매자들이 가격 탄력성이 높을 경우에 구매자의 교섭력이 더 높아진다.

10 정답 ③
자원과 능력의 이동 가능성이 낮은 수준을 자원의 비이동성이라 하며, 관성은 조직(기업이)이 변화하지 않는 성질을 말한다. 마지막으로 모방 가능성이란 타 기업에 의해 제품이나 서비스에 투입되는 자원을 획득하는데 얼마나 큰 비용이 부담되는지를 의미하는 것이다.

11 정답 ①
기업의 자원을 유형자원과 무형자원의 분류에 더해서 인적자원을 구분지어 살펴보는 이유는 인적자원이 무형자원인지 유형자원인지에 대한 분류의 어려움도 있으나, 무엇보다 기업에서 인적자원이 매우 중요한 자원이기 때문이다.

12 정답 ②
기업의 핵심역량은 영구적으로 변화하지 않는 것이 아니라 경쟁상황에 따라 변화한다. 핵심역량의 구성요소인 기술은 시장경쟁상황에 따라 차이가 변모하고 기업은 항상 고객과 시장이 원하는 가치와 혜택이 무엇인가를 파악하는 것이 전략경영의 중요한 과제라 할 수 있다.

13 정답 ②
차별화 전략에는 제품의 디자인, 고객에 대한 서비스, 상표 이미지, 제품에 적용된 기술 등의 여러 가지 방법이 있다. 그러나 차별화 전략을 채택할지라도 원가를 무시해도 좋다는 것이 아니라, 단지 원가우위만을 고려한 전략적 목표가 최우선은 아니라는 것이다.

14 정답 ④
집중화 전략이란 자원이 제한적인 상황에서 큰 시장에 진입하여 낮은 점유율을 추구하기보다는 한 개 혹은 소수의 하위 세부 시장에서 높은 점유율을 추구 및 확보하는 전략을 말한다. 위 내용은 집중화 전략이 효과적인 경우를 나타낸 표이다.

15 정답 ④

본원적 전략은 경쟁우위와 경쟁영역이라는 두 가지 영역을 통해 본원적 경쟁전략을 펼치며, 저원가 전략과 차별화 전략으로 구분된다. 그중 원가우위 전략은 넓은 경쟁 시장에서 원가우위를 추구하는 전략을 말한다.

16 정답 ①

위 내용은 수직적 통합의 동기 중 하나인 시장 내 구매자와 공급자의 수에 대한 내용이다. 수직적 통합은 시장의 불확실성이 커지고, 전후방 사업 분야에 기업 교섭력에 영향을 받거나, 기업이 속한 산업이 쇠퇴기일 때 수직적 통합의 필요성이 증대된다.

17 정답 ④

다각화는 제품 계열의 확장뿐만 아니라 신제품의 개발과 신시장 개척을 동시에 추구하는 광의의 개념으로 해석된다.

18 정답 ③

다각화의 불경제는 사업부 간 자원의 공유가 오히려 비용의 증가를 가져오는 경우를 말한다. 관리비용의 증가, 거래비용의 증가, 복잡성의 증가를 그 원인으로 찾을 수 있다. 상호보완적인 관계를 통해 안정적인 성장은 다각화의 장점에 대한 설명이다.

19 정답 ④

별(star)은 고성장시장에 있으면서 시장점유율은 1위인 사업단위로서 시장성장의 기회가 매우 좋고 경쟁우위를 지니기에 지속적인 지원이 바람직하다. 시장점유율이 매우 큰 별(star)에서는 유지전략이 적절하나, 시장점유율이 매우 크지 않은 경우에는 육성전략이 사용되기도 한다.

20 정답 ③

GE/맥켄지(Mckinsey) 매트릭스는 전략사업단위를 단순하게 구분하기에 분석 대상이 되는 다양한 전략사업단위(SBU)들이 서로 연관(예 결합비용, 서로 협력하는 전략 옵션)되어 있을 경우 분석결과에 오류를 야기할 수 있다.

21 정답 ④

제시문은 포트폴리오 분석의 장점이다. 이와 같은 장점뿐만 아니라 각 사업부 활동은 전사적 관점에서 조정이 가능하며, 성과지표에 따라 성과 기준의 차별적인 설정이 가능하며, 객관적인 기준에 따라 평가할 수 있다는 장점도 존재한다.

22 정답 ①

전략적 제휴는 기업의 전략이라는 측면에서 볼 때 새로운 개념이 아니다. 경영전략 분야에서는 제휴 네트워크(alliance network), 결합(coalition), 협력(collaboration), 동맹(partnership) 또는 협력 등과 같은 여러 가지 용어로 사용되어왔다.

23 정답 ④

전략적 제휴의 목적은 자원과 위험의 공유, 신제품 개발 시장 진입의 속도 단축, 산업 표준의 선택, 기업의 유연성 확보 등을 들 수 있다. 특히, 산업 표준을 결정하는 것은 기술 개발 속도가 빠르며 산업 표준이 아주 중요한 역할을 하는 산업에서 아주 중요한 동기가 된다.

24 정답 ③

통합(integration)과 분화(differentiation)는 조직 구조의 특징을 결정짓는 요소이다. 분화란 조직이 개인이나 자원을 업무에 따라 분할시키는 것을 말한다. 일반적으로 작은 규모의 사업이 시작될 때에는 한 명 사장과 소수의 종업원으로 구성되어 출발하지만, 증가하는 수요를 충족시키기 위해서는 규모의 확장이 필요하다.

주관식 문제

01 정답 지식, 기술, 자세

해설 경영자는 해당 산업과 사업에 대한 지식(knowledge)의 적용을 위해 분석적, 관리적 기술(skills)의 능력과 더불어 기업에게 야망과 비전의 달성에 대한 적극적인 자세(attributes) 등을 함께 겸비해야 한다.

02 정답 ㉠ 진입장벽, ㉡ 지배력

해설 진입장벽은 다양한 경제적 요인에 의해서 결정되는데, 가장 우선 고려할 수 있는 것은 바로 절대비용우위이다. 신규산업에 진입 시 기존기업이 지니고 있는 산업에 대한 지배력으로 신규 기업의 시작이나 성공에 어려움을 겪는다.

03 정답 기업 경쟁우위란 시장 및 산업 내에서 경쟁기업들보다 비용을 낮게 책정하거나 높은 가격을 정당화하여 제품이나 서비스를 제공하면서 경쟁기업들보다 유리한 경쟁적 지위를 확보하는 것을 말한다.

04 정답 포트폴리오 분석은 한계점이나 단점에도 불구하고 활용의 적절성에 따라 전략분석의 유용한 도구로 작용할 수 있다. 즉, 분석 도구가 전략적 의사결정을 지원하는 수단이나 도구일 뿐이지 전략분석의 완벽한 최종결과물이 아니라는 점이다. 그렇기에 포트폴리오 분석은 다른 분석방법과 함께 상호보완적인 측면에서 활용되어야 하며, 전략적 의사결정의 절대적 방침이 되어서는 안 된다.

컴퓨터용 사인펜만 사용

년도 전공심화과정인정시험 답안지(객관식)

★ 수험생은 수험번호와 응시과목 코드번호를 표기(마킹)한 후 일치여부를 반드시 확인할 것.

전공분야	
성 명	

수 험 번 호													
(1)	3	–			–			–					
(2)	①②●④	–	①②③④⑤⑥⑦⑧⑨⓪	①②③④⑤⑥⑦⑧⑨⓪	–	①②③④⑤⑥⑦⑧⑨⓪	①②③④⑤⑥⑦⑧⑨⓪	–	①②③④⑤⑥⑦⑧⑨⓪	①②③④⑤⑥⑦⑧⑨⓪	①②③④⑤⑥⑦⑧⑨⓪	①②③④⑤⑥⑦⑧⑨⓪	①②③④⑤⑥⑦⑧⑨⓪

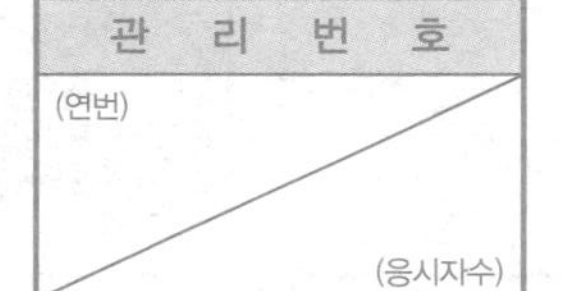

과목코드				
①②③④⑤⑥⑦⑧⑨⓪	①②③④⑤⑥⑦⑧⑨⓪	①②③④⑤⑥⑦⑧⑨⓪	①②③④⑤⑥⑦⑧⑨⓪	①②③④⑤⑥⑦⑧⑨⓪

교시코드
① ② ③ ④

응시과목	
1 ① ② ③ ④	14 ① ② ③ ④
2 ① ② ③ ④	15 ① ② ③ ④
3 ① ② ③ ④	16 ① ② ③ ④
4 ① ② ③ ④	17 ① ② ③ ④
5 ① ② ③ ④	18 ① ② ③ ④
6 ① ② ③ ④	19 ① ② ③ ④
7 ① ② ③ ④	20 ① ② ③ ④
8 ① ② ③ ④	21 ① ② ③ ④
9 ① ② ③ ④	22 ① ② ③ ④
10 ① ② ③ ④	23 ① ② ③ ④
11 ① ② ③ ④	24 ① ② ③ ④
12 ① ② ③ ④	
13 ① ② ③ ④	

과목코드				
①②③④⑤⑥⑦⑧⑨⓪	①②③④⑤⑥⑦⑧⑨⓪	①②③④⑤⑥⑦⑧⑨⓪	①②③④⑤⑥⑦⑧⑨⓪	①②③④⑤⑥⑦⑧⑨⓪

응시과목	
1 ① ② ③ ④	14 ① ② ③ ④
2 ① ② ③ ④	15 ① ② ③ ④
3 ① ② ③ ④	16 ① ② ③ ④
4 ① ② ③ ④	17 ① ② ③ ④
5 ① ② ③ ④	18 ① ② ③ ④
6 ① ② ③ ④	19 ① ② ③ ④
7 ① ② ③ ④	20 ① ② ③ ④
8 ① ② ③ ④	21 ① ② ③ ④
9 ① ② ③ ④	22 ① ② ③ ④
10 ① ② ③ ④	23 ① ② ③ ④
11 ① ② ③ ④	24 ① ② ③ ④
12 ① ② ③ ④	
13 ① ② ③ ④	

답안지 작성시 유의사항

1. 답안지는 반드시 **컴퓨터용 사인펜을 사용**하여 다음 보기와 같이 표기할 것.
   보기 잘 된 표기: ● 잘못된 표기: ⓥ ⊗ ◑ ⊙ ◐ ○ ▣
2. 수험번호 (1)에는 아라비아 숫자로 쓰고, (2)에는 "●"와 같이 표기할 것.
3. 과목코드는 뒷면 "과목코드번호"를 보고 해당과목의 코드번호를 찾아 표기하고, 응시과목란에는 응시과목명을 한글로 기재할 것.
4. 교시코드는 문제지 전면의 교시를 해당란에 "●"와 같이 표기할 것.
5. 한번 표기한 답은 긁거나 수정액 및 스티커 등 어떠한 방법으로도 고쳐서는 아니되고, 고친 문항은 "0"점 처리함.

[이 답안지는 마킹연습용 모의답안지입니다.]

절취선

년도 전공심화과정 인정시험 답안지(주관식)

전공분야	
성 명	

수험번호													
(1)	3	–			–			–					
(2)	①②●④	–	①~⓪	①~⓪	–	①~⓪	①~⓪	–	①~⓪	①~⓪	①~⓪	①~⓪	①~⓪

★ 수험생은 수험번호와 응시과목 코드번호를 표기(마킹)한 후 일치여부를 반드시 확인할 것.

과목코드				
①~⓪	①~⓪	①~⓪	①~⓪	①~⓪

교시코드			
①	②	③	④

답안지 작성시 유의사항

1. ※란은 표기하지 말 것.
2. 수험번호 (2)란, 과목코드, 교시코드 표기는 반드시 컴퓨터용 싸인펜으로 표기할 것
3. 교시코드는 문제지 전면의 교시를 해당란에 컴퓨터용 싸인펜으로 표기할 것.
4. 답란은 반드시 흑·청색 볼펜 또는 만년필을 사용할 것. (연필 또는 적색 필기구 사용불가)
5. 답안을 수정할 때에는 두줄(=)을 긋고 수정할 것.
6. 답란이 부족하면 해당답란에 "뒷면기재"라고 쓰고 뒷면 '추가답란'에 문제번호를 기재한 후 답안을 작성할 것.
7. 기타 유의사항은 객관식 답안지의 유의사항과 동일함.

※ 감독관 확인란
㊞

번호	※ 1차 점수	※ 1차 채점	※1차확인 / 응시과목	※2차확인	※ 2차 채점	※ 2차 점수
1	⓪ ①⑥ ②⑦ ③⑧ ④⑨ ⑤⑩					⓪ ①⑥ ②⑦ ③⑧ ④⑨ ⑤⑩
2	⓪ ①⑥ ②⑦ ③⑧ ④⑨ ⑤⑩					⓪ ①⑥ ②⑦ ③⑧ ④⑨ ⑤⑩
3	⓪ ①⑥ ②⑦ ③⑧ ④⑨ ⑤⑩					⓪ ①⑥ ②⑦ ③⑧ ④⑨ ⑤⑩
4	⓪ ①⑥ ②⑦ ③⑧ ④⑨ ⑤⑩					⓪ ①⑥ ②⑦ ③⑧ ④⑨ ⑤⑩
5	⓪ ①⑥ ②⑦ ③⑧ ④⑨ ⑤⑩					⓪ ①⑥ ②⑦ ③⑧ ④⑨ ⑤⑩

[이 답안지는 마킹연습용 모의답안지입니다.]

절취선

컴퓨터용 사인펜만 사용

년도 전공심화과정인정시험 답안지(객관식)

★ 수험생은 수험번호와 응시과목 코드번호를 표기(마킹)한 후 일치여부를 반드시 확인할 것.

전공분야	
성 명	

수험번호															
(1)	3	–			–			–							
(2)	①②●④	–	①~⓪	①~⓪	–	①~⓪	①~⓪	–	①~⓪	①~⓪	①~⓪	①~⓪	①~⓪		

과목코드					응시과목	
					1 ①②③④	14 ①②③④
					2 ①②③④	15 ①②③④
					3 ①②③④	16 ①②③④
					4 ①②③④	17 ①②③④
					5 ①②③④	18 ①②③④
					6 ①②③④	19 ①②③④
					7 ①②③④	20 ①②③④
					8 ①②③④	21 ①②③④
					9 ①②③④	22 ①②③④
					10 ①②③④	23 ①②③④
					11 ①②③④	24 ①②③④
					12 ①②③④	
					13 ①②③④	

교시코드
①②③④

과목코드					응시과목	
					1 ①②③④	14 ①②③④
					2 ①②③④	15 ①②③④
					3 ①②③④	16 ①②③④
					4 ①②③④	17 ①②③④
					5 ①②③④	18 ①②③④
					6 ①②③④	19 ①②③④
					7 ①②③④	20 ①②③④
					8 ①②③④	21 ①②③④
					9 ①②③④	22 ①②③④
					10 ①②③④	23 ①②③④
					11 ①②③④	24 ①②③④
					12 ①②③④	
					13 ①②③④	

※ 감독관 확인란

㊞

관 리 번 호

(연번) (응시자수)

답안지 작성시 유의사항

1. 답안지는 반드시 **컴퓨터용 사인펜을 사용**하여 다음 [보기]와 같이 표기할 것.
   [보기] 잘 된 표기: ● 잘못된 표기: ⓥ ⊗ ◑ ⊙ ◕ ○ ◉
2. 수험번호 (1)에는 아라비아 숫자로 쓰고, (2)에는 "●"와 같이 표기할 것.
3. 과목코드는 뒷면 "과목코드번호"를 보고 해당과목의 코드번호를 찾아 표기하고, 응시과목란에는 응시과목명을 한글로 기재할 것.
4. 교시코드는 문제지 전면의 교시를 해당란에 "●"와 같이 표기할 것.
5. 한번 표기한 답은 긁거나 수정액 및 스티커 등 어떠한 방법으로도 고쳐서는 아니되고, 고친 문항은 "0"점 처리함.

[이 답안지는 마킹연습용 모의답안지입니다.]

절취선

년도 전공심화과정 인정시험 답안지(주관식)

전공분야	

성 명	

수험번호	
(1)	3 – – –
(2)	①②●④

★ 수험생은 수험번호와 응시과목 코드번호를 표기(마킹)한 후 일치여부를 반드시 확인할 것.

과목코드
①②③④⑤⑥⑦⑧⑨⓪

교시코드
① ② ③ ④

번호	※1차점수	※1차채점	※1차확인 / 응시과목	※2차확인	※2차채점	※2차점수
1	⓪ ① ② ③ ④ ⑤ ⑥ ⑦ ⑧ ⑨ ⑩					⓪ ① ② ③ ④ ⑤ ⑥ ⑦ ⑧ ⑨ ⑩
2	⓪ ① ② ③ ④ ⑤ ⑥ ⑦ ⑧ ⑨ ⑩					⓪ ① ② ③ ④ ⑤ ⑥ ⑦ ⑧ ⑨ ⑩
3	⓪ ① ② ③ ④ ⑤ ⑥ ⑦ ⑧ ⑨ ⑩					⓪ ① ② ③ ④ ⑤ ⑥ ⑦ ⑧ ⑨ ⑩
4	⓪ ① ② ③ ④ ⑤ ⑥ ⑦ ⑧ ⑨ ⑩					⓪ ① ② ③ ④ ⑤ ⑥ ⑦ ⑧ ⑨ ⑩
5	⓪ ① ② ③ ④ ⑤ ⑥ ⑦ ⑧ ⑨ ⑩					⓪ ① ② ③ ④ ⑤ ⑥ ⑦ ⑧ ⑨ ⑩

답안지 작성시 유의사항

1. ※란은 표기하지 말 것.
2. 수험번호 (2)란, 과목코드, 교시코드 표기는 반드시 컴퓨터용 싸인펜으로 표기할 것
3. 교시코드는 문제지 전면의 교시를 해당란에 컴퓨터용 싸인펜으로 표기할 것.
4. 답란은 반드시 흑·청색 볼펜 또는 만년필을 사용할 것. (연필 또는 적색 필기구 사용불가)
5. 답안을 수정할 때에는 두줄(=)을 긋고 수정할 것.
6. 답란이 부족하면 해당답란에 "뒷면기재"라고 쓰고 뒷면 '추가답란'에 문제번호를 기재한 후 답안을 작성할 것.
7. 기타 유의사항은 객관식 답안지의 유의사항과 동일함.

※ 감독관 확인란
㊞

[이 답안지는 마킹연습용 모의답안지입니다.]

절취선

컴퓨터용 사인펜만 사용

년도 전공심화과정인정시험 답안지(객관식)

★ 수험생은 수험번호와 응시과목 코드번호를 표기(마킹)한 후 일치여부를 반드시 확인할 것.

전공분야	
성 명	

수험번호													
(1)	3	–			–			–					
(2)	① ② ● ④	–	①②③④⑤⑥⑦⑧⑨⓪	①②③④⑤⑥⑦⑧⑨⓪	–	①②③④⑤⑥⑦⑧⑨⓪	①②③④⑤⑥⑦⑧⑨⓪	–	①②③④⑤⑥⑦⑧⑨⓪	①②③④⑤⑥⑦⑧⑨⓪	①②③④⑤⑥⑦⑧⑨⓪	①②③④⑤⑥⑦⑧⑨⓪	①②③④⑤⑥⑦⑧⑨⓪

과목코드				
①②③④⑤⑥⑦⑧⑨⓪	①②③④⑤⑥⑦⑧⑨⓪	①②③④⑤⑥⑦⑧⑨⓪	①②③④⑤⑥⑦⑧⑨⓪	①②③④⑤⑥⑦⑧⑨⓪

교시코드			
①	②	③	④

응시과목			
1	① ② ③ ④	14	① ② ③ ④
2	① ② ③ ④	15	① ② ③ ④
3	① ② ③ ④	16	① ② ③ ④
4	① ② ③ ④	17	① ② ③ ④
5	① ② ③ ④	18	① ② ③ ④
6	① ② ③ ④	19	① ② ③ ④
7	① ② ③ ④	20	① ② ③ ④
8	① ② ③ ④	21	① ② ③ ④
9	① ② ③ ④	22	① ② ③ ④
10	① ② ③ ④	23	① ② ③ ④
11	① ② ③ ④	24	① ② ③ ④
12	① ② ③ ④		
13	① ② ③ ④		

과목코드				
①②③④⑤⑥⑦⑧⑨⓪	①②③④⑤⑥⑦⑧⑨⓪	①②③④⑤⑥⑦⑧⑨⓪	①②③④⑤⑥⑦⑧⑨⓪	①②③④⑤⑥⑦⑧⑨⓪

응시과목			
1	① ② ③ ④	14	① ② ③ ④
2	① ② ③ ④	15	① ② ③ ④
3	① ② ③ ④	16	① ② ③ ④
4	① ② ③ ④	17	① ② ③ ④
5	① ② ③ ④	18	① ② ③ ④
6	① ② ③ ④	19	① ② ③ ④
7	① ② ③ ④	20	① ② ③ ④
8	① ② ③ ④	21	① ② ③ ④
9	① ② ③ ④	22	① ② ③ ④
10	① ② ③ ④	23	① ② ③ ④
11	① ② ③ ④	24	① ② ③ ④
12	① ② ③ ④		
13	① ② ③ ④		

※ 감독관 확인란
㊞

관 리 번 호
(연번) / (응시자수)

답안지 작성시 유의사항

1. 답안지는 반드시 **컴퓨터용 사인펜을 사용**하여 다음 보기와 같이 표기할 것.
   보기 잘 된 표기: ● 잘못된 표기: ⓥ ⊗ ◑ ⊙ ◕ ○ ▩
2. 수험번호 (1)에는 아라비아 숫자로 쓰고, (2)에는 "●"와 같이 표기할 것.
3. 과목코드는 뒷면 "과목코드번호"를 보고 해당과목의 코드번호를 찾아 표기하고, 응시과목란에는 응시과목명을 한글로 기재할 것.
4. 교시코드는 문제지 전면의 교시를 해당란에 "●"와 같이 표기할 것.
5. 한번 표기한 답은 긁거나 수정액 및 스티커 등 어떠한 방법으로도 고쳐서는 아니되고, 고친 문항은 "0"점 처리함.

[이 답안지는 마킹연습용 모의답안지입니다.]

절취선

년도 전공심화과정 인정시험 답안지(주관식)

전공분야	

성 명	

수험번호	
(1)	3 – – –
(2)	①②●④ – ①~⓪ ①~⓪ – ①~⓪ ①~⓪ – ①~⓪ ①~⓪ ①~⓪ ①~⓪ ①~⓪

★ 수험생은 수험번호와 응시과목 코드번호를 표기(마킹)한 후 일치여부를 반드시 확인할 것.

과목코드
①②③④⑤⑥⑦⑧⑨⓪ (×5)

교시코드
① ② ③ ④

번호	※1차점수	※1차채점	※1차확인 / 응시과목	※2차확인	※2차채점	※2차점수
1	⓪ ①⑥ ②⑦ ③⑧ ④⑨ ⑤⑩					⓪ ①⑥ ②⑦ ③⑧ ④⑨ ⑤⑩
2	⓪ ①⑥ ②⑦ ③⑧ ④⑨ ⑤⑩					⓪ ①⑥ ②⑦ ③⑧ ④⑨ ⑤⑩
3	⓪ ①⑥ ②⑦ ③⑧ ④⑨ ⑤⑩					⓪ ①⑥ ②⑦ ③⑧ ④⑨ ⑤⑩
4	⓪ ①⑥ ②⑦ ③⑧ ④⑨ ⑤⑩					⓪ ①⑥ ②⑦ ③⑧ ④⑨ ⑤⑩
5	⓪ ①⑥ ②⑦ ③⑧ ④⑨ ⑤⑩					⓪ ①⑥ ②⑦ ③⑧ ④⑨ ⑤⑩

답안지 작성시 유의사항

1. ※란은 표기하지 말 것.
2. 수험번호 (2)란, 과목코드, 교시코드 표기는 반드시 컴퓨터용 싸인펜으로 표기할 것
3. 교시코드는 문제지 전면의 교시를 해당란에 컴퓨터용 싸인펜으로 표기할 것.
4. 답란은 반드시 흑·청색 볼펜 또는 만년필을 사용할 것. (연필 또는 적색 필기구 사용불가)
5. 답안을 수정할 때에는 두줄(=)을 긋고 수정할 것.
6. 답란이 부족하면 해당답란에 "뒷면기재"라고 쓰고 뒷면 '추가답란'에 문제번호를 기재한 후 답안을 작성할 것.
7. 기타 유의사항은 객관식 답안지의 유의사항과 동일함.

※ 감독관 확인란
㊞

[이 답안지는 마킹연습용 모의답안지입니다.]

절취선

참고문헌

1. 장세진, 『경영전략』, 박영사, 2018.
2. Jay B. Barney, 『전략경영과 경쟁우위』, 시그마프레스, 2015.
3. Michael E. Porter, 『마이크 포터의 경쟁우위』, 21세기북스, 2008.

좋은 책을 만드는 길
독자님과 함께하겠습니다.

도서나 동영상에 궁금한 점, 아쉬운 점, 만족스러운 점이
있으시다면 어떤 의견이라도 말씀해 주세요.
시대고시기획은 독자님의 의견을 모아 더 좋은 책으로 보답하겠습니다.

www.sidaegosi.com

시대에듀 독학사 경영학과 3단계 경영전략

초판발행	2021년 03월 26일 (인쇄 2020년 11월 23일)
발행인	박영일
책임편집	이해욱
편저	이대현
편집진행	라태훈·김인영
표지디자인	이민지
편집디자인	차성미
발행처	(주)시대고시기획
출판등록	제10-1521호
주소	서울시 마포구 큰우물로 75 [도화동 538 성지 B/D] 9F
전화	1600-3600
팩스	02-701-8823
홈페이지	www.sidaegosi.com
ISBN	979-11-254-8475-2 (13320)
정가	25,000원

시대에듀 **독학사**

경영학과

왜? 독학사 경영학과인가?

4년제 경영학 학위를 최소 시간과 비용으로 **단 1년 만에 초고속 합격 가능!**

1 조직, 인사, 재무, 마케팅 등 **기업 경영과 관련되어 기업체 취직에 가장 무난한 학과**

2 감정평가사, 경영지도사, 공인노무사, 공인회계사, 관세사, 물류관리사 등 **자격증과 연관**

3 노무사, 무역·통상전문가, 증권분석가, 회계사 등의 **취업 진출**

경영학과 과정별 시험과목(2 ~ 4과정)

1~2과정 교양 및 전공기초 과정은 객관식 40문제 구성
3~4과정 전공심화 및 학위취득 과정은 객관식 24문제+**주관식 4문제** 구성

2과정(전공기초)		3과정(전공심화)		4과정(학위취득)
회계원리		재무관리론		재무관리
인적자원관리		경영전략		마케팅관리
마케팅원론	›	노사관계론	›	회계학
조직행동론		소비자행동론		인사조직론
경영정보론		재무회계		
마케팅조사		경영분석		
원과관리회계				

시대에듀 경영학과 학습 커리큘럼

기본이론부터 실전 문제풀이 훈련까지!
시대에듀가 제시하는 각 과정별 최적화된 커리큘럼 따라 학습해보세요.

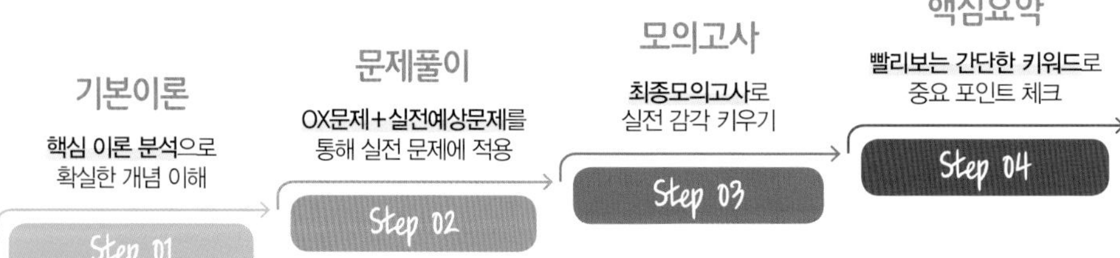

독학사 2~4과정 경영학과 신간 교재

독학학위제 출제내용을 100% 반영한 내용과 문제로 구성된 완벽한 최신 기본서 라인업!

START!

- 전공 기본서 [전 7종]
  - 경영정보론 / 마케팅원론 / 조직행동론 / 원가회계관리 / 인적자원관리 / 회계원리 / 마케팅조사
- 경영학 벼락치기 [통합본 전 1종]
  - 경영정보론 + 마케팅원론 + 조직행동론 + 인적자원관리 + 마케팅조사

- 전공 기본서 [전 6종]
  - 재무회계 / 경영분석 / 소비자행동론 / 경영전략 / 노사관계론 / 재무관리론
- 최종모의고사

- 전공 기본서 [통합본 전 2종]
  - 재무관리 + 마케팅관리
  - 회계학 + 인사조직론
- 최종모의고사

GOAL!

※ 표지 이미지 및 구성은 변경될 수 있습니다.